부산광역시
공무직
일반상식

부산광역시
공무직
일반상식(부산시정, 사회·한국사·윤리 분야)

개정 2판 발행		2023년 02월 27일
개정 3판 발행		2024년 02월 29일

편 저 자 | 공무원시험연구소
발 행 처 | (주)서원각
등록번호 | 1999-1A-107호
주　　소 | 경기도 고양시 일산서구 덕산로 88-45(가좌동)
대표번호 | 031-923-2051
팩　　스 | 031-923-3815
교재문의 | 카카오톡 플러스 친구 [서원각]
홈페이지 | goseowon.com

현대사회는 지식정보사회로 노동력·자본에 이어 지식이 재산이 되는 시대입니다. 수많은 정보와 지식이 쏟아지는 이 시대를 살아가는 데 있어 가장 중요한 것은 "변화하는 지식의 홍수 속에서 넓은 지식·정보를 빠르게 습득하고 그 많은 정보 중에서 자신에게 필요한 지식을 선별하여 자신의 것으로 체화하는 능력"입니다. 이와 같은 능력이 가장 두드러지게 나타나는 과목이 바로 "상식"입니다.

상식이란 보통 사람으로서 가져야 할 일반적인 지식·이해력·판단력으로, 광범위하다는 특성을 지니고 있어서 수험생들에게는 부담이 되는 과목 중 하나이기도 합니다. 본서는 이러한 어려움에 공감하며, 보다 효과적으로 정확한 지식을 습득하는 데 도움을 주고자 하였습니다.

본서는 부산광역시 공무직 채용시험에 대비하기 위한 도서입니다.

1 부산광역시 일반상식 기출복원문제와 채용시험에 출제가 예상되는 내용만을 정리하여 효율적인 학습이 가능하도록 하였습니다.

2 정치·경제·시사·법 등 사회 전반의 일반상식과 한국사, 윤리 분야까지 핵심만을 다루고 있으며 부산광역시 관련 시정·역사·문화·인물 등 반드시 알아야 할 부산 시정도 한눈에 파악할 수 있도록 요약 정리하였습니다.

3 이론뿐만 아니라 기출복원문제와 과목별 출제예상문제로 부산광역시 공무직 채용시험을 효율적으로 준비할 수 있습니다.

부산광역시 공무직 채용시험을 준비하는 수험생들에게 합격의 영광이 함께 하기를 기원합니다.

Structure

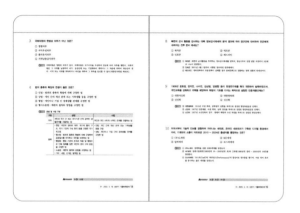

기출복원문제

2023년 상반기·하반기 일반상식 기출문제를 복원·재구성하여 수록하였습니다. 40문항씩 수록된 2회분의 기출복원문제를 풀어보면서 기출문제에 대한 실전 감각을 익혀보세요.

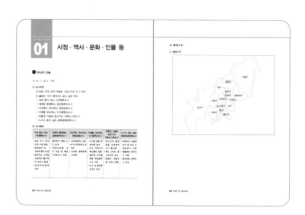

부산시정

부산의 역사·문화·인물 등에 대한 전반적인 부산시정 상식을 한눈에 파악할 수 있도록 요약 정리하여 수록하였습니다.

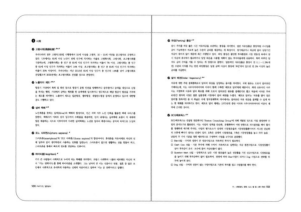

일반상식

출제 경향에 맞춘 정치·경제·시사·법 등 사회 전반의 일반상식, 한국사, 윤리 분야를 세분화 하고 최신 상식 및 핵심 내용만을 정리하여 수록하였습니다.

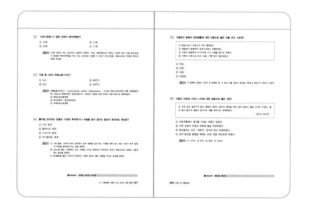

출제예상문제

기출문제를 분석하여 실전유형과 가장 흡사한 문제를 선별하였습니다. 과목별로 출제예상문제로 실력을 점검할 수 있으며, 매 문제마다 상세한 해설이 수록되어, 추가적으로 상식에 대한 이해를 넓힐 수 있습니다.

Contents

Information

응시 필수 자격요건은 무엇인가요?

응시 자격요건에는 첫 번째로 응시연령으로 18세 이상이고 60세 미만(출생일이 1964. 1. 1. ~ 2005.12. 31.인 자)이어야 합니다. 또한 이 조건이 충족된다면 2023년 1월 1일 이전부터 해당 시험의 최종시험 시행예정일(면접시험 최종예정일)까지 계속하여 부산광역시에 주민등록상 거주하는 자, 2023년 1월 1일 이전까지 부산광역시에 주민등록상 주소지를 두고 있었던 기간을 모두 합산하여 3년 이상인 자이어야 합니다. 성별과 학력에 제한을 두지 않고 있습니다.

그밖의 공통요건으로는 ① 응시하는 직종(직무) 및 부서의 근무 장소에 출·퇴근이 가능한 자 ② 응사하는 직종(직무) 및 부서의 근로 개시 예정일에 즉시 근로 가능한 자 ⓒ 필요 시 「근로기준법」에 따른 휴일·연장근로 등이 가능한 자입니다.

응시원서 접수할 때 유의사항이 있나요?

① 응시자격 요건 등의 적합 여부를 사전에 확인한 후 응시원서를 접수할 것(착오, 누락, 응시자격 요건 미비 등으로 인한 불이익은 응시자 본인의 책임임)

② 응시원서 기재사항은 접수 기간 중에만 수정할 수 있으며, 접수 기간이 종료된 이후에는 수정 불가(결제 완료 이후 응시 직종(직무)을 변경할 때는 결제 취소 후 다시 접수해야 함)

③ 취소 기간 내 원서접수 취소자에 한해 응시수수료 환불

④ 원서접수 시 E-mail 주소와 휴대전화번호를 정확히 기재(기재 착오 또는 누락에 따른 연락 불능으로 발생하는 불이익은 일체 응시자의 책임으로 합니다. 원서접수 이후 연락처(휴대전화번호 등)가 변경될 경우, 공무인력관리팀으로 연락 요망)

⑤ 원서접수 시 등록하는 사진은 단계별 시험 시행 시 본인 확인을 위한 것이므로, 응시자 얼굴이 사진 정면에 나타나고 본인 식별이 용이한 사진으로 등록(모자·선글라스 착용, 배경사진 등은 사용이 불가하며, 본인사진 여부를 확인한 후 등록하여야 합니다. 식별이 불분명한 사진 등록으로 인한 불이익을 본인의 책임임)

⑥ 응시표는 필기시험장소 공고일부터 지방자치단체 인터넷원서접수센터에서 본인이 직접 출력(분실 시 재출력 가능) 가능

⑦ 취업지원대상자(또는 의사상자 등) 가산점을 받고자 하는 응시자는 인터넷원서접수 시 가산비율과 자격번호를 반드시 입력해야 함(착오로 인해 입력을 누락했을 경우 그에 대한 불이익은 응시자 본인의 책임임)

서류를 제출할 때 필수로 제출해야 하는 서류가 있나요?

① 응시자 기본정보 및 서류 목록표 <서식 제1호>
② 이력서 <서식 제2호>
③ 이력서 기재사항 증빙서료(경력증명서, 자격·면허증 등) ※ 이력사항 증빙 불가 시 이력서 내 기재 금지
④ 자기소개서 <서식 제3호> ※ 학력, 생년월일 등 편견을 가질 수 있는 요소 작성 금지
⑤ 개인정보 수집·이용 및 제공 동의서 <서식 제4호>
⑥ 주민등록초본 ※ 주소 변동내역, 병역사항 등 전체 사항 포함(공고일 이후 발급분만 유효)

 서류를 제출하면 우대받는 서류가 있나요?

① 국민체력100 인증서 ※ 공고일 이후 인증분만 유효
② (필수 및 우대) 자격증 사본 ※ 제출 시 원본 지참, 서류접수일 이전 발급분만 유효
③ 수급자·차상위계층·한부모가족증명서 관련 증명서류
④ 기타 직종(직무)별 필수 및 우대요건 증빙서류 ※ 서류접수 일정 공고시 별도 안내
※ 국민체력100 인증서의 경우, 공고일 이전에 인증하여 (재)발급한 인증서는 우대사항 충족으로 인정하지 않으며, 인증에 시일이 걸릴 수 있으므로 제출 희망자는 미리 인증 권장

 서류심사 방법에 대해서 설명해주세요..

서류 심사대상은 필기시험 합격자 중 서류 제출자 전원에 해당합니다. 서류 심사방법 직종(직무)별 서류심사 배점 기준 의거 총 20점 범위 내 산정됩니다. 심사항목은 응시 기본사항 및 우대요건 등이 있고, 자기소개서는 평가대상이 아니며 향후 면접 시 참고용으로 활용됩니다.

Information

필기시험 및 서류전형 합격자 결정방법에 대해서 설명해주세요.

합격기준은 1차 필기시험 성적을 80점으로 환산하고, 서류 점수 20점을 합산하여(필기 80%, 서류 20%) 고득점자순으로 채용 예정 인원의 4배수 이내에서 선발합니다. 단, 채용 예정 인원이 3명 이상인 채용 단위의 경우 3배수 이내 선발하고, 채용 예정 인원이 10명 이상인 채용 단위의 경우 2배수 이내 선발하며, 동점자가 있을 때는 동점자까지 포함하여 선발합니다.

실기 및 면접전형 시험에 대해서 설명해주세요.

실기 및 면접시험의 시험대상은 2차 시험 합격자입니다. 단, 실기시험은 해당하는 직종에 한합니다. 면접의 평정방법은 실기 미실시 직종은 면접 평정요소에 따라 결정되며, 실기 실시 직종은 면접시험 60점, 실기시험 40점에 해당합니다.

최종 합격자를 결정하는 방법에 대해서 설명해주세요.

면접(실기)시험 최종성적의 고득점자순으로 합격(이전 단계 시험 성적 미반영)처리를 합니다. 동점자 발생 시 다음 처리 기준에 따라 합격자 결정합니다.
① 취업 지원 대상자 중 가점 비율이 높은 순
② 의사상자 중 가점 비율이 높은 순
③ 저소득층 중 가점 비율이 높은 순
④ 고령자 중 가점 비율이 높은 순
⑤ 필기시험 결과에 따른 고득점자순
⑥ 체력인증 배점이 높은 순(체력인증이 우대사항에 해당하는 직종에 한함)
⑦ 고령자 순(출생연도가 같은 출생월일이 빠른 순)

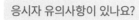

응시자 유의사항이 있나요?

① 시험계획은 사정에 따라 일정 등이 변경될 수 있으며, 변경사항 및 시험단위별 세부 계획은 부산광역시 홈페이지(https://busan.go.kr/nbincruit 「고시공고」 또는 「채용공고」게시판)에 별도 공고합니다.

② 공고문, 응시표, 답안지 등의 응시자 유의사항 등을 숙지하지 않을 경우 불이익이 발생할 수 있으며, 시험주관 측에서는 이로 인한 불이익을 책임지지 않습니다.

③ 외국어로 기재된 증빙자료(자격증 등)의 경우, 반드시 한글번역본을 첨부하여 같이 제출하여 주시기 바랍니다.

④ 서류심사에 필요한 서류 중 발급에 시간이 걸릴 것으로 예상되는 서류 등(특히, 국민체력100 인증서)은 미리 준비하는 것을 권장하며, 필수요건 관련 자격증은 반드시 서류접수일 이전에 발급받아 놓으시기를 바랍니다.

⑤ 제출된 서류는 채용 목적 이외에는 사용하지 않으며, 최종합격 발표일 이후 60일 이내에 채용서류반환청구 신청서 를 작성하여 「부산광역시 공무직 채용」 담당자에게 사전 연락 후 전자우편으로 제출 시 14일 이내로 반환하여 드리며, 반환 청구 기간이 지난 채용서류는 파기됨을 알려드립니다.

⑥ 채용시험에서 부정행위를 하거나, 기타 제출서류에 허위사실이 있는 때에는 합격 결정 후에도 합격이 취소되거나 채용이 무효처리 될 수 있으며, 그 처분이 있는 날부터 5년간 부산광역시 공무직 채용시험에 응시할 수 없습니다.

⑦ 면접시험은 사진, 가족관계, 학교명 등 편견을 가져올 수 있는 요소를 제거하여 블라인드 방식으로 운영됩니다.

⑧ 해당 채용단위에 적격자가 없는 경우 채용하지 않을 수 있으며, 최종합격자는 결격사유가 없을 시에 최종적으로 채용이 결정됩니다.

⑨ 합격자 발표일로부터 6월 내에 최종합격자의 채용(근로) 포기, 채용 결격사유 발생, 채용 후 취소, 퇴사 및 기존 인력의 의원면직·중도 퇴사 등의 사유로 결원을 신속히 보충할 필요가 있을 때에는 차순위로 성적이 우수한 자를 추가 합격자로 결정할 수 있습니다.

⑩ 응시하고자 하는 직종(직무)의 구체적인 업무내용 및 근무조건 등은 공고문 채용예정현황 항목의 부서별 연락처로 문의하시기 바랍니다.

⑪ 기타 문의 사항은 부산광역시 인사과 공무인력관리팀으로 문의하시기 바랍니다.

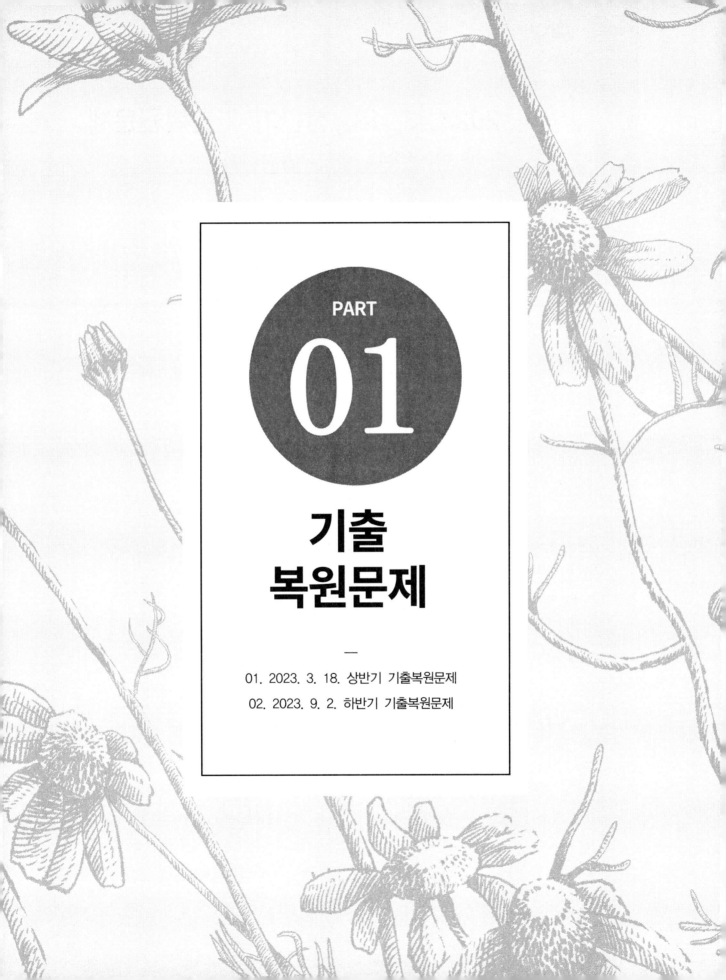

PART

01

기출
복원문제

—

2023. 3. 18. 상반기 기출복원문제

※ 기출 후기를 바탕으로 복원 · 재구성하였습니다.

1 매년 1 ~ 2월에 열리며, 세계경제포럼(WEF)이라고도 불리는 국제민간회의는?

① APEC

② ASEM

③ 다보스포럼

④ 그린라운드

✔해설 ① APEC : 아시아 · 태평양지역 국가의 경제협력을 촉진하기 위해 1989년 11월에 창설된 지역적 국제경제협력기구다.

② ASEM : 아시아와 유럽의 주요 국가들이 정치 · 경제 · 사회 · 문화 등에서 포괄적 협력을 도모하기 위해 만든 협의체다.

④ 그린라운드 : 국제적 환경기준을 마련해, 이를 무역거래와 연계하여 국제환경기준에 미달하거나 위반하는 제품의 수출금지 및 해당 국가와의 수출입제한, 상계관세부과, 환경부담금부과 등을 내용으로 하는 환경보호에 관한 다자간 국제환경협상이다.

2 쓰레기 소각장, 방사능 폐기장, 공동묘지, 송전 탑, 유류저장소 등과 같은 혐오시설의 필요성을 인지하고 있으나 자신이 사는 근처 지역에 들어서는 것을 꺼리는 현상은?

① 님비현상

② 님투현상

③ 핌피현상

④ 바나나현상

✔해설 ② 님투현상 : '나의 공직 재임기간 중에는 안 된다(Not In My Terms Of Office)'는 뜻이다. 공직자가 자신의 남은 임기 중 무리하게 일을 추진하지 않고 시간이 흐르기만을 안일하게 기다리는 현상을 말한다.

③ 핌피현상 : '제발 내 앞마당에서(Please In My Front Yard)' 즉, 자신이 거주하는 지역에 사회기반시설이나 행정기관, 고용효과가 많은 대기업을 유치하려는 지역이기주의다.

④ 바나나현상 : '어디에든 아무것도 짓지 마라(Build Absolutely Nothing Anywhere Near Anybody)'라는 뜻이다. 유해시설 설치 자체를 반대하는 것이다.

Answer 1.③ 2.①

3 국회의원의 헌법상 의무가 아닌 것은?

① 청렴의무
② 국익우선의무
③ 품의유지의무
④ 지위남용금지의무

> ✔ **해설** 국회의원은 청렴의 의무가 있다. 국회의원은 국가이익을 우선하여 양심에 따라 직무를 행한다. 국회의원은 그 지위를 남용하여 국가·공공단체 또는 기업체와의 계약이나 그 처분에 의하여 재산상의 권리·이익 또는 직위를 취득하거나 타인을 위하여 그 취득을 알선할 수 없다〈대한민국헌법 제46조〉.

4 법의 종류와 특징의 연결이 옳은 것은?

① 민법 – 범죄의 종류와 형벌에 대해 규정한 법
② 상법 – 개인 간의 재산 관계 또는 가족생활 등을 규정한 법
③ 형법 – 개인이나 기업 간 경제생활 관계를 규정한 법
④ 형사소송법 – 재판의 절차와 방법을 규정한 법

> ✔ **해설** 공법 및 사법 구분
>
> | 구분 | 공법 | 사법 |
> |------|------|------|
> | 의미 | 개인과 국가 간 또는 국가기관 간의 공적인 생활관계를 규율하는 법 | 개인과 개인 사이의 사적인 관계를 규율하는 법 |
> | 종류 | • 헌법: 국민의 권리와 의무, 국가의 통치 구조, 국가 기관의 구성 원리 등을 규정한 국가 최고법
• 형사법: 범죄의 종류와 형벌에 대해 규정하며 공공질서를 유지하고 국민을 보호하는 법
• 행정법: 행정 기관의 조직과 작용 및 행정으로 인해 침해를 당한 국민의 권리 구제 방법을 규정한 법
• 소송법: 재판의 절차와 방법을 규정하는 법
• 기타: 세법, 선거법, 병역법 등 | • 민법: 개인 간의 재산 관계 또는 가족생활 등을 규정
• 상법: 개인이나 기업 간의 경제생활 관계를 규정한 법 |

---

5   우리나라 법의 위계를 옳은 순서로 나열한 것은?

① 헌법 – 명령 – 법률 – 조례 – 규칙   ② 헌법 – 법률 – 명령 – 조례 – 규칙
③ 법률 – 헌법 – 조례 – 명령 – 규칙   ④ 법률 – 명령 – 헌법 – 규칙 – 조례

> ✔해설 상위법 우선원칙으로 '헌법(국민) – 법률(국회의원) – 명령(대통령, 국무총리, 장관) – 조례(지방의회, 지방
> 자치단체) – 규칙(지방자치단체)' 순이다.

6   고위공직자 범죄수사처(공수처)에 대한 설명으로 옳지 않은 것은?

① 수사처 행정에 관한 사무처리에 필요한 직원을 둘 때, 20명 이내로 한다.
②「고위공직자범죄수사처 설치 및 운영에 관한 법률」에 근거하여 설치되었다.
③ 고위공직자범죄 등에 관하여 대통령의 경우 배우자, 직계존비속 친족이 수사 대상에 포함된다.
④ 처장, 차장, 수사처검사는 탄핵이나 금고 이상의 형을 선고받은 경우를 제외하고는 파면되지
   않는다.

> ✔해설 "가족"이란 배우자, 직계존비속을 말한다. 다만, 대통령의 경우에는 배우자와 4촌 이내의 친족을 말한
> 다〈공수처법 제2조(정의) 제2호〉.

7   일종의 고립공포감으로, 흐름을 놓치거나 소외되는 것에 대한 불안 증상은?

① SPO   ② NATO
③ JOMO   ④ FOMO

> ✔해설 ① SPO : 'School Police Officer' 학교폭력 예방대책의 일환으로 2012년, 전국에 배치되어 1인당 10
> 개교를 담당하고 있다.
> ② NATO : 'No Action Talking Only' 사석에서는 회사를 그만두고 다른 직장으로 옮기거나 사업으로
> 독립하겠다는 의사를 밝히면서도 실제로는 사표를 내지 못하는 직장인을 일컫는다.
> ③ JOMO : 'Joy of Missing Out' 자신과 밀접하게 연결되어있는 관계들을 잠시 중단하고 자신에게 유
> 익한 경험 자체를 즐기는 자발적 고립을 지칭한다.

8 북한의 군사 활동을 감시하는 대북 정보감시태세의 분석 결과에 따라 정규전에 대비하여 전군에게 내려지는 전투 준비 태세는?

① 워치콘 ② 데프콘
③ 인포콘 ④ 레드라인

> ✔해설 ① 워치콘 : 북한의 군사활동을 추적하는 정보감시태세를 말하며, 평상시부터 전쟁 발발 직전까지 5단계로 나누어 발령한다.
> ③ 인포콘 : 2001년 4월 1일부터 시행된 정보작전 방호태세다.
> ④ 레드라인 : 대북정책에서 포용정책이 실패할 경우 봉쇄정책으로 전환하는 정책 전환의 한계선이다.

9 1906년 윤효정, 장지연, 나수연, 김상범, 임병향 등이 헌정연구회를 확대 개편하여 발족하였으며, 국민교육을 강화하고 국력을 배양하여 독립의 기초를 다지는 목적으로 설립한 민중계몽단체는?

① 대한자강회 ② 대한광복회
③ 신민회 ④ 신간회

> ✔해설 ② 대한광복회 : 1915년 국권 회복, 공화정치 실현을 목적으로 결성된 항일독립운동 단체다.
> ③ 신민회 : 1907년 민중계몽, 국권 회복, 실력 양성을 목적으로 설립된 항일독립운동 단체다.
> ④ 신간회 : 1927년 조선민족의 정치·경제적 해방과 조선 독립을 목적으로 설립된 항일단체.

10 어려서부터 기술적 진보를 경험하며 자라나는 세대로, 온라인 네트워크가 구축된 디지털 환경에서 자라, 기계와의 소통이 자유로운 2010 ~ 2024년 출생자를 통칭하는 것은?

① OPAL세대 ② MZ세대
③ 알파세대 ④ 코스파세대

> ✔해설 ① OPAL세대 : 경제력을 갖춘 5060세대를 일컫는다.
> ② MZ세대 : 밀레니얼세대(1980년대 초~ 2000년대 초)와 Z세대(1990년대 중반 ~ 2000년대 초반)를 통칭한다.
> ④ 코스파세대 : '코스트(Cost)'와 '퍼포먼스(Performance)'의 합성어로 영수증을 챙기며, 비용 대비 효과를 중시하는 젊은 세대를 일컫는다.

Answer 8.② 9.① 10.③

11 춘추전국시대의 제자백가 중 하나로, 하늘이 만민을 겸애(兼愛)하는 것과 같이 다른 사람들도 서로 겸애해야 한다는 겸애설과 평화주의를 내세운 학파는?

① 묵가   ② 유가

③ 법가   ④ 도가

> ✔해설 ② 유가 : 효제의 가족 도덕에 기초를 두고 예로써 정치를 해야 한다고 공자, 맹자, 순자가 주장한 사상이다.
> ③ 법가 : 법에 따른 엄격한 통치를 확립하고 왕의 권위와 세력 유지를 강조해야 한다고 상앙, 한비자, 이사가 주장한 사상이다.
> ④ 도가 : 노자, 장자가 법가의 가혹한 법령 반대, 무위자연과 소국과민을 강조한 사상이다.

12 실존주의 사상의 선구자 중 한 명으로 「이것이냐, 저것이냐」(1843)를 저술한 덴마크 철학자는?

① 헤겔   ② 칸트

③ 쇼펜하우어   ④ 키에르케고르

> ✔해설 ① 헤겔 : 절대적 관념론을 주장하며 독일 관념론 철학을 완성시킨 독일의 철학자다.
> ② 칸트 : 비판 철학의 창시자인 독일 철학자로, 대표 저서로 「순수이성비판(1781)」 등이 있다.
> ③ 쇼펜하우어 : 플라톤과 칸트 사상에 큰 영향을 받은 독일의 허무주의 철학자다.

13 다음이 설명하는 문화재로 옳은 것은?

> 백제 말 무왕(639년) 때 세워졌으며, 1962년에 국보로 지정되었다. 우리나라 석탑 중 가장 규모가 크고 창건시기가 명확하게 밝혀진 석탑 중 가장 이른 시기에 건립된 것이다. 원래는 9층으로 추정되고 있으나 반파된 상태로 6층 일부까지만 남아있었다. 창건당시의 정확한 원형은 알 수 없으며, 17 ~ 18 세기 이전 1층 둘레에 석축이 보강되고 1915년 일본인들이 무너진 부분에 콘크리트를 덧씌운 상태로 전해졌다.

① 미륵사지석탑   ② 정혜사지 십삼층석탑

③ 정림사지 오층석탑   ④ 분황사 모전석탑

> ✔해설 ② 정혜사지 십삼층석탑 : 경주 정혜사터에 세워져 있는 탑으로, 통일신라시대인 9세기 즈음에 세워졌을 것으로 추측된다.
> ③ 정림사지 오층석탑 : 부여 정림사터에 세워져 있는 석탑으로, 익산 미륵사지 석탑과 함께 2기만 남아 있는 백제시대의 석탑이라는 점에서도 귀중한 자료로 평가된다.
> ④ 분황사 모전석탑 : 현재 남아있는 신라 석탑 가운데 가장 오래된 것으로, 돌을 벽돌 모양으로 다듬어 쌓아올린 모전석탑(模塼石塔)이다. 원래 9층이었다는 기록이 있으나 지금은 3층만 남아있다. 선덕여왕 3년(634)에 분황사의 창건과 함께 건립된 것으로 추측된다.

Answer 11.① 12.④ 13.①

14 자신의 목적을 이루기 위해 상대방의 심리나 상황을 통제하고 스스로를 의심하게끔 조종하는 행위는?

① 자이가르닉 효과   ② 뜨거운 손 현상

③ 가스라이팅   ④ 초두 효과

> ✔해설 가스라이팅 … 연극 「가스등(gas light)」에서 유래된 정신적 학대를 일컫는다. 피해자는 자존감과 판단 능력을 잃고 이러한 과정에서 사회적으로 고립되고 정신력이 약해져 가해자에게 더욱 의존하게 된다. 가해자는 피해자를 위한다는 명목으로 가스라이팅을 하기 때문에 피해자 대부분은 자신이 가스라이팅 을 당하고 있다는 사실을 인지하기 어렵다.
> ① 자이가르닉 효과 : 마치지 못한 일을 마음속에서 쉽게 지우지 못하는 현상을 말한다. 일이 해결되지 않으면 불편한 마음이 지속되어 잔상이 오래 남을 수 있는데, 첫사랑을 쉽게 잊지 못하는 것도 자 이가르닉 효과에 해당한다.
> ② 뜨거운 손 현상 : 이전 슛을 성공한 농구선수가 다음 슛 역시 성공할 것이라고 믿는 현상으로, 이번 의 성공이 다음으로도 이어질 것이라고 믿는 인지적 편향을 말한다.
> ④ 초두 효과 : 처음에 입력된 정보가 나중에 습득하는 정보보다 더 영향력을 미치는 현상이다. 첫 만남 에 느낀 인상, 분위기, 외모 등이 그 사람에 대한 고정관념을 형성하여 작용하는 것으로 '첫인상 효 과'라고도 불린다.

15 음식물 쓰레기를 줄여 환경도 보호하고 기아 인구를 돕는 유엔세계식량계획(WFP)의 캠페인은?

① ZWZH   ② IPC

③ GHI   ④ FAO

> ✔해설 ZWZH … '제로웨이스트 제로헝거(Zero Waste Zero Hunger)'는 음식물 쓰레기를 줄여 환경보호 및 2030년까지 기아 인구수가 '0'이 되는, 기아 없는 세상을 만드는 것을 의미한다.
> ② IPC : 'Integrated Food Security Phase Classification'는 식량 부족 문제 정도를 진단하기 위한 기준이다. 5단계로 이루어져 있으며 하위 3단계는 식량부족으로 인해 위험하다는 것을 의미한다.
> ③ GHI : '세계 기아지수(Global Hunger Index)'로, 독일 세계기아원조(Welthungerhilfe)와 미국 세계 식량연구소(IFPRI)가 협력하여 2006년부터 전 세계 기아 현황을 파악·발표하였다.
> ④ FAO : 1945년에 출범한 국제연합식량농업기구로, 세계 식량 및 기아 문제 개선을 목적으로 설립된 국제연합 전문기구다.

Answer   14.③   15.①

16 UN이 구분한 고령사회 인구 비율은?

① 7% 이상

② 14% 이상

③ 20% 이상

④ 25% 이상

✔해설 UN은 총 인구 중 65세 이상 인구가 차지하는 비율이 14% 이상일 때 고령사회라고 분류한다. 우리나라는 2018년 65세 인구가 총 인구의 14%를 넘어 고령사회로 진입하였으며 2025년에는 고령자 비중이 20%를 넘는 초고령사회로 진입할 것이라는 전망이다.

※ 고령화·고령·초고령사회 기준
  ㉠ 고령화사회 : 총 인구 중 65세 이상 인구가 차지하는 비율이 7% 이상
  ㉡ 고령사회 : 총 인구 중 65세 이상 인구가 차지하는 비율이 14% 이상
  ㉢ 초고령사회 : 총 인구 중 65세 이상 인구가 차지하는 비율이 20% 이상

17 〈보기〉는 후대 왕들의 귀감을 위해 만든 10가지 유훈이다. 이를 남긴 왕은?

첫째. 불교의 힘으로 나라를 세웠으니 불교를 장려할 것.

둘째. 모든 사원은 풍수 사상에 따라 개창하였으니, 함부로 짓지 말 것.

셋째. 왕위 계승은 적자적손을 원칙으로 하되, 장자가 자격이 없을 때에는 인망 있는 자가 대통을 이을 것

넷째. 중국 풍속을 따르지 말고, 거란 등 야만국 풍속을 배격할 것.

다섯째. 서경을 중시할 것.

여섯째. 연등회 · 팔관회 등의 중요한 행사를 소홀히 하지 말 것.

·
·
·

아홉째. 모든 관료의 녹봉을 제도에 따라 공적으로 정할 것.

열째.   널리 경전과 역사서를 보아 온고지신의 교훈으로 삼을 것.

－고려사－

① 효종

② 태조

③ 세종

④ 문종

✔해설 〈보기〉는 태조가 남긴 후대 왕들이 지켜야 할 방향을 제시한 훈요10조다.

Answer 16.② 17.②

18 맹자의 사단(四端) 중 사양지심(辭讓之心)과 관련이 있는 것은?

① 仁

② 義

③ 禮

④ 智

> ✔ 해설 사단(四端)은 인간의 본성에서 우러나오는 마음씨, 즉 인(仁)에서 우러나오는 측은지심(惻隱之心), 의(義)에서 우러나오는 수오지심(羞惡之心), 예(禮)에서 우러나오는 사양지심(辭讓之心), 지(智)에서 우러나오는 시비지심(是非之心)의 네 가지 선천적이며 도덕적 능력을 말한다.

19 다음 순우리말과 뜻이 잘못 연결된 것은?

① 도리질 - 정처 없이 여기저기 돌아다니다

② 마중물 - 물을 끌어 올리기 위하여 위에서 붓는 물

③ 능놀다 - 쉬어 가며 일을 천천히 하다

④ 우물지다 - 뺨에 보조개가 생기다

> ✔ 해설 도리질은 '말귀를 겨우 알아듣는 어린아이가 어른이 시키는 대로 머리를 좌우로 흔드는 재롱' 또는 '머리를 좌우로 흔들어 싫다거나 아니라는 뜻을 표시하는 짓'을 일컫는다. '정처 없이 여기저기 돌아다니다'는 뒤놀다의 뜻이다.

20 우리나라 최초의 한문소설은?

① 혈의누

② 불놀이

③ 금오신화

④ 홍길동전

> ✔ 해설 ① 우리나라 최초 신소설
> ② 우리나라 최초 자유시
> ④ 우리나라 최초 한글소설

21 mRNA 백신으로 옳은 것은?

① 화이자   ② 얀센
③ 노바백스   ④ 아스트라제네카

> **해설** mRNA 백신에는 화이자 백신, 모더나 백신이 있다.
> ②④ 바이러스벡터 백신
> ③ 유전자 재조합 백신

22 틀에 박힌 진부한 표현이나 고정관념을 뜻하는 프랑스어로, 영화나 드라마, 연극 등에서 진부하고 지루한 장면, 예상되는 줄거리, 판에 박힌 대사, 전형적인 표현 등을 뜻하는 말은?

① 카덴차   ② 인서트
③ 크로마키   ④ 클리셰

> **해설** ① 카덴차 : 악장이 끝날 무렵에 등장하는 독주자의 기교를 말한다.
> ② 인서트 : 특정 동작이나 상황을 강조하기 위해 삽입하는 화면을 말한다.
> ③ 크로마키 : 라이트블루의 스크린 앞에 인물이나 물체를 배치시키고 피사체상을 다른 화면에 끼워맞추는 수법이다.

23 다음 사건이 일어난 순서대로 나열한 것은?

┌───┐
│ ㉠ 세조를 비방한 조의제문을 사초에 기록한 것을 트집잡아 훈구파가 연산군을 충동질하여 사림파를 │
│   제거하였다.   │
│ ㉡ 연산군의 생모 윤씨의 폐출사건을 들추어서 사림파를 제거하였다.   │
│ ㉢ 조광조 등이 현량과를 실시하여 사림을 등용하여 급진적 개혁을 추진하자 이에 대한 훈구세력의 │
│   반발로 조광조는 실각되고 말았다.   │
│ ㉣ 인종의 외척인 윤임과 명종의 외척인 윤형원의 왕위계승 문제가 발단이 되었는데, 왕실 외척인 척 │
│   신들이 윤임을 몰아내고 정국을 주도하여 사림의 세력이 크게 위축되었다.   │
└───┘

① ㉠ - ㉡ - ㉢ - ㉣   ② ㉠ - ㉢ - ㉡ - ㉣
③ ㉡ - ㉣ - ㉠ - ㉢   ④ ㉠ - ㉣ - ㉡ - ㉢

> **해설** ㉠ 무오사화(1498년, 연산군 4) → ㉡ 갑자사화(1504년, 연산군 10) → ㉢ 기묘사화(1519년, 중종 14) → ㉣ 을사사화(1545년, 명종 즉위년)

Answer 21.① 22.④ 23.①

24 조선왕조실록에 대한 설명으로 옳지 않은 것은?

① 기전체 역사서이다.

② 조선 태조 ~ 철종까지의 역사를 기록했다.

③ 유네스코 세계기록유산으로 등재되었다.

④ 사초(史草)를 기본으로 만들어졌다.

✔**해설** 조선왕조실록은 편년체로 기술한 역사서이다.

25 베버리지가 정부 사회보장에 관한 문제를 조사·연구한 보고서에서 국민의 최저 생활 보장을 목적으로 5대 악을 퇴치할 것을 주장하였는데, 다음 중 5대 악이 아닌 것은?

① 결핍

② 질병

③ 나태

④ 불신

✔**해설** 베버리지 5대 악 … 결핍, 질병, 나태, 무지, 불결

26 세계 4대 남자 골프 메이저 대회가 아닌 것은?

① 마스터즈토너먼트

② US오픈

③ PGA 챔피언

④ 윔블던

✔**해설** 세계 4대 남자 골프 메이저 대회로는 마스터즈토너먼트, US오픈, PGA 챔피언, 디오픈 챔피언십(브리티시 오픈)이 있으며 윔블던은 테니스 대회다.

Answer 24.① 25.④ 26.④

27 다음의 주장과 이를 주장한 학자의 연결로 옳은 것은?

> 가. 사단(四端)은 이(理)가 발하여 기(氣)가 그것을 따르는 것이니, 순선하여 악이 없다. 칠정(七情)은 기가 발하여 이가 그것을 타는 것이니 선할 수도 있고 악할 수도 있다.
>
> 나. 사단은 단지 '이'만을 말한 것이고 칠정은 이와 기를 합한 것이다. 두 갈래의 정(情)이 있는 것이 아니다. 그러므로 정을 두 갈래로 보는 설은 주의하여 살펴보지 않을 수 없다.
>
> 다. 사단의 '단(端)'은 시작을 뜻한다. 백성을 자애롭게 대한 후 인(仁)이라고 하고, 자신을 올곧게 한 후 의(義)라 하며, 손님을 맞아 인사한 후 예(禮)라고 하고, 사물을 분별한 후에 지(智)라고 한다.

① 가 – 이이
② 가 – 이황
③ 나 – 정약용
④ 다 – 이이

✔해설 가 – 이황, 나 – 이이, 다 – 정약용

28 다음은 영국의 경험론 철학자 베이컨이 구분한 4개의 우상 가운데 무엇에 해당하는가?

> 용이나 주작 같은 상징적인 동물은 자주 언급되기 때문에 마치 실재하는 것처럼 생각되며, 신이나 천사 등의 개념도 사실은 인간의 사유가 만들어낸 것에 불과하다.

① 종족의 우상
② 동굴의 우상
③ 시장의 우상
④ 극장의 우상

✔해설 제시된 내용은 언어를 잘못 사용하거나 그 참뜻을 잘못 이해하는 데서 오는 선입견으로 시장의 우상에 해당한다.
① 종족의 우상 : 모든 사물을 인간 본위로 해석하고 인간 중심으로 유출하려는 본성에서 비롯되는 선입견이다.
② 동굴의 우상 : 개인적인 특성 때문에 있는 사실 그대로를 파악하지 않는 편견을 말한다.
④ 극장의 우상 : 잘못된 원칙·학설·전통·유행 등을 무비판적으로 수용하고 신뢰하는 데서 오는 선입견이다.

Answer 27.② 28.③

29 '자랑스러운 시민상'은 시정발전, 사회복지 증진, 사회도의 앙양 등 지역사회 발전을 위해 헌신 봉사하거나, 각종 재난·재해사고 발생 때 투철한 희생정신을 발휘한 시민을 발굴해 사회의 귀감으로 삼고자 제정한다. 제38회 '희생' 부문 본상 수상자는?

① 김문하

② 손기찬

③ 이진수

④ 이희숙

> ✔ **해설** '희생' 부문 본상 수상자인 김문하 부산세관 주무관은 2020년 11월 부산대교 인근 해상에서 자살 기도를 했던 익수자를 최초로 발견, 추운 날씨와 강한 조류 등 위험한 상황을 무릅쓰고 직접 바다에 뛰어들어 1차 구조 활동을 펼쳐 출동한 해경과 함께 생명을 구한 의인이다.

30 우리나라 무형문화재 제1호로 옳은 것은?

① 강강술래

② 종묘제례악

③ 남사당놀이

④ 양주별산대놀이

> ✔ **해설** ① 국가무형문화재 제8호
> ③ 국가무형문화재 제3호
> ④ 국가무형문화재 제2호

31 다음은 부산시민헌장의 일부이다. 빈 칸에 들어갈 말로 옳은 것은?

> 가야와 신라의 숨결 속에서 낙동강의 얼과 금정산의 슬기가 담긴 분산은 민족의 자존을 지키고 민주의 새 역사를 일궈낸 (   )이다.

① 역동의 도시

② 해양의 도시

③ 자유의 도시

④ 인재의 도시

> ✔ **해설** 가야와 신라의 숨결 속에서 낙동강의 얼과 금정산의 슬기가 담긴 분산은 민족의 자존을 지키고 민주의 새 역사를 일궈낸 <u>자유의 도시</u>이다.
> 부산은 대양의 관문이며 대륙을 향한 교두보로 동북아의 중심에서 우뚝 서서 세계의 인재와 자원을 모으는 역동의 해양의 도시이다.
> 우리는 부산의 주인임을 자랑스럽게 여기며 진취적 기상으로 미래를 개척하며 지역번영과 인류 평화에 이바지할 것이다.

Answer 29.① 30.② 31.③

32 이 곳은 죽성리 남쪽 해안가에 자리한 큰 바위로, 기장오대(機張五臺) 중 하나다. 기장과 인근 지역선비들이 풍류를 즐기며 시상을 떠올리던 곳으로 전해지며, 1618년 고산 윤선도가 경원에서 이 곳 죽성으로 이배되어 와 6년간이나 유배 생활을 하면서 시·서·제문 등 29수를 남긴 곳으로 전해지는 이 곳은?

① 오륜대
② 황학대
③ 시랑대
④ 소학대

해설 ① 오륜대 : 오륜대 저수지 안에 우뚝 솟아 있는 바위를 지칭하나, 넓은 의미에서는 부산광역시 금정구 회동동·선두구동·오륜동·금사동·부곡동 등 5개동에 걸쳐 위치한 뛰어난 경관을 가지고 있는 오륜대 저수지 일대를 의미하기도 한다.
③ 시랑대 : 부산광역시 시랑리 해안에 있는 바위로, 원앙대라고 불리다가 영조 때 기장현감 권적이 이 곳에 와서 자기의 벼슬을 시랑(侍郎)이라고 하여 시를 짓고 바위에 새기면서 시랑대라고 불리게 되었다.
④ 소학대 : 매학리에 매바위라 불리는 거대한 암산을 말한다. 100여 척의 층암이 깎아 세운 듯 우뚝 솟아 있고, 정상은 편편한 대를 이루고 있다. 백운산은 기장의 주산으로 항상 흰 구름 속에 잠겨 있다 하여 붙여진 이름이다.

33 부산에서 활동한 독립운동가가 아닌 인물은?

① 구수암
② 김선갑
③ 홍재문
④ 곽상훈

해설 곽상훈은 부산 출신의 독립운동가는 맞지만, 상하이 중국본부한인청년동맹에 참가하여 활동하였다.
① 구수암 : 기장면에서 일어난 3·1운동에 주도적으로 참여하였다.
② 김선갑 : 부산제2상업학교 재학 중 경남학도전력증강국방경기대회에서 일본인 심판 노다이의 부당행위에 항의한 부산항일학생의거를 주도하다가 검거되었다. 출옥 후 고문 후유증으로 순국하였다.
③ 홍재문 : 부산공립보통학교의 교사로 재직하면서 3·1운동에 참여하였으며 「조선 독립신문」 발행과 임시정부에 군자금 조달하다 일제 경찰에 체포되어 옥고를 치렀다.

Answer 32.② 33.④

34 부산의 슬로건 및 도시 목표가 아닌 것은?

① 시민행복도시

② 글로벌허브도시

③ 저탄소그린도시

④ 신경제국제도시

> ✔️**해설** 부산의 슬로건 및 도시목표는 다음과 같다.

슬로건	다시 태어나도 살고 싶은 부산
도시 목표	• 내게 힘이 되는 시민행복도시 • 세계와 함께하는 글로벌허브도시 • 지산학이 주도하는 창업금융도시 • 미래를 선도하는 디지털혁신도시 • 친환경 기술로 앞서가는 저탄소그린도시 • 누구나 찾고 싶은 문화관광매력도시

35 부산의 시목으로 옳은 것은?

① 소나무

② 은행나무

③ 동백나무

④ 사과나무

> ✔️**해설** 1970년에 동백나무를 부산의 시목으로 지정하였다. 진녹색의 잎과 진홍색 꽃의 조화는 푸른 바다와 사랑인 많은 시민 정신을 그리며, 싱싱하고 빛이 나는 진녹색 활엽은 시민의 젊음과 의욕을 나타낸다.

Answer 34.④ 35.③

36 부산의 국제 교류 국가와 도시의 수로 옳은 것은?

	국가	도시
①	26개국	29개도시
②	27개국	30개도시
③	30개국	32개도시
④	31개국	32개도시

✔해설 부산의 자매국가는 26개국(대만, 미국, 일본, 스페인, 브라질, 러시아, 중국, 인도네시아, 호주, 멕시코, 베트남, 뉴질랜드, 칠레, 남아프리카공화국, 캐나다, 튀르키예, U.A.E, 캄보디아왕국, 인도공화국, 그리스, 모로코, 필리핀, 미얀마, 케냐, 앙골라, 탄자니아)이며, 도시는 29개도시(가오슝, LA, 시모노세키, 바르셀로나, 리우데자네이루, 블라디보스토크, 상하이, 수라바야, 빅토리아州, 티후아나, 호치민, 오클랜드, 발파라이소, 웨스턴케이프州, 몬트리올, 이스탄불, 두바이, 후쿠오카, 시카고, 상트페테르부르크, 프놈펜, 뭄바이, 테살로니키, 카사블랑카, 세부州, 양곤시, 몸바사州, 루안다州, 다르에스살람)이다.

37 부산의 마스코트 이름은?

① 해치　　　　　　　　　　　② 부비
③ 피우미　　　　　　　　　　④ 한꿈이

✔해설 부비는 꿈과 희망을 상징하는 태양을 활발하고 힘차게 역동하는 부산 이미지로 표현하여 21세기 세계 일류도시를 꿈꾸는 부산의 비전과 진취적인 시민의 정서를 나타낸다. 한편, 부산시 소통 캐릭터는 '부기'다.
① 서울의 마스코트
③ 창원의 마스코트
④ 대전의 마스코트

38 현존하는 사료 중 부산에 대해 가장 처음 기록된 사료는?

① 발해고　　　　　　　　　　② 동국통감
③ 삼국유사　　　　　　　　　④ 조선왕조실록

✔해설 부산이란 지명은 1402년 "동평현 부산포(富山浦)에 왜구가 들어와 천호 김남보와 사졸 10여 명을 죽였다"(「조선왕조실록－태종실록」 3권, 태조 2년 1월 28일)는 기록이 처음이다. 이때 부산은 '부산(富山)'이다. 현재와 같은 한자 이름은 1469년 "동래현령 반희가 하직하니, (중략) 반희가 일찍이 부산포(釜山浦) 첨절제사가 되었을 때…"(「조선왕조실록－성종실록」 제1권, 즉위년 12월 15일)라는 기록이 처음이다.

Answer　36.①　37.②　38.④

39 부산의 제39대 시장의 이름은?

① 오거돈   ② 서병수

③ 허남식   ④ 박형준

 해설 ① 제37대 시장
② 제36대 시장
③ 제33/34/35대 시장

40 부산에 대한 설명으로 옳지 않은 것은?

① 온대 계절풍 기후대와 대륙 동안 기후대에 속한다.

② 해양의 영향을 크게 받아 여름과 겨울의 기온차가 크다.

③ 우리나라 제1의 국제무역항이자 국제공항을 갖고 있다.

④ 부산 인구는 줄어들고 있으나 거주 외국인의 수는 증가하고 있다.

 해설 해양성기후의 영향으로 여름과 겨울의 기온차가 크지 않다.

2023. 9. 2. 하반기 기출복원문제

※ 기출 후기를 바탕으로 복원 · 재구성하였습니다.

1 **위안부의 날로 옳은 것은?**

① 3월 8일   ② 3월 22일

③ 4월 2일   ④ 8월 14일

> ✔해설 일본군 '위안부' 문제를 국내외에 알리고 일본군 '위안부' 피해자를 기리기 위하여 제정된 국가기념일은 8월 14일이다.
> ① UN에서 세계 여성의 지위 향상을 위하여 공식 지정한 기념일이다.
> ② UN에서 지정한 세계 물의 날이다.
> ③ UN에서 지정한 세계 자폐증 인식의 날이다.

2 **식품을 섭취해도 건강이나 안전에 이상이 없을 것으로 인정되는 소비 최종기한은?**

① 유통기한   ② 소비기한

③ 제조일자   ④ 생산일자

> ✔해설 2023년 1월 1일부터 기존 유통기한을 대체하여 소비기한을 표기하는 소비기한표시제가 시행되었다. 명확하지 않은 영업자 중심의 유통기한 대신, 소비자에게 실질적인 정보 제공 및 식량 낭비를 막자는 취지에서 적용되었다.

3 **세계 언론 자유 지수에 대한 설명으로 옳지 않은 것은?**

① 세계 전역의 언론 자유와 언론인 인권 보호를 목적으로 한다.

② 1985년에 설립된 국경 없는 기자회가 발표한다.

③ 2023년 기준으로 한국은 47위를 기록했다.

④ 등급이 낮을수록 언론이 더 자유로운 국가임을 의미한다.

> ✔해설 등급이 높을수록 언론이 더 자유로운 국가임을 의미한다.

Answer   1.④   2.②   3.④

4 제2차 세계대전 중 이루어진 미국이 주도한 원자폭탄제조계획 '맨해튼 프로젝트'를 이끈 물리학자는?

① 오펜하이머　　　　　　　　　　② 아벨슨
③ 테슬라　　　　　　　　　　　　④ 노벨

> **✔해설** 맨해튼 프로젝트는 제2차 세계대전 중 미국이 주도하고 영국과 캐나다가 공동으로 참여했던 핵폭탄 개발 프로젝트다. 이후 오펜하이머는 더 이상의 전쟁 관련 연구를 거부하고, 미국 정부가 추진하던 수소폭탄 계획에 대해서도 소극적이고 부정적인 입장을 표했다. 이로 인해 공산주의자로 몰리면서 모든 공직을 박탈당하기도 했다.

5 죄형법정주의와 연관이 없는 것은?

① 부당결부 금지의 원칙
② 관습법 금지의 원칙
③ 유추해석 금지의 원칙
④ 소급효 금지의 원칙

> **✔해설** 부당결부 금지의 원칙이란 행정기관이 행정활동을 행함에 있어서 그것과 실질적인 관련이 없는 반대급부와 결부시켜서는 안 된다는 행정법상의 원칙이다.
> ※ 죄형법정주의… 범죄와 형벌을 미리 법률로써 규정하여야 한다는 근대형법상의 기본 원칙이다.

6 작품과 화가의 연결로 옳은 것은?

① 흰 소 - 클림트
② 붉은 점화 - 김환기
③ 밤의 카페 테라스 - 뭉크
④ 아비뇽의 처녀들 - 모네

> **✔해설** ① 「흰 소」는 이중섭의 작품이며, 클림트의 대표적인 작품에는 「키스(연인)」 등이 있다.
> ③ 「밤의 카페 테라스」는 고흐의 작품이며, 뭉크의 대표적인 작품에는 「절규」 등이 있다.
> ④ 「아비뇽의 처녀들」은 피카소의 작품이며, 모네의 대표적인 작품에는 「수련」 등이 있다.

Answer 4.① 5.① 6.②

7 맹자의 사단 중 하나로, 겸손하여 남에게 사양할 줄 아는 마음을 일컫는 것은?

① 측은지심(惻隱之心)　　　　　　② 수오지심(羞惡之心)
③ 사양지심(辭讓之心)　　　　　　④ 시비지심(是非之心)

> **해설** ① 측은지심(惻隱之心) : 다른 사람을 가엾고 불쌍히 여기는 마음을 일컫는다.
> ② 수오지심(羞惡之心) : 잘못을 부끄러워하고 악을 미워하는 마음을 일컫는다.
> ④ 시비지심(是非之心) : 옳고 그름을 가릴 줄 아는 마음을 일컫는다.

8 향, 부곡, 소에 대한 설명으로 옳지 않은 것은?

① 고려의 특수 행정 구역이다.
② 향·부곡은 농업에 종사, 소는 수공업에 종사하였다.
③ 조세 공납에서 제외되었다.
④ 무신 집권기에 반란을 일으켰던 망이와 망소이는 소의 주민이었다.

> **해설** 과중한 세금을 부담하였다.

9 집단적 정치참여에 해당하는 것을 모두 고르면?

> ㉠ 시민단체
> ㉡ 정당활동
> ㉢ 청원
> ㉣ 서명운동

① ㉠㉡　　　　　　　　　　　② ㉠㉣
③ ㉡㉢　　　　　　　　　　　④ ㉢㉣

> **해설** 집단적 정치참여 및 개인적 정치참여
>
> | 집단적 정치참여 | 개인적 정치참여 |
> |---|---|
> | 시민단체, 정당활동, 이익집단 등 | 선거 및 투표 참여, 공무담임권 행사, 청원, 서명운동, 집회 및 시위 등 |

Answer 7.③ 8.③ 9.①

10 2024년 최저임금으로 옳은 것은?

① 8,720원

② 9,160원

③ 9,620원

④ 9,860원

> ✔ 해설 2024년 최저임금은 2023년 대비(9,620원) 2.5% 인상된 9,860원이다.

11 여러 남미 국가에서 온건한 사회주의를 표방하는 좌파 정당들이 연달아 집권한 기조는?

① 블랙 타이드

② 핑크 타이드

③ 퍼플 타이드

④ 레드 타이드

> ✔ 해설 핑크 타이드 … '분홍 물결'이라는 뜻으로 중남미의 우파 독재정권이 무너져 민주화가 이루어진 이후 1990년대 말부터 이어진 사회주의 표방 좌파 정당의 집권 기조이다. 좌파가 파도 타듯 잇따라 집권하면서 사용된 용어로. 강렬한 빨간색이 상징인 동구권 사회주의보다 온건한 분홍빛 사회주의가 나타날 것이란 의미에서 핑크 타이드가 사용되었다. 이들은 2010년대에 차례대로 무너졌으나 2020년대 들어 연이어 탄생하고 있다.

12 5부 요인에 포함되지 않는 것은?

① 대통령

② 국회의장

③ 대법원장

④ 국무총리

> ✔ 해설 5부 요인 … 국회의장, 대법원장, 헌법재판소장, 국무총리, 중앙선거관리위원장을 일컫는다. 헌법상 행정부 수반이자 국가원수인 대통령은 제외한다. 국가 의전 서열은 '대통령 → 국회의장 → 대법원장 → 헌법재판소장 → 국무총리 → 중앙선거관리위원장' 순이다.

Answer 10.④ 11.② 12.①

13 흥선대원군에 대한 설명으로 옳지 않은 것은?

① 삼군부를 부활시켜 군국 기무를 전담시켰다.

② 속대전을 편찬하여 통치제도를 정비하였다.

③ 군정개혁으로 양반에게도 군포를 징수하는 호포제를 실시하였다.

④ 환곡의 폐단을 시정하기 위해 사창제를 실시하였다.

> ✔해설 속대전은 조선의 기본 법전인 경국대전의 속편으로, 영조가 통치 기틀을 마련하여 왕권을 강화하기 위
> 해 편찬했다. 경국대전과 속대전을 통합한 법전이 정조의 대전통편이다. 흥선대원군은 경국대전, 속대
> 전, 대전통편을 모두 통합한 대전회통을 편찬했다.

14 일상에서 필요한 다양한 서비스와 기능을 하나의 어플리케이션으로 통합하여 제공하는 모바일 앱 또는 웹으로 옳은 것은?

① 웹앱

② 네이티브앱

③ 슈퍼앱

④ 하이브리드앱

> ✔해설 ① 웹앱 : 브라우저 기반으로 별도의 앱 설치가 필요 없다. 네이티브앱에 비해 상대적으로 구동 속도가
> 느리고 안전성도 낮다.
> ② 네이티브앱 : 모바일 기기에 최적화된 네이티브 언어로 개발된 대부분의 어플리케이션을 말한다.
> ④ 하이브리드앱 : 웹앱과 네이티브앱 개발 방식을 모두 사용하는 것으로, 앱 화면이나 기능 등 콘텐츠
> 영역은 웹을 기반으로 한다.

15 우리나라 신석기 시대 문화의 특징으로 옳은 것은?

① 가락바퀴와 뼈바늘을 이용해 옷을 만들었다.

② 동굴이나 바위그늘에서 살았으며 유적은 상원의 검은모루동굴, 제천 창내 등이 있다.

③ 주먹도끼, 찍개 등의 사냥도구를 이용하여 채집과 수렵을 시작하였다.

④ 일부 저습지에서는 벼농사가 시작되었다.

> ✔해설 ②③ 구석기 시대
> ④ 청동기 · 철기 시대

16 ㈎ 시기에 발생한 역사적 사실로 옳은 것은?

> 1차 남북협상 − ㈎ − 반민특위 설치 −사사오입 개헌

① 제1차 미 · 소 공동 위원회　　　　② 8 · 15 광복

③ 이승만 대통령 당선　　　　　　　④ 6 · 25 전쟁

> ✔해설　1차 남북협상(1948. 4.)→이승만 대통령 당선(1948. 7.)→반민특위 설치(1948. 10.)→사사오입 개헌(1954. 11.)
> ① 1946. 3. 20.
> ② 1945. 8. 15.
> ④ 1950. 6. 25.

17 서양의 윤리사상에 대한 설명으로 옳지 않은 것은?

① 칸트가 말하는 최고선이란 선의지에 의한 도덕적 행위와 이에 부응하는 행복과의 합치를 의미한다.

② 공리주의에 의하면 인간에 있어 유일한 선은 쾌락이요, 유일한 악은 고통이다.

③ 실존주의는 구체적인 현실 속에서 진정한 자기를 다시 회복하려는 진지한 사상을 전개한다.

④ 실용주의는 도덕적 타락과 무정부 상태를 극복하고 인간정신에 질서를 부여함으로써 사회적 안정과 평화를 꾀하였다.

> ✔해설　실용주의(實用主義)는 행동본위 · 실행본위 · 생활본위 · 실용본위의 철학으로 결정론적 세계관을 배격하고 진리의 유용성을 주장한다.

18 GDP의 G가 의미하는 것은?

① Gross　　　　　　　　　　② Global

③ General　　　　　　　　　④ Genetically

> ✔해설　GDP는 Gross Domestic Product(국내 총생산)을 뜻한다.

Answer　16.③　17.④　18.①

19 희소성의 법칙에 대한 설명으로 옳은 것은?

① 모든 재화의 수량이 어떤 절대적 기준에 미달한다는 원칙이다.
② 몇몇 중요한 재화의 수량이 어떤 절대적 기준에 미달한다는 법칙이다.
③ 인간의 생존에 필요한 재화가 부족하다는 법칙이다.
④ 인간의 욕망에 비해 재화의 수량이 부족하다는 법칙이다.

> **해설** 인간의 소비욕구는 무한한 반면, 이를 충족시키는 데 필요한 경제적 자원은 제한되어 있음을 희소성의 법칙이라고 한다(G. Cassel). 노동, 자본, 토지 등과 같이 생산과정에 투입되어 재화나 서비스로 변환될 수 있는 경제적 자원이 희소하기 때문에 제한된 자원을 어떻게 사용하는 것이 합리적인지에 관련된 선택의 문제에 직면하게 된다.

20 2015년 산업박람회에서 앙겔라 메르켈 독일 총리가 제시하며 등장한 용어로, 2016년 1월 세계경제포럼(WEF)에서 클라우스 슈밥 회장이 연설한 주제는?

① 제1차 산업혁명
② 제2차 산업혁명
③ 제3차 산업혁명
④ 제4차 산업혁명

> **해설** 산업 혁명은 18세기 후반부터 약 100년간 유럽에서 일어난 생산기술과 그에 따른 사회, 경제 주고의 변혁을 일컫는다. 제1차는 증기기관을 기반으로, 제2차는 전기를 기반으로 한 대량 생산 혁명, 제3차는 컴퓨터와 인터넷을 기반으로 한 지식정보 혁명이다. 제4차 산업혁명은 인공지능을 필두로 하는 과학기술의 발전 속도로 인해 촉발되는 변화이다.

21 개발 NGO의 특징으로 옳지 않은 것은?

① 취약한 재정으로 정부나 기업 의존성이 커진다.
② 정부나 국제기구보다 지역사회에 대한 접근성이 좋다.
③ 아마추어적 사업으로 책무성이 요구되지 않는다.
④ 빈곤 포르노성 홍보 모금 영상 등으로 윤리적으로 지적을 받기도 한다.

> **해설** 책무성에 대한 내외부적 요구가 커지고 있으며 이에 대한 대응 역시 구체화되고 있다.

Answer 19.④ 20.④ 21.③

22 왕의 생활공간을 넓힐 목적으로 세워졌으며, 태종이 세종에게 왕위를 물려주고 거처했던 수강궁에 전각을 보태어 세운 궁궐은?

① 경복궁

② 덕수궁

③ 창덕궁

④ 창경궁

✔해설 창경궁 … 경복궁, 창덕궁에 이어 세 번째로 지어진 조선시대 궁궐로, 성종이 왕실의 웃어른인 세조 비 정희왕후, 예종 비 안순왕후, 덕종 비 소혜왕후 등 세 분의 대비가 편히 지낼 수 있도록 창덕궁 이웃에 마련한 궁궐이다. 왕실 가족의 주거공간으로서 창덕궁의 보조궁궐 기능을 한 창경궁은 임진왜란 때 모두 불에 타 소진되었으나 광해군 연간에 다시 중건되었다.

23 대중의 호기심에 호소하여 선정적이고 비도덕적인 기사를 과도하게 취재하고 보도하는 저널리즘은?

① 팩 저널리즘

② 옐로 저널리즘

③ 하이프 저널리즘

④ 제록스 저널리즘

✔해설 ① 팩 저널리즘 : 취재 방법이나 시각 등 독창성이 없고, 획일적이어서 개성이 없는 저널리즘을 말한다. 즉, 천편일률적인 보도를 뜻한다.

③ 하이프 저널리즘 : 오락만 있고 정보 따위가 전혀 없는 유형의 뉴스를 일컫는다.

④ 제록스 저널리즘 : 문서를 근거로 한 폭로 기사 또는 비합법적이거나 안이한 취재 방법으로 하는 일변도의 언론 경향을 일컫는다.

24 영화관이 자국 영화를 일정 일수 이상 상영하도록 하는 제도적 장치는?

① 스크린 숏

② 스크린셀러

③ 스크린 상한제

④ 스크린 쿼터제

✔해설 ① 스크린 숏 : 화면이나 창의 이미지를 그래픽 파일로 저장 또는 그래픽 편집기로 복사한 화면을 일컫는다.

② 스크린셀러 : 영화를 뜻하는 '스크린(Screen)'과 '베스트셀러(Bestseller)'의 합성어로, 영화의 흥행으로 인기를 얻게 된 원작 소설을 말한다.

③ 스크린 상한제 : 관객이 몰리는 주요 시간대에 특정한 영화의 상영관 수를 제한하는 제도로, 특정 영화의 스크린 독과점 현상을 막기 위함이다.

Answer 22.④ 23.② 24.④

25 잔혹한 참상이 벌어진 비극적인 역사적 장소나 재난·재해 지역을 돌아보는 여행으로 옳은 것은?

① 그린 투어리즘   ② 다크 투어리즘
③ 볼런 투어리즘   ④ 컬처 투어리즘

> ✔해설 우리나라의 대표적 다크 투어리즘 장소로는 성대문 형무소, 비무장지대, 거제도 등이 있다. 블랙 투어리즘, 그리프 투어리즘이라고도 하며, 국립국어원은 우리말 대체로 '역사 교훈 여행'을 선정했다.

26 정부 또는 고위공무원이 공공지원 정책 분야 등에 지원은 하되, 운영에는 간섭하지 않음으로써 자율권을 보장하는 원칙은?

① 무관용 원칙   ② 신뢰보호의 원칙
③ 부담공평의 원칙   ④ 팔 길이 원칙

> ✔해설 ① 무관용 원칙 : 사소한 위법 행위도 죄질이 나쁜 경우 엄격하게 처벌한다는 원칙이다.
> ② 신뢰보호의 원칙 : 행정청이 국민에 대하여 행한 언동의 정당성 또는 계속성에 대한 보호가치가 있는 개인의 신뢰를 보호하는 원칙이다.
> ③ 부담공평의 원칙 : 국가가 국민의 수입과 세금을 낼 수 있는 능력에 따라 세금을 공평하게 부과하여야 한다는 원칙이다.

27 본인확인기관이 이용자의 주민등록번호와 본인확인기관 간 공유비밀정보를 이용해 생성하는 고유번호는?

① 연계정보   ② 마이데이터
③ 3GPP   ④ 그래핀

> ✔해설 ② 마이데이터 : 금융뿐만 아니라 관공서, 병원 등 여러 기관에 분산된 개인 정보를 동의하에 연동하여 자신의 정보를 한꺼번에 확인할 수 있는 서비스다.
> ③ 3GPP : 무선 통신 관련 국제 표준을 제정하기위해 1998년에 창설된 이동통신 표준화 기술협력 기구이다.
> ④ 그래핀 : 탄소가 0.2nm(나노미터) 두께 벌집 모양의 단층 평면 구조로 결합한 나노물질이다.

Answer 25.② 26.④ 27.①

28 세계 3대 아트페어가 아닌 것은?

① 바젤 아트페어　　　　　　　　　　② 피악 아트페어

③ 시카고 아트페어　　　　　　　　　　④ 홍콩 아트페어

> **✔해설**　① 바젤 아트페어 : 매년 6월 스위스 바젤에서 개최하는 세계 최대 미술품 아트페어이다. 회화부터 드로
> 잉 · 조각 · 퍼포먼스 · 비디어 아트 등 모든 장르 중 가장 고가, 고급 작품이 집중적으로 소개된다.
> ② 피악 아트페어 : 매년 10월 프랑스 파리에서 개최하는 국제 아트페어이다. 그랑 팔레 전시, 벽을 넘
> 어서, 갤러리의 밤, 젊은 큐레이터 초대 등의 주요 행사를 열린다.
> ③ 시카고 아트페어 : 매년 4월 미국 시카고에서 개최되는 아트페어이다. 현역 작가 중심의 작품들이 주
> 로 거래되며 예술성보다는 시장성에 치중한다는 평가를 받기도 한다.

29 기존 영화 시리즈물에서 연속성을 버리고 새롭게 처음부터 만드는 것으로, 원작의 전체적인 콘셉트
만 가져와 완전히 다른 이야기로 재구성하는 방식은?

① 리부트　　　　　　　　　　　　　　② 프리퀄

③ 시퀄　　　　　　　　　　　　　　　④ 스핀오프

> **✔해설**　② 프리퀄 : 원작에 선행하는 사건을 담는다. 주인공의 과거나 원작 에피소드에 선행하는 사건을 담아
> 원작의 개연성을 제공한다.
> ③ 시퀄 : 일반적인 속편으로, 원작의 캐릭터, 스토리를 재사용하거나 확장하여 구성한다. 대체로 원작
> 의 제목은 그대로 쓰고 속편 표기를 한다.
> ④ 스핀오프 : 기존 등장인물이나 에피소드에 기초하여 새로운 이야기로 확장하는 방식이다. 작품의 세
> 계관을 공유하지만 주인공이나 줄거리는 다르다.

30 기념물 중 경승지로서 중요한 것을 지정하는 국가지정유산은?

① 국보　　　　　　　　　　　　　　　② 보물

③ 명승　　　　　　　　　　　　　　　④ 사적

> **✔해설**　① 국보 : 보물에 해당하는 문화재 중 인류문화의 견지에서 그 가치가 크고 유례가 드문 것을 말한다(예 :
> 서울 숭례문 등).
> ② 보물 : 유형문화재 중 가치가 큰 것을 말한다(예 : 서울 흥인지문, 하남 동사지 오층석탑 등).
> ④ 사적 : 기념물 중 역사 · 학술 · 예술적 가치가 큰 것을 말한다(예 : 경주 포석정지, 수원 화성 등).

Answer　28.④　29.①　30.③

31 부산시민의 날로 옳은 것은?

① 충무공이순신 장군 부산포해전 승전일 10월 5일(음력 9월 1일)

② 동래부사 송상현공 순절일 5월 25일(음력 4월 15일)

③ 부산시민헌장 제정일 8월 1일

④ 부산항 근대 개항일 2월 27일

> ✔해설 시민들의 제의가 가장 많았던 임진왜란 때 충무공이순신 장군의 부산포해전 승전일인 10월 5일(음력 9월 1일)이 부산시민의 날로 결정되어, 1980년 9월 10일 확정 공포되었다.

32 1957년 제1회 부산광역시 문화상 '과학'부문 수상자는?

① 정중환

② 최한복

③ 우장춘

④ 조명기

> ✔해설 부산에서 활동한 육종학자로, 1936년 종의 합성 이론으로 박사학위를 취득하여 육종학자의 입지를 굳혔다. 한국농업과학연구소를 운영하기 위해 귀국하여 동래 온천장의 원예시험장에서 한국적 토양에 맞는 농법 개발에 힘썼다.

33 예로부터 해운대를 사포지향(四浦池向)의 도시라고 일컬었는데, 사포지향에 해당하지 않는 것은?

① 바다

② 호수

③ 온천

④ 산

> ✔해설 사포지향(四浦池向)은 바다, 강, 산, 온천을 의미한다.

34 부산광역시의 마스코트 부비가 상징하는 바가 아닌 것은?

① 밝고 희망찬 해
② 출렁이는 바다 물결
③ 힘차게 역동하는 부산
④ 시민 안전과 위기위험

> ✔해설 꿈과 희망을 상징하는 태양을 활발하고 힘차게 역동하는 부산 이미지로 표현하여 21세기 세계일류도시를 꿈꾸는 부산의 비전과 진취적인 시민의 정서를 나타낸다. 부비의 원은 부산바다에 떠오르는 밝고 희망찬 해를 상징하며 선은 출렁이는 바다물결과 새롭게 태어남을 상징한다.

35 부산의 도시 목표가 서로 바르게 연결된 것은?

① 지산학이 주도하는 창업금융도시 – 반려동물 친화도시 조성
② 친환경 기술로 앞서가는 저탄소 그린도시 – 친환경 대중교통 서비스 확충
③ 미래를 선도하는 디지털 혁신 도시 – 맥도 100만 평 그린시티 조성
④ 세계와 함께하는 글로벌 허브 도시 – 도심 내 창업혁신공간 조성

> ✔해설 도시 목표

구분	내용
내게 힘이 되는 시민행복도시	• 15분 도시 부산 조성 사업 확산 • '들락날락' 및 'HAHA'센터 조성 • 찾아가는 스마일 모빌리티 헬스케어 서비스 확대 • 공공의료체계 구축
세계와 함께하는 글로벌허브도시	• 영어하기 편한 도시 조성 • 가덕도신공항 조기 건설 및 해상스마트도시 건설
지산학이 주도하는 창업금융도시	• 부산창업청 신설 • 아시아 창업 엑스포 개최 • 지산학 협력체계 고도화
미래를 선도하는 디지털혁신도시	• 디지털 융합 창의인재 양성 • 부산 빅데이터혁신 센터 설립 • 제조업 디지털 전환 혁신클러스터 구축 • 도심 내 창업혁신 공간 조성
친환경 기술로 앞서가는 저탄소 그린도시	• 세계적 미술관 유치 및 부산오페라하우스 건립 • 생활체육 천국도시 구현 • 반려동물 친화도시 조성
누구나 찾고 싶은 문화관광 매력도시	• 부산 지역환경 맞춤 신재생에너지 활성화 • 맥도 100만 평 그린시티 조성 • 친환경 대중교통 서비스 확충

Answer 34.④ 35.②

36 부산의 기온에 대한 설명으로 옳지 않은 것은?

① 봄에는 울산이나 통영지방보다 기온이 낮은 편이다.
② 7월 하순부터 8월 중순까지 일 최고기온 32℃ 이상의 무더위가 수주일간 계속된다.
③ 가을에는 대륙의 고기압이 점차 발달하여 맑은 날을 맞는다.
④ 일 최저기온이 0℃ 이하인 일수가 부산은 53일로, 제주도를 제외하고 가장 적다.

✔해설 인근 지역인 울산이나 통영지방보다 기온이 높은 편이나, 봄바람이 무척 강하여 체감온도는 상당히 낮다.

37 부산 유래에 대한 설명으로 옳지 않은 것은?

① 부산광역시는 1963년에 부산직할시였다.
② 동래가 부산을 대표하는 명칭이 된 것은 신라 선덕여왕 때다.
③ 제1공화국 탄생(1948년) 이후 1년 뒤 부산부에서 부산시로 바뀌었다.
④ 부산부는 1910년 일제강점기 때 지어진 이름이다.

✔해설 동래가 부산 지역을 대표하는 명칭이 된 것은 신라 경덕왕(742 ~ 764년) 때이다.

38 부산과 위도가 비슷한 외국 도시로 옳지 않은 것은?

① 일본 도쿄
② 중국 정센
③ 캐나다 밴쿠버
④ 미국 오클라호마시티

✔해설 동단은 동경 129° 18′ 13″ (장안읍 효암리), 서단은 동경 128° 45′ 54″ (가덕도동 미백도), 남단은 북위 34° 52′ 50″ (다대동 남형제도), 북단은 북위 35° 23′ 36″ (장안읍 명례리)이다. 따라서 북반구 중위도와 동반구 중경도에 해당된다. 부산과 위도가 비슷한 우리나라 도시로는 진해, 광주 등이 있고, 외국의 경우 일본의 도쿄, 중국의 정센, 알제리의 알제, 그리고 미국의 오클라호마시티 등이 이에 해당된다.

39 부산의 시어로 옳은 것은?

① 갈치
② 고등어
③ 연어
④ 가오리

✔해설 고등어는 2011년 7월 6일에 부산 시어로 지정되었으며, 태평양을 누비는 강한 힘으로 목표를 향해 끊임없이 도약하는 해양수산도시 부산을 상징한다.

40 부산의 행정구역이 아닌 것은?

① 강동구
② 강서구
③ 영도구
④ 금정구

✔해설 부산의 행정구역은 중구, 서구, 동구, 영도구, 부산진구, 동래구, 남구, 북구, 해운대구, 사하구, 금정구, 강서구, 연제구, 수영구, 사상구, 기장군이다.

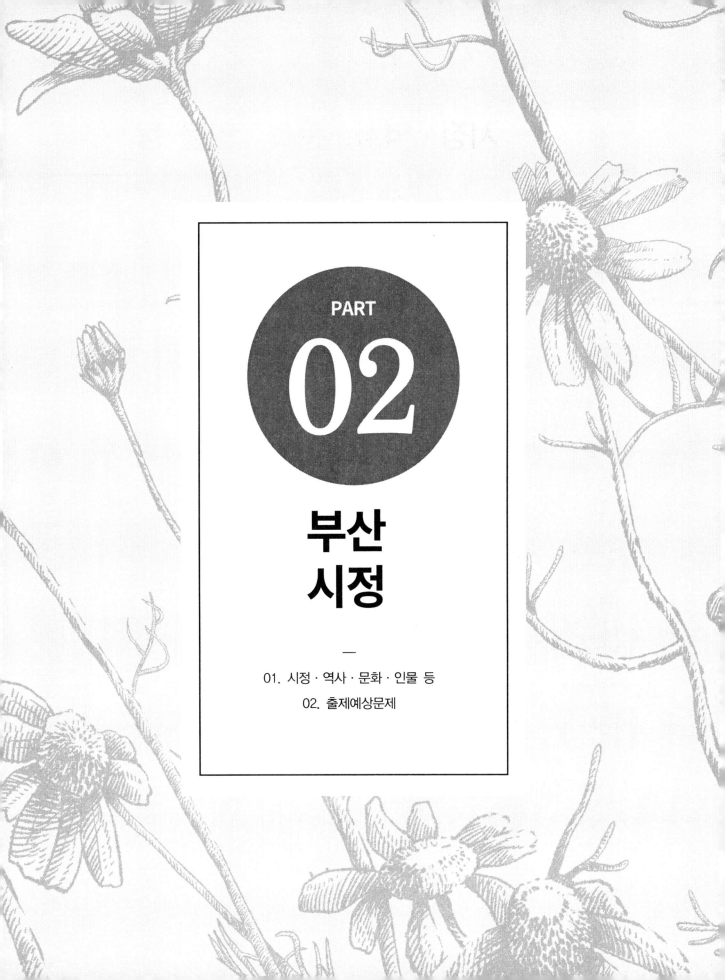

PART

02

부산
시정

—

시정 · 역사 · 문화 · 인물 등

❶ 부산의 오늘

(1) 도시비전과 목표

① 도시비전

　ㄱ 비전 : 부산 먼저 미래로 그린스마트 도시 부산

　ㄴ 슬로건 : 다시 태어나도 살고 싶은 부산

- 내게 힘이 되는 시민행복도시
- 세계와 함께하는 글로벌허브도시
- 지산학이 주도하는 창업금융도시
- 미래를 선도하는 디지털혁신도시
- 친환경 기술로 앞서가는 저탄소그린도시
- 누구나 찾고 싶은 문화관광매력도시

② 도시목표

내게 힘이 되는 시민행복도시	세계와 함께하는 글로벌허브도시	자신학이 주도하는 창업금융도시	미래를 선도하는 디지털혁신도시	친환경 기술로 앞서가는 저탄소그린도시	누구나 찾고 싶은 문화관광매력도시
• 15분 도시 부산 조정 사업 확산 • '들락날락 및 'HAHA'센터 조성 • 찾아가는 스마일 모빌리티 헬스케어 서비스 확대 • 공공의료체계 구축	• 영어하기 편한 도시 조성 • 가덕도신공항 조기 건설 및 해상스마트도시 건설	• 부산창업청 신설 • 아시아창업엑스포 개최 • 지산학 협력체계 고도화	• 디지털 융합 창의인재 양성 • 부산 빅데이터 혁신센터 설립 • 제조업 디지털 전환 혁신클러스터 구축 • 도심 내 창업혁신공간 조성	• 부산지역 환경 맞춤 신재생에너지 활성화 • 맥도 100만 평 그린시티 조성 • 친환경 대중교통 서비스 확충	• 세계적인 미술관 유치 및 부산 오페라하우스 건립 • 생활체육 천국도시 구현 • 반려동물 친화도시 조성

(2) 기본현황

① **위치** ⋯ 한반도의 남동단, 바다에 면한 남쪽을 제외하고는 경상남도와 접하고 있으며, 남으로는 대한해협에 면해 있고, 북으로는 울산광역시와 양산시의 동면과 물금읍, 서로는 김해시의 대동면과 경계를 이루고 있다.

　㉠ **수리적 위치** : 북반구 중위도와 동반구 중경도
- 동단-동경 129° 18′ 13″ (장안읍 효암리), 서단-동경 128° 45′ 54″ (가덕도동 미백도), 남단-북위 34° 52′ 50″ (다대동 남형제도), 북단-북위 35° 23′ 36″ (장안읍 명례리)
- 부산과 위도가 비슷한 우리나라 도시 : 진해, 광주
- 부산과 위도가 비슷한 외국의 도시 : 일본의 도쿄, 중국의 정센, 알제리의 알제, 미국의 오클라호마시티 등
- 부산과 경도가 비슷한 외국의 도시 : 시베리아의 르호얀스크, 일본의 나카사키, 호주의 다윈
- 부산은 표준시보다 약 8시간 37분 빠르고, 한국 표준시(동경 135° 기준) 보다는 약 24분이 늦은 곳이다.

　㉡ **기후대적 위치** : 온대 계절풍 기후대와 대륙 동안 기후대에 속하며, 부산이 대한해협에 면해있기 때문에 해양의 영향을 크게 받아 해양성기후의 특징이 잘 나타난다. 따라서 부산은 해양성기후의 영향으로 여름과 겨울의 기온차가 크지 않으며 4계절의 변화가 뚜렷하여 사람이 살기에 적합한 도시이다.

　㉢ **관문적 위치** : 우리나라 제1의 국제무역항이자 국제공항을 갖고 있어 가까운 일본은 물론 멀리 서부유럽의 여러 나라와 연결하는 관문역할을 다하고 있다. 부산의 국제항로를 보면, 일본의 도쿄를 비롯하여 오사카 및 시모노세키 · 후쿠오카 · 나고야와 중국의 상해 · 북경과 연결되어 있고, 해상항로인 여객선의 경우 오사카와 시모노세키와 중국의 엔타이와 연결되어 있으며, 무역항로는 세계를 총망라하는 선으로 연결되어 있고, 최근에는 러시아 · 중국과 정기항로가 개설되었다.

　㉣ 역사적으로 보면 부산은 반도국으로서의 지정학적 관계 때문에 대륙과 해양 세력의 교두보 역할을 담당해 온 곳이기도 하다. 그러나, 1970년대 이후 국력의 신장과 세계의 국제경제권이 대서양 연안국가에서 태평양 연안국가로 전환되면서 부산은 태평양시대를 주도할 수 있는 전진기지로서 그 역할을 다하고 있다.

② **면적** ⋯ 15구 1개 군을 가진 광역시, 총 면적 769.89km²

　㉠ 기장군(28.36%), 강서구(23.58%), 금정구(8.51%) 순으로 넓은 면적으로 차지하고 있다. 부산의 도심지에 해당하는 중구와 동구는 각각 0.37%와 1.28%에 그치고 있어 가장 적은 면적을 차지하고 있다.

ⓛ 부산의 시대별 면적 변화

- 1914년 3월 1일(일제시기) : 행정구역 개편에 따라 부산부제가 실시되면서 근대도시의 성격을 갖추었다. 당시 면적은 불과 84.15km²로 지금의 중구·동구·영도구 그리고 서구의 일부에 지나지 않았다.
- 1936년 4월 1일 : 제1차 행정구역 확장으로 동래군 서면과 사하면 암남리 편입으로 면적이 112.12km²로 늘어났다.
- 1942년 10월 1일 : 제2차 행정구역 확장으로 면적이 이전보나 두 배 이상인 241.12km²로 확대, 오랫동안 이 지방의 행정중심지였던 동래군 동래읍과 사하면·남면·북면 일부가 편입되었다.
- 1963년 1월 1일 : 부산이 정부직할시로 승격과 동시에 제3차 행정구역 확장으로 동래군 구포읍·사상면·북면과 기장읍의 송정리가 편입되면서 면적은 360.25km²로 늘어났다.
- 1978년 2월 25일 : 제4차 행정구역 확장으로 김해군 대저읍·명지면·가락면의 일부 지역이 편입되면서 면적은 432.32km²로 확대되었다.
- 1989년 1월 1일 : 제5차 행정구역 확장으로 경상남도의 김해군의 가락면·녹산면과 창원군 천가면의 편입으로 면적은 525.25km²에 이르게 되었다.
- 1995년 1월 1일 : 행정기구 개편에 따라 광역시로 개칭하였으며, 3월 1일부로 제6차 행정구역이 확장되면서 양산군 5개 읍·면(기장·장안읍, 일광·정관·철마면)과 진해시 웅동 일부 지역이 편입(749.17km²)되었으며, 2021년 12월 기준으로 770.2km²로 확장되었다.

③ 기후 … 동아시아 계절풍이 탁월한 유라시아 대륙의 동쪽 한반도의 남동단에 위치하고 있기 때문에 4계절이 뚜렷한 온대기후

ⓐ 봄 : 3월 초순에 시작하여 6월 말경에 끝나는 계절이다.

- 시베리아 고기압의 세력이 약화됨에 따라 기온이 영상으로 올라가며, 평균기온은 14.9℃로서, 인근 지방인 울산이나 통영지방보다 기온이 높은 편이나, 봄바람이 무척 강하기(평균 4.4m/s) 때문에 체감온도는 상당히 낮아 봄이 없는 것처럼 느껴지는 것이 특징이다.
- 부산의 봄은 3월이 되면 매화가 만개하고, 중순 이후 민들레가 핀다. 4월에 들어서면 복숭아꽃이 활짝 피고, 제비가 날아들며 개구리가 나온다.
- 일교차가 매우 크고, 이상건조, 황사, 늦서리 같은 특수한 기상현상이 나타난다.

ⓑ 여름 : 6월 말에 시작하여 9월 초순까지이다.

- 6월 말부터 8월초까지 장마가 시작된다.
- 7월의 월평균기온은 23.9℃이고 기온의 일교차가 5.3℃로서 아주 작은 편이다. 그러나 강수량이 가장 많은 계절로, 연 총 강수량 50 ~ 60%가 내린다. 7월 하순부터 8월 중순까지 일 최고기온 32℃ 이상의 무더위가 수주일간 계속되기도 한다.
- 밤에도 최저기온이 25℃ 이상이 되어 잠 이루기 힘든 열대야가 수주일간 나타나기도 한다.

ⓒ 가을 : 9월 초순에서 11월 말까지의 계절이다.

- 대륙의 고기압이 점차 발달하여 부산지역은 맑은 날을 맞는다.

- 이동성 고기압의 영향으로 날씨가 주기적으로 변하여 9월에 들어서면 아침저녁으로는 서늘해지기 시작한다.
- 부산의 9월 평균기온은 21.8℃, 10월은 17℃이나, 11월부터는 한랭한 북서풍이 강하게 불어 기온은 급강하하기 시작한다.

② 겨울 : 11월 말부터 이듬해 2월 말경에 끝나는 계절이다.

- 시베리아 기단에서 발생한 한랭한 북서계절풍의 영향으로 차고 매서운 바람이 불어 들며, 따라서 기온이 자주 영하로 내려간다. 그러나 북서계절풍은 3 ~ 4일을 주기로 강하기도 하고 약해지면서 이른바 '삼한사온'의 현상을 나타내기도 한다.
- 부산의 겨울 평균기온은 3.8℃ 정도로서 우리나라에서는 제주도 다음으로 겨울철이 온화하다. 일 최저기온이 0℃ 이하인 일수가 부산은 53일로서 제주도를 제외하고 가장 적다.

④ 지형

㉠ 부산은 한반도의 남동단에 위치한 부산만을 모태로 성장된 도시로서 지형적으로 한반도의 척량산맥인 태백산맥의 말단인 포항구조분지에서 남서방향으로 진로를 바꿔 달리다가 대한해협에 몰입하여 소반도와 섬 그리고 만입이 발달하는 리아스식 해안의 특성을 나타내고 있으며, 배후에는 고도 500m 내외의 구릉성 산지가 독립적으로 분포하고 여기서 뻗어 나온 산각은 완만한 경사로서 해안에 몰입하고 있다. 이것은 부산이 노년기의 구릉성 산지와 이들 산지 사이에 발달한 소침식 분지로 이루어진 것을 의미하며, 따라서 해안은 이러한 육성지형의 조건에 의해 해안선의 출입이 복잡한 리아스식 해안의 특성을 나타내고 있다.

㉡ 동부구릉성지대

- 낙동강의 동쪽지대로, 해안으로는 다대포 몰운대의 남단으로부터 기장군 장안읍 효암리의 동단에 이르고, 육지로는 금정산(801.5m)에서 다대포 몰운대에 이르는 남서방향의 산지와 금정산에서 해운대의 장산(634m)에 이른 남동방향의 산지 사이에 놓인다.
- 대부분은 고도 400 ~ 800m의 구릉성산지로 부산만을 병풍처럼 둘러싸고 있다. 그러나, 이들 산지로부터 한 단계 낮은 독립구릉과 산각이 발달하고 있으며 곳에 따라 이들 산지와 낮은 구릉산지의 특성을 나타내고 있다.
- 해안은 이러한 산지의 특성 때문에 소반도와 섬 그리고 만입의 풍부한 전형적인 리아스식 해안으로 해안선의 출입이 심하고 해안 평야의 발달이 미약한 것이 특징이다.

㉢ 서부평야지대

- 한반도의 대하천인 낙동강의 하구일대에 발달한 거대한 삼각주에 해당된다.
- 양산천이 낙동강 본류에 합류하는 물금부근에서 낙동강 하구를 향해 넓게 펼쳐지는 평야지대로 동쪽으로는 금정산맥과 북쪽에서 서쪽으로 달리는 신어산맥으로 둘러싸인 하나의 분지를 이루고 있다.
- 남쪽이 대한해협에 열려있는 서부평야지대는 1만 년 이상의 오랜 세월을 통해 낙동강 상류에서 운반되어 퇴적된 평균 60m 이상의 두터운 충적층으로 구성되어 있어 경작지로서의 토지로 생산성이 대단히 높은 비옥한 충적평야로 잘 알려져 있다.

• 몇 개의 낮은 구릉을 제외하면 이곳은 고도 5m 이하의 나지막한 평야지대로 낙동강 본류는 물론 크고 작은 수로가 얽혀 있어 수향(水鄕)을 이룬다. 낙동강의 유수와 앞바다의 연안류에 의해 형성된 수많은 사주(砂州)가 해안선에 평행하여 발달하고 있다.

⑤ 해안

㉠ 사질해안

• 사질해안은 수려한 모래로 구성된 해안으로 송정만, 수영만, 부산만, 감천만, 다대만 등의 내만(內灣)에서 잘 나타나고 낙동강의 하구 해안도 이에 해당된다.

• 사질 해안은 다시금 구성물질의 종류에 따라 순수한 모래로 된 사빈(沙濱)과 자갈로 된 역빈 그리고 뻘로 된 이빈으로 구분된다.

• 사빈은 현재 해수욕장으로 이용되고 있으며, 해운대 해수욕장을 비롯하여 송정 해수욕장, 광안리 해수욕장 등이 이에 속한다. 수영만의 수영강 하구일대와 부산만의 자성대 일대 그리고 감천만의 내만도 바로 이러한 사빈이었으나 항만의 용도로 매립되어 지금은 과거의 모습을 찾아볼수 없다.

• 부산의 해안 중에서 역빈은 사빈에 비해 규모는 크지 않으나 모양새가 좋은 둥근 옥돌로 되어있는 것이 특징이고, 주로 두각지 사이의 소만입부에 분포한다.

• 영도의 동삼동 해안과 곤포의 집 해안, 우암반도의 승두말과 신선대 사이의 만입 등의 해안이가장 좋은 예이다. 또한 지금은 역빈의 옛모습을 찾아 볼 수 없으나, 용미산(구 시청자리)에서보수천 하구에 이르는 해안은 부산의 해안 중에서 가장 길고 넓은 역빈이었으며, 이러한 연유에서 이곳이 자갈치로 불리게까지 되었다.

• 이빈은 낙동강 하구인 낙동강 삼각주의 말단으로서 낙동강이 운반해온 미세한 입자의 실트 내지는 실트질 점토가 퇴적되어 형성된 해안을 말한다.

㉡ 암석해안

• 암석해안은 해안을 구성하는 물질이 기반암으로 되어 있고 자갈이나 모래, 실트 등과 같은 퇴적물을 찾아볼 수 없는 해안으로 주로 외해(外海)에 면한 반도, 두각지 또는 여러 섬들의 선단에잘 나타난다.

• 해운대의 고두말과 동백섬, 우암반도, 오륙도, 영도, 장군반도, 두송반도, 몰운반도 그리고 가덕도와 같은 대부분의 해안이 이에 속한다. 이들 해안은 대부분 파도의 침식이 강한 외해에 면해있으며, 곳에 따라 강한 파도의 침식으로 수십m에 달하는 해식애가 발달하는가 하면 해안선 부근에 평탄한 암반으로 된 파식대도 많이 형성되어 있다.

㉢ 해안

• 부산의 해안은 양산단층과 울산단층에 지배된 태백산맥의 지맥인 금정산맥과 금련산맥 그리고김해의 신어산맥의 말단부가 대한해협에 몰입하여 형성된 해안으로, 해안선의 출입이 심한 리아스식 해안의 특색을 나타낸다.

- 특히 북동, 남서 방향의 양산과 울산단층의 구조곡과 이에 사교하는 북서, 남동 방향의 미세한 구조선이 크고 작은 만입과 하곡을 형성하고 있으며, 이들 만입 및 하곡사이에는 소반도와 두각지, 그리고 섬들이 분포하여 전체적으로 해안선이 복잡한 침수해안의 특색을 나타내고 있다.
- 부산의 해안은 해안선의 출입이 심한 리아스식 해안으로서 해안을 이루는 구성물질이 다양한 것도 하나의 특색으로 꼽을 수 있다.
- 부산지역의 해안을 구성하는 물질이 기반암으로만 되어 있는 암석 해안이 있는가 하면 곳에 따라 수려한 모래로 된 사질해안도 나타나 복잡한 해안선의 형태와 함께 그 성질도 다양함을 알 수 있다.

⑥ 인구

   ㉠ 부산은 1876년 근대 국제항으로 개항과 함께 우리나라의 무역·상공업 중심지로서 발전하면서, 1914년 4월 부제(府制)를 실시했을 당시 인구는 20,000명을 조금 넘었으나, 시역(市域)의 확장과 항만의 발달로 점차 증가하여 1925년에는 116,853명으로 불어났다.

   ㉡ 일제의 대륙침략을 위한 관문으로서 무역량이 증가하고, 1936년과 1942년 시역확장으로 도시의 발달이 촉진됨에 따라 인구는 1942년에 334,318명으로 증가되었다가, 광복이후 1945년에는 281,160명으로 일본인이 물러감에 따라 일시 줄어들기도 했다.

   ㉢ 1949년 8월 부산시(釜山市) 개칭과 1950년 6월 한국전쟁이 발발하자 전국각지에서 피난민이 몰려들고 임시수도가 되면서 인구는 급증하여 1951년 844,134명으로, 1955년 1,049,363명으로 100만명을 돌파하였다.

   ㉣ 이후 1963년 1월 정부 직할시(直轄市) 승격과 행정구역 확장으로 1963년의 인구는 1,360,630명으로 증가하였다.

   ㉤ 경제개발 5개년 계획의 추진으로 경제발전과 도시화가 촉진되면서 인구는 점차 급증하기 시작하여 1970년에는 1,842,259명으로 불어났고, 1978년 행정구역 확장으로 김해 일부 지역이 편입되면서 2,879,570명으로 급격히 늘어났다.

   ㉥ 1980년에는 3,159,766명으로 300만 명이 넘는 대도시로 성장하였다.

   ㉦ 1990년에 3,798,113명(1990년까지는 상주 인구조사 기준)으로 인구 증가는 둔화되면서, 1992년 3,887,278명(1991년 이후는 주민등록인구 통계 기준)으로 전년도 보다 0.1%가 감소하였다.

   ㉧ 1995년 1월 광역시(廣域市) 개칭과 3월 행정구역 확장으로 양산군의 5개 읍·면이 편입되면서 인구는 3,892,972명으로 약간의 증가가 있었다. 이후 경제침체에 따른 영세기업의 역외이전과 출산율 감소로 인구가 감소하기 시작하였다.

   ㉨ 이후 부산 인구는 계속 줄어들고 있는데, 2022년 12월말 기준으로 총 인구수는 3,367,246명(전년 대비 28,863명 감소)이고 성별 구성은 남성 49%, 여성 51%이다. 부산지역에 거주하는 외국인은 49,434명(전년 대비 3,705명 증가)이다.

(3) **행정구역**

① 행정구역

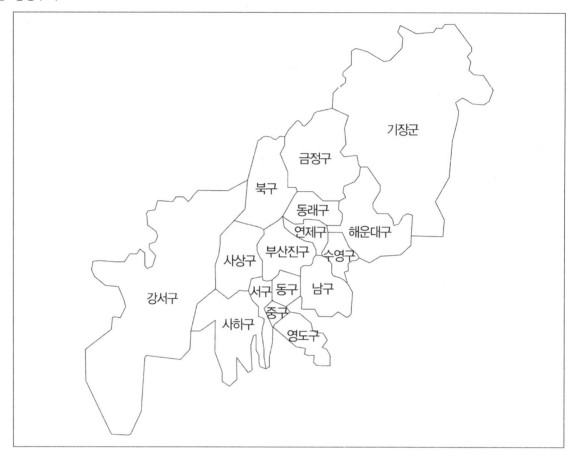

② 행정 읍/면/동 현황

(2023년 1월 1일 기준)

구분	읍면동 (205)	관할 읍/면/동
중구	9	중앙동, 동광동, 대청동, 보수동, 부평동, 광복동, 남포동, 영주제1동, 영주제2동
서구	13	동대신제1동, 동대신제2동, 동대신제3동, 서대신제1동, 서대신제3동, 서대신제4동, 부민동, 아미동, 초장동, 충무동, 남부민제1동, 남부민제2동, 암남동
동구	12	초량제1동, 초량제2동, 초량제3동, 초량제6동, 수정제1동, 수정제2동, 수정제4동, 수정제5동, 좌천동, 범일제1동, 범일제2동, 범일제5동
영도구	11	남항동, 영선제1동, 영선제2동, 신선동, 봉래제1동, 봉래제2동, 청학제1동, 청학제2동, 동삼제1동, 동삼제2동, 동삼제3동
부산진구	20	부전제1동, 부전제2동, 연지동, 초읍동, 양정제1동, 양정제2동, 전포제1동, 전포제2동, 부암제1동, 부암제3동, 당감제1동, 당감제2동, 당감제4동, 가야제1동, 가야제2동, 개금제1동, 개금제2동, 개금제3동, 범천제1동, 범천제2동
동래구	13	수민동, 복산동, 명륜동, 온천제1동, 온천제2동, 온천제3동, 사직제1동, 사직제2동, 사직제3동, 안락제1동, 안락제2동, 명장제1동, 명장제2동
남구	17	대연제1동, 대연제3동, 대연제4동, 대연제5동, 대연제6동, 용호제1동, 용호제2동, 용호제3동, 용호제4동, 용당동, 감만제1동, 감만제2동, 우암동, 문현제1동, 문현제2동, 문현제3동, 문현제4동
북구	13	구포제1동, 구포제2동, 구포제3동, 금곡동, 화명제1동, 화명제2동, 화명제3동, 덕천제1동, 덕천제2동, 덕천제3동, 만덕제1동, 만덕제2동, 만덕제3동
해운대구	18	우제1동, 우제2동, 우제3동, 중제1동, 중제2동, 좌제1동, 좌제2동, 좌제3동, 좌제4동, 송정동, 반여제1동, 반여제2동, 반여제3동, 반여제4동, 반송제1동, 반송제2동, 재송제1동, 재송제2동
사하구	16	괴정제1동, 괴정제2동, 괴정제3동, 괴정제4동, 당리동, 하단제1동, 하단제2동, 신평제1동, 신평제2동, 장림제1동, 장림제2동, 다대제1동, 다대제2동, 구평동, 감천제1동, 감천제2동
금정구	16	서제1동, 서제2동, 서제3동, 금사동, 부곡제1동, 부곡제2동, 부곡제3동, 부곡제4동, 장전제1동, 장전제2동, 선두구동, 청룡노포동, 남산동, 구서제1동, 구서제2동, 금성동
강서구	8	대저1동, 대저2동, 강동동, 명지1동, 명지2동, 가락동, 녹산동, 가덕도동
연제구	12	거제제1동, 거제제2동, 거제제3동, 거제제4동, 연산제1동, 연산제2동, 연산제3동, 연산제4동, 연산제5동, 연산제6동, 연산제8동, 연산제9동
수영구	10	남천제1동, 남천제2동, 수영동, 망미제1동, 망미제2동, 광안제1동, 광안제2동, 광안제3동, 광안제4동, 민락동
사상구	12	삼락동, 모라제1동, 모라제3동, 덕포제1동, 덕포제2동, 괘법동, 감전동, 주례제1동, 주례제2동, 주례제3동, 학장동, 엄궁동
기장군	5	기장읍, 장안읍, 정관읍, 일광면, 철마면

③ 법정 동 · 리 현황

구분	동 · 리	관할 동 · 리(5읍면, 187동, 62리)
중구	41	광복동1-3가, 남포동1-6가, 대창동1-2가, 대청동1-4가, 동광동1-5가, 보수동1-3가, 부평동1-4가, 신창동1-4가, 영주동, 중앙동1-7가, 창선동1-2가
서구	24	남부민동, 동대신동1-3가, 부민동1-3가, 부용동1-2가, 서대신동1-3가, 아미동1-2가, 암남동, 초장동, 충무동1-3가, 토성동1-5가
동구	4	범일동, 수정동, 좌천동, 초량동
영도구	21	남항동1-3가, 대교동1-2가, 대평동1-2가, 동삼동, 봉래동1-5가, 신선동1-3가, 영선동1-4가, 청학동
부산진구	11	가야동, 개금동, 당감동 범전동, 범천동, 부암동, 부전동, 양정동, 연지동, 전포동, 초읍동
동래구	9	낙민동, 명장동, 명륜동, 복천동, 수안동, 사직동, 안락동, 온천동, 칠산동
남구	6	감만동, 대연동, 문현동, 우암동, 용당동, 용호동
북구	5	구포동, 금곡동, 덕천동, 만덕동, 화명동
해운대구	8	반송동, 반여동, 석대동, 송정동, 우동, 재송동, 중동, 좌동
사하구	8	감천동, 구평동, 괴정동, 다대동, 당리동, 신평동, 장림동, 하단동
금정구	13	금사동, 금성동, 구서동, 남산동, 노포동, 두구동, 부곡동, 서동, 선동, 오륜동, 장전동, 청룡동, 회동동
강서구	22	강동동, 구랑동, 녹산동, 눌차동, 대저1동, 대저2동, 대항동, 동선동, 명지동, 미음동, 범방동, 봉림동, 생곡동 , 성북동, 송정동, 식만동, 신호동, 죽동, 죽림동, 지사동, 천성동, 화전동
연제구	2	거제동, 연산동
수영구	5	광안동, 남천동, 망미동, 민락동, 수영동
사상구	8	감전동, 괘법동, 덕포동, 모라동, 삼락동, 엄궁동, 주례동, 학장동
기장군	62	
기장읍	14	교리, 내리, 당사리, 대라리, 대변리, 동부리, 만화리, 서부리, 석산리, 시랑리, 신천리, 연화리, 죽성리, 청강리
장안읍	14	고리, 기룡리, 길천리, 덕선리, 명례리, 반룡리, 오리, 용소리, 월내리, 임랑리, 장안리, 좌동리, 좌천리, 효암리
정관읍	10	두명리, 달산리, 매학리, 모전리, 방곡리, 병산리, 용수리, 월평리, 임곡리, 예림리
일광면	13	동백리, 문동리, 문중리, 삼성리, 신평리, 용천리, 원리, 이천리, 칠암리, 청광리, 화전리, 횡계리, 학리
철마면	11	고촌리, 구칠리, 백길리, 송정리, 이곡리, 임기리, 안평리, 연구리, 웅천리, 와여리, 장전리

(4) 국제교류 및 자매도시

① 국제교류 조직 및 업무

    ㉠ 1998년 9월 21일 : 조직 축소에 따른 직제 개편 때 국제교류 분야와 통상분야 업무를 효율적으로 추진하기 위해 경제진흥국 산하 국제통상과로 조정되었다.

    ㉡ 1999년 7월 29일 : 직제 개편으로 국제교류분야와 관광분야가 통합되어 문화관광국산하 국제협력관광과로 조정되었다.

    ㉢ 2001년 2월 15일 : 국제회의담당을 신설 하면서 국제협력과(국제협력, 국제교류, 국제회의담당)로 분리되었다.

    ㉣ 2008년 7월 7일 : 국제협력과로 조직개편된 후 2012년 1월 1일부로 외국인지원담당이 신설되고, 기존의 국제회의담당은 문화체육관광국 전시컨벤션과로 조직개편 되었다.

    ㉤ 2014년 7월 : 민선 6기에 접어들어 조직의 쇄신과 발전을 위해 2015년 1월 1일자로 국제협력과는 문화관광국 산하로 직제를 조정하였으며 도시브랜드팀이 신설되고 외국인지원팀은 여성가족국 여성가족국으로 이전되었다.

    ㉥ 현재 국제업무는 각종 국제화업무의 총괄 기획조정, 외국도시와의 자매결연 및 행정협정체결, 자매도시를 비롯한 주요 외국 도시와의 교류 추진, 국제관계단체 운영지원, 국제회의 개최 참여, 각종 국제 정보자료 수집 관리 등으로 구분된다.

    ㉦ 외국 도시와의 자매결연은 1966년 6월 30일 대만의 가오슝시와 결연을 한 이래 39개국 49개도시로 늘어났다.

② 국제협력과 정책

    ㉠ 정책목표 : 글로벌시대에 걸맞은 품격 있는 국제도시 구현!

    ㉡ 추진방향 : 대륙별 주요거점도시와의 교류 활성화 추진

    ㉢ 추진전략
        • 해외교류 거점도시로서의 역할정립
        • 실질적 경제교류 시행
        • 민간교류 지원 및 공공외교 강화
        • 글로벌 브랜드 파워도시로서의 위상 제고

③ 국제교류 일반 현황

㉠ 자매 · 우호협력 : 49개도시(자매도시 29, 우호협력도시 20)

구분	계	아시아 · 태평양	미주	러시아 · 중앙아시아	유럽	중동 · 아프리카
자매도시	29	12	6	2	3	6
우호협력도시	20	9	2	3	4	2
합계	49	21	8	5	7	8
자매도시 (26개국 29개도시)	가오슝, 로스앤젤레스, 시모노세키, 바르셀로나, 리우데자네이루, 블라디보스토크, 상하이, 수라바야, 빅토리아주, 티후아나, 호찌민, 오클랜드, 발파라이소, 웨스턴케이프, 몬트리올, 이스탄불, 두바이, 후쿠오카, 시카고, 상트페테르부르크, 프놈펜, 뭄바이, 데살로니키, 카사블랑카, 세부, 양곤, 몸바사, 루안다, 다르에스살람					
우호협력도시 (15개국 20개도시)	선전, 톈진, 오사카, 충칭, 방콕, 베이징, 나가사키현, 반다르아바스, 울란바토르, 파나마시티, 광저우, 알마티, 튀니스, 소피아, 함부르크, 딜리, 코페르, 리버풀 광역도시권, 벨리즈시티, 사마르칸트					

㉡ 외국공관 등

계	영사관	문화원	UN관련기관	통상기구	명예영사관
52개소	6	4	3	1	38

㉢ 국제회의체

계	외교통상과	환경정책과	마이스 산업과	관광진흥과	공공도시 디자인과	건강정책과	부산 관광공사	해운항만과
18	11	1	1	1	1	1	1	1

❷ 부산의 상징

(1) 지역상징

① 시화 및 시목

　㉠ 시화 : 동백꽃(1970.3.1. 지정)

　㉡ 시목 : 동백나무(1970.7.1. 지정)

　㉢ 진녹색의 잎과 진홍색 꽃의 조화는 푸른 바다와 사랑이 많은 시민 정신을 그려내고, 싱싱하고 빛이 나는 진녹색 활엽은 시민의 젊음과 의욕을 나타낸다.

② 시조 및 시어

　㉠ 시조 : 갈매기(1978.7.1. 지정)

　㉡ 새하얀 날개와 몸은 백의민족을 상징한다. 끈기 있게 먼 뱃길을 따라 하늘을 나는 갈매기의 강인함은 부산 시민의 정신을 잘 나타내기 때문에 부산의 새로 선정되었다.

　㉢ 시어 : 고등어(2011.7.6. 지정)

　㉣ Dynamic, Powerful, Speed

　㉤ 태평양을 누비는 강한 힘으로 목표를 향해 끊임없이 도약하는 해양수산도시 부산을 상징한다.

(2) 기관상징

① 상징마크(2023.5.17. 지정)

　㉠ 부산(BUSAN)의 영문자 이니셜 B, S를 모티브로 형상화한다.

　㉡ 각도 · 색감 등을 통해 부산의 비전·가치를 상징화한다.

　㉢ 자주색(마젠타 색상)과 파란색(시안 색상)의 자연스러운 연계를 통해 부산 시민의 포용과 화합을 상징화한다.

　㉣ 입체적인 색감 사용을 통해 부산의 과거와 현재, 미래가 부드럽게 연계되어 있는 모습을 입체적으로 표현한다.

　㉤ 상징마크의 색상 : Busan Global Light Blue, Busan Open Violet, Busan Original Blue, Busan Dynamic Magenta

② **마스코트 부비**(1995.6.14. 지정)

　ⓞ 꿈과 희망을 상징하는 태양을 활발하고 힘차게 역동하는 부산 이미지로 표현하여 21세기 세계일류
　　도시를 꿈꾸는 부산의 비전과 진취적인 시민의 정서를 나타낸다.

　ⓛ 원은 부산바다에 떠오르는 밝고 희망찬 해를 상징하고, 선은 출렁이는 바다물결과 새롭게 태어남
　　을 상징한다.

　ⓒ BUSAN VISION, BUSAN VITALITY, BUSAN VICTORY를 뜻한다.

③ **브랜드슬로건**(2023.5.17. 지정)

　ⓞ 'Busan is good'은 부산에 대한 부산시민의 자긍심과 만족감을 Good(좋다)로 표현하였다.

　ⓛ 국문 '부산이라 좋다'는 타 도시에서 경험할 수 없는 부산 도시 자체의 유일함과 독창성을 상징하
　　며, Good은 세계적이고(Global), 특색 있는(Original), 개방적인(Open), 다이내믹한(Dynamic) 부
　　산을 의미한다.

　ⓒ 슬로건에 사용된 자주색(마젠타 색상), 파란색(시안 색상)은 부산광역시 심벌마크와 연계하여 부산
　　시민의 포용과 화합을 상징한다.

(3) 부산시민헌장

> 가야와 신라의 숨결 속에 낙동강의 얼과 금정산의 슬기가 담긴부산은 민족의 자존을 지키고 민주의 새 역사
> 를 일궈낸 자유의 도시이다.
> 부산은 대양의 관문이며 대륙을 향한 교두보로 동북아의 중심에서 우뚝 서서 세계의 인재와 자원을 모으는
> 역동의 해양도시이다.
> 우리는 부산의 주인임을 자랑스럽게 여기며 진취적 기상으로 미래를 개척하며 지역번영과 인류 평화에 이바
> 지할 것이다.

① 우리는 인권을 우선하고 복지를 보장하는 안전사회를 꿈꾼다.

② 우리는 법을 준수하고 질서를 지키는 정의사회를 가꾼다.

③ 우리는 생명을 존중하고 자연을 사랑하는 생태사회를 가꾼다.

④ 우리는 창의를 중시하고 전통을 이어가는 문화사회를 가꾼다.

⑤ 우리는 이웃과 화합하고 봉사를 실행하는 공동체를 가꾼다.

(4) 부산시민의 날

① 부산시민의 날 : 매년 10월 5일

② 제정 목적

 ㉠ 국제 항구도시로서의 자긍심과 애향심을 고취하고, 화합 단결의 구심점을 마련하여 밝고 명랑한 정의사회와 위대한 부산 건설을 위함이다.

 ㉡ 조상 대대로 전래한 미풍양속의 숭상과 향토문화의 보존 전승을 위함이다.

③ 제정 의의

 ㉠ 시민 대다수가 공감하고 어려움과 불편을 서로 나누고 인내하며, 또한 부산의 미래 비전을 제시할 수 있는 기념일을 시민의 날로 제정하고자 하였다.

 ㉡ 선열들의 숭고한 저항정신을 이어받아, 오늘에 되살릴 수 있도록 충무공이순신 장군께서 부산포 해전에서 대승을 거두었던 1592년 9월 1일을 양력으로 환산한 10월 5일을 "부산시민의 날"로 제정하여 시민들의 애향심과 자긍심을 고취하고자 하였다.

❸ 부산의 인물

(1) 향토수호(충신)

① 송상현(1551 ~ 1592)
- ㉠ 임진왜란 때 동래읍성 전투에서 순절한 문신
- ㉡ 임진왜란 8개월 전인 1591년 8월 동래부사로 임명
- ㉢ 임진왜란 당시 동래읍성에서 왜군의 공격에 끝까지 항전하다가 순절

② 노개방(1563 ~ 1592)
- ㉠ 임진왜란 때 동래읍성 전투에서 순절한 문신
- ㉡ 1588년 과거 급제 후 동래부 교수(教授) 근무
- ㉢ 임진왜란 당시 동래읍성 정원루에서 왜군과 항거하다가 동래부사 송상현 등과 함께 순절

③ 조영규(1535 ~ 1592)
- ㉠ 임진왜란 때 동래읍성 전투에서 순절한 무신
- ㉡ 1592년 양산군수로 있을 때 왜군이 부산을 진격한다는 소식을 듣고 곧장 달려가 동래부사 송상현과 동래읍성에서 항전하다가 순절

④ 정발(1553 ~ 1592)
- ㉠ 임진왜란 때 부산진성 전투에서 순절한 무신
- ㉡ 1577년 무과에 급제하였고, 1592년 부산진성의 사령관격인 부산진첨절제사로 임명
- ㉢ 왜군이 부산진성을 공격하자 군·관·민을 독려하여 끝까지 싸우다 순절

⑤ 이정헌(? ~ 1592)
- ㉠ 임진왜란 때 부산진성 전투에서 순절한 무신
- ㉡ 1591년 무과에 급한 후 정발을 도와 적의 침입을 방어하는 장수(조방장)가 됨
- ㉢ 왜군이 부산진성을 공격하자 정발과 함께 항전하다가 순절

⑥ 윤흥신(? ~ 1592)
- ㉠ 임진왜란 때 다대진성 전투에서 순절한 문신
- ㉡ 1592년 다대진 첨절제사에 임명
- ㉢ 왜군이 부산진성 함락 후 다대진성을 공격하자, 동생 윤흥제와 함께 싸우다 순절

⑦ 임란 동래 24공신(? ~ 임란이후)

　ⓐ 임진왜란 때 전국에서 왜군과 싸우다가 전사한 동래부민 24명

　ⓑ 임진왜란 때 동래읍성이 함락된 후 동래부민들은 고향을 떠나 전국 각지에서 봉기하고 있던 의병에 참가하여 항전

⑧ 수영25의용(? ~ 임란이후)

　ⓐ 임진왜란 때 좌수영성에서 왜군에 저항한 25인

　ⓑ 임진왜란 때 좌수영의 수군과 성민 25인은 유격전으로 왜군에 대항하다가 순절

⑨ 사명대사(1544 ~ 1610)

　ⓐ 법명은 유정(惟政)으로 조선 중기 승려

　ⓑ 임진왜란 당시 부산에서 활동하였는데, 부산진성을 수축하는 데 일조

　ⓒ 1604년 일본과의 외교 담판으로 3,000여명의 포로와 함께 귀국

⑩ 박인로(1561 ~ 1642)

　ⓐ 조선 후기 경상좌수영 통주사를 지낸 무신

　ⓑ 임진왜란 때 의병 활동 전개

　ⓒ 정유재란이 끝난 뒤에도 우리나라 바다에서 철수하지 않은 왜군을 격퇴

⑪ 안용복

　ⓐ 조선 후기에 울릉도와 독도를 수호한 어부

　ⓑ 1693년과 1696년 두 차례에 걸쳐 일본으로 건너가 울릉도와 독도가 조선 땅임을 자인하도록 활약

⑫ 이안눌(1571 ~ 1637)

　ⓐ 조선 후기 동래부사를 지낸 문신

　ⓑ 1608년에 동래부사로 임명

　ⓒ 동래부사 재임 시 임진왜란으로 폐허가 된 부산지역을 복구하고 민심을 다독이는 데 힘씀

⑬ 조엄(1719 ~ 1777)

　ⓐ 조선 후기 동래부사를 지낸 문신

　ⓑ 1757년에 동래부사로 부임하여 대일 외교와 무역 과정에서 발생한 폐단을 바로잡음

　ⓒ 1763년 통신사로 일본에 다녀오면서 고구마를 가져와 재배토록 함

⑭ **강필리**(1713 ~ 1767)

  ㉠ 조선 후기 동래부사를 지낸 문신

  ㉡ 1764년 동래부사로 부임하여 처음으로 고구마 재배에 성공하고 고구마 재배를 권장하기 위해 「감저보」를 저술

  ㉢ 동래온천을 대대적으로 개축 · 증축

⑮ **정현덕**(1810 ~ 1883)

  ㉠ 조선 후기 동래부사를 지낸 문신

  ㉡ 1867년에 동래부사로 부임하여 동래읍성을 개축하고 관아의 대문인 독진대아문을 중수

  ㉢ 군사 훈련 등 유사시를 위한 대비도 철저히 함

(2) 독립운동가

① **김갑**(1889 ~ 1933)

  ㉠ 1909년에 항일운동 단체인 대동청년단에 가입하여 활동

  ㉡ 1919년 대한민국 임시정부 임시의정원의 경상도 대표의원이 됨

  ㉢ 1927년 8월에 대한민국 임시정부 재무부장이 되어 재정 마련을 위해 힘씀

② **김명규**(1893 ~ 1977)

  ㉠ 동래지역 3 · 1운동을 엄진영과 함께 준비하고 1919년 3월 13일 동래장터 만세시위에 참가

  ㉡ 의열단 활동 자금 조달 등으로 독립운동을 이어감

③ **김법린**(1899 ~ 1964)

  ㉠ 범어사 불교전문강원 · 범어사 지방학림 · 명정학교의 학생들을 규합하여 독립운동을 전개

  ㉡ 일제의 탄압으로 상하이로 건너가 임시정부 특파원으로 활동하고 불교계 혁신운동도 전개

④ **김병태**(1899 ~ 1946)

  ㉠ 의열단의 첫 거사인 부산경찰서 폭탄투척 의거를 위해 박재혁에 자금을 전달

  ㉡ 김원봉의 비서, 조선의용대 간부로 활동하다가 한국광복군으로 편입

⑤ **박영출**(1908 ~ 1938)

  ㉠ 일제의 부당함에 맞서 동래고등보통학교 동맹 휴학과 장산 촛불 시위를 주도

  ㉡ 동래와 일본에서 조국의 독립을 위한 강연 및 집회 등을 주도

  ㉢ 1934년 조선광복회를 조직하여 활동

⑥ **박재혁**(1895 ~ 1921)

  ㉠ 1920년 8월 김원봉을 만나 의열단에 입단

  ㉡ 1920년 9월 14일 고서적 상인으로 위장하고 부산경찰서로 찾아간 폭탄을 투척한 후 현장에서 체포

⑦ 박차정(1910 ~ 1944)

　　㉠ 근우회 사건으로 구속되었다가 풀려난 후 중국으로 망명

　　㉡ 중국 망명 후 의단의 핵심 멤버로 활약함. 남편 김원봉과 함께 독립운동을 전개

　　㉢ 곤륜산 전투에서 입은 부상 후유증으로 1944년에 생을 마감

⑧ 안희제(1885 ~ 1943)

　　㉠ 고향의 전답을 팔아 부산에 백산상회를 설립하여 해외 독립 자금을 조달

　　㉡ 1933년에 만주로 망명하여 독립운동을 전개

⑨ 양한나(1892 ~ 1976)

　　㉠ 마산 의신학교에서 교사로 재직 중 학생들과 항일운동을 전개

　　㉡ 3 · 1운동을 전후한 시기에 중국으로 건너가 대한민국 임시정부에서 활동

　　㉢ 해방 이후 부산 최초 복지단체인 자매여숙을 설립

⑩ 윤현진(1892 ~ 1921)

　　㉠ 구명학교를 제1회로 졸업한 뒤 구포저축주식회사에 주주로 참가

　　㉡ 유학 후 대동청년단의 비밀 결사 운동을 전개

　　㉢ 대한민국 임시정부 개혁을 위해 노력하다가 과로로 생을 마감

⑪ 이봉우(1873 ~ 1921)

　　㉠ 1908년에 간도로 건너가 민족학교를 설립하여 국권회복을 위한 인재 양성에 힘씀

　　㉡ 항일운동 단체의 통일적 규합을 위해 상하이로 가던 중 일본인에게 피살

⑫ 장건상(1882 ~ 1974)

　　㉠ 대한민국 임시정부에서 독립운동을 전개

　　㉡ 광복 후 대한민국 임시정부 요인의 한 사람으로 귀국

　　㉢ 1950년에 제2회 부산진 국회의원으로 선출

⑬ 최천택(1896 ~ 1961)

　　㉠ 박재혁의 부산경찰서 폭파 사건 등 의열단원의 국내활동을 도와줌

　　㉡ 신간회 부산지회에서 독립운동을 전개하고 광복 후에 민주중보 사장으로 취임

⑭ 한형석(1910 ~ 1996)

　　㉠ 독립운동가이자 음악가

　　㉡ '아리랑' 등 항일 가곡, 군가를 작곡하여 보급

　　㉢ 「광복군가집」(제1 ~ 2집)을 간행하여 보급하고 광복 이후 부산에서 공연 활동

⑮ **한흥교**(1885 ~ 1967)

　ⓐ 조국이 일제에 강점되자 중국으로 망명하여 독립운동을 전개

　ⓑ 광복 후 귀국하여 경남남도 도립마산병원의 병원장으로 근무하다가 1948년 부산에서 한내과 개업

⑯ **윤정은**(1852 ~ 1920)

　ⓐ 평소 항일 의식이 강했기에 1919년 서울의 3·1운동 소식을 접하자 68세의 노령으로 앞장서서 참여

　ⓑ 구포장터 만세운동을 주동하다 체포된 후 옥고를 견디지 못 하고 부산형무소에서 생을 마감

⑰ **구수암**(1901 ~ 1920)

　ⓐ 1919년 기장면에서 일어난 3·1운동에 주도적으로 참여

　ⓑ 일제 경찰에 체포되어 대구감옥소에서 옥고를 치름

　ⓒ 고문 후유증으로 병보석으로 가출옥하였으나 21세의 나이로 생을 마감

⑱ **김도엽**(1899 ~ 1937)

　ⓐ 기장면에서 3·1운동이 일어나자 주도적으로 참여했다가 옥고를 치름

　ⓑ 중국과 국내 등에서 항일운동을 전개하다가 구금과 고문의 후유증으로 1937년에 생을 마감

⑲ **김상헌**(1893 ~ 1945)

　ⓐ 김법린과 함께 범어사 3·1운동을 주도

　ⓑ 3·1운동 이후 상하이로 망명하여 대한민국 임시정부 군자금 모금 활동을 함

　ⓒ 독립운동 자금 송금 적발로 옥고를 치른 후 범어사로 돌아와 승려의 훈육에 힘씀

⑳ **홍재문**(1897 ~ 1958)

　ⓐ 부산공립보통학교의 교사로 재직하면서 3·1운동에 참여

　ⓑ 「조선 독립신문」 발행과 임시정부에 군자금 조달하다 일제 경찰에 체포되어 옥고를 치름

㉑ **김선갑**(1921 ~ 1942)

　ⓐ 부산 제2상업학교 재학 중 경남학도전력증강국방경기대회에서 일본인 심판 노다이의 부당행위에 항의한 부산항일학생의거를 주도하다가 검거

　ⓑ 출옥 후 고문 후유증으로 순국

㉒ **곽상훈**(1896 ~ 1980)

　ⓐ 독립선언서를 가지고 고향인 동래에 내려와 동래장터 3·1운동을 주도

　ⓑ 상하이에서 중국본부한인청년동맹에 참여하여 독립운동 활동

　ⓒ 해방 후 한국민주당 창당에 참가

㉓ 문시환(1897 ~ 1973)

　　㉠ 일본 유학 후 동아일보사 부산지국 기자 활동을 하다가 의열단에 입단하여 독립운동을 함

　　㉡ 해방 후 경상남도지사로 임명

(3) 학자 및 교육자

① 최치원(857 ~ ?)

　　㉠ 신라의 학자 겸 문장가

　　㉡ 전국을 방랑할 때 부산의 바닷가에 잠시 머물렀는데, 이때 동백섬 인근 바위에 자신의 자(字)를 따서 '해운대(海雲臺)'라는 글씨를 새김

② 정서(1115년경 ~ ?)

　　㉠ 고려 전기의 문신

　　㉡ 인종의 총래로 10년 동안 승진을 거듭하였으나 의종 즉위 후에 모반 사건에 엮여 동래로 귀양을 감

　　㉢ 귀양살이 하면서 의종을 그리며 「정과정곡」이라는 노래를 만듦

③ 장영실

　　㉠ 조선 전기 부산 출신 과학기술자로 장영실의 어머니는 동래현의 관노 출신

　　㉡ 자동 물시계인 자격루와 측우기 등 발명하여 조선 과학기술 발전에 기여

④ 이선(1632 ~ 1692)

　　㉠ 조선 후기 기장에 유배된 문신

　　㉡ 1689년 기사환국이 일어나 기장으로 유배

　　㉢ 유배생활하면서 「송강가사(松江歌辭)」를 비롯한 송강 · 정철 문집 일부를 정리

⑤ 한상동(1901 ~ 1976)

　　㉠ 고신대학교를 설립한 신학 교육자

　　㉡ 일제의 신사 참배 강요에 대한 저항과 반대 운동을 전개

　　㉢ 친일 청산을 위한 교회 쇄신 운동을 전개

　　㉣ 고신대학교를 설립하여 신학교육에도 힘씀

⑥ 박원표(1910 ~ 1986)

　　㉠ 향토사학자로 전문적인 향토사 연구를 위해 부산향토연구회를 조직하여 부산 향토사 연구의 개척자 역할을 함

　　㉡ 「부산 변천사」 등 부산 역사 관련 저술 활동을 함

⑦ 박필채(1842 ~ 1925)

　　㉠ 근대 부산에서 활동한 교육자이며 유림의 추천으로 동래부의 면훈장(面訓長)됨

　　㉡ 신학문을 배척하지 말고 배울 것을 권하면서 신식 학교의 설립과 교육에 참여

　　㉢ 1910년 국권침탈 후 교육활동을 중단

⑧ 손진태(1900 ~ ?)

　　㉠ 민속학사

　　㉡ 1920년대와 1930년대 초반 수차례 경상남도 해안 일대 등을 답사하면서 설화·민요 등의 민속 자료를 수집하고 민속 문화 연구에 힘씀

⑨ 우장춘(1898 ~ 1959)

　　㉠ 육종학자로 1936년 종의 합성 이론으로 박사학위를 취득하여 육종학자의 입지를 굳힘

　　㉡ 한국농업과학연구소를 운영하기 위해 귀국

　　㉢ 동래 온천장의 원예시험장에서 한국적 토양에 맞는 농법 개발에 힘씀

⑩ 윤인구(1903 ~ 1986)

　　㉠ 부산대학교를 설립한 교육자로 3·1운동에 참여한 후 일제의 압박이 심해져 일본으로 유학

　　㉡ 광복 직후 경상남도 내무부 학무과장이 됨

　　㉢ 부산대학교 재건에 매진한 결과 1953년에 부산대학교는 종합대학으로 재탄생하였고, 초대 총장에 취임

⑪ 조명기(1905 ~ 1988)

　　㉠ 불교학자로 일본 유학시절에 흩어져 있던 원효 관련 자료들을 수집·연구

　　㉡ 광복 직후 불교 혁신 운동을 전개함. 팔만대장경 번역 등 불교 대중화에 노력

⑫ 정중환(1914 ~ 2001)

　　㉠ 역사학자로 광복 후 부산대학교·동아대학교에서 교수로 재임하면서 역사 연구와 교육에 힘씀

　　㉡ 부산시 문화재위원·시사편찬위원 등의 활동 통해 문화재 보존과 관리에도 심혈을 기울였음

⑬ 최한복(1895 ~ 1968)

　　㉠ 교육자 겸 향토사학자로 약 40년 동안 초등학교에서 민족정신과 애향심 실천하고 교육

　　㉡ 수영에 관한 역사 자료와 민속자료 발굴·보존을 위해 노력

　　㉢ 「수영야류」를 정리하고, 수영지역의 역사를 기록한 「수영유사」 집필

(4) 사회운동가

① **경허**(1849 ~ 1912)
  - ㉠ 근대불교를 중흥시킨 승려로 범어사 계명선사 설립에 적극 관여
  - ㉡ 범어사에 머무르면서 「선문촬요」 등을 짓고, 선(禪)의 생활화·일상화를 통해 선풍을 진작하는 데 크게 기여

② **동산**(1890 ~ 1965)
  - ㉠ 범어사에서 불교정화운동을 주도한 승려로 범어사에서 출가한 뒤 각처 선원에서 참선 수행
  - ㉡ 범어사, 범어사 내원암, 범어사 금어선원 등의 조실을 지냄
  - ㉢ 1950년대 불교 정화운동을 주도함.

③ **매견시**(1865 ~ 1956)
  - ㉠ 호주 선교사로 1910년 선교사로 부산에 와서 선교와 교육·의료 등 봉사 활동을 함
  - ㉡ 한센병 치료 등에도 힘쓰고, 여성 교육을 위해 일신여학교를 설립

④ **소재건**(1930 ~ 1992)
  - ㉠ 고아와 빈민들의 재활에 힘쓴 종교인
  - ㉡ 1957년 12월 천주교 부산교구 소속 신부가 된 이후 고아와 빈민들의 구호를 위해 고아원, 무료 의료 시설, 무료 교육 시설을 설립하고 운영

⑤ **이종률**(1902 ~ 1988)
  - ㉠ 사회운동가로 6·25전쟁이 끝날 무렵 부산대학교 정치학과 교수로 부임하면서 부산에 정착
  - ㉡ 남북 협상 통일론을 설파하는 활동을 전개
  - ㉢ 5·16 군사쿠데타 이후 반국가 행위로 옥고를 치루고 출옥 후에도 후학 양성에 힘씀

⑥ **장기려**(1911 ~ 1995)
  - ㉠ 의사로 1950년 12월 3일에 월남하여 부산에 정착함
  - ㉡ 무료 구제 병원인 고신대병원을 설립하여 1976년까지 원장으로 재직
  - ㉢ 1969년에 우리나라 최초의 의료 보험 조합인 '청십자의료보험조합'을 설립

⑦ **박기출**(1909 ~ 1977)
  - ㉠ 의사이자 사회운동가로 1943년에 광본외과를 개업하여 운영
  - ㉡ 경상남도 의사회 회장과 대한의사협의회 회장을 역임
  - ㉢ 정치가로서 뿐만 아니라 체육·문화 사업가로서 활동

⑧ 허정(1896 ~ 1988)

    ㉠ 정치인으로 해방 후 한국민주당에 참여하였으며 경상남도 도당 총무로 선출

    ㉡ 1948년 5 · 10선거에서 부산 을구에 출마하여 당선됨

    ㉢ 4 · 19혁명 이후 과도 정부의 대통령 권한대행 겸 내각 수반이 됨

⑨ 박기종(1839 ~ 1907)

    ㉠ 시방관리로 1869년 롱대부 하급 동익관으로 임닝

    ㉡ 근대적 기업 설립을 위해 노력하였고, 부산 최초의 신식 학교인 개성학교 설립

④ 부산의 역사

① 부산의 명칭유래

    ㉠ 1402년(태종 2)「태종실록」에 富山이라는 명칭이 처음 보인다.

    ㉡ 동래부산포(東萊富山浦) :「경상도지리지(1425)」,「세종실록지리지(1454)」,「경상도속찬지리지(1469)」, 「해동제국기(1471)」(동래지부산포),「삼포왜관도」(동래현부산포)

    ㉢ 1470년(성종 1년)「성종실록」에 釜山이라는 명칭이 처음 나타난다.

    ㉣ 1474년 4월 남제가 그린「부산포지도」에는 여전히 富山이라 쓰고 있어 이 시기는 富山과 釜山을 혼용하여 쓰였다. 그러나 이후의 기록은 부산포(釜山浦)로 기록하고 있다.

    ㉤「동국여지승람(1481)」이 완성된 15세기 말엽부터는 釜山이라는 지명이 일반화 된 것으로 추정된다.

② 시대별 부산 역사

    ㉠ **구석기시대(BC 18000)** : 기원전 1만 8,000년경 부산지역 구석기 문화가 시작되었다. 이때 해운대 청산포, 좌동, 웅동 유적을 통해 사람이 살기 시작했음을 알 수 있다.

    ㉡ **신석기 시대(BC 6000)** : 기원전 6,000년경 부산지역 신석기 문화가 시작되었다. 영도 동삼동패총, 강서 범방동패총 유적이 발견되었으며 사람이 본격적으로 살기 시작하였다.

    ㉢ **청동기 시대(BC 1000)** : 기원전 1,000년경 부산지역 청동기 문화가 시작되었다. 바닷가에서 내륙 구릉지로 주거지가 이동되었다. 동래패총, 노포동 · 암남동 · 반여동 주거 유적이 발견되었다.

    ㉣ **철기시대(BC 150)** : 기원전 150년경 부산지역 초기철기 문화가 시작되었다. 부족국가 거칠산국 · 독로국 · 장산국이 출현하였다.

    ㉤ **삼국시대(AD 400)** : 초기에는 가야 소속이었다가, 5세기 이후 신라의 한 지방인 동래군에 소속되었다(복천동 고분군).

    ㉥ **고려시대(AD 918 ~ 1392)** : 개성 중심의 국가여서인지 큰 주목을 받지 목하고, 동래현이라 칭하였다. 동래 정씨가 하나의 세력을 형성하고 있었으며 동래로 유배온 정서가 '정과정곡'을 지었다.

Ⓢ 조선시대(AD 1392 ~ 1910) : '부산'이라는 지명을 사용하였다. 일본과 관계된 외교의 중심지로 부상하였다. 왜구 침입대비 부산진성 · 동래읍성 · 좌수영성 등 군사시설을 세웠다. 1470년, 부산포를 처음 개항하였다. 부산포왜관 · 두모포왜관 · 초량왜관을 설치하였다.

◎ 근대, 일제시대(AD 1910 ~ 1945) : 1876년 부산항 근대국제무역항으로 개항하였다. 1900년 전등을 가설하고, 1910년 전차를 개통하였다.

Ⓩ 광복이후
- 1945년 8월 15일 : 광복을 맞이한 부산은 여러 가지 산적한 현안을 안고 있었다. 부산에 거주하는 일본인의 철수, 해외동포의 귀국, 일제잔재의 청산 등이 그것이다. 그러나 이러한 문제를 해결하기도 전에 남과 북을 미소가 분할 점령하여 남한은 미군정의 실시로 부산에 미군이 주둔하여 군정을 실시하였다. 그러나 미군정 당국의 행정체계는 일제강점기 행정체계를 그대로 계승하였다.
- 1948년 8월 15일 : 대한민국정부가 수립되면서, 부산은 새로운 행정체제 속에서 민주적 법치행정의 실시를 추진하였다. 1949년 8월 15일 부제(府制)가 시제(市制)로 개칭되어 비로소 부산시가 되었다. 이러한 노력은 1950년 한국전쟁의 발발로 정부 부처의 부산 이전으로 부산이 임시수도로서의 역할을 수행하면서 또 다른 시련을 겪었으나, 그 와중에서도 1951년 9월에는 중부, 서부, 영도, 부산진, 초량, 동래출장소 등 6개 출장소가 설치되었다.
- 1953년 : 대연출장소가 부산진출장소(1936년 설치)에서 분리 설치되었고, 해운대출장소도 수영출장소에서 분리되어 출장소는 8개로 늘어났다.
- 1957년 : 1월 1일 구제(區制)가 실시되어 6개구(중구, 동구, 서구, 영도구, 부산진구, 동래구)가 설치되었다.

Ⓒ 부산직할시
- 1963년 1월 1일 : 정부 직할시 승격으로, 제3차 행정구역이 확장되어 동래군의 구포읍과 사상, 북면, 기장읍 송정리를 편입하여, 6구(중구, 서구, 동구, 영도구, 부산진구, 동래구), 7출장소(대연, 사상, 사하, 북면, 수영, 구포, 해운대), 136동으로 편제되었다. 이후 부산은 급격한 발전을 거듭하여 1960년 중반 부산의 인구는 광복 당시보다 무려 5배 증가한 150만명에 시역이 373.23㎢로 확장됨으로써 대도시 특유의 기능체제를 갖추게 되었다.
- 1972년 2월 : 부산시 제3차 5개년 종합개발계획이 확정되었고, 1973년 7월 1일에 동래군이 폐지되고 기장지역은 양산군에 편입 되었다. 1975년 10월 1일에 부산직할시 직할 사하출장소와 북부출장소가 설치되고, 구포출장소와 사상출장소, 북면출장소가 폐지되었다. 또한 남구가 설치되었다.
- 1976년 4월 9일 : 동래구 해운대출장소가 부산직할시 직할 해운대출장소로 승격되었다. 10월 4일에는 부산국제공항이 김해로 이전하여 김해국제공항으로 개칭되었다.
- 1978년 2월 15일 : 제4차 행정구역 확장으로 낙동강 삼각주의 대부분 지역인 김해군 대저읍, 가락면 북정리외 3개리, 명지면 중리외 5개리가 시역으로 편입되면서 면적은 432.32㎢ 로 늘어났다. 또한 북구가 설치되었다. 9월 30일에 부산항 제5부두인 자성대컨테이너 부두가 개장되어 부산이 동북아 항만물류도시의 중추적인 역할을 담당하게 되었다.

- 1979년 10월 1일 : 부산직할시 인구가 300만 명을 돌파하여 우리나라 제2도시로서 국제적인 위상을 드높이게 되었다.
- 1980년 4월 : 해운대구가 설치되었고, 10월에는 부산항 부두도로(충장로) 확장 및 제1도시고속도로인 번영로가 개통(1977. 5. 착공)되어 부산항 물동량의 원활한 수송과 시내교통의 교통체증을 해소하게 되었다.
- 1985년 7월 19일 : 지하철 1호선 1단계 구간(노포동 ~ 범내골)인 16.2㎞가 개통(1980. 19. 20 착공)으로, 서울에 이어 부산에도 지하철시대가 활짝 열리게 되었다.
- 1988년 1월 : 금정구가 설치되었고, 1989년 1월 1일에는 제5차 행정구역 확장으로 경상남도 김해군 가락면과 녹산면 그리고 창원군 천가면 등이 편입되면서 면적 525.95㎢로 거대도시의 면모를 보여주게 되었다. 또한 강서구가 설치되어 12개구로 늘어났으며, 강서구 직할 천가출장소가 설치되었다. 이로써 부산은 인구 400만을 수용하는 세계적 도시로 발전하여 국제도시의 성격을 갖추게 되었다.
- 1991년 3월 26일 : 부산직할시 시의원 및 자치구 기초의원 선거가 실시되어 시의원 51명과 기초의원 303명이 선출되었고, 6월 26일에 제1대 부산직할시의회가 개원되어, 부산은 지방자치제의 실현과 함께 주민이 직접 참여하여 만들어 가는 진정한 민주사회의 새로운 장을 열게 되었다.

㉠ 부산광역시

- 1995년 1월 1일 : 「지방자치법」 개정으로 부산직할시에서 부산광역시로 개칭되었고, 제6차 행정구역 확장으로 경상남도 양산군 동부 5개 읍면(기장읍·장안읍·일광면·정관면·철마면)을 편입시켜 기장군에 편제하였고, 진해시 웅동2동 등 일부가 강서구 녹산동에 편입되면서 면적은 749.17㎢으로 확장되었다. 3월 1일에는 기존의 동래구를 분구하여 연제구를, 남구를 분구하여 수영구를, 북구를 분구하여 사상구를 신설하여 16개 구(군)가 되었다.
- 1995년 5월 23일 : OCA(아시아올림픽평의회)총회에서 2002년 제14회 부산아시아경기대회 유치가 확정 되었고, 9월 30일에는 부산아시아경기대회 조직위원회 발기인대회 및 창립총회가 개최되었다. 1998년 1월에 부산광역시청사가 62여 년의 중앙동 시대를 마감하고 연산동으로 이전 개청하여 연산동 시대의 활짝 열었다.
- 2000년 1월 12일 : 4개 시·도관할구역에 관한 법률에 의거 행정구역의 조정으로 강서구 녹산동 일부(1.03㎢)를 김해시에 편입하고, 김해시 일부(1.03㎢)를 강서구 녹산동에 편입하였다. 2001년 5월 23일 부산전시컨벤션센터(BEXCO)의 준공으로 국제회의도시의 서막을 열게 되었다. 2005년 12월에는 낙동강지역 사빈지를 등록하는 등 시역을 확장하여 면적이 763.46㎢에 이르렀다.
- 2001년 12월 : 월드컵 조추첨, 2002년 9월 제14회 부산아시경기대회 개최, 2002년 10월 세계합창올림픽 개최, 2004년 9월 ITU총회 개최, 2005년 11월 아시아태평양정상회의(APEC) 개최 등으로 컨벤션 중심도시로 부상하게 되었다. 2006년 1월 19일 부산신항 개항과 2009년 5월 20일 부산신항 2-2컨테이너부두가 개장되면서 북컨테이너부두가 완전히 개장 되어, 우리나라 컨테이너 물동량의 80% 이상을 처리하는 세계 5대 항만도시로 발전하였다.

- 2010년 6월 : G20 재무장관 및 중앙은행총재회의 개최, 2011년 3월 UN기구 산하 해양기후변화 국제심포지엄 개최, 11월에 부산 세계개발원조총회 개최, 2012년 9월에는 2012 TWA 세계물회의 부산총회 개최, 2013년 10월 세계기독교협의회 올림픽인 WCC부산총회 개최, 11월 영도대교 47년만에 도개를 복원하여 개통되었다.
- 2014년 5월 : 부산시민공원의 역사적인 개장, 제7차 아시아 안전도시연찬대회 개최, 부산항대교 개통, 8월 부산금융단지(BIFC) 준공, 10월 ITU전권회의 개최, 12월 한·아세안 특별정상회의가 개최되어 부산의 이미지와 브랜드 가치를 드높여 세계도시로 발돋움하고 있다. 부산은 우리나라 제1의 항만·해양관광·영화·국제회의 중심도시로 자리매김하고 있으며, 이로써 부산은 21세기 동북아의 중추도시로 그 역할을 다하고 있다.

③ 부산의 국가지정문화재(국보)

- ㉠ 동궐도 : 조선시대 창덕궁과 창경궁을 함께 그린 16첩 병풍그림이다. 비단에 먹과 채색을 써서 산과 언덕에 둘러싸인 수많은 건축물을 세밀하게 묘사한 작품이다. 그동안 파괴되거나 훼손된 건물·시설물을 복원할 때 귀중한 자료로 쓰인다.

- ㉡ 심지백 개국원종공신녹권 : 1397년 조선을 건국한 태조임금이 나라를 세울 때 공을 세운 공신에게 준 조선 초기 포상문서이다. 원종공신은 왕실을 위해 공을 세운 사람을 말하는 것이며 녹권은 이런 내용을 적은 문서이다. 지금까지 남아 있는 가장 오랜 목활자본이다.

- ㉢ 조선왕조실록 태백산사고본 : 조선시대 472년간의 역사적 사실을 기록한 책이다. 조선시대 정치, 외교, 군사, 경제 등 많은 자료를 담고 있어 소중한 한국사 연구의 기본 자료이다. 훈민정음과 함께 유네스코 세계기록 유산으로 등록될 정도이다.

- ㉣ 백자 달항아리 : 달항아리라고도 불리우며 높이가 보통 40cm 이상 되는 대형 항아리이다. 조선 17세기 후기에서 18세기 전기까지 대략 1세기 동안 조선왕조 유일의 관요인 사용원의 분원 백자제작소(경기도 광주)에서 만들어진 것으로, 당시 광주 지역에 산포해 있던 340여 개소의 가마 가운데 금사리 가마에서 주로 제작된 것으로 추정하고 있다.

- ㉤ 산청 석남암사지 납석사리호 : 영태2년(신라 혜공왕 2년 766년)이라는 제작연도가 확실한 사리항아리이다. 겉에 새겨진 4줄 22자의 이두문으로 인해 신라시대 비로자나불상의 조성 연대를 기존 9세기에서 8세기까지 끌어올린 귀중한 자료이다.

- ㉥ 금동보살입상 : 통일신라시대 초기의 보살상으로 보살의 위엄과 자비로움을 함께 갖추고 있다. 높이가 34m로 당당한 신체 표현이 특징이다. 청동으로 만들었는데 내부는 비어 있으며, 도금은 거의 완벽해 아직도 금색이 찬연하다.

- ㉦ 삼국유사 권4∼5(국보 제306-4호) : 부산 범어사 소장본으로 총 1책이며, 전체 5권 중 권4∼5만 남아 있는 서책이다. 범어사 초대 주지를 역임한 오성월(1865∼1943)의 옛 소장본으로 1907년경 범어사에 기증된 것으로 전해진다.

출제예상문제

1 푸른 바다와 사랑이 많은 시민의 정신을 그려낸 부산을 상징하는 꽃은?

① 해바라기
② 백합
③ 무궁화
④ 동백꽃

> ✔해설 동백꽃은 부산의 시화로 1970년 3월 1일에 지정되었으며, 진녹색의 잎과 진홍색의 꽃의 조화는 푸른 바다와, 사랑이 많은 시민의 정신을 그려내고, 싱싱하고 빛이 나는 진녹색 활엽은 시민의 젊음과 의욕을 나타낸다.

2 부산과 위도가 비슷한 외국의 도시가 아닌 곳은?

① 미국의 오클라호마시티
② 일본의 도쿄
③ 중국의 정센
④ 일본의 나가사키

> ✔해설 부산의 위치
> ㉠ 부산과 위도가 비슷한 우리나라 도시 : 진해, 광주
> ㉡ 부산과 위도가 비슷한 외국의 도시 : 일본의 도쿄, 중국의 정센, 알제리의 알제, 미국의 오클라호마시티 등
> ㉢ 부산과 경도가 비슷한 외국의 도시 : 시베리아의 르호얀스크, 일본의 나가사키, 호주의 다윈

Answer 1.④ 2.④

3 부산의 국제협력을 위한 정책목표로 옳은 것은?

① 글로벌시대에 걸맞는 품격 있는 국제도시 구현
② 세계와 함께하는 글로벌허브도시
③ 누구나 찾고 싶은 문화관광매력도시
④ 다시 태어나도 살고 싶은 부산

> ✔ 해설 ②③ 도시목표
> ④ 슬로건

4 2023년 5월에 지정된, 부산의 기관을 상징하는 상징마크에 형상화된 것은?

① 강
② 갈매기
③ 오륙도
④ 부산 이니셜

> ✔ 해설 ①②③ 이전 상징마크에 형상화된 것이다.

5 장영실의 발명품에 대한 설명으로 옳지 않은 것은?

① 혼천의 : 천체의 운행과 그 위치를 측정하던 천문관측기
② 자격루 : 자동으로 시보를 알려주는 장치가 되어 있는 물시계
③ 앙부일구 : 적도시반을 가진 휴대용 해시계
④ 측우기 : 조선 세종 때 강수량을 측정하기 위해 제작된 기구

> ✔ 해설 앙부일구는 천구의 모양을 본 떠 만든 반구 형태의 해시계이며, '적도시반을 가진 휴대용 해시계'는 현주일구에 대한 설명이다.

Answer 3.① 4.④ 5.③

6   부산 내에서 가장 넓은 면적을 차지하고 있는 지역은?

① 중구

② 금정구

③ 기장군

④ 강서구

> **✔해설** 기장군(28.36%), 강서구(23.58%), 금정구(8.51%) 순으로 넓은 면적으로 차지하고 있으며, 중구와 동구는 각각 0.37%와 1.28% 면적을 차지하고 있다.

7   부산의 명칭을 '釜山'으로 사용한 도서는?

① 경상도지리지

② 경상도속찬지리지

③ 동국여지승람

④ 부산포지도

> **✔해설** 「동국여지승람(1481)」이 완성된 15세기 말엽부터는 釜山이라는 지명이 일반화된 것으로 추정된다.
> ※ 富山은 「태종실록」에 처음 나타났으며 「경상도지리지(1425)」, 「세종실록지리지(1454)」, 「경상도속찬지리지(1469)」, 「해동제국기(1471)」(동래지부산포), 「삼포왜관도」(동래현부산포)에서 富山이라는 명칭이 사용되었음을 알 수 있다.

Answer   6.③   7.③

8 부산의 행정구역 중 관할 읍면동이 가장 적은 곳은?

① 금정구
② 기장군
③ 남구
④ 강서구

> ✔ 해설 ② 5개
> ① 16개
> ③ 17개
> ④ 8개

9 다음 부산의 해안가 중 사질해안이 아닌 곳은?

① 오륙도
② 송정 해수욕장
③ 영도의 동삼동 해안
④ 광안리 해수욕장

> ✔ 해설 오륙도는 암석해안 해당한다.

10 부산의 시어인 고등어가 상징하는 것으로 옳지 않은 것은?

① Dynamic
② Powerful
③ Speedy
④ Elegant

> ✔ 해설 고등어는 Dynamic, Powerful, Speedy을 나타내며 태평양을 누비는 강한 힘으로 목표를 향해 끊임없이 도약하는 해양수산도시 부산을 상징한다.

Answer 8.② 9.① 10.④

11 '강서 범방동패총 유적'이 발견되어 부산에 사람이 본격적으로 살기 시작했음을 알 수 있는 시기는 언제인가?

① 구석기시대   ② 신석기시대

③ 청동기시대   ④ 철기시대

✔해설 기원전 6,000년경 부산지역 신석기 문화가 시작되었다. 영도 동삼동패총, 강서 범방동패총 유적이 발견되었으며 사람이 본격적으로 살기 시작하였다.

12 부산 마스코트 '부비'의 이름의 의미로 옳지 않은 것은?

① BUSAN VICTORY

② BUSAN VAULE

③ BUSAN VITALITY

④ BUSAN VISION

✔해설 부산의 마스코트 부비(BUVI)는 BUSAN VISION, BUSAN VITALITY, BUSAN VICTORY의 뜻으로 꿈과 희망을 상징하는 태양을 활발하고 힘차게 역동하는 부산 이미지로 표현하여 21세기 세계일류도시를 꿈꾸는 부산의 비전과 진취적인 시민의 정서를 나타낸다.

13 부산의 역빈 해안을 모두 고른 것은?

㉠ 광안리 해수욕장	㉡ 동삼동 해안
㉢ 장군반도	㉣ 곤포의 집 해안

① ㉠㉡   ② ㉡㉣

③ ㉢㉣   ④ ㉠㉣

✔해설 부산의 해안 중에서 역빈은 사빈에 비해 규모는 크지 않으나 모양새가 좋은 둥근 옥돌로 되어 있는 것이 특징이고, 주로 두각지 사이의 소만입부에 분포한다. 영도의 동삼동 해안과 곤포의 집 해안, 우암반도의 승두말과 신선대 사이의 만입 등의 해안이 가장 좋은 예이다.

14 부산의 독립운동가가 아닌 사람은?

① 김법린   ② 김갑

③ 박재혁   ④ 유세주

> **✔해설** 유세주는 경상남도 밀양 출신으로 일제강점기 만주에서 항일비밀결사인 의열단에 입단하여 활동한 독립운동가다.
> ① 김법린 : 일제 강점기 부산에서 활동한 승려이자 독립운동가다.
> ② 김갑 : 항일운동 단체인 대동청년단에 가입하여 활동한 독립운동가다.
> ③ 박재혁 : 의열단원으로 부산경찰서 파괴에 참여한 독립운동가다.

15 부산이 광역시로 개칭된 시기는?

① 1980년   ② 1985년

③ 1990년   ④ 1995년

> **✔해설** 1995년 1월 광역시(廣域市) 개칭과 3월 행정구역 확장으로 양산군의 5개 읍·면과 진해시 웅동 일부 지역에 편입되었다.

16 통신사의 여정에 따라 대마도에 들렀을 때 고구마를 보고 그 종자를 얻어 바로 수행원을 통해 부산진으로 보내고 그 보관, 저장재배법을 알린 사람은?

① 조엄

② 강필리

③ 정언섭

④ 박사창

> **✔해설** ① 고구마 전래자 조엄
> ② 고구마 재배자 강필리
> ③ 국방을 튼튼히 한 정언섭
> ④ 군비를 정비한 박사창

Answer   14.④   15.④   16.①

17 다음에서 설명하는 부산의 문화재는?

> '이것'은 조선시대 창덕궁과 창경궁을 함께 그린 16첩 병풍그림으로 비단에 먹과 채색을 써서 산과 언덕에 둘러싸인 수많은 건축물을 세밀하게 묘사한 작품이다.

① 백자 달 항아리
② 개국원종공신녹권
③ 산청 석남암사지 납석사리호
④ 동궐도

✔해설 동궐도는 조선시대 창덕궁과 창경궁을 함께 그린 16첩 병풍그림이다. 비단에 먹과 채색을 써서 산과 언덕에 둘러싸인 수많은 건축물을 세밀하게 묘사한 작품이다. 그동안 파괴되거나 훼손된 건물·시설물을 복원할 때 귀중한 자료로 쓰이며 현재 동아대박물관에 소장 중이다.

18 부산의 기후에 대한 설명이다. 빈칸에 들어갈 말을 순서대로 바르게 나열한 것은?

> 동아시아 계절풍이 탁월한 유라시아 대륙의 동쪽 한반도의 ____㉠____에 위치하고 있기 때문에 4계절이 뚜렷한 ____㉡____이다.

	㉠	㉡
①	남동단	건조기후
②	최동단	열대기후
③	남동단	온대기후
④	최동단	온대기후

✔해설 부산의 기후는 동아시아 계절풍이 탁월한 유라시아 대륙의 동쪽 한반도의 남동단에 위치하고 있기 때문에 4계절이 뚜렷한 온대기후이다.

Answer 17.④ 18.③

19 부산시와 자매결연을 맺은 도시가 아닌 곳은?

① 가오슝
② 삿포로
③ 뭄바이
④ 로스앤젤레스

> **✔해설** 부산시와 자매결연을 맺은 도시는 가오슝, 로스앤젤레스, 시모노세키, 바르셀로나, 리우데자네이루, 블라디보스토크, 상하이, 수라바야, 빅토리아, 티후아나, 호찌민, 오클랜드, 발파라이소, 웨스턴케이프, 몬트리올, 이스탄불, 두바이, 후쿠오카, 시카고, 상트페테르부르크, 프놈펜, 뭄바이, 데살로니키, 카사블랑카, 세부, 양곤, 몸바사, 루안다, 다르에스살람 총 29개 도시다.

20 부산의 문화재 중 부산박물관에서 소장하고 있는 것을 모두 고른 것은?

> ㉠ 동궐도
> ㉡ 개국원종공신녹권
> ㉢ 금동보살입상
> ㉣ 조선왕조실록
> ㉤ 산청 석남암사지 납석사리호

① ㉠㉢
② ㉡㉣
③ ㉣㉤
④ ㉢㉤

> **✔해설** ㉠㉡ 동궐도, 개국원종공신녹권은 동아대박물관에서 소장 중이다.
> ㉣ 조선왕조실록은 국가기록원 부산지원에서 소장하고 있다.

Answer 19.② 20.④

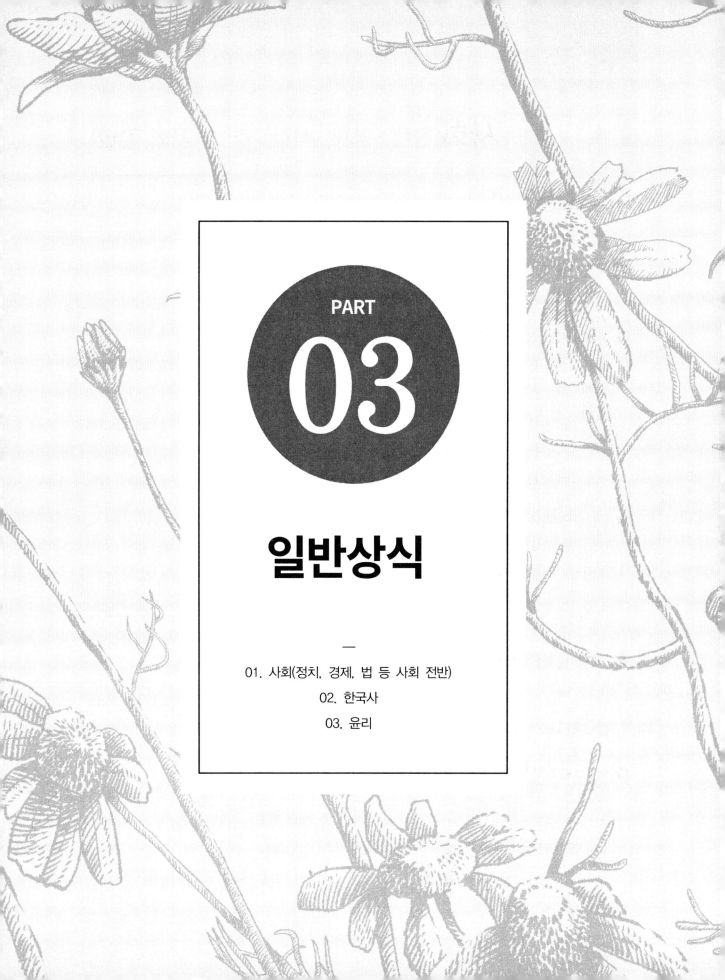

PART

03

일반상식

—

CHAPTER 01

사회(정치, 경제, 시사, 법 등 사회 전반)

❶ 정치 · 행정 · 외교

✔ 한일청구권협정 ✗✗✗

1965년 한일기본조약 중 청구권에 관한 협정으로 일본은 한국에 대해 조선에 투자한 자본과 일본인의 개별 재산 모두를 포기하고, 3억 달러의 무상 자금과 2억 달러의 차관을 지원하고, 한국은 대일 청구권을 포기하는 것에 합의했다. 일본은 이 조약을 체결하면서 이중적인 자세를 보였는데, 한국에 대해서는 이로써 전쟁 전의 역사를 청산하는 배상금의 성격임을 주장하면서 동시에 대내적으로는 경제협력의 일환이라는 입장을 취했다. 한국은 일본의 개인 보상을 인프라 투자에 유용한 깃을 국민에게 공개하지 않았기 때문에 나중에 배상 청구의 견해 차이 등으로 한일 관계에 화근을 남겼다.

✔ 국빈방문(State Visit) ✗

가장 격식이 높은 방문으로, 국가 원수가 외국 국가 원수의 공식 초청을 받아 방문하는 일을 말한다. 초청국의 요청으로 성사되는 것이 아니라 양 국가 간 사전 협의를 통해 이루어진다. 정상 방문 규모에 따라 공식방문(Official Visit), 공식 실무방문(Official Working Visit), 실무방문(Working Visit), 사적방문(Private Visit)로 구분할 수 있다.

✔ 메리토크라시(Meritocracy) ✗✗

출신이나 가문 등이 아닌 실적과 능력에 따라 지위 및 보수가 결정되는 체제를 말한다. 능력주의, 실력주의라고도 하며 1958년 영국의 정치가이자 사회학자 마이클 영이 「능력주의 사회의 부상」에서 아리스토크라시(Aristocracy)에 상응하는 개념으로 만든 말이다.

✔ 패스트트랙 ✗✗✗

상임위에서 재적 위원 5분의 3이 찬성하면 법안을 지정하고 총 330일이 지나면 합의가 되지 않아도 법안을 통과시킬 수 있는 제도를 말한다. 국회법 제85조의 2에 규정된 내용으로 발의된 국회의 법안 처리가 무한정 표류하는 것을 막고 법안의 신속처리를 위해 마련되었다.

✅ 필리버스터 ✦✦✦

합법적인 방법과 수단으로 국회에서 고의적으로 의사진행을 지연시키는 무제한 토론 행위이다. 국회에서 다수파가 독단적으로 진행하는 의사진행에 반발하기 위하여 소수파 의원이 어떤 형태로든 의회의 정상적인 의사진행절차를 방해·지연시키려는 행위를 의미한다. 오랜 시간 연설을 하거나 규칙발언 반복하는 등의 방법으로 무제한으로 토론을 진행하는 것이다. '다수당의 독주를 막는 최후의 보루' 또는 '다수결 원리를 약화시키는 독'으로 평가되고 있다.

✅ 외교행낭 ✦

본국과 재외공관 사이에 문서 및 공용물품을 주고받기 위해 사용되는 문서 발송 가방으로, 외교관계에 관한 비엔나 협약27조로 국제법상 각국의 권리로 인정되었다. 우리 정부는 인도 현지 한인회의 요청에 따라 산소발생기대를 외교 행낭으로 보낸 바 있다.

✅ 양출제입(量出制入) ✦✦

국가의 재정계획 작성 시 지출 규모를 사전에 정하고 수입을 맞추는 원칙이다. 정부가 한 회계연도의 지출을 먼저 결정한 후 이에 맞게 세금을 거두는 방식이다. 반면 수입을 먼저 계산한 후 지출 규모를 맞추는 원칙은 양입제출(量出制入)이라고 한다.

✅ 사보임 ✦✦

사보임은 사임(맡고 있던 자리에서 물러남)과 보임(어떤 직책에 임명함)을 합친 말로, 국회 상임위원회나 특별위원회 위원을 교체하는 절차를 말한다. 기존 위원을 물러나게 하고 새 위원을 임명한다. 이는 원내대표의 고유 권한으로, 소속 의원들을 상임위원회에 배치, 상임위에서 물러나게 하는 권한도 있다. 사보임을 국회의장에 신청하고, 국회의장이 이를 승인하면 위원의 사보임이 완료된다.

✅ 국제원자력기구(IAEA : International Atomic Energy Agency) ✦

원자력의 평화적 이용을 목적으로 1957년에 창설된 UN의 전문기구이다. 주요 업무는 핵확산금지조약(NPT) 가맹국 중 비핵보유국을 대상으로 핵물질의 군사적 이용방지를 위해 핵사찰을 하게 되는데, A·B·C급으로 분류해 통제한다. 본부는 빈에 있으며, 창설회원국인 우리나라는 1956년에 가입했다. 북한은 1974년에 가입했으나 현재 탈퇴하였다.

✅ 컨벤션 효과(Convention Effect) ✦✦✦

전당대회나 경선대회 같은 정치 이벤트에서 승리한 대선후보 또는 해당 정당의 지지율이 전에 비해 큰 폭으로 상승하는 효과를 의미하는 것으로, 전당대회 효과라고도 한다.

✔ 뉴 거버넌스(New Governance) ✦✦

일반 시민사회를 정부의 영역에 포함시켜 파트너로 인정해줌으로써 정부조직, 기업, 시민사회, 세계체제 등 이들 전부가 공공서비스와 관련해 신뢰를 통한 네트워크 구축을 강조하는 개념으로 협력 체제에 중점을 두는 것이다. 정부부문과 민간부문 및 비영리부문 간 협력적 네트워크를 통한 공공서비스 전달 과정에 있어서의 효율성을 목표로 한다.

✔ CVID ✦

완전(complete)하고, 검증가능(verifiable), 불가역적인(irreversible) 핵폐기(dismantlement)를 의미하는 말로, 미국 부시 대통령이 북핵문제에 대한 미국의 목표를 천명할 때 사용한 표현이다. 북한 핵개발 프로그램을 복구 불가능한 상태로 만들어야 한다는 의미로, 미국은 북핵 6자회담에서도 CVID 방식의 핵문제 해결을 북한에 요구하였다.

✔ 대사 ✦✦

국가를 대표하여 외교교섭을 행하기 위하여 외국에 파견되는 외교사절의 제1계급으로, 특명전권대사의 약칭이며, 전권대사라고도 한다. 대사는 경력직 공무원인데 그 중 특정직 공무원으로서 국가의 원수로부터 다른 국가의 원수에게 파견된다.

☆☆☆ 공사 … 국가를 대표하여 외교교섭을 하기 위해 외국에 파견되는 제2급 외교사절로, 특명전권공사의 약칭이다. 그 아래에 변리공사·대리공사가 있다.

☆☆☆ 영사 … 자국의 통상과 국민보호를 위해 외국에 파견하는 공무원을 말한다. 본국에서 파견되는 파견영사와 다른 나라에 거주하는 사람 중에서 선임되는 명예영사(선임영사)가 있다.

✔ 국정감사 ✦✦

국회가 국정 전반에 대한 조사를 행하는 것을 말한다. 이는 국회가 입법 기능뿐만 아니라 정부를 감시하고 비판하는 기능을 가지고 있는 것에서 인정된 것이다. 헌법과 국정 감사 및 조사에 관한 법률에서 정하고 있는 '국정'의 개념은 의회의 입법 작용뿐만 아니라 행정·사법을 포함하는 국가 작용 전반을 의미한다. 여기서 개인의 사생활이나 신앙 같은 사적사항은 제외된다. '국정'은 국정감사, 국정조사의 대상이 되며 국정감사는 국정의 전반, 국정조사는 국정의 특정사안을 대상으로 하게 된다. 현재 국정감사는 소관 상임위원회별로 매년 정기국회 집회일 이전의 감사 시작일 부터 30일 이내의 기간을 정하여 감사를 시행한다. 본회의 의결에 의해 정기회 기간 중에 감사를 실시 할 수 있다. 감사, 조사의 대상기관은 국가기관, 특별시, 광역시, 도, 정부투자기관, 한국은행 등, 그리고 본회의가 특히 필요하다고 의결한 감사원의 감사 대상기관이다.

❖ 노변담화(爐邊談話, fireside chat) ✦

1933년 3월 12일부터 미국의 제32대 루스벨트(F. Roosevelt) 대통령이 라디오를 통하여 국민들에게 시작한 담화이다. 뉴딜(new deal)정책에 대한 국민의 지지를 호소하기 위해 시작한 이 담화는 공식적이고 딱딱한 형식이 아니라 난롯가에서 친지들과 정담(情談)을 나누는듯한 친밀감을 불러일으킨 데서 이러한 이름이 붙여졌다.

❖ 레임덕 현상(Lame Duck) ✦✦✦

공직자 임기 말 권력누수 현상이다. 미국 대통령선거에서 현직 대통령이 선거에서 패배하는 경우 새 대통령이 취임할 때까지 약 3개월 동안 국정공백기간이 생기는데, 이를 기우뚱 걷는 오리에 비유한다.

❖ 게티스버그 연설(Gettysburg 演說) ✦

1863년 11월 미국의 제16대 대통령인 링컨(A. Lincoln)이 남북전쟁 희생자의 영령을 위로하기 위해 펜실베니아주의 게티스버그를 방문하여 그 곳에서 행한 연설이다. 그 연설 가운데 '국민의, 국민에 의한, 국민을 위한 정치(government of the people, by the people, for the people)'라는 명언을 남겼는데, 이 말은 민주주의가 무엇인가를 잘 설명해 주고 있으며, 또한 민주정치의 실천이념이 되고 있다.

❖ 당 3역(黨三役) ✦✦✦

한 정당의 중추적인 실력자, 즉 사무총장, 원내대표, 정책심의회의장을 가리킨다.

❖ 중우정치(衆愚政治) ✦

다수의 민중에 의해 지배되는 민주정치가 그 조직이 민주적일지라도 반드시 선정이 베풀어지는 것은 아니라는 뜻으로, 아리스토텔레스(Aristoteles)가 민주정치의 결함을 비꼬아서 한 말이다.

❖ 민주정치 ✦

자유와 평등을 기반으로 한 국민에 의한 통치형태를 말한다. 기본적 인권 또는 다수결원칙, 법치주의 등을 그 속성으로 하며 국민이 직접 정치에 참가하는 직접민주제와 국민의 대표에 의해 통치하는 간접민주제가 있으나, 모두 의회제와 권력분립 등을 수반하는 국민의 정치참여를 뜻한다.

❖ 책임총리제 ✦✦

한국은 대통령제를 채택하면서도 부통령 대신 국무총리라는 직책을 두고 있다. 헌법상 국무총리는 국정의 2인자로 행정부를 통괄하고, 국무회의 부의장으로서 국무위원의 임명·제청권, 해임 건의권 등을 행사할 수 있다. 책임총리제는 이러한 현실을 지양하고 대통령과 총리가 업무를 구체적으로 명료히 분담해 수행하는 분권형 국정운영체제의 일환이다.

❤ 국정조사권(國政調査權) ✦✦✦

국회가 특정한 국정사안에 관한 조사를 할 수 있는 권한이다. 국회의원의 4분의 1 이상이 요구할 경우 국회는 조사 사안에 대한 특별위원회를 구성하거나 해당 상임위에서 조사위원회를 구성하며, 조사위 의결로 국회폐회 중에도 활동할 수 있다. 그 범위는 안건의 심의와 직접 관련된 보고, 서류의 제출요구, 참고인의 출석요구 등에 국한된다.

❤ 일대일로 ✦

중국에서 출발하여 아시아와 유럽 대륙을 연결하는 거대 프로젝트로, 2013년 시진핑 중국 국가 주석이 중앙·동남아시아 순방에서 제시한 '신(新) 실크로드 전략'을 지칭한다. 이 프로젝트는 중국에서 중앙아시아, 동남아, 중동 등 지역을 거쳐 유럽에 이르는 지역을 육로와 해로로 연결해 관련국과 경제협력을 강화하는 사업이다.

❤ 대선거구제(大選擧區制) ✦✦✦

한 선거구에서 다수(보통 5인 이상)의 대표를 선출하는 제도이다. 이 제도는 전국적으로 큰 인물이 당선되기 쉬운 장점이 있으나, 선거구가 너무 넓어서 후보자의 인물·식견을 판단하기 어렵고 비용이 많이 드는 단점이 있다.

☆☆☆ 중선거구제(中選擧區制) … 한 선거구에서 2 ～ 4명의 대표자를 선출하는 제도이다. 우리나라는 자치구·시·군의원 선거에서 채택하고 있다.

☆☆☆ 소선거구제(小選擧區制) … 한 선거구에서 한 사람의 대표를 선출하는 제도이다. 선거구가 작기 때문에 선거 관리와 투표가 간단하고 비용이 비교적 덜 들며, 선거인이 후보자를 잘 알 수 있는 동시에 정국이 안정되기 쉬운 장점이 있다. 우리나라는 지역구 국회의원 및 시·도의원 선거에서 채택하고 있다.

❤ 투키디데스 함정 ✦

기존 패권국가와 빠르게 부상하는 신흥 강대국이 결국 부딪칠 수밖에 없는 상황을 의미한다. 원래 아테네와 스파르타의 전쟁에서 유래한 말이며 최근 미국과 중국의 상황을 설명하는 데 쓰여 주목받고 있다.

❤ 게리맨더링(gerrymandering) ✦✦

선거구를 특정 정당이나 후보자에게 유리하게 인위적으로 획정하는 것을 말한다. 이것은 1812년 미국의 게리(Gerry)라는 매사추세츠 주지사가 자기의 소속 정당에 유리하게 선거구를 획정한 결과 샐러맨더(salamander : 희랍신화 속의 도롱뇽)와 비슷한 기형의 선거구가 된 데서 유래되었다.

❤ 로그롤링(logrolling) ✦✦

선거를 도와주고 그 대가를 받거나 이권을 얻는 행위를 의미한다. 원래는 '통나무 굴리기'라는 뜻으로, 서로 협력하여 통나무를 모은다든가 강물에 굴려 넣는 놀이에서 연유된 것이다.

❤️ 사전투표 ✒️

사전투표(事前投票) 또는 조기투표(早期投票)라고도 하며, 유권자가 지정된 선거일 이전에 투표를 할 수 있도록 하는 제도를 말한다. 우편을 통하거나, 사전투표를 위해 지정된 투표소에서 실시하며, 실시 방법과 기간은 관할 기관과 선거의 종류에 따라 다르다. 사전투표는 통상적으로 투표 참여율을 높이고, 선거 당일의 투표소 혼잡을 막기 위해 시행한다. 사전투표는 선거 기간 동안 투표 장소를 벗어난 곳에 있다거나, 투표 업무 종사자, 선거 운동원, 의료 일정 등의 사유로 인하여 선거일에 선거를 할 수 없는 유권자의 선거를 위해 도입되었다. 우리나라의 경우 공직선거법에 따라 선거일에 투표소에서 투표할 수 없는 사람은 사전에 서면으로 부재자 신고를 하고, 선거일 6일 전부터 2일간 부재자 투표를 실시한다. 부재자 투표소에서 투표를 실시할 수 없는 경우를 위해 우편을 통한 거소 투표나 선상 투표 제도를 마련하였다. 2012년 개정된 공직선거법에 따라, 2013년부터는 사전에 부재자 신고를 할 필요 없이 선거인은 누구든지, 부재자 투표 기간인 선거일 전 5일부터 2일간, 지정된 아무 부재자 투표소에서 투표를 할 수 있게 되었다.

❤️ 선거권(選擧權) ✒️✒️

국가기관으로서의 국민이 각종 공무원을 선임하는 권리로서 선거에 참여할 수 있는 지위 또는 자격을 말한다. 우리나라의 경우 선거권을 갖는 요건으로는 대한민국 국민이어야 하고, 선거일 현재 19세 이상이어야 한다. 소극적 요건으로는 금치산 선고를 받지 않았어야 하며, 금고 이상의 형을 선고받고 그 집행이 종료된 상태라야 하며, 선거범, 정치자금부정수수죄 및 선거비용관련 위법행위에 관한 벌칙에 규정된 자 또는 대통령·국회의원·지방의회의원·지방자치단체의 장으로서 그 재임 중의 직무와 관련하여 수뢰·사전수뢰 내지 알선수뢰, 알선수재에 규정된 죄를 범한 자로서 100만 원 이상의 벌금형을 선고받고 그 형이 확정된 후 5년 또는 형의 집행유예 선고를 받고 그 형이 확정된 후 10년 이상이 경과되어야 하고, 법원의 판결 또는 다른 법률에 의하여 선거권이 정지 또는 상실되어서도 안 된다.

❤️ 교차투표(Cross Voting) ✒️

국회에서 의원들이 표결할 때 소속 정당의 당의(黨意)에 구애됨이 없이 자의(自意)에 따라 투표하는 것으로, 소속 정당의 정책노선과 반대되는 투표가 가능해진다. 특히 미국 의회에서 두드러지고 있다.

❤️ 플레비사이트(Plebiscite) ✒️

직접민주주의의 한 형태로 국민이 국가의 의사결정에 참여하는 제도로 일종의 국민투표이다. 최고통치자가 권력의 계속유지와 관련해 신임을 물을 경우 채택하는 등 주로 항구적인 정치 상태를 창출하는 데 쓰인다. 특정인의 통치나 영토의 변경에 대하여 임의적으로 국민의 표결에 부치는 것이다.

매니페스토(Manifesto) ✦✦

선거 시에 목표와 이행 가능성, 예산 확보의 근거를 구체적으로 제시한 유권자에 대한 공약을 말한다. 공약의 달성 가능성(achievable), 검증 가능성(measurable), 구체성(specific), 타당성(relevant), 기한 명시(timed)의 다섯 가지를 평가 기준으로 삼는다. 또 공약의 지속성(sustainability), 자치력 강화(empowerment), 지역성(locality), 후속조치(following)의 첫 글자를 딴 SELF지수도 평가 기준으로 삼는다. 이 지표는 대체로 유권자와 밀접한 지방선거에서 의의를 둔다.

레퍼렌덤(Referendum) ✦✦

일반적으로 헌법의 규정에 따라 국민이 입법과정에 직접 참여하는 경우를 말한다.

출구조사(Exit Poll) ✦✦

투표를 마치고 나오는 유권자를 대상으로 면접 조사하여 투표자 분포 및 정당·후보자별 지지율 등의 정보를 얻는 선거여론조사를 말한다. 우리나라는 텔레비전, 라디오, 일간신문사에 한하여 투표소 50m 밖에서 출구조사를 허용하고 있다. 투표 마감 후 결과가 공표되어 선거 결과를 가장 빠르게 예측할 수 있다.

캐스팅보트(Casting Vote) ✦✦

의회의 표결에 있어서 가부동수(可否同數)인 경우 의장이 던지는 결정권 투표나, 2대 정당의 세력이 거의 같을 때 그 승패를 결정하는 제3당의 투표를 말한다.

섀도캐비닛(Shadow Cabinet) ✦✦

각료후보로 조직된 내각으로, 야당에서 정권을 잡는 경우를 예상하여 조직되는 것이다. 1876년에 생긴 제도로, 양당제가 잘 발달되어 있는 영국에서는 야당이 정권획득에 대비하여 총리 이하 각 각료로 예정된 멤버를 정해두고, 정권을 잡으면 그 멤버가 그대로 내각의 장관이 되는 경우가 많았다. '그늘의 내각' 또는 '그림자 내각'으로 번역되는데, 본래는 영국 야당의 최고지도부를 말하는 것이었다.

오픈프라이머리(Open Primary) ✦

개방형 경선제. 미국 대통령 선거에서 정당별 후보를 투표자가 자기의 소속 정당을 밝히지 않고 투표할 수 있는 예비 경선의 한 방식이다. 대선후보 선출권을 소속 당원에게 국한하지 않고 일반 국민으로 확대했다. 국민의 선거 참여 기회를 확대해 참여 민주주의를 실현하지만, 당원의 존재감이 약화되어 정당정치의 실현이 어려워질 수 있다.

✅ 캠파(Kampaniya) ✦

정치단체가 선거운동·평화운동·재정모금운동 등에 대중을 참여하게 하는 특수한 조직활동으로, 당원에 국한하여 실시하는 교육캠파도 있으나 흔히 당 외의 대중을 대상으로 한다.

✅ 레드라인(Red Line) ✦✦

대북정책에서 포용정책이 실패할 경우 봉쇄정책으로 전환하는 정책 전환의 한계선이다. 한미 양국은 북한의 중장거리 미사일을 재발사할 경우, 제네바 합의를 위반할 정도의 핵개발 혐의가 포착될 경우, 대규모 대남 무력도발의 반복적 실시 등 북한 행위를 기준으로 레드라인 설정 기준안을 마련했다.

✅ 원내교섭단체(院內交涉團體) ✦

국회에서 정당 소속 의원들이 개개인의 주장 혹은 소속 정당의 의견을 통합하여 국회가 개회되기 전 반대당과 교섭·의견조정을 하기 위하여 구성하는 의원단체를 말한다. 국회의원 20인 이상의 정당을 단위로 구성함이 원칙이나 다른 교섭단체에 속하지 않는 의원 20인 이상으로 구성할 수도 있다.

✅ 인권선언(人權宣言) ✦

봉건적 특권계급에 대한 근대 시민계급의 자유와 평등의 권리를 천명한 것으로, 1789년 8월 프랑스혁명 당시 라파예트(M. Lafayette)가 기초한 '인간 및 시민의 권리선언(인권선언)'을 국민회의 결의로 발표한 것이다. 이 선언은 근대 시민정치의 3대 선언 중의 하나이다.
☆☆☆ 근대 시민정치의 3대 선언 … 영국의 권리장전, 미국의 독립선언, 프랑스의 인권선언

✅ R2P ✦

보호책임 원칙으로, 특정국가가 집단학살이나 반인도 범죄 등으로부터 자국민을 보호하지 못할 경우 UN이 나서야 한다는 원칙이다.

✅ 농르풀망의 원칙 ✦

망명자를 박해가 우려되는 국가로 송환해서는 안 된다는 즉, 강제송환금지의 원칙이다. 1954년에 발효된 난민의 지위에 관한 조약에 규정되어 있다. 우리나라는 이 원칙을 근거로 탈북자를 난민으로 간주하여 보호하고 있다.

✔ 뒤베르제의 법칙 ✦✦

최다득표제 국가에서는 대체로 양당체제가 나타난다는 법칙으로, 이 법칙에 따르면, 소선거구제는 양당체제를 낳으며, 비례대표제는 다수 정당체제를 낳는다. 즉, 최다득표제를 선거제도로 채택하는 국가에서는 소수정당은 의석을 얻을 수 없고 두 개의 주요 정당이 남는다는 뜻이다. 심리적으로 소수정당을 지지하는 유권자는 사표를 만들지 않기 위해서 당선확률이 높은 당에 투표하는 경향이 있기 때문에 이와 같은 특징이 나타난다.

✔ 해외정상 방문 ✦✦

구분	내용
국빈방문	• 대통령의 공식 초청에 의한 외국 국가 원수의 방문 • 재임국가별 1회로 제한(해당 원수 재선 시 재차 국빈 방문 가능)
공식방문	대통령 명의의 초청으로 이뤄진 정상이나 행정부 수반의 방문
공식실무방문	공식 초청에 의한 것이나 국빈 또는 공식방문이 아닌 방문
실무방문	공식 초청장을 발송하지 않았지만 공무 목적의 방문
사적방문	휴양 등 개인적 목적으로 방문

❷ 법률

✔ 고위공직자범죄수사처 ✦✦✦

검찰 개혁 방안의 하나로, 대통령·국회의원·법관·지방자치단체장·검사 등 고위공직자 및 그 가족의 비리를 수사 및 기소할 수 있는 독립기관이다. '공수처'라고도 한다. 현재 검찰이 과도하게 독점하고 있는 고위공직자에 대한 수사권, 기소권, 공소유지권을 이양해 검찰의 정치 권력화를 막고 독립성을 제고하는 것이 그 취지이다. 2019년 12월 30일 '고위공직자범죄수사처 설치 및 운영에 관한 법률안(공수처법)'이 국회 본회의를 통과하고, 2020년 1월 7일 국무회의를 통해 공포되었다. 2월 10일에는 공수처 출범을 위해 제반 사항을 지원하는 국무총리 소속 '고위공직자범죄수사처 설립준비단'이 발족하고, 법 시행(7월 15일)과 함께 출범 예정이었으나 출범이 지연되었다. 이후 12월 10일 법 개정안이 국회를 통과해 해당 개정안이 12월 15일 공포·시행에 들어갔으며, 2021년 1월 21일 김진욱 초대 공수처장 취임과 함께 공식 출범하였다.

✔ 국민참여재판(國民參與裁判) ✦✦

2008년 1월 1일부터 시행된 한국형 배심원 재판제도로 국민이 배심원으로 재판에 참여하는 형사재판제도이다. 배심원이 된 국민이 법정 공방을 참관하여 피고인의 유·무죄 평결을 토의하여 평결하면 재판부가 참고하여 선고하는 제도이다. 국민참여재판은 배심원을 선정하고, 공판절차, 평의절차를 거쳐 판결을 선고한다. 배심원은 만 20세 이상 대한민국 국민이면 누구나 배심원이 될 수 있고, 특별한 자격은 필요하지 않지만, 범죄전력이 있다면 배심원이 될 수 없다.

✔ 국민소환제 ✦

부적격한 국회의원을 임기 전 파면할 수 있도록 하는 제도를 의미한다. 일정 기준 이상의 유권자가 지역구·비례대표 국회의원에 대한 국민소환투표에 찬성하면, 투표가 진행되고 그 결과에 따라 해임이 가능하다. 국민의 손으로 선출된 대표를 다시 국민의 손으로 내칠 수 있다는 것으로 '국민파면' 혹은 '국민해직'이라고도 한다.

✔ 헌법 ✦✦✦

헌법은 국가의 통치조직과 통치의 기본원리 그리고 국민의 기본권을 보장하는 법이다. 형식적 의미의 헌법은 성문헌법으로서 규정되어 있는 내용과 관계없이 헌법이라는 이름을 가진 규범을 말하며, 영국과 같은 불문헌법 국가에서는 형식적 의미의 헌법이 존재하지 않는다. 우리나라는 성문헌법·민정헌법·경성헌법으로서 국민주권주의, 자유민주주의, 복지국가의 원리, 국제평화주의, 조국의 평화적 통일의 지향 등을 기본으로 한다.

① 헌법의 개정절차

절차	내용
제안	• 대통령 : 국무회의의 심의 • 국회의원 : 재적 과반수
공고	대통령이 공고, 20일 이상
국회의결	공고된 날로부터 60일 이내, 재적의원 3분의 2 이상 찬성
국민투표	국민투표로 확정, 국회의원 선거권자 과반수의 투표와 투표자 과반수의 찬성, 국회의결 후 30일 이내
공포	대통령의 공포, 즉시 공포(거부권 없음)

② 헌법의 개정과정

시기	주요 내용	공화국
제1차(1952)	대통령직선제, 국회양원제	제1공화국 (대통령제)
제2차(1954)	초대대통령 중임제한 철폐, 국민투표제 채택	
제3차(1960)	내각책임제, 대법원장·대법관선거제	제2공화국 (의원내각제)
제4차(1960)	반민주행위자·부정축재자·부정선거관련자 처벌을 위한 소급입법의 근거인 헌법 부칙 마련	
제5차(1962)	대통령제, 단원제, 법원에 위헌법률심사권 부여	제3공화국 (대통령제)
제6차(1969)	대통령 3선 취임 허용, 대통령 탄핵소추요건 강화	
제7차(1972)	통일주체국민회의 신설, 대통령 권한 강화, 국회 권한 조정, 헌법 개정 절차 이원화	제4공화국 (유신헌법)
제8차(1980)	대통령 간선제, 단임제(7년), 구속적부심 부활, 연좌제 금지, 국정조정권 부여, 헌법 개정 절차 일원화	제5공화국 (대통령제)
제9차(1987)	대통령 직선제, 단임제(5년), 국정조사권 부활로 국회 권한 강화, 비상조치권 국회해산권 폐지로 대통령 권한 조정	제6공화국 (대통령제)

헌법재판소(憲法裁判所) ✦✦✦

헌법에 관한 분쟁 또는 의의(疑義)를 사법적으로 풀어나가는 재판소로, 1960년 제2공화국 헌법에 헌법재판소 설치가 규정되었으나 무산되고, 1987년 10월 말 공포된 개정 헌법에서 헌법위원회가 헌법재판소로 바뀌어 1988년 최초로 구성되었다. 헌법재판소는 대통령·국회·대법원장이 각각 3명의 위원을 선임해 9인의 재판관으로 구성되고 대통령이 국회의 동의를 얻어 재판관 중에서 위원장을 임명한다. 헌법재판소는 법원의 제청에 의한 법률의 위헌여부 심판, 탄핵의 심판, 정당의 해산 심판, 국가기관 상호간과 국가기관과 지방자치단체 간 및 지방자치단체 상호간의 권한쟁의에 관한 심판, 법률이 정하는 헌법소원에 관한 심판을 담당한다.

💙 위헌제청(違憲提請) ✦✦

소송을 진행 중인 소송당사자가 당해 사건에 적용될 법률이 헌법에 위반된다고 주장하거나 법원의 직권에 의해 헌법재판소에 위헌법률심판을 제청하는 제도이다. 위헌제청의 대상은 대한민국의 모든 법률·긴급명령·조약 등이고, 대상이 되지 않는 것은 명령·규칙·조례·관습법 등이다. 법원이 위헌법률심판을 제청한 때에는 당해 소송사건은 정지되나 법원이 긴급하다고 인정하는 경우, 종국재판 외의 소송절차 진행이 가능하다. 위헌제청신청을 기각하는 결정에 대하여는 민사소송에 의한 항고나 재항고를 할 수 없다. 헌법재판소의 결정이 내려지면 제청법원은 그 결정에 따라 중단된 소송절차를 속개한다.

💙 헌법소원(憲法訴願) ✦✦

공권력의 행사 또는 불행사에 의해 헌법상 보장된 기본권을 침해당했다고 생각되는 개인이나 법인이 권리를 되찾기 위해 헌법재판소에 그 심판을 요구하는 것을 말한다. 이때의 공권력에는 입법·사법·행정이 모두 포함되는 것이 원칙이지만, 현행 「헌법재판소법」 법원의 판결을 대상에서 제외하고 있어 법원의 판결을 뒤엎는 헌법소원을 낼 수는 없다.

💙 집단소송제 ✦

기업의 허위공사·분식결산 등으로 피해를 입은 투자자가 손해배상청구소송을 제기해 승소하면 같은 피해를 입은 다른 사람들도 별도의 재판절차 없이 동일한 배상을 받을 수 있도록 하는 제도이다. 원래 집단소송제는 파산·제조물책임·환경·시민권·소비자취업차별 등 광범위한 사안에 대해 적용되는 것이지만, 우리 정부는 증권거래와 관련된 사안에 대해서만 도입하였다. 구체적으로는 유가증권신고서와 공개매수신고서의 허위·부실기재, 사업보고서 및 반기·분기보고서의 허위·부실기재, 수시공시와 조회공시사항의 허위·부실공시 등이다. 대표소송제와 혼동되는 경우가 많은데 대표소송제는 회사를 대표해 경영진을 대상으로 제기하는 소송으로 승소시 보상금도 회사로 돌아가는 반면, 집단소송제는 피해를 본 투자자들이 직접 보상받는다.

💙 죄형법정주의(罪刑法定主義) ✦✦✦

어떤 행위가 범죄가 되고 또 그 범죄에 대해 어떠한 처벌을 할 것인가를 미리 법률로써 명문화시켜야 한다는 원칙이다. 이 원칙은 현대형벌제도의 기초이며, 국가권력의 남용을 방지하여 국민의 자유와 인권을 보장하려는 데에 그 목적이 있다. 관습형법금지의 원칙, 소급효금지의 원칙, 명확성의 원칙, 유추해석금지의 원칙, 적정성의 원칙을 내용으로 한다.

✅ 체계(體系)·자구(字句)심사권 ✔✔

상임위를 통과한 법률안이 관련 법과 충돌하지 않는지(체계), 법안에 적힌 문구가 적절한지(자구) 심사하는 기능이다. 이 과정에서 법사위가 사실상 '상원' 역할을 하면서 정치적인 이유로 법안 통과를 막는 등의 비판이 끊이지 않았다. 때문에 이를 폐지하자는 국회법 개정안이 발의되었으며, 법조계에서는 폐지 시 위헌적인 법률이 늘어날 수 있다는 우려의 목소리도 있다.

✅ 수사지휘권 ✔

'법무부 장관은 구체적 사건에 대해 검찰총장을 지휘·감독할 수 있다'는 검찰청법 제8조에 근거하여 특정 사건에 대해 검찰 수사를 지휘·중단할 수 있는 권한을 일컫는다. 법무부장관의 첫 수사지휘권 발동은 2005년 10월 검찰의 국가보안법 수사와 관련하여 있었으며 2020년 7월에 검언유착 의혹과 관련하여 6건 발동한 바 있다.

✅ 경제활성화법안 ✔✔

경제 관련 2개 법률안, 노동 관련 5개 법률안 등의 7개 법안에 고용노동부 지침 2개를 포함하여 포괄적으로 이르는 용어이다. 경제 관련 법률안은 기업활력제고특별법(원샷법)과 서비스산업발전기본법이며, 노동 관련 5개 법률안은 근로기준법·고용보험법·산업재해보험법·기간제 및 단시간근로자 보호 등에 관한 법률·파견근로자보호 등에 관한 법률의 일부 개정안을 이른다.

✅ 원샷법 ✔✔✔

기업들이 인수합병(M&A) 등 사업 재편을 쉽게 할 수 있도록 상법·세법·공정거래법 등의 관련 규제를 특별법으로 한 번에 풀어주는 법이다. 정식 명칭은 '기업활력제고를 위한 특별법'이다. 2015년 7월 9일 이헌재 의원이 '기업활력제고를 위한 특별법' 제정안을 대표 발의했다. 발의된 제정안은 그동안 지주회사의 선제적 구조조정을 가로막았던 계열사 출자 제한 규정 등을 완화하는 내용을 담고 있다. 원샷법 지원 대상은 과잉공급 업종으로 제한된다.

✅ 특별검사제(特別檢事制) ✔✔

정치적 중립성을 지키기 위하여 고위 공직자의 위법 혐의나 비리가 발견되었을 때 수사와 기소를 행정부로부터 독립된 변호사가 담당하게 하는 제도이다. 미국에서 먼저 정착되었으며, 우리나라의 경우 1999년 옷로비 사건에 특별검사제를 처음 도입하였고, 대북 송금에 관한 조사를 조사하기 위하여 실시하였다.

✪ 사면(赦免) ✦✦✦

대통령의 고유권한으로, 형의 집행을 면제해주거나 형 선고의 효력을 없애주는 조치를 말한다. 특정죄목에 대해 일괄적으로 처벌을 면해주는 일반사면과 사면의 대상을 일일이 정해 취해지는 특별사면의 두 가지가 있다. 특별사면은 다시 가석방 또는 복역 중인 피고인의 남은 형 집행을 면제해주는 조치인 잔형집행면제, 집행유예를 받은 사람에게 형의 선고를 없었던 일로 해주는 형선고실효 두 가지 방법이 있다. 또 행정처분취소는 경찰청 등 행정기관의 처분을 면해주는 조치이며, 징계사면은 말 그대로 징계받은 사실을 없던 일로 하는 것이다. 파면이나 해임을 뺀 정직, 견책, 감봉을 받은 전·현직 공무원들의 징계기록이 없어지고 호봉승급 등 인사상 불이익을 받지 않게 된다.

✪ 복권(復權) ✦

상실된 특정 권리·자격을 회복시키는 것으로 헌법 및 사면법상 대통령의 명에 의해, 형법에 의한 형의 선고, 파산법에 의한 파산선고로 상실 또는 정지된 자격을 회복시키는 것이다. 복권은 형의 집행을 종료하거나 집행면제를 받은 자에 한해서만 행해지는 것인데, 형의 선고에 의한 기성의 효과는 복권이 되어도 변경되지 않는다. 일반복권은 대통령령으로 하고, 특정한 자에 대한 복권은 대통령이 행하되 법무장관의 상신과 국무회의의 심의를 거쳐야 한다. 특별복권은 검찰총장의 신청으로, 형의 집행종료일 또는 집행이 면제된 날로부터 3년이 경과된 자에 대해 법무부장관의 상신을 거쳐 대통령이 행한다.

✪ 감청영장(監聽令狀) ✦

수사기관에서 공공연하게 이루어졌던 도청을 엄격히 금지하고 수사상 필요할 때에만 제한적으로 피의자 등의 통화내용을 엿들을 수 있게 한, 일종의 '합법화된 도청'을 말한다. 1993년 12월 제정된 「통신비밀보호법」에 도입해 1994년 6월부터 시행되었다.

✪ 소멸시효(消滅時效) ✦

권리를 행사할 수 있음에도 불구하고 권리를 행사하지 않고 일정 기간 계속함으로써 권리소멸의 효과를 생기게 하는 제도를 말한다. 시효제도(時效制度)는 사회질서의 안정, 채증(採證)의 곤란 등의 이유로 인정되고 있으나 점유권, 일정한 법률관계에 필연적으로 수반되는 상린권, 담보물권 등은 소멸시효에 걸리지 않는다.

✪ 플리 바겐(Plea Bargain) ✦✦

사전형량조정제도를 말한다. 유죄를 인정하는 대신 형량을 경감받는 것으로 '플리 길티(plea guilty)'라고도 한다. 우리나라의 경우 플리 바겐에 대한 법적 근거는 없으나 기소에 대한 검사의 재량을 폭넓게 인정하는 기소편의주의와 기소독점주의를 채택하고 있어 수사의 형태가 암묵적으로 플리 바겐과 비슷하게 이루어지고 있다. 뇌물사건이나 마약범죄 등의 수사에 주로 활용된다.

✅ 유추해석(類推解釋) ✐

어떠한 사항을 직접 규정한 법규가 없을 때 그와 비슷한 사항을 규정한 법규를 적용하는 법의 해석을 말한다. 형법에서는 죄형법정주의의 원칙상 금지된다.

✅ 위임명령(委任命令) ✐

법률 또는 상위명령에 익하여 위임된 사항을 규정하는 법규명령을 말하는 것으로, 수탁된 범위 내에서는 개인의 권리·의무에 관한 사항, 즉 법률사항에 관하여 규정할 수 있다.

✅ 여적죄(與敵罪) ✐✐

형법 제93조에 명시되어 있는 내용으로 적국과 합세하여 대한민국에 항적함으로써 성립되는 범죄이다. 여기서 말하는 적국은 대한민국에 대적하는 외국 또는 외국인단체를 포함하며 항적은 동맹국에 대한 것도 포함한다. 본죄에 있어서 고의는 적국과 합세하여 대한민국에 항적한다는 인식을 필요로 하며, 본죄의 미수·예비·음모·선동·선전 등도 처벌한다.

✅ 알선수재죄 ✐✐

돈이나 물건의 대가를 받고 다른 사람의 업무처리에 관한 것을 잘 처리해 주도록 중간에서 알선한 경우 성립하는 죄. 처벌규정은 형법상 알선수뢰죄, 특정범죄가중처벌법상 알선수재죄, 특정경제범죄가중처벌법상 알선수재죄 등 3가지 규정이 있다. 형법상 알선수뢰죄는 공무원이 지위를 이용, 다른 공무원의 직무처리에 직·간접 영향을 미쳤을 때 적용된다. 이는 다른 공무원의 직무처리에 영향을 미친다는 점에서 공무원 자신의 직무에 관한 청탁을 받는 뇌물죄와 다르다. 또 특정범죄가중처벌법상 알선수재죄는 공무원이 아니더라도 공무원처럼 영향력을 행사할 수 있는 사람이 공무원의 직무에 대해 알선하고 돈을 받았을 경우에 적용되며, 특정경제범죄가중처벌법상 알선수재죄는 알선대상이 공무원이 아니라 금융기관일 경우 적용된다.

✅ 심급제도(審級制度) ✐

심급을 달리하는 법원에서 두 번 또는 세 번까지 재판을 받을 수 있게 하는 제도로서, 국민의 자유와 권리보호에 신중을 기하고 공정하고 정확한 재판을 받게 하기 위한 목적에서 만들어진 제도이다. 우리나라에서도 다른 민주국가와 마찬가지로 4계급 3심제이며, 제1심과 제2심은 사실심을 원칙으로 하고 제3심은 법률심이다.

✅ 상소(上訴) ✗✗

소송법상 법원의 판결 또는 결정에 대하여 억울하다고 생각하는 당사자가 그 재판의 확정 전에 상급법원에 대하여 다시 심판해 줄 것을 요구하는 소송행위를 말하며, 항소 · 상고 · 항고가 있다.

✅ 항소(抗訴) ✗

지방법원이나 그 지원(支院)에서 받은 제1심 판결에 대하여 억울하다고 생각하는 당사자가 그 재판이 확정되기 전에 고등법원이나 또는 지방법원 본원 합의부에 다시 재판을 청구하는 것을 말한다. 항소기간은 민사소송의 경우에는 2주일, 형사소송은 7일 이내이며, 항소기일이 지나면 선고는 확정된다. 또한 고등군법회의에서 판결에 대한 상소도 항소라 한다.

✅ 상고(上告) ✗

고등법원이나 지방법원 합의부의 제2심 판결에 대하여 억울하게 생각하는 당사자가 그 재판의 확정 전에 대법원에 다시 재판을 청구하는 것을 말한다. 상고심에서는 법심판의 법령위반만을 심사대상으로 하기 때문에 당사자는 법적 평가의 면에 한하여 불복을 신청할 수 있으므로 보통 상고심을 법률심이라고 한다. 상고를 할 수 있는 재판은 원칙적으로 항소심의 종국판결에 한하지만 불항소합의가 있을 때의 비약적 상고(민사소송법), 또는 특수한 사건에서 고등법원이 제1심이 되는 때(행정소송법)에는 예외가 인정되고 있다. 상고를 할 수 있는 자는 원판결의 파기로 이익이 있는 자에 한하며, 상고제소기간은 항소의 경우와 같은 제한이 있다.

✅ 항고(抗告) ✗

지방법원의 결정이나 명령에 대하여 불복(不服)이 있는 당사자 또는 제3자가 상급법원에 상소하는 것을 말한다. 불복을 신청할 수 없는 결정 · 명령이라도 헌법해석의 착오, 기타 헌법위반이 있음을 이유로 할 때는 대법원에 특별항고를 할 수도 있다.

✅ 체포영장제 ✗

임의동행과 보호유치 등 탈법적 수사관행을 막기 위한 제도를 말한다. 체포영장제는 피의자가 죄를 범했다고 의심할 만한 상당한 이유가 있을 때 사전에 판사로부터 체포영장을 발부받아 체포하고 48시간 내에 구속영장을 청구하지 않을 경우 즉시 석방하는 제도로, 기존 긴급구속제도는 긴급체포제로 대체된다.

✅ 법률행위(法律行爲) ✗

사법상 법률요건의 하나로, 법에 의하여 행위자가 마음먹은 그대로의 법률효과가 인정되는 행위를 말한다. 법률행위가 성립하기 위해서는 당사자 · 내용 · 의사표시의 3개 요건을 필요로 하며, 이 성립요건이 갖추어져 있지 않으면 법률행위는 성립하지 않는다. 법률행위의 형태는 단독행위 · 계약 · 합동행위 등의 세 가지로 나뉜다.

❤ 청원권(請願權) ✐

국가기관이나 지방자치단체에 대하여 국민이 희망을 진술할 수 있는 권리를 말한다. 공무원의 비위 시정에 대한 징계나 처벌의 요구, 손해의 구제, 법령 또는 규칙의 제정·폐지·개정 등에 관하여 그 희망을 문서로써 진정할 수 있다. 청원을 접수한 국가기관은 공정 신속히 심사·처리하여 청원인에게 그 결과를 회답해 줄 의무가 있다. 그러나 반드시 청원의 내용대로 실행할 의무는 없다.

❤ 인정사망제도(認定死亡制度) ✐

수재나 화재 등 사망확률이 높은 사고의 경우, 시신이 발견되지 않더라도 이를 조사한 관공서 등이 사망으로 인정하면 별도의 재판을 거치지 않고 사망신고를 할 수 있도록 하는 제도이다.

❤ 알 권리(Right to Know) ✐

모든 정보원으로부터 일반적인 정보를 수집할 수 있는 권리로 국민이 정치적·사회적 문제에 관한 정보를 자유롭게 접할 수 있고 쉽게 알아볼 수 있는 권리이다. 개인의 경우 공공기관과 사회집단에 대해 정보를 공개하도록 청구할 수 있는 권리를 의미하며, 언론기관의 경우 정보를 공개하도록 청구할 권리뿐만 아니라 취재의 자유를 의미한다.

❤ 액세스권(Right of Access) ✐

국민이 자신의 사상이나 의견을 발표하기 위해 언론매체에 자유로이 접근하여 이용할 수 있는 권리로, 매체접근권이라고도 한다.

❤ 필요적 변론사건(必要的辯論事件) ✐

법에 정해진 형량이 사형·무기 또는 최하 3년 이하의 징역·금고형인 죄목으로 피고인이 기소된 사건을 말하는 것이다. 이러한 사건들은 피고인이 유죄로 인정될 경우 무거운 처벌을 받기 때문에 형사소송법에서 변호인 없이 재판을 열 수 없도록 규정하고 있다.

❤ 명예훼손죄(名譽毀損罪) ✐

형법 제307조의 명예훼손죄는 공연히 구체적인 사실이나 허위 사실을 적시(摘示)하여 사람의 명예를 훼손함으로써 성립하는 범죄를 말한다. '공연히'는 불특정 다수인이 인식할 수 있는 상태를, '명예'는 사람의 인격에 대한 사회적인 평가로서 명예의 주체에는 자연인·법인·기타 단체가 있다. 오로지 공공의 이익에 관한 사실을 적시한 경우에는 처벌하지 아니하나, 진실한 사실을 적시한 경우에 2년 이하의 징역·금고나 500만 원 이하의 벌금에 처하고, 허위의 사실을 적시한 경우는 5년 이하의 징역·10년 이하의 자격정지나 1,000만 원 이하의 벌금에 처한다. 형법상 명예훼손죄는 '반의사불벌죄'로 피해자가 원치 않으면 처벌할 수 없다. 민법상 명예훼손은 불법행위로 간주되어 위자료를 청구할 수 있다.

✔ 즉결심판 ↗

범증이 명백하고 죄질이 경미한 범죄사건(20만 원 이하의 벌금, 구류, 과료에 해당)에 대하여 정식 형사소송절차를 밟지 않고 「즉결심판에 관한 절차법」에 의거, 경찰서장의 청구로 순회판사가 행하는 약식재판이다. 주로 「경범죄처벌법」 위법사범(무임승차, 무전취식, 허위신고, 음주소란, 새치기 등), 가벼운 폭행죄, 단순도박죄, 「도로교통법」상의 자동차주정차금지위반, 「향토예비군설치법」상의 예비군훈련불참자 등을 들 수 있다. 즉결심판의 청구는 관할 경찰서장이 서면으로 하는데 검사의 기소독점에 대한 예외이다. 즉결심판에 있어서는 피고인의 자백만으로써 유죄를 인정할 수 있고 피고인이 피의자신문조서의 내용을 부인하더라도 유죄를 인정할 수 있도록 증거조사의 특례가 인정된다. 즉결심판에 불복하는 경우 피고인은 고지를 받은 날로부터 7일 이내에 소관 지방법원 및 지방법원 지원에 정식재판을 청구할 수 있다. 정식재판의 판결이 나면 즉결심판은 효력을 잃는다.

✔ 일사부재리(一事不再理)의 원칙 ↗

「형사소송법」에서 일단 판결이 확정되면 같은 사건에 관하여 다시 공소의 제기가 허용되지 않는다는 원칙으로, 이에 위배된 공소는 면소판결을 받는다. 단, 「민사소송법」에서는 이 원칙이 적용되지 않는다.

✔ 불고불리(不告不理)의 원칙 ↗

법원은 원칙적으로 검사가 공소제기를 하지 않으면 공판을 개시할 수 없고, 또 검사로부터 공소가 제기된 사건에 한하여 심리할 수 있다는 원칙이다. 다만, 준기소절차의 경우에는 예외이다.

✔ 구인영장(拘引令狀) ↗

법원이 심문을 목적으로 피고인이나 그 밖의 관계인을 강제로 부르기 위해 발부하는 영장이다. 구속영장의 '구속'은 구인과 구금(拘禁)을 포함하는 개념이며, 흔히 말하는 구속영장은 구금영장을 가리킨다. 이 때 구금은 구치소에 인치시켜 수사하는 것이고, 구인은 구치소가 아닌 지정된 장소에서의 조사를 말하며 구금할 필요가 없다고 판단될 때에는 24시간 이내에 석방하도록 되어 있다.

✔ 배임죄(背任罪) ↗

타인의 사무를 맡아서 처리하는 자가 자기나 제3자의 이익을 위하여 또는 본인(주인)에게 손해를 가하기 위해서 그 임무에 위배되는 행위를 하는 죄를 말한다.

✔ 반의사불벌죄(反意思不罰罪) ↗↗

친고죄와 달리 고소 없이 처벌 가능하나 피해자가 처벌을 희망하지 않는다는 의사를 표시하면 처벌을 할 수 없는 범죄로, 단순존속폭행죄 · 과실상해죄 · 단순존속협박죄 · 명예훼손죄 등이 있다.

✅ 미필적 고의(未必的故意) ✦✦

어떤 결과가 발생할지도 모르나 경우에 따라서는 그렇게 되어도 상관없다고 생각하는 경우에 존재하는 고의를 가리킨다. 즉, 범죄 사실이 발생할 가능성을 인식하고도 이를 용인하는 것을 말한다. 이런 경우에는 과실범이 아니라 고의범으로서 처벌된다.

✅ 인 두비오 프로 레오(In Dubio Pro Reo) ✦

'의심스러울 때는 피고인에게 유리하게 판결하라'는 법언(法諺)을 말한다. 형사소송에서 법원이 검사의 입증이 부족하여 유죄의 심증을 얻지 못할 경우 피고인에게 유리하게 무죄 판결을 해야 한다는 원칙이다. 유·무죄의 판단에 국한되며 소송법상의 사실의 존부에는 적용되지는 않는다.

✅ 과태료(過怠料) ✦

법률질서에 대한 위반이기는 하지만 형벌을 가할 만큼 중대한 일반 사회법익의 침해가 아니라고 인정되는 경우에 부과하는 현행 질서상의 질서벌을 말한다. 예를 들면 출생신고를 하지 않아서 「가족관계의 등록 등에 관한 법률」을 위반하였을 경우 해당 관청에 물게 되는 돈 따위를 말한다. 즉, 과태료는 행정법상 법령위반자에 대한 금전적인 벌로서 형(刑)은 아니다.

✅ 과료(科料) ✦✦

경범죄에 과하는 재산형으로 형법이 규정하는 형벌의 일종이다. 그 금액이 적고 또는 비교적 경미한 범죄인에 대해 과한다는 점에서 벌금과 차이가 있다.

✅ 공동정범(共同正犯) ✦

공동실행의 의사와 공동실행의 사실이 있을 때 두 사람 이상이 공모하여 죄를 범하는 경우, 누가 정범이고 종범인지를 구별할 수 없는 상태의 범죄를 말한다.

✅ 간접정범(間接正犯) ✦

본인 스스로가 범죄를 행하지 아니하고 타인을 이용하여 간접적으로 범죄행위를 하게 하는 범인을 말한다. 예를 들면 사정을 전혀 모르는 간호사로 하여금 환자에게 약 대신 독물을 주게 한다든지, 광인(狂人)을 시켜 사람을 죽이는 행위 같은 것이다.

✅ 공소시효(公訴時效) ✦✦✦

확정판결 전에 시간의 경과에 의하여 형벌권이 소멸하는 제도를 말한다. 공소시효의 기산점은 범죄행위가 종료된 때부터 시작된다. 현행법상 인정되는 공소시효는 7종류가 있으며, 공소가 제기된 범죄는 판결의 확정이 없이 공소를 제기한 때로부터 25년을 경과하면 공소시효가 완성한 것으로 간주한다. 2015년 8월 형사소송법 개정안이 시행되면서 살인죄에 대한 공소시효를 폐지했다.

✅ 선고유예(宣告猶豫) ✦

영미법에서 비롯된 형사정책적 제도로서 일정한 범인에 대하여 범죄를 인정함에 그치거나 또는 일정기간 유죄의 판결을 하는 것을 유예하고, 그 기간을 무사히 경과한 경우는 그 유죄의 판결을 언도하지 않는 제도를 말한다. 선고유예는 형의 선고를 유예한다는 점에서 형의 집행을 유예하는 집행유예와 다르다.

✅ 집행유예(執行猶豫) ✦

형사정책적 입장에서 인정한 제도로서 유죄를 인정한 정상에 의하여 일정 기간 그 형의 집행을 유예하여 유예기간 중 특별한 사고 없이 그 기간을 경과한 때에는 형의 선고는 효력을 상실하게 하고 형이 없었던 것과 동일한 효과를 발생케 하는 제도이다. 집행유예는 3년 이하의 징역 또는 금고의 형을 선고할 경우 정상에 참작할 사항이 있을 때, 1년 이상 5년 이하의 기간 동안 형의 집행을 유예하는 제도이다.

✅ 기소편의주의(起訴便宜主義) ✦✦

기소에 있어 검사의 재량을 인정하는 것으로 공소제기에 필요한 정도의 혐의가 있고 또 소송조건을 구비하였다고 하더라도 반드시 기소하는 것이 아니라 검사에게 기소·불기소에 대한 재량의 여지를 인정하는 것을 말한다. 우리나라 현행법은 기소편의주의를 취하고 있으며 1심 판결 전이라면 검사는 언제든지 공소를 취소할 수 있다.

✅ 이해충돌방지법 ✦

국회는 2021년 4월 29일 임시회 본회의를 열어 공직자가 직무를 수행할 때 자신의 사적 이해관계로 인해 공정하고 청렴한 직무수행을 저해하는 것을 방지하기 위한 법안을 통과시켰다. 해당 법안은 지난 2013년 이른바 김영란법(부정청탁금지법)의 일부로 발의되었으나 공직자의 직무범위가 모호하다는 이유로 보류되었다. 2021년 3월 LH 직원들의 부동산 투기 사태를 계기로 법안이 처리되어 공포 후 준비 기간을 거쳐 1년 후 시행될 예정이다.

☆☆☆ 이해충돌방지법 주요 내용
- 직무 관련자에 대한 사적 이해관계 신고
- 부정취득 이익 몰수 및 추징
- 직무상 비밀 이용 재산상 이익 취득 금지

❸ 사회

✔ 고령사회(高齡社會) ✈✈✈

우리나라의 경우 고령자고용법 시행령에서 55세 이상을 고령자, 50 ~ 55세 미만을 준고령자로 규정하고 있다. UN에서는 65세 이상 노인이 전체 인구에 차지하는 비율로 고령화사회, 고령사회, 초고령사회를 구분하는데, 고령하사회는 총 인구 중 65세 이상 인구가 차지하는 비율이 7% 이상, 고령사회는 총 인구 중 65세 이상 인구가 차지하는 비율이 14% 이상, 초고령사회는 총 인구 중 65세 이상 인구가 차지하는 비율이 20% 이상이다. 우리나라는 지난 2018년 65세 이상 인구가 총 인구의 14%를 넘어 고령사회로 진입했으며 2025년에는 초고령사회로 진입할 것으로 전망된다.

✔ 노플라이 제도 ✈✈✈

항공기 기내에서 폭력 및 폭언 등으로 항공기 운항 안전을 방해하거나 승무원이나 승객을 대상으로 난동을 부리는 행위, 기내에서 금하는 행위를 한 승객에게 일시적이나 영구적으로 해당 항공기 탑승을 거부하는 제도를 의미한다. 노플라이 제도는 일본항공, 델타항공, 네덜란드항공 등에서 운영하고 있으며 대한항공도 시행하고 있다.

✔ 실버 택배 ✈✈

노인계층을 뜻하는 실버(Silver)와 택배의 합성어로, 인근 지역 거주 노인 인력을 활용한 택배 서비스를 뜻한다. 택배사가 아파트 단지 입구까지 수화물을 배송하면, 단지 내에서는 실버택배 요원이 각 세대에 방문 배송하는 식으로 이루어지며 이러한 실버택배는 노년층 일자리 확충이라는 공익적 목적으로 도입되었다.

✔ 포노 사피엔스(phono sapiens) ✈

'스마트폰(smartphone)'과 '호모 사피엔스(homo sapiens)'의 합성어이다. 휴대폰을 자유자재로 자신의 신체 일부와 같이 생각하면서 사용하는 인류를 일컫는다. 스마트폰이 없으면 생활하는 것을 힘들어 하고, 스마트폰을 통해서 빠르게 정보를 전달하는 인류이다.

✔ 하이티즘(Heightism) ✈

키가 큰 사람들이 사회적으로 누리게 되는 특혜를 의미한다. 프랑스 사회학자 니콜라 에르팽은 자신의 저서 「키는 권력이다」를 통해 하이티즘을 소개했다. 그는 남자의 큰 키는 신분이나 연봉, 결혼 등 많은 요인에서 사회적으로 유리하게 작용하는 신체적 자본이라고 말하며 '키는 곧 권력'이라고 말했다.

✓ 생활임금제(生活賃金制) ✗✗

최저임금보다 다소 높은 수준으로 저소득 근로자들이 최소한의 인간다운 삶을 유지할 수 있는 수준의 임금을 보장하는 제도다. 즉, 근로자들의 주거비, 교육비, 문화비 등을 종합적으로 고려해 최소한의 인간다운 삶을 유지할 수 있을 정도의 임금수준으로 노동자의 생계를 실질적으로 보장하려는 정책적 대안이다. 현재 일부 지자체가 조례 형태로 제정해 공공근로자 등에게 적용하고 있다. 그 동안은 지자체가 생활임금제 조례 제정을 추진할 때마다 상위법에 근거 조항이 없어 상위법 위반 논란이 일었다.

✓ 도넛현상(Doughnut) ✗

대도시의 거주지역과 업무의 일부가 외곽지역으로 집중되고 도심에는 상업기관·공공기관만 남게 되어 도심은 도넛모양으로 텅 비어버리는 현상이다. 이는 도시 내의 지가상승·생활환경의 악화·교통혼잡 등이 원인이 되어 발생하는 현상으로 도심 공동화현상이라고도 한다.

✓ 스프롤현상(Sprawl) ✗✗

도시의 급격한 팽창에 따라 대도시의 교외가 무질서·무계획적으로 주택화되는 현상을 말한다. 교외의 도시계획과는 무관하게 땅값이 싼 지역을 찾아 교외로 주택이 침식해 들어가는 현상으로 토지 이용 면에서나 도시시설 정비 면에서 극히 비경제적이다.

✓ U턴현상 ✗✗

대도시에 취직한 시골 출신자가 고향으로 되돌아가는 노동력 이동을 말한다. 대도시의 과밀·공해로 인한 공장의 지방 진출로 고향에서의 고용기회가 확대되고 임금이 높아지면서 노동력의 이동현상이 나타나고 있다.

✓ J턴현상 ✗

대도시에 취직한 시골출신자가 고향으로 돌아가지 않고 지방도시로 직장을 옮기는 형태의 노동력이동을 말한다. U턴현상에 비해 이 현상은 출신지에서의 고용기회가 적을 경우 나타나는 현상이다.

✓ 노블리스 말라드

병들고 부패한 귀족이란 의미로 사회적 지위가 높은 사람들이 도덕적 의무를 다하는 노블레스 오블리주에 반대되는 뜻이다. 돈 많고 권력 있는 엘리트 집단이 약자를 상대로 갑질하고 권력에 유착해 각종 부정부패에 가담하는 것이 노블리스 말라드이다.

불리사이드 ✔✔✔

온라인 공간에서 불특정 다수에 의하여 비난이나 거짓된 정보로 괴롭힘을 당한 피해자들이 정신적인 충격으로 자살하는 따돌림 자살을 말한다.

게마인샤프트 ✔

독일 사회학자 F.퇴니에스의 주장으로 혈연, 지연, 애정 등 본질 의지에 입각하는 공동사회를 말한다. 감정이 존재하기 때문에 감정적 대립이나 결합성이 두드러진다.

☆☆☆ 게젤샤프트 ⋯ 본질 의지보다 선택 의지로 모인 이익사회를 말한다.

라이프로깅 ✔✔

전자기기의 발달과 인공지능 비서의 등장으로 일상 속 데이터를 수집·저장하여 분석하는 것을 말한다. 즉 웨어러블 기기를 통한 심박수 측정 등 일상의 모든 정보를 자동으로 기록하고 이를 구애받지 않고 다른 사용자들과 공유하는 행위이다.

티슈인맥 ✔

한 번 사용하고 버리는 티슈처럼 필요할 때만 타인과 관계를 맺고, 필요가 없어지면 미련 없이 버리는 일회성 인간관계를 이르는 신조어이다.

제노포비아 ✔✔

낯선 것, 이방인이라는 뜻의 '제노(Xeno)'와 싫어한다, 기피한다는 뜻의 '포비아(Phobia)'를 합쳐 만든 말이다. 외국인 혐오증으로 해석된다. 상대방이 악의가 없어도 자기와 다르다는 이유로 일단 경계하는 심리상태를 나타낸다. 경기 침체 속에서 증가한 내국인의 실업률 증가 등 사회문제의 원인을 외국인에게 전가시키거나 특히 외국인과 관련한 강력 범죄가 알려지면서 이런 현상이 더욱 심화되기도 한다.

소셜블랙아웃 ✔✔✔

자발적으로 스마트폰, SNS, 인터넷 등으로부터 자신을 완전히 차단하고 스스로에게 집중하는 행위를 말한다.

✔ 효과 별 분류 ✦✦

구분	내용
베르테르효과 (werther effect)	유명인이나 자신이 롤 모델로 삼고 있던 사람이 자살할 경우, 자신과 동일시해서 자살을 시도하는 현상이다. 독일의 문호 괴테가 1774년에 출간한 「젊은 베르테르의 슬픔」에서 유래했는데, 이 작품에선 남주인공 베르테르가 여주인공 로테를 사랑하지만 그녀에게 약혼자가 있다는 것을 알고 실의에 빠져 권총자살을 하게 된다. 시대와의 단절로 고민하던 젊은 세대의 공감으로 자살이 급증하자 이를 연구한 미국의 사회학자 필립스(D. Phillips)가 이와 같은 이름을 붙였다.
루핑효과 (looping effect)	사람들이 이전에 관심이 없다가 새로운 사실을 인식하게 되면 이러한 사실들이 상호작용하게 되어 사람이 변해 새로운 사실에 영향을 받은 다른 종류의 사람이 만들어지는 현상이다.
나비효과 (butterfly effect)	브라질에 있는 나비의 날갯짓이 미국 텍사스에 토네이도를 발생시킬 수도 있다는 과학이론. 기상 관측한 데이터를 통해 처음 이야기된 효과로, 어떤 일이 시작될 때 있었던 아주 미묘한 양의 차이가 결과에서는 매우 큰 차이를 만들 수 있다는 이론이다. 이는 후에 카오스 이론의 토대가 되었다.
낭떠러지효과	자신이 정통한 분야에 대해서는 임무수행능력이 탁월하지만 조금이라도 그 분야를 벗어나면 낭떠러지에서 떨어지듯이 일시에 모든 문제해결능력이 붕괴되는 현상을 말한다. 낭떠러지효과는 기계문명에 대한 맹신에서 벗어날 것을 인류에게 촉구하는 미래학자들의 경고이기도 하다.
넛지효과 (nudge effect)	금지나 인텐시브 없이도 인간 행동에 대한 적절한 이해를 바탕으로 타인의 행동을 유도하는 부드러운 개입을 뜻한다. 행동경제학자인 선스타인(C.R. Sunstein)과 리처드 탈러(R.H. Thaler)가 공저한 「넛지」에 의하면, 팔을 잡아끄는 것처럼 강제에 의한 억압보다 팔꿈치로 툭 치는 부드러운 개입으로 특정 행동을 유도하는 것이 더 효과적이라고 한다.
디드로효과 (diderot effect)	하나의 제품을 구입하면 그 제품과 연관된 제품을 연속적으로 구입하게 되는 현상이다. 소비자는 단순히 기능적인 연관성뿐만 아니라 제품과 제품사이에 정서적 동질성을 느껴서 구입하게 된다.
피그말리온효과 (pygmalion effect)	타인의 관심이나 기대로 인해 능률이 오르거나 결과가 좋아지는 현상이다. 그리스신화에 나오는 조각가 피그말리온의 이름에서 유래한 심리학 용어로 '로젠탈효과'라고도 한다.
스티그마효과 (stigma effect)	타인에게 무시당하거나 부정적인 낙인이 찍히면 행태가 나빠지는 현상이다. 스티그마효과가 부정적 행태를 보인다면 피그말리온효과는 긍정적 행태를 보인다. '낙인효과'라고도 한다.
래칫효과 (ratchet effect)	소득수준이 높았을 때의 소비성향이 소득수준이 낮아져도 낮아진 만큼 줄어들지 않게 하는 저지작용이다.

무리별 분류 ✦✦✦

구분	내용
여피족(yuppie)	young urban, professional. 도시에서 자란 젊고 세련된 전문직업인
더피족(duppie)	depressed urban professional. 우울한 도시 전문직 종사자들
이피족(yiffie)	young(젊은), individualistic(개인주의적인), freeminded(자유분방한), few(사람 수가 적은). 1990년대 여피에 이어 등장. 여유있는 삶, 가족관계, 다양한 체험 등 자신의 목적을 위해 직장을 마다하고 자신의 행복과 만족을 추구하는 청년늘
예티족(yettie)	young(젊고), entrepreneurial(기업가적인), tech-based(기술에 바탕을 둔), internet elite. 신경제에 발맞춰 일에 대한 열정으로 패션에 신경을 쓰지 않는 20~30대의 신세대 인간형
댄디족(dandy)	자신이 벌어서 규모 있는 소비생활을 즐기는 젊은 남자들. 방송·광고·사진작가·컴퓨터 프로그래머 등의 전문직에 종사
시피족(cipie)	character(개성), intelligence(지성), professional(전문성). 오렌지족의 소비 지향적·감각적 문화행태에 반발. 지적 개성을 강조하고 검소한 생활을 추구하는 젊은이
슬로비족(slobbie)	slower but better working people. 성실하고 안정적인 생활에 삶의 가치를 더 부여하는 사람들
니트족(neet)	not in education, employment or training. 교육이나 훈련을 받지 않고 일도 하지 않으며 일할 의지도 없는 청년 무직자
좀비족(zombie)	대기업·방대한 조직체에 묻혀 무사안일에 빠져있는 비정상적인 사람
딩크족(dink)	double income, no kids. 정상적인 부부생활을 영위하면서 의도적으로 자녀를 갖지 않는 젊은 맞벌이 부부
딘스족(dins)	dual income, no sex couples. 성생활이 거의 없는 맞벌이 부부
듀크족(dewks)	dual employed with kids. 아이가 있는 맞벌이 부부
딘트족(dint)	double income no time. 경제적으로 풍족하지만 바쁜 업무로 소비생활을 할 시간이 없는 신세대 맞벌이
네스팅족(nesting)	단란한 가정을 가장 중시하고 집안을 가꾸는 신가정주의자들
싱커즈족(thinkers)	젊은 남녀가 결혼 후 맞벌이를 하면서 아이를 낳지 않고 일찍 정년퇴직해 노후생활을 즐기는 신계층
통크족(tonk)	two only no kids. 자식은 있되 자식뒷바라지에 의존하지 않고 취미·운동·여행 등으로 부부만의 생활을 즐기는 계층
우피족(woopie)	well of older people. 자식에게 의지하지 않고 경제적인 여유로 풍요롭게 사는 노년세대
유미족(yummy)	young upwardly mobile mummy. 상향 지향적이고 활동적인, 특히 자녀에 대해 정열을 쏟는 젊은 어머니들
나오미족	not old image. 안정된 결혼생활을 누리며 신세대 감각과 생활을 보여주는 30대 중반 여성들
캥거루족	경제적으로 자립하지 못하여 부모에게 기대어서 생활하는 젊은이들

✅ 쿼터리즘(Quarterism) ✦✦

4분의 1을 뜻하는 영어 쿼터(quarter)에서 나온 말로, 인내심을 잃어버린 요즘 청소년의 사고·행동양식을 지칭한다. 최근의 10대들은 자극에는 즉각 반응을 하지만 금새 관심이 바뀌는 감각적 찰나주의가 한 특징으로, 이는 순간적 적응력을 요구하는 고속정보통신과 영상매체의 급격한 팽창이 한 가지 일에 진지하게 접근하고 집중하는 능력을 점차 잃게 한 원인으로 지적되고 있다. 그러나 직관적 사고나 감각적이고 순발력이 필요한 아이디어를 창안해 내는 데는 천재적이라는 긍정적 결과도 있다.

✅ 젠더폭력 ✦✦✦

상대의 성에 대한 혐오를 담고 저지르는 신체적·정신적·성적 폭력을 의미한다. 이에는 여성폭력과 남성폭력이 있는데 대부분이 젠더폭력이라 하면 여성폭력으로 통하고 있으며 성폭력, 가정폭력, 성매매 등이 대표적인 형태이다.

✅ 큐 그레이더(Q-Grader) ✦✦

커피의 원재료인 생두와 원두의 맛, 특성 등을 감별해 커피의 등급을 결정하는 직종을 의미한다. 다시 말해 커피 감별사라고 하는데, 여러 가지 조건들로 커피를 감별해 커피의 등급(grade)을 결정하는 역할을 담당한다. 이러한 큐 그레이더가 되기 위한 방법은 국가마다 조금씩 차이를 보이고 있으며 각국에 그들만의 자격시험이 있는데 비교적 체계적인 나라는 미국, 유럽, 일본, 콜롬비아, 브라질, 에티오피아 등의 국가들이 이를 시행하고 있다. 국내의 경우에도 이에 대한 자격시험이 있는데 원두 분별, 후·미각, 커피 구분, 커피 평가 테스트 등 22가지의 과정이 치러지며, 3년마다 한 번씩 재시험을 통해서 자격증을 갱신하는 방식이다.

✅ 캔슬 컬처 ✦✦

SNS상에서 자신의 생각과 다르거나 특히 공인이 논란을 불러일으키는 발언 및 행동을 했을 때 팔로우를 취소하고 외면하는 행동을 말한다. 최근 일론 머스크가 가상화폐와 관련하여 자극적인 발언을 하자 지지자들이 공격적으로 돌아선 경우가 그 예시이다. 캔슬 컬처는 당초 소수자 차별 문제와 함께 확산된 온라인 문화로, 소수자 차별 발언 혹은 행동을 저지른 이들에게 문제를 지적하고자 '당신은 삭제됐어(You're Canceled)' 등의 메시지를 보내고 해시태그(#)를 다는 운동에서 시작됐다.

✅ 배리어 프리(Barrier Free) ✦✦✦

장애인들도 편하게 살아갈 수 있는 도시를 만들기 위해 물리적 · 제도적 장벽을 제거하자는 운동이다. 본래 건물이나 거주 환경에서 층을 없애는 등 장애가 있는 사람이 사회생활을 하는 데에 물리적인 장애를 제거한다는 의미로 건축계에서 사용되었다. 최근에는 물리적 장벽뿐만 아니라 제도적이고 법률적인 장벽까지 제거하자는 움직임으로, 문화예술에서도 수어통역, 음성해설 등을 통해 장벽을 없애려는 시도를 배리어 프리라고 한다. 최근 네이버에서는 시각장애인의 웹툰 감상을 돕는 인공지능(AI) 기술이 공개되었다. 완결 및 연재 중 회차 약 18만 개 웹툰 대체 텍스트를 적용하여 내년 1월 배리어프리 웹툰 베타 서비스를 시작하고, 우선 한국어에만 적용되지만 향후 서비스 언어를 점차 확대할 계획이라고 밝혔다. 이뿐만 아니라 배리어 프리 영화제, 배리어 프리 한국어교육실습, 배리어 프리 스포츠, 배리어 프리 키오스크, 배리어 프리 아동권리 교육 진행 등 여러 분야에서 차별 없이 동등한 사회를 위한 배리어 프리가 진행되고 있다.

✅ 올드머니룩(Old Money Look) ✦✦✦

집안 대대로 내려오는 유산으로 부를 축적한 상류층 또는 기득권층에서 즐겨 입을 법한 패션 스타일을 의미한다. 뉴머니룩이 화려하면서 부를 과시한다면, 올드머니룩은 단정하면서도 기품있는 이미지가 일상생활에 스며들어 브랜드 로고를 전면에 드러내지 않는다는 특징을 갖는다. 승마나 테니스 등 스포츠 일상복과 명문 사립학교 교복에서 착안된 프레피룩도 올드머니룩에 해당한다. 대체로 차분한 색상인 네이비, 베이지, 블랙 등이 활용되며, 트위드 재킷, 벨벳 코트, 니트, 옥스퍼드 셔츠 등이 대표적인 올드머니룩 아이템으로 꼽힌다. 디자인이 단순해지는 대신 옷 소재에 대한 관심도가 높아지면서 고급 원단으로 꼽히는 실크나 캐시미어의 검색량과 구매량이 늘어나는 추세다.

✅ 영츠하이머(Youngzheimer) ✦✦

젊음(Young)과 치매를 뜻하는 알츠하이머(Alzheimer)의 합성어로, 젊은 나이에 겪는 심각한 기억력 감퇴, 건망증 등을 의미한다. 디지털 치매라고도 하는데, 과도한 디지털기기 사용이 영츠하이머에 영향을 미치기 때문이다. 디지털 기기에 의존하면서 무언가를 외우거나 뇌를 활발하게 사용하는 일이 줄어들면서 50대 미만의 연령층에게서 잦은 건망증 등으로 나타난다. 또, 직장이나 학교생활에서 겪는 스트레스나 우울증, 음주도 영츠하이머의 원인 중 하나로, 특히 음주로 겪는 단기 기억상실(블랙아웃), 일명 필름이 끊기는 경험은 자주 겪을수록 치매 발전 가능성이 높기 때문에 주의가 필요하다.

● 증후군의 분류 ✦✦

구분	내용
빈 둥지 증후군 (empty nest syndrome)	공소증후군. 중년의 가정주부가 어느 날 갑자기 빈 둥지를 지키고 있는 듯 허전함을 느끼며 자신의 정체성에 대해 회의를 품게 되는 심리적 현상
모라토리엄 증후군 (moratorium syndrome)	지식 수준이나 육체적으로 한 사람의 몫을 충분히 할 수 있음에도 불구하고 사회인으로서 책무를 기피하는 현상. 대개 고학력 청년들로 대학 졸업 후 사회로 나가기 두려워 취직하지 않고 빈둥거리는 것을 말한다.
파랑새 증후군 (bluebird syndrome)	현재의 일에 만족이나 정열을 느끼지 못하고 미래의 행복만을 꿈꾸는 증후군
피터팬 증후군 (peter pan syndrome)	무기력증을 보이는 남성들의 심적 증후군. 어른이면서도 어린이 같은 언행을 일삼는 현상을 말한다.
슈퍼우먼 증후군 (superwoman syndrome)	직장여성 중 엘리트를 지향하는 여성들에게서 보이는 스트레스 증후군. 모든 일에 완벽하려고 지나친 신경을 써서 지쳐버리게 되는 증상을 말한다.
신데렐라콤플렉스 (cinderella complex)	자신의 능력으로 자립할 자신이 없는 여성이 일시에 자신의 일생을 변화시켜 줄 존재의 출현만을 기다리는 심리로, 남자의 인생에 의지하여 마음의 안정을 찾고 보호받기를 원하는 여성의 심리적 의존을 말한다.
LID 증후군 (loss isolation depression syndrom)	핵가족화로 인해 노인들에게 발생할 수 있는 고독병의 일종. 자녀들은 분가해서 떠나고 주변의 의지할 사람들이 세상을 떠나면 그 손실에 의해 고독감과 소외감을 느낀다. 이런 상태가 지속되면 우울증에 빠지게 되는데 이를 고독고(孤獨苦)라 한다. ※ 노인의 4고(苦) : 빈고(貧苦), 고독고(孤獨苦), 병고(病苦), 무위고(武威苦)
램프 증후군 (Lamp Syndrome)	실제로 일어날 가능성이 없는 일에 대해 마치 알라딘의 요술 램프의 요정 지니를 불러내듯 수시로 꺼내 보면서 걱정하는 현상이다. 쓸데없는 걱정을 하는 사람들을 지칭하는 말로, 과잉근심이라고도 한다.

✅ 세대별 분류 ✔✔

구분	내용
A세대	aspirations(욕구)의 첫 글자에서 따온, 아시아·라틴아메리카 등의 신흥경제국가의 도시에 살고, 연간 2천만 파운드를 벌며 계속 소득이 늘어 소비욕구가 강해 세계경제의 메가트렌드를 주도하는 30~40대 중산층
C세대	컴퓨터 보급의 일반화로 탄생하여 반도체칩과 카드, 케이블 속에 사는 컴퓨터 세대. 또는 자신이 직접 콘텐츠를 생산·인터넷 상에서 타인과 자유롭게 공유하며 능동적으로 소비에 참여하는 콘텐츠 세대.
E세대	enterpriser(기업가)의 첫 글자에서 따온, 스스로가 사업체를 세워 경영인이 되고 싶어 하는 사람들
G세대	green과 global의 첫 글자에서 따온, 건강하고 적극적이며 세계화한 젊은 세대
L세대	luxury(사치)의 첫 글자에서 따온, 세계적으로 유명한 고가의 고급 브랜드를 일상적으로 소비하는 명품족
M세대	휴대전화를 통화 이외의 다양한 용도로 사용하는 나홀로족인 모바일세대 또는 1980년대 초반 이후 출생한 덜 반항적, 더 실질적, 팀·의무·명예·행동을 중시하는 밀레니엄세대
N세대	1977~1997년 사이에 태어나 디지털 기술과 함께 성장, 기기를 능숙하게 다룰 줄 아는 자율성·능동성·자기혁신·개발을 추구하는 디지털 문명세대
P세대	passion(열정)·potential power(힘)·participation(참여)·paradigm−shifter(패러다임의 변화를 일으키는 세대)의 첫 글자에서 따온, 열정과 힘을 바탕으로 사회 전반에 적극적으로 참여해 사회 패러다임의 변화를 일으키는 세대. 자유로운 정치체제 하에서 성장하여 긍정적인 가치관을 가지며, 386세대의 사회의식·X세대의 소비문화·N세대의 생활양식·W세대의 공동체의식 등이 모두 포괄해서 나타난다.
Y세대	컴퓨터를 자유자재로 다루고 다른 나라 문화나 인종에 대한 거부감이 없는, 전후 베이비붐 세대가 낳은 2세들인 10대 전후의 어린이
X세대	50% 정도가 이혼·별거한 맞벌이 부모 사이에서 자라 가정에 대한 동경과 반발 심리를 가지며 개인적인 삶에 큰 의미를 두는 1961~1984년 사이에 출생한 세대
U세대	Union(노조)를 직접 만드는 세대를 의미한다. 미국에서 노동조합이 없는 기업에서 노동조합 설립에 기여를 하는 2030 근로자를 의미한다.
MZ세대	디지털을 사용하는 것이 익숙한 밀레니얼 세대와 Z세대를 의미한다.
IDI세대 (I Deserve Its generation)	내 몫 챙기기에 철저한 미국의 젊은 세대. 산업화·현대화 이후 개인주의적 태도와 함께 드러나기 시작한 이기적인 사고가 매우 심해진 형태로 개인적인 요구와 욕망, 자기 권리만 내세운다.
부메랑세대	사회에 진출했다가 곧 독립을 포기하고 부모의 보호 아래로 돌아가는 젊은이들. 실패한 성인, 훈련 중인 성인으로 불린다.
캥거루세대	경제적·정신적으로 부모에 의존해 생활을 즐기는 젊은 세대. 자라증후군
마처세대	베이비부머 시대에 태어나 부모님을 모시고 사는 마지막 세대이며, 자식에게 부양받지 못하는 처음 세대이다.
알파세대	2010~2024년에 태어난 세대로 어려서부터 디지털 환경과 기술적인 진보를 겪어가며 자라나는 세대이다.

❹ 노동

✅ 근로장려세제 ✎✎

일정소득 이하의 근로 소득자를 대상으로 소득에 비례한 세액공제액이 소득세액보다 많은 경우 그 차액을 환급해 주는 제도. 저소득층의 세금 부담을 덜어주고 더 나아가 소득이 적은 이들일수록 보조금까지 받을 수 있어 '징세'라기 보다는 '복지'의 개념이 강하다. 이 제도는 원천징수 당한 세금을 되돌려 받는다는 점에서 연말정산과 비슷하나, 세금을 전혀 내지 않은 사람이라 하더라도 공제액과의 차액을 받을 수 있다는 점에서 연말정산과 차이가 있다.

✅ 노동3권(勞動三權) ✎✎✎

노동자가 가지는 세 가지 권리로 단결권 · 단체교섭권 · 단체행동권을 말한다. 노동자의 권익(權益)을 위해 헌법상 보장되는 기본권으로서 사회권에 속하며, 단체행동권의 행사는 법률이 정하는 범위 내에서만 보장된다. 공무원의 경우 법률로 인정된 단순 노무에 종사하는 공무원 외에는 노동3권이 보장되지 않으며, 공무원에 준하는 사업체에 종사하는 근로자의 단체행동권은 법률에 의해 제한 또는 인정하지 않을 수 있다.

구분	내용
단결권	노동자가 근로조건 향상을 위해 단결할 수 있는 권리
단체교섭권	노동자의 노동시간, 임금, 후생복리 등의 조건에 관한 문제를 사용자 측과 단체적으로 협의할 수 있는 권리
단체행동권	단체교섭이 이루어지지 않을 경우 노사 간의 분쟁을 해결하기 위한 파업 등을 할 수 있는 권리

☆☆☆ 사회권 ⋯ 개인의 생존, 생활의 유지 · 발전에 필요한 모든 조건을 확보하도록 국가에 요구할 수 있는 국민 권리의 총칭으로 사회적 기본권 또는 생존권적 기본권이라고도 한다.

✅ 체크 바캉스 ✎✎

정부와 기업이 직원들의 휴가비를 지원하는 제도를 의미한다. 정부가 발표한 '경제정책방향'에서 민생경제 회복을 위한 방안 중 하나로 포함되었으면 이러한 체크 바캉스 제도는 노동자와 기업이 공동으로 여행 자금을 적립하고 정부가 추가 지원해주는 방식으로 운영된다.

✅ 맨아워 ✎

한 사람이 한 시간에 생산하는 노동(생산성) 단위를 일컫는다. 5명이 하루 6시간씩 열흘 동안 일을 했다면 이는 300맨아워로 환산할 수 있다.

✅ 데스크테리어 ✦✦

책상(Desk)과 인테리어(Interior)의 합성어로, 책상을 정리정돈하고 인테리어 하는 것을 말한다. 감정노동의 스트레스를 해소하고 심리적 안정을 느끼고자 직장인들 사이에서 열풍이 불기도 했다. 이와 관련하여 직장인들 트렌드 용어로 데스크테리어가 꼽히기도 했다.

✅ 숍제도의 분류 ✦✦

노동조합이 사용자와 체결하는 노동협약에 조합원 자격과 종업원 자격의 관계를 규정한 조항(shop clause)을 넣어 조합의 유지와 발전을 도모하는 제도를 숍제도(shop system)라 한다.

구분	내용
오픈숍 (open shop)	조합가입 여부에 관계없이 고용이나 해고에 차별대우를 하지 않은 제도로, 사용자는 노동자를 자유로 채용할 수 있고 노동자의 조합가입 여부도 자유의사인 것
유니언숍 (union shop)	회사와 노동조합의 협정에 의해 일단 채용된 노동자는 일정한 기간 내에 의무적으로 조합에 가입해야 하는 제도로, 미가입자·조합탈퇴자 및 조합에서 제명된 자는 사용자가 해고하도록 하는 것
클로즈드숍 (closed shop)	이해(利害)를 공통으로 하는 모든 노동자를 조합에 가입시키고 조합원임을 고용의 조건으로 삼는 노사 간의 협정제도로, 노동조합의 단결 및 사용자와의 교섭력을 강화하여 유리한 노동조건을 획득하려는 의도에서 나온 것
프레퍼렌셜숍 (preferential shop)	조합원 우선숍 제도로, 조합원은 채용이나 해고 등 단체협약상의 혜택을 유리하게 대우하기로 하고, 비조합원에게는 단체협약상의 혜택을 주지 않는 것
메인터넌스숍 (maintenance of membership shop)	조합원 유지숍 제도로, 조합원이 되면 일정기간 동안 조합원자격을 유지해야 하고, 종업원은 고용계속조건으로 조합원 자격을 유지해야 하는 것
에이전시숍 (agency shop)	조합이 조합원과 비조합원에게도 조합비를 징수하여 단체교섭을 맡는 것

✅ 과로노인 ✦

늦은 나이에도 돈이 필요해 어쩔 수 없이 죽기 직전까지 일해야 하는 노인들을 의미한다. 연금이 모자라 신문 배달을 하고, 정리해고를 당해 편의점에서 일하는 노인, 치매에 걸린 어머니를 간병하느라 일을 계속해야만 하는 노인 등 그 유형은 다양하다.

✅ 공허노동 ✦

공허노동은 스웨덴의 사회학자 롤란드 폴센이 최초로 정의한 개념으로, 근무시간 중에 딴짓을 하는 것으로, 인터넷 쇼핑몰을 서핑하거나 SNS를 하는 등 업무와 무관한 일을 하는 행위를 뜻한다.

❤ 동맹파업(同盟罷業, Strike) ✦✦✦

노동조합 및 기타 노동단체의 통제하에 조합원이 집단적으로 노무제공을 거부하면서 그들의 주장을 관철시키려는 가장 순수하고 널리 행하여지는 쟁의행위(爭議行爲)이다. 우리나라는 헌법에 근로자의 단체행동권을 보장하고 노동조합 및 노동관계조정법으로 쟁의행위의 합법성을 인정하는데 헌법이 보장하는 쟁의권 행사의 범위를 일탈하지 않으면 쟁의행위에 대한 손해배상청구권은 면제된다. 동맹파업의 분류는 다음과 같다.

구분	명칭	내용
목적	경제파업	가장 일반적인 파업으로 근로자의 근로조건, 경제적 지위향상 도모 파업
	정치파업	정부에 대해 근로자의 일정한 요구의 실현을 촉구하는 파업(헌법상 정당성을 인정받지 못함)
	동정파업 (sympathetic strike)	노동자가 고용관계에 있는 사용자와는 직접적인 분쟁이 없음에도 불구하고 다른 사업장의 노동쟁의를 지원하기 위하여 벌이는 파업(파업의 효과상승, 조합의식 강화)
규모	총파업 (general strike)	총동맹파업으로 동일 기업·산업·지역의 전체 또는 전 산업이 공동의 요구를 관철시키고자 통일적으로 단행하는 파업
	지역파업	일부 지역만이 행하는 파업
	부분파업	특정의 일부 기업이나 분야에서만 행하는 파업
방법	walk out	노동자를 공장이나 사업장 밖으로 철수시켜 행하는 파업
	농성파업 (sit-down strike)	노동자가 사용자가 있는 곳이나 작업장, 교섭장소 등을 점거하여 주장을 관철시키기 위해 행하는 파업(강한 단결과 결의, 상대를 위압하여 유리한 교섭 촉진목적)
기타	살쾡이파업 (wild cats strike)	노동조합이 주관하지 않고, 기층 근로자에 의해 자연발생적으로 일어나는 파업(미국의 노동운동이 제2차 세계대전을 고비로 노골적인 노사유착의 경향을 띠며 일어났고, 기습적·산발적인 형태로 전개된다는 점에서 살쾡이의 이름이 붙여짐)

❤ 조용한 사직(Quiet Quitting) ✦✦

직장에서 최소한의 일만 하겠다는 의미를 담은 신조어다. 미국 뉴욕의 20대 엔지니어 틱톡 영상이 화제가 되면서 전 세계로 확산되었으며, 직장에서 최소한의 일(정시 출퇴근, 업무 시간 외 전화 및 메신저 응대 거부, 회사와 일상 구분 등)만 하겠다는 의미를 담는다. 그는 영상에서, "일이 곧 삶이 아니며, 당신의 가치는 당신의 성과로 결정되는 게 아니다"라고 하면서 많은 직장인들의 공감을 얻었다. 실제로 직장을 그만두는 것은 아니지만, 정해진 시간과 업무 범위 내에서만 일을 하고 초과근무를 거부하는 노동 방식을 뜻하는 '조용한 사직'에 대해 워싱턴포스트(WP)는 직장인이 허슬 컬쳐를 포기하고 주어진 것 이상을 해야 한다는 압박과 그런 생각을 중단하고 있다는 것을 보여준다고 분석했다.

노동쟁의(勞動爭議) ✦

근로자 단체와 사용자 사이의 근로시간 · 임금 · 복지 · 해고 등의 근로조건에 관한 주장의 불일치로 일어나는 분쟁상태를 말하며, 사전의 단체교섭 실시를 전제로 한다. 노동쟁의는 파업, 태업, 불매운동, 직장폐쇄 등의 방법이 있다.

구분	내용
촌파업 (general strike)	촌동맹파업으로 동일 기업 · 산업 · 지역의 전체 또는 전 산업이 공동의 요구를 관철시키고자 통일적으로 단행하는 파업
사보타지 (sabotage, 태업)	파업과는 달리 출근을 하여 정상근무를 하는 것처럼 보이나 실제로는 완만한 작업태도로 사용자에게 손해를 주어 요구조건을 관철시키려는 쟁의의 한 수단으로 조직적 · 계획적으로 행해질 경우에만 쟁의수단이 됨
보이콧 (boycott, 불매운동)	어떤 특정한 요구를 들어주지 않는 기업의 제품을 노동자들, 나아가 일반대중까지 단결하여 구매하지 않음으로써 상대방으로 하여금 요구를 들어주도록 하는 쟁의
피케팅 (picketing)	총파업이나 보이콧 등의 쟁의행위를 보다 효과적으로 행하기 위하여 파업에 동참하지 않은 근로희망자들의 공장이나 사업장 출입을 저지하여 파업에의 참여를 요구하는 행위
직장폐쇄	사용자가 노동자의 요구를 거부하고 공장을 폐쇄하여 그 운영을 일시적으로 중단함으로써 노동쟁의를 보다 유리하게 해결하려는 행위

☆☆☆ 직장폐쇄만이 사용자가 행하는 유일한 쟁의행위이다.

엘리트이론 ✦✦✦

모든 사회조직에서의 정책은 집단 사이의 갈등 또는 요구를 통해 만들어지는 것이 아니라 파워엘리트나 지배엘리트 등의 특정한 소수로 국한되어 정책이 좌우된다는 이론이다. 엘리트이론은 아래와 같이 나뉜다.

구분	내용
고전적 엘리트 이론	어떤 사회에서 집단이 생기면 책임 · 사명 · 능력의 세 가지 요소를 가진 소수 엘리트가 사회를 통치하고 다수의 대중들은 이들의 의견이나 결정을 따라 결국 소수 엘리트에 의한 지배가 이루어질 수밖에 없다는 입장이다.
신 엘리트이론	정치권력에는 이중성이 있어서 하나는 정책결정을 할 때 힘을 발휘하고, 다른 하나는 정책결정을 위한 정책문제의 선택에 있어서 그 영향력을 행사한다는 입장이다.
급진적 엘리트이론	1950년대 밀스가 주장한 미국 권력구조에 대한 이론으로 파워엘리트는 단일 지배계급이 아닌 기업체, 정부 내 행정관료기구, 군대 요직에 있는 간부를 지칭하며 이들의 밀접한 결합이 심화되고 있다고 보았다.

✔ 노동자의 분류 ✦✦✦

구분	내용
골드 칼라 (gold collar)	두뇌와 정보를 황금처럼 여기는 신세대를 상징하는 고도 전문직 종사자. 창의적인 일로 부가가치를 창출하는 인재로서 빌 게이츠와 스티븐 스필버그 감독 등이 있다. ※ 골드회사 : 직원의 창의성을 높이기 위해 근무시간과 복장에 자율성을 보장해 주는 회사
다이아몬드 칼라 (diamond collar)	지혜, 봉사심, 체력, 인간관계, 자기관리 능력의 다섯 가지 미덕을 고루 갖춘 인간형으로 성공할 가능성이 큰 경영인 또는 관리자
화이트 칼라 (white collar)	육체적 노력이 요구되더라도 생산과 전혀 무관한 일을 하는 샐러리맨이나 사무직노동자. 블루칼라와 대비된다.
블루 칼라 (blue collar)	생산, 제조, 건설, 광업 등 생산현장에서 일하는 노동자. 노동자들의 복장이 주로 청색인 점에 착안하여 생겨나 화이트칼라와 대비된다.
그레이 칼라 (gray collar)	화이트 칼라와 블루 칼라의 중간층으로 컴퓨터·전자장비·오토메이션 장치의 감시나 정비에 종사하는 근로자
논 칼라 (non collar)	손에 기름을 묻히는 것도 서류에 매달려 있는 것도 아닌 즉, 블루 칼라도 화이트 칼라도 아닌 무색세대로 컴퓨터 세대
핑크 칼라 (pink collar)	가정의 생계를 위해 사회로 진출하는 주부. 예전에는 점원이나 비서직에 종사하는 여성들을 뜻했으며 자아 성취를 위해 일하는 직장 여성과는 거리가 있다. 남성 노동자인 블루 칼라와 대비된다.
퍼플 칼라 (purple collar)	빨강과 파랑이 섞인 보라색으로 가정과 일의 균형과 조화를 추구하는 근로자
레인보우 칼라 (rainbow collar)	참신한 아이디어와 개성으로 소비자의 욕구를 만족시켜주는 기획관련 업종을 지칭하는 광고디자인, 기획, 패션업계 종사자. 1993년 제일기획(광고회사)에서 '무지개 색깔을 가진 젊은이를 찾는다.'는 신입사원 모집공고에서 유래됐다.
네오블루 칼라 (neo-blue collar)	새로운 감성미학을 표현해내고 개성을 추구하는 등 특유의 신명으로 일하는 영화·CF업계의 감성세대
르네상스 칼라 (renaissance collar)	세계 정치·경제·문화의 다양한 콘텐츠들을 섭렵하여 자신의 꿈을 좇아 변신한 인터넷 사업가
일렉트로 칼라 (electro collar)	컴퓨터의 생활화에 따라 새롭게 등장하고 있는 직종으로 컴퓨터에 대한 이해도와 기술수준이 뛰어난 엘리트
실리콘 칼라 (silicon collar)	창의적인 아이디어와 뛰어난 컴퓨터 실력으로 언제라도 벤처 창업이 가능한 화이트 칼라의 뒤를 잇는 새로운 형태의 고급 노동자
스틸 칼라 (steel collar)	사람이 하기 힘든 일이나 단순 반복 작업을 하는 산업용 로봇. 국내에서 전자와 자동차업종을 중심으로 1만여 로봇이 산업현장에 배치됐다.

실업의 종류 📌

구분	내용
자발적 실업 (自發的 失業)	취업할 의사는 있으나, 임금수준이 생각보다 낮다고 판단하여 스스로 실업하고 있는 상태를 말한다. 케인스(J.M. Keynes)가 1930년 전후 대공황기에 발생한 대량실업에 대해 완전고용을 전제로 설명하려 했을 때 분류한 개념의 하나로 비자발적 실업과 대비된다.
비자발적 실업 (非自發的 失業)	자본주의에서 취업할 의사는 있으나 유효수요(有效需要)의 부족으로 취업하지 못하는 상태를 말한다. 수요부족실업 또는 케인스적 실업이라고도 한다. 케인스는 불황기의 대량실업 구제책으로 확장적 금융·재정정책에 의한 유효수요 증가정책을 써야한다고 주장했다.
마찰적 실업 (摩擦的 失業)	일시적인 결여나 산발적인 직업 간의 이동에서 발생하는 시간적 간격 등에 의해 발생하는 실업형태이다. 기업의 부도로 근로자들이 직장을 잃는 경우가 해당되며 케인스가 분류했다.
경기적 실업 (景氣的 失業)	경기변동의 과정에 따라 공황이 발생하면 실업이 급증하고 번영기가 되면 실업이 감소하는 실업형태로, 장기적 성격을 가진다.
계절적 실업 (季節的 失業)	산업의 노동력 투입이 자연적 요인이나 수요의 계절적 편재에 따라 해마다 규칙적으로 변동하는 경우에 생기는 실업형태이다.
구조적 실업 (構造的 失業)	일반적으로 선진국에서 자본주의의 구조가 변화하여 생기거나 자본축적이 부족한 후진국에서 생산설비의 부족과 노동인구의 과잉으로 생기는 실업형태이다. 경제구조의 특질에서 오는 만성적·고정적인 실업이며 경기가 회복되어도 빨리 흡수되지 않는 특징이 있다.
기술적 실업 (技術的 失業)	기술진보에 의한 자본의 유기적 구성의 고도화로 인해 발생하는 실업형태이다. 주로 자본주의적 선진국에서 나타나며 자본수요의 상대적 부족으로 인해 발생한다. 마르크스형 실업이라고도 하며 실물적 생산력의 향상으로 노동수요가 감소한데 기인한다.
잠재적 실업 (潛在的 失業)	원하는 직업에 종사하지 못하여 부득이 조건이 낮은 다른 직업에 종사하는 실업형태로 위장실업이라고도 한다. 노동자가 지닌 생산력을 충분히 발휘하지 못하여 수입이 낮고, 그 결과 완전한 생활을 영위하지 못하는 반(半) 실업상태로, 영세농가나 도시의 소규모 영업층의 과잉인구가 이에 해당한다.
산업예비군 (産業豫備軍)	실업자 및 반실업자를 포함하는 이른바 상대적 과잉인구를 말한다. 자본주의가 발달해 자본의 유기적 구성이 고도화함에 따라 노동을 절약하는 자본집약적인 생산방법이 널리 채용되어 노동력이 실업으로 나타나는 것을 말한다. 마르크스는 이것을 자본주의 발전에 따르는 필연적 산물이라 하였다.

❺ 보건 · 건강

❤ 세계보건기구(WHO : World Health Organization) ✦✦

보건 · 위생 분야의 국제적인 협력을 위하여 설립한 UN(국제연합) 전문기구이다. 세계의 모든 사람들이 가능한 한 최고의 건강 수준에 도달하는 것을 목표로, 1946년 61개국의 세계보건기구헌장 서명 후 1948년 26개 회원국의 비준을 거쳐 정식으로 발족하였다. 본부는 스위스 제네바에 있으며 총회 · 이사회 · 사무국으로 구성되어 있고 재정은 회원국 정부의 기부금으로 충당한다. 중앙검역소 업무와 연구 자료의 제공, 유행성 질병 및 전염병 대책 후원, 회원국의 공중보건 관련 행정 강화와 확장 지원 등을 주요활동으로 한다. 한국은 1949년 제2차 로마총회에서 가입하였다.

❤ 담배규제기본협약(FCTC : the Framework Convention on Tobacco Control) ✦

금연을 위한 국제 협력 방안을 골자로 한 보건 분야 최초의 국제협약이다. 흡연으로 해마다 500만 명 이상의 죽음을 초래하고 있다는 문제의식에서 비롯하였으며, 세계보건기구(WHO)의 추진으로 2003년 5월 열린 세계보건총회(WHA)에서 만장일치로 채택되어 2005년 2월 발효되었다. 흡연 통제를 위해 담배광고 및 판촉의 포괄적인 금지, 간접 흡연규제, 경고문구 제한 등을 주요내용으로 하며 협약의 당사국들은 담배의 광고나 판촉 금지조치를 발효일로부터 5년 이내에 도입하고 겉포장의 경고문도 3년 이내에 30% 이상으로 확대해야 할 의무를 지게 된다. 공중 보건과 위생에 관한 사상 최초의 국제협약이라는 점에서 큰 의의를 갖는다. 우리나라는 2005년 4월 비준, 8월부터 적용 중이지만, 우리나라 한 해 사망자의 25% 정도가 흡연 관련 질환으로 사망한 것으로 조사되었다.

❤ HACCP(Hhazard Analysis & Critical Control Point, 위해요소 중점관리기준) ✦✦

식품의 원료부터 제조, 가공 및 유통 단계를 거쳐 소비자에게 도달하기까지 모든 과정에서 위해물질이 해당 식품에 혼입되거나 오염되는 것을 사전에 방지하기 위한 식품관리 제도로, 식품의 안전성을 확보를 목적으로 한다. 이를 위해 단계별 세부 위해 요소(HA)를 사전에 제거하기 위한 중점관리 점검 항목(CCP)을 설정하고, 이를 바탕으로 종사자가 매일 또는 주기적으로 각 중점관리 항목을 점검해 위해 요인을 제거한다. HACCP의 개념은 1960년대 초 미국 우주계획의 식품 개발에 처음 적용된 이후 1993년 FAO, WHO의 국제식품규격위원회에서도 식품 위생관리 지침으로 택한 바 있다.

❤ 이력추적제 ✦✦

먹을거리 안전에 대한 국민들의 관심이 높아짐에 따라 각종 농산물로부터 국민의 안전을 보호 할 목적으로 도입하여 2005년부터 모든 농산물에 적용하였다. 농산물 생산에 사용한 종자와 재배방법, 원산지, 농약 사용량, 유통 과정 등이 제품의 바코드에 기록되기 때문에 소비자들도 농산물의 생산에서 유통에 이르기까지 모든 이력을 쉽게 알 수 있다.

✅ 알츠하이머병(Alzheimer disease) ↗

나이가 들면서 정신 기능이 점점 쇠퇴하여 일으키는 노인성 치매로 독일의 신경과 의사 올로이스 알츠하이머의 이름을 따서 명명한 신경질환이다. 이 병에 걸리면 특히 기억과 정서면에서 심각한 장애를 일으키며 현대 의학에서는 아직 알츠하이머병의 뚜렷한 예방법이나 치료 방법이 없는 상태이다.

✅ 류머티즘(Rheumatismus) ↗

급성 또는 만성으로 근육이나 관절 또는 그 근접조직에 동통(疼痛), 운동장애, 경결(硬結)을 일으키는 질환을 말한다. 급성 관절류머티즘은 류머티즘열, 만성 관절류머티즘은 류머티즘성관절염, 변형성 관절증은 골관절염, 근육 류머티즘은 결합직염에 상당하는 것으로 보이나, 류머티즘열은 관절에 한하기 보다는 전신증세(全身症勢)를 주로 한 류머티즘이고, 류머티즘성 관절염에도 급성관절염을 주로 한 류머티즘이 있기도 하다.

✅ 중증 열성 혈소판 감소 증후군(SFTS) ↗↗

중증 열성 혈소판 감소 증후군 바이러스에 의한 감염병이다. SFTS 바이러스는 Bunyaviridae과 Phlebovirus 속에 속하는 RNA 바이러스로, 주로 산과 들판의 풀숲에 살고 있는 작은소참진드기(살인진드기)에 물려서 감염되는 것으로 추정된다. 또는 감염된 환자의 혈액 및 체액에 의한 감염도 보고되고 있다. 감염 시 발열, 식욕 저하, 구역, 구토, 설사 등의 증상이 나타나며 잠복기는 약 1 ~ 2주이다. 효과가 확인된 치료제가 없고, 항바이러스제나 백신도 없어 대증요법으로 치료한다. 자연 회복되기도 하나 12 ~ 30%에서 중증화되어 사망하기도 한다. 진드기에 물리지 않도록 하는 것이 주된 예방법이다. 보건복지부는 SFTS를 법정 감염병으로 지정하여 신종 감염병을 체계적으로 관리할 계획이다.

✅ 긴급사용승인 ↗↗

감염병 대유행에 대한 우려로 의료기기 등을 긴급하게 사용할 필요가 있지만 국내 허가 제품이 없거나 부족한 경우, 요청한 제품의 허가를 면제하여 한시적으로 제조 및 판매할 수 있도록 한 제도이다.

감염병(感染病) ✦✦✦

원충, 진균, 세균, 스피로헤타(spirochaeta), 리케차(rickettsia), 바이러스 등의 미생물이 인간이나 동물에 침입하여 증식함으로써 일어나는 병을 통틀어 이르는 말이다.

✩✩✩ 감염병의 구분(2024. 9. 15. 시행 기준)

구분	특성 및 해당 질환
제1급 감염병	• 생물테러감염병 또는 치명률이 높거나 집단 발생의 우려가 커서 발생 또는 유행 즉시 신고하여야 하고, 음압격리와 같은 높은 수준의 격리가 필요한 감염병 • 해당 질환 : 에볼라바이러스병, 마버그열, 라싸열, 크리미안콩고출혈열, 남아메리카출혈열, 리프트밸리열, 두창, 페스트, 탄저, 보툴리눔독소증, 야토병, 신종감염병증후군, 중증급성호흡기증후군(SARS), 중동호흡기증후군(MERS), 동물인플루엔자 인체감염증, 신종인플루엔자, 디프테리아
제2급 감염병	• 전파가능성을 고려하여 발생 또는 유행 시 24시간 이내에 신고하여야 하고, 격리가 필요한 감염병 • 해당 질환 : 결핵(結核), 수두(水痘), 홍역(紅疫), 콜레라, 장티푸스, 파라티푸스, 세균성이질, 장출혈성대장균감염증, A형간염, 백일해(百日咳), 유행성이하선염(流行性耳下腺炎), 풍진(風疹), 폴리오, 수막구균 감염증 b형헤모필루스인플루엔자, 폐렴구균 감염증, 한센병, 성홍열, 반코마이신내성황색포도알균(VRSA) 감염증, 카바페넴내성장내세균속균종(CRE) 감염증, E형간염
제3급 감염병	• 발생을 계속 감시할 필요가 있어 발생 또는 유행 시 24시간 이내에 신고하여야 하는 감염병 • 해당 질환 : 파상풍(破傷風), B형간염, 일본뇌염, C형간염, 말라리아, 레지오넬라증, 비브리오패혈증, 발진티푸스, 발진열(發疹熱), 쯔쯔가무시증, 렙토스피라증, 브루셀라증, 공수병(恐水病), 신증후군출혈열(腎症侯群出血熱), 후천성면역결핍증(AIDS), 크로이츠펠트-야콥병(CJD) 및 변종크로이츠펠트-야콥병(vCJD), 황열, 뎅기열, 큐열(Q熱), 웨스트나일열, 라임병, 진드기매개뇌염, 유비저(類鼻疽), 치쿤구니야열, 중증열성혈소판감소증후군(SFTS), 지카바이러스 감염증, 매독(梅毒)
제4급 감염병	• 제1급감염병부터 제3급감염병까지의 감염병 외에 유행 여부를 조사하기 위하여 표본감시 활동이 필요한 감염병 • 해당 질환 : 인플루엔자, 회충증, 편충증, 요충증, 간흡충증, 폐흡충증, 장흡충증, 수족구병, 임질, 클라미디아감염증, 연성하감, 성기단순포진, 첨규콘딜롬, 반코마이신내성장알균(VRE) 감염증, 메티실린내성황색포도알균(MRSA) 감염증, 다제내성녹농균(MRPA) 감염증, 다제내성아시네토박터바우마니균(MRAB) 감염증, 장관감염증, 급성호흡기감염증, 해외유입기생충감염증, 엔테로바이러스감염증, 사람유두종바이러스 감염증

구분	특성 및 해당 질환
기생충 감염병	기생충에 감염되어 발생하는 감염병 중 질병관리청장이 고시하는 감염병을 말한다.
세계보건 기구 감시대상 감염병	세계보건기구가 국제공중보건의 비상사태에 대비하기 위하여 감시대상으로 정한 질환으로서 질병관리 청장이 고시하는 감염병을 말한다.
생물테러 감염병	고의 또는 테러 등을 목적으로 이용된 병원체에 의하여 발생된 감염병 중 질병관리청장이 고시하는 감염병을 말한다.
성매개 감염병	성 접촉을 통하여 전파되는 감염병 중 질병관리청장이 고시하는 감염병을 말한다.
인수공통 감염병	동물과 사람 간에 서로 전파되는 병원체에 의하여 발생되는 감염병 중 질병관리청장이 고시하는 감염 병을 말한다.
의료관련 감염병	환자나 임산부 등이 의료행위를 적용받는 과정에서 발생한 감염병으로서 감시활동이 필요하여 질병관 리청장이 고시하는 감염병을 말한다.

✅ 조류인플루엔자(AI : Avian Influenza) ✈✈

닭, 오리, 칠면조 등과 같은 가금류와 야생 조류가 감염되는 급성 바이러스 전염병이다. 주로 철새의 배설물에 의해 전파되며 AI에 걸린 조류의 콧물, 호흡기 분비물, 대변에 접촉한 조류들이 다시 감염되는 형태로 조류 간에 퍼진다. 지구상에 존재하는 AI 바이러스는 모두 135종의 혈청형으로 분류되며 이 중 사람에게 가장 치명적인 것은 H5N1형이다. 1997년 홍콩에서 첫 인체 감염을 일으켜 6명이 사망하면서 주목을 받은 H5N1형은 변이가 빠르고 다른 동물에게 쉽게 전이되는 특징을 갖고 있다. 이는 감염된 조류를 통해 인체에도 전염될 수 있다는 것을 말한다. 발병하면 감기나 일반 독감에 걸렸을 때와 비슷한 증상이 나타나며 심하면 38도 이상의 고열을 동반한 기침, 인후통, 호흡 곤란 증세를 보인다. AI 바이러스는 섭씨 41도일 때 철새 등의 배설물에서 최소 35일간 살 수 있지만 75도 이상으로 5분 동안 가열하면 죽는다.

✅ 아프리카돼지열병(ASF) ✈✈✈

돼지와 멧돼지에 감염 시 발열이나 전신의 출혈성 병변을 일으키는 국내 제1종 법정전염병으로, 최대 치사율이 100%에 이르지만 현재 치료제나 백신이 없다. 아프리카돼지열병의 주요 임상증상으로는 돼지들이 한데 겹쳐있거나, 급사하거나 비틀거리는 증상, 호흡곤란, 침울증상, 식욕절폐, 복부와 피부 말단 부위에 충혈 등이 있다. 2019년 9월 경기도 파주에서 국내 첫 아프리카돼지열병 발생 후 김포, 연천, 강화 등지로 계속 확산되어 당국이 차단방역에 나섰다.

구제역(口蹄疫) ✦✦✦

소, 돼지, 양, 염소 등 발굽이 두 갈래로 갈라진 우제류 동물에게만 발생하는 전파력이 매우 강한 바이러스성 급성 전염병이다. 일단 감염이 되고 나면 치사율이 70~80%에 달하는 국제 1급 가축전염병으로 광우병과는 달리 감염된 고기를 먹어도 사람에게는 감염되지 않는 것으로 알려져 있다. 구제역 바이러스는 감염된 동물의 배설물 또는 사람의 옷이나 신발 등에 잠복해 있다가 해당 동물에 전염되기도 한다. 주로 동물의 호흡, 소화, 생식 행위를 통해 감염되며 잠복기는 3~5일 정도로 구제역에 걸리면 입술이나 혀, 잇몸, 콧구멍 등에 물집이 생기면서 다리를 절고 침을 흘리며 식욕이 급격히 감퇴하는 증상을 보이다 결국 폐사하게 된다.

원숭이두창(Monkeypox) ✦✦

원숭이두창바이러스(Monkeypox virus)에 감염되어 발생하는 희귀질환이다. 1958년 연구를 하기 위해 원숭이를 사육하면서 발생한 질병으로 수두와 비슷한 형태이다. 1970년 콩고민주공화국에서 처음 보고되었고 이후에 가봉, 나이지리아 등 중·서부 아프리카 국가에서 나타나면서 풍토병화 되었다. 2022년 5월부터 유럽을 중심으로 발생하고 있다. 비말, 혈액, 체액, 공기 등을 통해서 감염될 수 있다. 1~2주 잠복기가 지난 후에 얼굴 중심으로 발진이 나타나면서 신체 다른 부위에 확산한다. 임상증상으로는 발열, 두통, 근육통, 오한, 피로 등이 있다.

베이크 아웃(Bake Out) ✦✦

새로 지은 건축물 또는 보수작업을 마친 건물 등의 실내 공기 온도를 높여 건축자재나 마감재료에서 나오는 유해물질을 제거하는 방법이다. 온도를 일시적으로 올려 환기함으로써 새집증후군 위험에서 어느 정도 벗어날 수 있다.

팬데믹(Pandemic) ✦✦✦

세계보건기구(WHO)는 전염병의 위험도에 따라 전염병 경보단계를 1단계에서 6단계까지 나누는데 최고 경고 등급인 6단계를 팬데믹이라 한다. 그리스어로 'Pan'은 '모두', 'Demic'은 '사람'이라는 뜻으로, 전염병이 세계적으로 전파되어 모든 사람이 감염된다는 의미를 지니고 있다. 특정 질병이 전 세계적으로 유행하는 것으로, 이를 충족시키려면 감염병이 특정 권역 창궐을 넘어 2개 대륙 이상으로 확산되어야 한다. 인류 역사상 팬데믹에 속한 질병은 14세기 중세유럽을 거의 전멸시킨 흑사병(페스트), 1918년 전 세계에서 5,000만 명 이상의 사망자를 발생시킨 스페인 독감, 1968년 100만 명이 사망한 홍콩 독감 등이 있다. 특히 WHO가 1948년 설립된 이래 지금까지 팬데믹을 선언한 경우는 1968년 홍콩독감과 2009년 신종플루, 2020년 코로나19 세 차례뿐이다. 한편 2020년 3월 문체부와 국립국어원에서는 팬데믹이라는 용어를 대체할 우리말로 '감염병 세계적 유행'을 선정했다.

❻ 경제

✅ 기저효과 ✈✈

특정 시점의 경제 상황을 평가할 때 비교의 기준으로 삼는 시점에 따라 주어진 경제상황을 달리 해석하게 되는 현상이다. 호황기의 경제상황을 기준시점으로 현재의 경제상황을 비교할 경우, 경제지표는 실제 상황보다 위축된 모습을 보인다. 반면, 불황기의 경제상황을 기준시점으로 비교하면, 경제지표가 실제보다 부풀려져 나타날 수 있다.

✅ 기업공시(IR : investor relation) ✈

투자자 관리. 기업이 투자자와의 관계에서 신뢰를 쌓기 위해 기업에 대한 모든 정보를 제공하는 활동을 말한다. 증권시장에서 주식투자는 다른 저축수단과는 달리 기업에 대한 각종 정보를 바탕으로 투자의사를 결정하게 된다. 따라서 투자자의 현명한 투자의사를 결정시키기 위해서 발행회사의 경영 상태나 재무상황을 정확하게 알려주어야 한다. 이로써 증권시장에서의 공정한 가격형성에도 도움이 되는 것이다. 만일 그릇된 정보나 루머에 의해서 주식의 가격이 결정되고 올바른 정보는 일부세력이 독점하게 되면 결국 주식의 가격형성은 왜곡을 일으켜 주식시장은 투기경향을 나타내게 되는 것이다. 그래서 「증권거래법」이나 「상법」에 의해서 기업공시에 대한 각종 제도를 마련하고 증권거래소가 직접 나서서 기업 내용을 알려주도록 되어 있다. 증권거래소의 기업공시 내용은 정기적인 공시, 수시 공시, 풍문조회 등으로 구분된다. 정기적인 공시란 증권거래소가 상장회사에 대한 기업공시실을 마련하여 신주를 발행할 때는 제출된 유가증권 신고서, 사업설명서, 유가증권 발행실적 보고서와 함께 매 결산기마다 제출된 재무제표, 반기 결산 보고서 등을 비치하여 열람하게 하는 제도이다.

✅ 디폴트(Default) ✈✈✈

채무자가 공사채나 은행 융자, 외채 등의 원리금 상환 만기일에 지불 채무를 이행 할 수 없는 상태를 말한다. 채무자가 민간 기업인 경우에는 경영 부진이나 도산 따위가 원인이 될 수 있으며, 채무자가 국가인 경우에는 전쟁, 혁명, 내란, 외화 준비의 고갈에 의한 지급 불능 따위가 그 원인이 된다.

✅ 골든크로스 ✈✈

주가나 거래량의 단기 이동평균선이 중장기 이동평균선을 아래에서 위로 돌파해 올라가는 현상을 말한다. 이는 강력한 강세장으로 전환함을 나타내는 신호로 받아들여진다. 이동평균선이란 특정 기간 동안의 주가의 평균치를 이어놓은 선을 말한다. 일반적으로 증권시장에서는 골든크로스 출현을 향후 장세의 상승신호로 해석한다. 또 골든크로스 발생 시 거래량이 많을수록 강세장으로의 전환 가능성이 높다는 의미를 지닌다.

✅ 크립토 윈터(Crypto Winter) ✈✈✈

가상자산(Cryto)과 겨울(Winter)의 합성어로, 가상자산 가격이 급락할뿐만 아니라 시장에서 자금이 유출되어 거래량이 오랫동안 저조해지는 현상을 겨울에 빗대어 일컫는다. 크립토 윈터는 2011년 당시 유일한 가상자산 거래소였던 '마운트곡스'의 해킹에서 비롯되었다.

✅ 경제고통지수 ✈✈

국민들이 실제로 느끼는 경제적 생활의 고통을 계량화하여 수치로 나타낸 것으로 보통 일정 기간 동안의 소비자물가상승률(CPI)과 실업률을 합하여 소득증가율을 빼서 나타낸다. 경제고통지수는 미국 브루킹스연구소의 경제학자 아서 오쿤(Arthur Okun)이 고안한 것으로 고통지수의 수치가 높다는 것은 실업률이나 물가의 상승이 높아져 국민이 느끼는 경제적 어려움도 수치가 높은 만큼 크다는 것이며, 수치가 낮다는 것은 경제적 어려움도 그만큼 적다는 것이다.

✅ G20 ✈✈✈

세계 주요 20개국을 회원으로 하는 국제기구이다. G7을 확대 개편한 세계경제협의기구로, 주요 국제 금융현안을 비롯하여 특정 지역의 경제위기 재발방지책 등을 논의하기 위한 선진·신흥경제 20개국 재무장관 및 중앙은행 총재 회의의 모임을 말한다. G7과 한국, 중국, 인도, 아르헨티나, 브라질, 멕시코, 러시아, 터키, 호주, 남아프리카공화국, 사우디아라비아 등 11개 주요 신흥 시장국이 첫 회의 때 회원국으로 결정되었고 이후 인도네시아, 유럽연합(EU) 의장국이 들어가 모두 20개국이 되었다.

✅ G7 ✈

서방선진 7개국 간에 매년 정기적으로 개최되는 국제회담으로, 세계경제향방과 각국 간의 경제정책협조·조정문제를 논의한다. 회원국은 '미국·독일·영국·프랑스·이탈리아·캐나다·일본'으로 7개국이다.

✅ 애버취 – 존슨효과 ✈✈

수익률 규제하에서 이윤극대화를 추구하는 기업이 규제가 없을 경우와 비교하여 자본은 과다하게 투입하고 노동은 과소하게 사용하는 것을 의미한다. 경영자는 높은 회계적 이윤을 실현시켰을 때 능력 있는 경영자로 인정받을 수 있기 때문에, 회계적 이윤을 증가시킬 동기가 존재한다. 수익률 규제 하에서는 회계적 이윤이 자본 투입량과 연계되어 있으므로 생산과정에서 더 많은 자본을 투입하면 보다 높은 회계적 이윤을 실현할 수 있기 때문이다.

✅ 다보스포럼(Davos forum) ✈✈

세계경제포럼 연차총회의 통칭으로 민간 재단이 주최하지만 세계 각국의 정계(政界)·재계(財界)·관계(官界)의 유력 인사들이 모여 공식적인 의제 없이 참가자의 관심분야에 대한 각종 정보를 교환하고 세계경제 발전 방안에 대하여 논의한다. 매년 1 ~ 2월 스위스의 고급 휴양지인 다보스에서 회의를 하기 때문에 일명 '다보스 회의'라고도 한다. 1971년 독일 출신의 하버드대 경영학교수 클라우스 슈바브(K. Schwab)에 의해 만들어져 독립적 비영리재단 형태로 운영되고 있고 본부는 제네바에 있으며, 기관지 「월드링크 (World Link)」를 격월간으로, 「세계경쟁력 보고서」를 매년 발간한다.

✅ 자유무역협정(FTA : Free Trade Agreement) ✈✈✈

국가와 국가 사이에 무역장벽을 완화하거나 철폐하여 무역자유화를 실현하기 위한 양 국가 또는 지역사이에 체결하는 특혜무역협정으로 각 나라가 무역을 자유화함으로써 무역거래와 국제간의 분업이 확대돼 서로의 이익이 증대될 것이라는 자유주의 경제이론에서 출발한다. FTA는 상품분야의 무역자유화와 관세 인하에 중점을 두고 있었으나 WTO 체제 이후 상품의 관세철폐이외에도 서비스 및 투자 자유화까지 포괄 하는 것이 일반적인 추세다. 그 밖에 지적재산권, 정부조달, 무역구제제도 등 정책의 조화부문까지 협정 의 대상 범위가 확대되었고 다자간 무역 협상 등을 통하여 전반적인 관세수준이 낮아지면서 다른 분야로 협력영역을 늘려가게 된 것도 이 같은 포괄범위 확대의 한 원인이다.

✅ 피구효과(Pigou Effect) ✈✈✈

임금의 하락이 고용의 증대를 가져온다는 피구(A.C. Pigou)의 이론을 말한다. 즉, 기업의 임금인하는 사람들이 보유하고 있는 현금이나 예금잔고의 실질가치를 인상하는 결과가 되어 일반물가수준은 하락하게 된다. 이러한 실질현금잔고의 증가는 소득에 변화가 없더라도 소비지출을 증가시키므로 결과적으로 고용을 증대시킨다.

✅ 톱니효과(Ratchet Effect) ✈✈✈

소득이 높았을 때 굳어진 소비 성향이 소득이 낮아져도 변하지 않는 현상으로 관성효과를 의미한다. 관성효과가 작용하면 소득이 감소하여 경기가 후퇴할 때 소비 성향이 일시에 상승한다. 소비는 현재의 소득뿐만 아니라 과거의 소득에도 영향을 받고 있어 소비자의 소비지출은 소득과 동반하여 변동하는 것이 아니라 안정적인 경향을 보여 경기후퇴 시에도 빠르게 변동을 보이진 않는다. 이처럼 소비의 상대적 안정성으로 경기가 후퇴하여도 소비가 소득의 감소와 같은 속도로 줄어들지 않게 되어 경기후퇴속도는 상당히 완화된다.

❷ 베블렌효과(Veblen Effect) ↗

허영심에 의해 수요가 발생하는 것으로, 가격이 상승한 소비재의 수요가 오히려 증가하는 현상이다. 예를 들면 다이아몬드는 비싸면 비쌀수록 사람의 허영심을 사로잡게 되어 가격이 상승하면 수요가 오히려 증대한다.

❷ 리카도효과(Ricardo Effect) ↗

일반적으로 호경기 때에는 소비재 수요증가와 더불어 상품의 가격상승이 노동자의 화폐임금보다 급격히 상승하게 되므로 노동자의 임금이 상대적으로 저렴해진다. 이 경우 기업은 기계를 대신하여 노동력을 사용하려는 경향이 발생하는데, 이를 리카도효과라 한다.

❷ 립스틱효과(Lipstick Effect) ↗↗↗

경기불황일 때 저가상품이 잘 팔리는 현상으로 저가제품 선호추세라고도 한다. 본래 립스틱만 발라도 분위기를 바꾸는 효과를 얻는다는 뜻으로 불황일 때 립스틱처럼 저렴한 가격으로 만족할 수 있는 제품이 인기를 끄는 현상을 의미하게 되었다. 저렴한 립스틱만으로도 만족을 느끼며 쇼핑을 알뜰하게 하는 데에서 유래된 말이다.

❷ 전시효과(Demonstration Effect) ↗↗

후진국이나 저소득자가 선진국이나 고소득자의 소비양식을 본떠 그 소비를 증대시키는 경향으로, 신문·라디오·영화·TV 등의 선전에 대한 의존도가 크다. 근대 경제이론에서는 전시효과에 의해 소비성향이 상승함으로써 저축률이 저하되므로 자본축적을 저지한다고 하여 문제시하고 있다. 듀젠베리효과라고도 한다.

❷ 밴드왜건효과(Bandwagon Effect) ↗↗

유행에 따른 소비성향을 뜻하는 말로, 악대를 앞에 두고 사람들을 끌고 다니는 차량을 의미한다. 미국 서부 개척시대에 금광이 발견됐다는 소식을 들으면 많은 사람들이 밴드왜건을 따라 길을 나섰는데, 금광발견의 유무를 떠나서 사람들이 가니까 나도 따라갔다고 한다. 즉, 일종의 군중심리가 작용한 것이다. 정치에서 보자면, 소위 말하는 '대세론'으로 후보자가 일정수준이상의 지지율을 얻으면 그 후보를 따라가게 되는데 이를 밴드왜건효과라 한다. 또 어떤 소비재가 가격하락이 됐을 때 새로운 소비자가 이 소비재의 수요자로 등장해 수요량이 증가하게 되는데 가격의 하락에 수반한 수요량의 증가는 가격효과의 부분과 밴드왜건효과의 부분으로 나눌 수 있다.

소비자기대지수(消費者期待指數, Consumer Expectation Index) ✈✈✈

경기에 대한 소비자들의 기대심리를 반영한 지수를 말한다. 기준점수를 100으로 하고 이를 웃돌면 6개월 이후의 경기가 현재보다 개선될 것으로 보는 가구가 나빠질 것으로 보는 가구보다 많다는 것을 의미한다. 매월 통계청에서 작성하는데, 주요 기대지수는 경기·가계생활·소비지출·내구소비재 및 외식·문화·오락 등이고 소득계층 및 연령대별로 분석해서 작성한다.

트리플위칭데이(Triple Witching Day) ✈

주가지수선물, 주가지수옵션, 개별주식옵션의 만기가 동시에 겹치는 날로 3개의 주식파생상품의 만기가 겹쳐 어떤 변화가 일어날지 아무도 예측할 수 없어 혼란스럽다는 의미에서 생긴 말이다. 트리플위칭데이는 현물시장의 주가가 다른 날보다 출렁일 가능성이 상존하는데 이를 가리켜 만기일효과(expiration effect)라고 부른다. 또한 결제일이 다가오면 현물과 연계된 선물거래에서 이익을 실현하기 위해 주식을 팔거나 사는 물량이 급변, 주가가 이상 폭등·폭락하는 현상이 나타날 가능성이 크다. 특히 결제 당일 거래종료시점을 전후해서 주가의 급변동이 일어날 수 있다. 미국의 경우는 S&P500 주가지수선물, S&P100 주가지수옵션, 개별주식옵션 등의 3가지 파생상품계약이 3·6·9·12월 세 번째 금요일에, 한국은 3·6·9·12월의 두 번째 목요일에 트리플위칭데이를 맞게 된다.

사이드카(Side Car) ✈✈

선물시장이 급변할 경우 현물시장에 대한 영향을 최소화함으로써 현물시장을 안정적으로 운용하기 위해 도입한 프로그램 매매호가 관리제도의 일종으로, 주식시장에서 주가의 등락폭이 갑자기 커질 경우 시장에 미치는 영향을 완화하기 위해 주식매매를 일시 정지시키는 제도인 서킷 브레이커(circuit braker)와 반대되는 개념이다. 주가지수 선물시장을 개설하면서 도입하였는데, 지수선물가격이 전일종가 대비 5% 이상 상승 또는 하락해 1분간 지속될 때 발동하며, 일단 발동되면 발동시부터 주식시장 프로그램 매매호가의 효력이 5분간 정지된다. 그러나 5분이 지나면 자동적으로 해제되어 매매체결이 재개되고, 주식시장 후장 매매 종료 40분 전(14시 20분) 이후에는 발동할 수 없으며, 또 1일 1회에 한해서만 발동할 수 있도록 되어 있다.

✅ 서킷브레이커(Circuit Breakers) ✦✦✦

주식거래 시 주가가 급격하게 하락할 때 매매를 일시적으로 중단하는 제도이다. 뉴욕증권거래소에서 1987년 10월 이른바 블랙먼데이(Black Monday)의 증시폭락 이후 최초로 도입되었다. 우리나라에서는 유가증권시장에 1998년 12월 7일부터 국내주식가격 제한폭이 상하 15%로 확대되면서 도입되었고 코스닥시장은 2001년 9·11테러 이후 이 제도가 도입되어 그날 처음 발동되었다. 서킷브레이커는 주가가 폭락하는 경우 거래를 정지시켜 시장을 진정시키는 목적으로 주가지수가 전일종가 대비 10% 이상 하락한 상태로 1분 이상 지속될 경우 발동된다. 서킷브레이커가 발동되면 처음 20분 동안 모든 종목의 호가 접수 및 매매거래가 정지되며, 향후 10분 동안 새로 동시호가만 접수되고, 하루 한 번만 발동할 수 있으며, 장 종료 40분 전에는 발동할 수 없다.

✅ 생산자물가지수(PPI : Producer Price Index) ✦

대량거래로 유통되는 모든 상품의 가격변동을 측정하기 위해 작성된 지수이다. 도매물가지수를 사용해 오다 1990년부터 생산자물가지수로 바뀌었다. 이 지수는 1차 거래단계가격을 대상으로 한다. 국내 생산품은 생산자 판매가격을, 수입품의 경우는 수입업자 판매가격을 기준으로 하고 이것이 불가능할 경우 다음 거래단계인 대량도매상 또는 중간도매상의 판매가격을 이용한다. 소비자물가지수와 같은 특수목적지수와는 달리 상품의 전반적인 수급동향을 파악할 수 있고 포괄범위가 넓기 때문에 국민경제의 물가수준측정에 대표성이 가장 큰 지수이다. 한편 생산자물가지수는 기업 간의 중간거래액을 포함한 총거래액을 모집단으로 하여 조사대상품목을 선정하였기 때문에 원재료, 중간재 및 최종재에 해당되는 품목이 혼재되어 있어 물가변동의 중복계상 가능성이 크다고 할 수 있다. 이러한 생산자물가지수의 한계를 보완하기 위하여 한국은행은 '가공단계별 물가지수' 또한 편제해 오고 있다.

✅ 소비자물가지수(CPI : Consumer Price Index) ✦

전국 도시의 일반소비자가구에서 소비목적을 위해 구입한 각종 상품과 서비스에 대해 그 전반적인 물가수준동향을 측정하는 것이며, 이를 통해 일반소비자가구의 소비생활에 필요한 비용이 물가변동에 의해 어떻게 영향받는가를 나타내는 지표이다.

✅ 인플레이션(Inflation) ✦✦

상품거래량에 비해 통화량이 과잉 증가함으로써 물가가 오르고 화폐가치는 떨어지는 현상이다. 과잉투자·적자재정·과소생산·화폐남발·수출초과·생산비 증가·유효수요의 확대 등이 그 원인이며, 기업이윤의 증가·수출위축·자본부족·실질임금의 감소 등의 결과가 온다. 타개책으로는 소비억제, 저축 장려, 통화량수축, 생산증가, 투자억제, 폭리단속 등이 있다.

✅ 디플레이션(Deflation) ✎

상품거래에 비하여 통화량이 지나치게 적어 물가는 떨어지고 화폐가치가 오르는 현상이다. 지나친 통화량 수축, 저축된 화폐의 재투자 부진, 금융활동의 침체, 구매력 저하 등이 원인이며 생산위축, 실업자 증가, 실질임금 증가 등의 결과가 나타난다. 이를 타개하기 위해서는 유효수요 확대, 통화량 증대, 저리금리정책, 조세인하, 사회보장, 실업자 구제 등의 정책이 필요하다.

✅ 스태그플레이션(Stagflation) ✎✎✎

경기침체하의 인플레이션을 의미한다. 경기가 후퇴함에 따라 생산물이나 노동력의 공급초과현상이 일어남에도 불구하고 물가가 계속해서 상승하는 현상을 말한다.

✅ 슬럼플레이션(Slumpflation) ✎

불황중의 인플레이션을 말한다. 스태그플레이션보다 그 정도가 심한 상태이다.

✅ 기펜의 역설(Giffen's Paradox) ✎

재화의 가격이 하락하면 수요가 증가하고 가격이 상승하면 수요가 감소하는 것이 일반적이나, 열등재의 경우 그 재화의 가격이 하락해도 오히려 수요가 감소하는 경우가 있다. 이러한 현상을 기펜의 역설이라고 하며, 이러한 재화를 기펜재라고 한다.

✅ 모라토리엄(Moratorium) ✎✎✎

전쟁·천재(天災)·공황 등으로 경제가 혼란되어 채무이행에 어려움이 생길 때 국가의 공권력에 의해 일정 기간 채무의 이행을 연기 또는 유예하는 것을 뜻한다. 이는 일시적으로 안정을 도모하기 위한 채무국의 응급조치로서, 채무의 추심이 강행되면 기업도산의 수습을 할 수 없게 되는 우려에서 발동한다. 모라토리엄을 선언하면 국가신인도가 직강하되고 은행 등 금융업체들의 신용도가 사실상 제로상태에 빠지므로 대외경상거래가 마비된다. 이에 따라 수출이 힘들어지고 물가가 상승하며 화폐가치가 급락한다. 대규모 실업사태와 구조조정의 고통이 장기화되며, 외채사용이 엄격히 통제된다.

✅ 국민총생산(GNP : Gross National Product) ✎✎✎

한 나라에 있어서 일정 기간(1년) 동안 국민들이 생산한 재화와 용역의 최종생산물의 합계를 화폐액으로 표시한 것이다.

❖ 국내총생산(GDP : Gross Domestic Product) ★★★

외국인을 포함하여 국내에서 거주하는 모든 사람이 생산하는 부가가치의 총액이다. 따라서 GDP에서 해외지불소득(임금·이자·로열티 등)을 빼고, 해외수취소득을 합하면 GNP가 된다.
☆☆☆ 한국은행의 경제성장률 발표기준은 1995년부터 GNP에서 GDP로 바뀌었다.

❖ 국민소득(NI : National Income) ★★

원래 한 나라에서 1년 동안 생산한 모든 재화와 용역을 화폐가치로 표시한 것을 말하며, 좁은 의미로는 1년 동안 생산한 것 중 순수입액의 합을 말하는 것으로 분배국민소득의 개념이다.

❖ 국민순생산(NNP : Net National Product) ★

1년 동안 각 기업이 순수하게 새로 생산한 재화와 용역의 부가가치를 말한다. 국민총생산물에서 자본의 감가상각분을 뺀 잔액을 말하며, 그것은 그 해의 생산활동의 결과로서 그 연도의 것만 볼 수 있는 최종생산물의 순가치를 시장가치로 평가한 것이다.

❖ 기회비용(Opportunity Cost)

포기해 버린 선택의 욕구들로부터 예상되는 유·무형의 이익 중 최선의 이익, 즉 선택으로 인해 포기된 기회들 중 가장 큰 가치를 갖는 기회를 기회비용이라고 한다. 1914년 오스트리아 경제학자 프리드리히 폰 비저가 「사회경제이론」에서 처음으로 '기회비용'이라는 용어를 사용했다. 1850년 프랑스 경제학자 프레데릭 바스티아는 저서 「보이는 것과 보이지 않는 것」에서 '깨진 유리창 우화'를 통해 기회비용을 다뤘다.

❖ 세이의 법칙(Say's law) ★

프랑스 경제학자 세이(J. S. Say)가 주장한 이론으로서, 판로설이라고도 불린다. "공급은 스스로 수요를 창조한다."라고 하여 자유경쟁의 경제에서는 일반적 생산과잉은 있을 수 없으며 공급은 언제나 그만큼의 수요를 만들어 낸다는 주장이다. 이 이론은 고전학파 경제학의 기본명제가 되었던 것으로, 공황발생 이후부터는 설득력을 잃고 케인스의 유효수요이론이 그 위치를 대신하였다. 판매와 구매의 통일면만 보고 화폐의 유동성을 무시한 것이라는 비판을 받는다.

❖ 일물일가(一物一價)의 법칙 ★

완전경쟁이 행해지는 시장에서는 동일한 시기, 동일한 시장에서 동일한 품질의 물품에는 동일한 가격이 붙여진다는 법칙이다. 제본스(W.S. Jevons)는 이를 무차별의 법칙이라고 하였다.

✅ 슈바베의 법칙(Schwabe's law) ✦

19세기 후반 슈바베(H. Schwabe)에 의해 주장된 것으로, 생계비 중에서 주거비가 차지하는 비율을 통계적으로 설명한 법칙이다. 즉, 가난할수록 전체 생계비에서 차지하는 주거비의 비율이 높다는 것이다.

✅ 엥겔의 법칙(Engel's law) ✦

독일의 통계학자 엥겔(E. Engol)은 가계지출에 대해 음식물비의 비율을 조사한 결과 그 비율의 크기가 생활정도를 나타내는 지표가 된다고 했다. 즉, 소득이 낮은 가정일수록 전체의 생계비에 대한 음식물비의 비율이 높고, 소득의 증가에 따라 음식물비의 비율이 감소하고 문화비의 비율이 증가한다는 것이다.

☆☆☆ 엥겔계수 $= \dfrac{음식물비}{총생계비} \times 100$

✅ 그레샴의 법칙(Gresham's law) ✦

"악화(惡貨)가 양화(良貨)를 구축한다."는 그레샴(S. T. Gresham)의 이론이다. 실질가치가 서로 다른 두 가지 종류의 화폐가 동시에 유통될 경우, 실질가치가 우량한 화폐는 용해 · 저장 · 수축 등으로 유통계에서 자취를 감추고 악화만이 남아서 유통된다는 것이다.

✅ 슈링크플레이션(Shrinkflation) ✦✦✦

기업이 제품 가격은 그대로 유지하면서 수량이나 무게, 제품 크기, 용량 등을 줄여 사실상 값을 올리는 전략으로 '패키지 다운사이징(Package Downsizing)'이라고도 한다. '줄어들다'라는 뜻의 '슈링크'와 '물가상승'을 나타내는 '인플레이션'의 합성어이다. 주로 가공식품 제조업계에서 가격인상의 대안으로 사용하는 전략으로, 원자재 가격이 상승하여 가격인상을 하거나 가격이 낮은 원재료 변경, 용량 축소 등의 대안 가운데 가장 위험부담이 적은 것으로 알려져 있다. 대표적으로 이른바 '질소과자'처럼 가격 인상대신 과자 용량을 줄인 사례가 있다.

✅ 리디노미네이션(Redenomination) ✦✦✦

디노미네이션은 화폐, 채권, 주식 등의 액면금액을 의미한다. 따라서, 리디노미네이션은 디노미네이션을 다시 한다는 것으로, 한 나라의 화폐를 가치의 변동 없이 화폐, 채권, 주식 등의 액면을 동일한 비율의 낮은 숫자로 표현하거나, 새로운 통화단위로 화폐의 호칭을 변경하는 것으로, 우리나라에서는 1953년에 100원을 1환으로, 화폐개혁이 있었던 1962년에 10환을 1원으로 바꾼 일이 있으며, 2004년에 1,000원을 1원으로 바꾸는 안이 논의되기도 했다. 리디노미네이션을 실시할 경우에 거래편의의 제고, 통화의 대외적 위상재고, 인플레이션 기대심리 억제, 지하자금의 양성화 촉진 가능성 등의 장점 등이 있으나, 새 화폐 제조와 컴퓨터시스템 · 자동판매기 · 장부 변경 등에 대한 큰 비용, 물가상승 우려, 불안심리 초래 가능성 등의 문제가 있다.

✅ 패리티가격(Parity Price) ↗↗

농산물가격을 결정함에 있어서 생활비로부터 산출해 내지 않고 공산가격과 서로 균형을 유지하도록 뒷받침해주는 가격을 말한다. 패리티가격은 최저공정가격의 일종으로, 농가보호가 그 목적이다.

✅ 빈곤의 악순환(Vicious Circle of Poverty) ↗

후진국은 국민소득이 낮기 때문에 국내저축이 미약하므로 높은 투자가 형성될 수 없다. 따라서 국민소득의 성장률이 낮으며, 이런 현상이 되풀이되는 과정을 빈곤의 악순환이라고 한다. 미국의 경제학자 넉시(R. Nurkse)가 '저개발국의 자본형성 제문제'에서 처음 사용한 용어이다.

✅ 레인지 포워드 ↗

불리한 방향의 리스크를 헤지하기 위해 옵션을 매입하고 그에 따른 지급 프리미엄을 얻기 위해 유리한 방향의 옵션을 매도하여 환율변동에 따른 기회이익을 포기하는 전략이다. 환율 변동으로 인해 발생할 수 있는 이익과 손실을 모두 일정 수준으로 제한함으로써 환 리스크는 일정 범위 내로 제한된다.

✅ 왝더독(Wag the Dog) ↗↗

꼬리가 개의 몸통을 흔든다는 뜻으로, 앞뒤가 바뀌었다는 말이다. 증권시장에서 주가지수 선물가격이 현물지수를 뒤흔드는 현상으로 주식시장이 장 마감을 앞두고 선물시장의 약세로 말미암아 프로그램 매물이 대량으로 쏟아져 주가가 폭락하는 경우를 나타내는 현상을 일컫는다. 여기서 프로그램 매물이란 선물과 현물의 가격차이가 벌어졌을 때 상대적으로 싼 쪽을 사고 비싼 쪽을 팔아 이익을 남기는 거래방식이다. 주로 투신사 등의 기관투자자의 거래에서 이용되고 컴퓨터로 처리하기 때문에 프로그램 매매라고 한다.

✅ 보완재(補完財) ↗

재화 중에서 동일 효용을 증대시키기 위해 함께 사용해야 하는 두 재화를 말한다. 이들 재화는 따로 소비할 경우의 효용합계보다 함께 소비할 경우의 효용이 더 크다. 보완재의 예로는 커피와 설탕, 버터와 빵, 펜과 잉크 등이 있다.

✅ 대체재(代替財) ↗

재화 중에서 동종의 효용을 얻을 수 있는 두 재화로, 경쟁재라고도 한다. 대체관계에 있는 두 재화는 하나의 수요가 증가하면 다른 하나는 감소하고, 소득이 증대되면 상급재의 수요가 증가하고 하급재의 수요는 감소한다. 예를 들어 버터(상급재)와 마가린(하급재), 쌀(상급재)과 보리(하급재), 쇠고기(상급재)와 돼지고기(하급재) 등이다.

❤ 경제 4단체 ✦✦

전국경제인연합회, 대한상공회의소, 한국무역협회, 중소기업중앙회를 말한다. 전국경제인연합회는 순수민간단체이며, 나머지 단체는 반관반민(半官半民)의 성격을 띤 대(對)정부 압력단체의 역할을 한다.

❤ 파노플리 효과 ✦✦

소비자가 특정 제품을 소비하면 그 제품을 소비하는 집단 혹은 계층과 같아지다는 환상을 갖게 되는 현상이다. 소비자가 구매한 제품을 통해 지위와 가치를 드러내려는 욕구에서 발생하며, 연예인이나 유명인이 사용하는 것으로 알려진 제품 수요가 높아지는 현상도 파노폴리 현상이다.

❤ 유럽자유무역연합(EFTA : European Free Trade Association) ✦

EU에 참가하지 않은 스위스, 아이슬란드, 노르웨이, 리히텐슈타인으로 구성된 자유무역체제이다. 유럽 전체를 자유무역지역으로 설립하는 데 목적이 있었으나, 현재는 각 회원국의 독자적인 통상정책을 구성한다.

❤ 북미자유협정(NAFTA : North America Free Trade Agreement) ✦

미국 · 캐나다 · 멕시코 등 북미 3국을 단일시장으로 묶는 자유무역협정을 말한다. 협정은 노동과 자본의 자유로운 이동, 동일한 노동법과 환경보전법 적용, 역내의 관세 및 수입제한을 단계적으로 낮춰 15년 이내에 원칙적으로 철폐할 것 등이다. 유럽공동체(EC)에 이어 두 번째로 진행된 대규모 경제통합으로 거대한 단일시장을 이루었다.

❤ 주식회사(株式會社) ✦✦✦

1인 이상의 발기인에 의해 설립되며 유한책임의 주주로 구성되는 물적 회사이다. 자본금은 균일한 금액으로 표시되어 있는 주식으로 분할되고 매매 · 양도가 가능하다. 구성기관으로는 의결기관인 주주총회, 집행 및 대표기관인 이사회와 대표이사, 회계감사기관인 감사의 세 기관이 있다. 주식회사는 주식에 의한 대자본의 형성, 주주의 위험분산, 자본과 경영의 분리 등이 특징이라 할 수 있다.

❤ 가젤형 기업(Gazelles Company) ✦

상시 근로자 10인 이상이면서 매출이나 순고용이 3년 연속 평균 20% 이상인 기업으로, 빠른 성장과 높은 순고용 증가율이 가젤(빨리 달리면서도 점프력도 좋은 영양류의 일종)과 닮았다는 데서 이름이 유래됐다. 자생적 성장을 이룬 기업을 지칭하므로 인수합병은 제외된다. 특히 가젤형 기업 중에서도 매출 1000억 원 이상의 기업은 슈퍼 가젤형 기업이라고 한다. 가젤형 기업은 규모가 작아 눈에 띄지 않지만, 틈새시장을 집요하게 파고들어 세계 최강자 자리에 오른 히든 챔피언과는 차이가 있다. 히든 챔피언이 매출시장에 비중을 더 두는 데 비해 가젤형 기업은 안정적인 일자리 창출에 중추적인 역할을 하고 있기 때문이다.

❤ 고객관계관리(CRM : Customer Relationship Management) ✦✦✦

기존고객의 정보를 분석해서 고객의 특성에 맞는 마케팅을 전개하는 것이다. 전산시스템과 인터넷의 발달로 다양한 고객관리를 할 수 있게 되면서 새로운 마케팅기법으로 각광받고 있다. 고객에 대한 정보자료를 정리·분석해 마케팅 정보로 변환함으로써 고객의 구매패턴을 지수화하고, 이를 바탕으로 마케팅프로그램을 개발·실현·수정하는 고객 중심의 경영 기법을 의미한다. 다시 말해 기업이 고객의 성향과 욕구를 미리 파악해 이를 충족시켜 주고, 기업이 목표로 하는 수익이나 광고효과 등 원하는 바를 얻어내는 기법을 말한다. 영화관을 예로 들자면, 회원카드를 통하여 고객이 어떤 영화를 얼마나 자주 보고 언제 보는가를 CRM을 통해 고객의 취향을 파악해, 취향에 맞는 영화가 개봉될 때를 맞춰 할인쿠폰이나 개봉정보를 알려줄 수 있다. 이 경우 무작위로 정보를 보내는 것보다 비용과 효과 면에서 유리할 것이다.

❤ 고객경험관리(CEM : Customer Experience Management) ✦

고객이 어떻게 생각하고 느끼는지를 파악하고, 이를 토대로 고객의 경험을 데이터 하여 구축한 것으로, 기업은 모든 접점에서 고객과 관계를 맺고 각기 다른 고객 경험 요소를 서로 통합해준다. 그리고 고객에게는 감동적인 경험을 갖도록 해주어 기업 가치를 높인다. 고객은 단순히 가격과 품질만을 검토하여 이성적으로 제품을 구매하는 것이 아니라, 친절한 매장 직원이나 편리한 주문시스템 같은 감성적 요인으로 구매를 하는 경향이 있다는 측면에서 등장한 고객관리기법으로 콜롬비아 비즈니스 스쿨의 번트 슈미트 교수(Bernd. Schmitt)가 그의 저서 「CRM을 넘어 CEM으로」에서 처음 소개하였다.

❤ 나노 경영 ✦

맥이트(McIT) 이론에 기초하여 지속적 고용 유지와 부가가치 창출을 동시에 성취한다는 경영이론이다. 맥이트(McIT)란 경영(Management), 문화(Culture) 그리고 정보기술(Information technology)의 앞 글자를 딴 것이다. 나노는 '10억분의 1'을 의미하는 것으로 나노기술은 원자와 분자를 직접 조작하고 재배열하여 기존에 존재하지 않던 신물질을 개발하는 기술이다. 나노기술처럼, 나노 경영은 기업이 수행하는 아주 작은 세부 활동들을 분석하여, 이를 보다 큰 차원에서 결합·응용하여 보다 효율적으로 기업을 경영하는 것을 의미한다. 창조·지식경영과 함께 주 30시간의 업무활동과 10시간의 학습활동을 목표로 한 스피드 경영 및 시간 관리가 그 핵심이다.

❤ B2B · B2C ✦✦✦

B2B는 Business to Business(기업 對 기업)의 줄임말로 기업과 기업이 전자상거래를 하는 관계를 의미하며, 인터넷 공간을 통해 기업이 원자재나 부품을 다른 기업으로부터 구입하는 것이 대표적이다. 일반소비자와는 큰 상관이 없지만 거래규모가 엄청나서 앞으로 전자상거래를 주도할 것으로 보인다. B2C는 Business to Consumer의 줄임말로 기업이 개인을 상대로 인터넷상에서 일상용품을 판매하는 것이 대표적이다. 현재 인터넷에서 운영되고 있는 전자상거래 웹사이트의 대부분이 B2C를 겨냥하고 있다. 이밖에도 전자상거래의 유형 중에는 C2B, C2C도 있으나 차지하는 비중은 미미한 편이다.

❤ 서브프라임 모기지(Sub Prime Mortgage) ✦✦

미국에서 신용등급이 낮은 저소득층을 대상으로 높은 금리에 주택 마련 자금을 빌려 주는 비우량 주택담보대출을 뜻한다. 미국의 주택담보대출은 신용도가 높은 개인을 대상으로 하는 프라임(prime), 중간 정도의 신용을 가진 개인을 대상으로 하는 알트 A(Alternative A), 신용도가 일정 기준 이하인 저소득층을 상대로 하는 서브프라임의 3등급으로 구분된다. 2007년 서브프라임 모기지로 대출을 받은 서민들이 대출금을 갚지 못해 집을 내놓아 집값이 폭락하며 금융기관의 파산 및 글로벌 금융위기를 야기시켰다. 시사주간지 타임에서 서브프라임 모기지를 '2010년 세계 50대 최악의 발명품'으로 선정하였다.

❤ 자기자본투자(PI : Principal Investment) ✦✦

증권사들이 고유 보유자금을 직접 주식·채권·부동산 및 인수·합병(M&A) 등에 투자해 수익을 얻는 것으로 주식거래 중개와는 별도로 한다. 해외 투자은행들은 위탁수수료 수익 비중에 비해 자기자본투자의 비중이 높지만 국내 증권사들의 경우 위탁수수료 수익 비중이 자기자본투자에 비해 높다.

❤ 주택담보대출비율(LTV : Loan To Value ratio) ✦✦

금융기관에서 주택을 담보로 대출해 줄때 적용하는 담보가치대비 최대대출가능 한도를 말한다. 주택담보대출비율은 기준시가가 아닌 시가의 일정비율로 정하며, 주택을 담보로 금융기관에서 돈을 빌릴 때 주택의 자산 가치를 얼마로 설정하는 가의 비율로 나타낸다.

❤ 역모기지론(Reverse Mortgage Loan) ✦

고령자들이 보유하고 있는 주택을 담보로 금융기관에서 일정액을 매월 연금형식으로 받는 대출상품이다. 주택연금 또는 장기주택저당대출이라고 한다. 부동산을 담보로 주택저당증권(MBS)을 발행하여 장기주택자금을 대출받는 제도인 모기지론과 자금 흐름이 반대이기 때문에 역모기지론이라고 한다. 주택은 있으나 경제활동을 할 수 없어 소득이 없는 고령자가 주택을 담보로 사망할 때까지 자택에 거주하면서 노후 생활자금을 연금 형태로 지급받고, 사망하면 금융기관이 주택을 처분하여 그동안의 대출금과 이자를 상환 받는다. 역모기지론의 가입조건은 부부가 모두 65세 이상이여야 하고, 6억 원 미만의 주택을 가진 사람을 대상으로 한다. 고령자가 사망 시 또는 계약 시까지 주택에 살면서 노후생활비를 받으므로 주거안정과 노후소득보장을 받을 수 있다. 우리나라는 2006년부터 종신형 역모기지론이 도입되었으며, 주택금융공사의 공적보증으로 대출기간을 종신으로 늘렸으며, 현재 조건이 완화되어 담보대출이나 전세보증금이 끼어 있는 집도 이용할 수 있다.

✅ 파킹(Parking) 통장 ✗✗

잠시 주차를 하듯 짧은 시간 여유자금을 보관하는 통장을 의미한다. 일반 자유입출금 통장처럼 수시입출금이 가능하면서 비교적 높은 수준의 금리를 제공하는 게 특징이다. 정기예금이나 적금과 달리 상당기간 자금이 묶이지 않기 때문에 최근 각광받고 있다. 파킹 통장은 불안한 투자환경과 시장 변동성 속에서 잠시 자금의 휴식처가 필요하거나 당장 목돈을 사용할 계획이 없는 투자자들에게 유용하다. 특히 하루만 맡겨도 금리 수익을 거둘 수 있다는 게 장점으로 꼽힌다. 일반적인 자유입출금 통장이 연 0.1 ~ 0.2%(세전) 수준의 이자를 주는 반면 파킹통장은 일정 금액 이상이 통장에 '파킹'되어 있으면 연 2% 이상의 높은 금리를 지급한다.

✅ 달러 패권(Dollar Hegemony) ✗✗

석유에 대한 주된 결제통화로서 달러의 위상을 상징하는 용어를 의미한다. 국제 원유는 오로지 달러로만 거래되는데, 이는 사우디아라비아와 미국이 함께 구축한 '페트로 달러'체제 때문이다. 최대 산유국인 사우디는 지정학적 이유와 달러 확보를 위해 오로지 달러로만 원유를 결제받기로 했고 덕분에 미국은 무려 40년간 원자재 시장은 물론 실물경제 시장에서 달러 패권을 누렸다. '페트로 달러'는 '석유를 팔아 얻은 달러'를 뜻하지만 좀 더 폭넓은 국제 정치경제학적 의미에서는 달러로만 석유 대금을 결제할 수 있게 하는 현 체제를 의미하기도 한다. 페트로 달러 체제는 1970년대 중반 미국과 사우디아라비아의 비공식 계약에 근거한 것이다.

✅ BCG매트릭스 ✗✗

BCG매트릭스는 컨설팅 전문회사인 'Boston Consulting Group'에 의해 개발된 것으로 기업 경영전략 수립의 분석도구로 활용된다. 이는 사업의 성격을 단순화, 유형화하여 어떤 방향으로 의사결정을 해야 할지를 명쾌하게 얘기해 주지만, 사업의 평가요소가 상대적 시장점유율과 시장성장률뿐이어서 지나친 단순화의 오류에 빠지기 쉽다는 단점이 있다. X축은 상대적 시장점유율, Y축은 시장성장률을 놓고 각각 높음·낮음의 두 가지 기준을 정한 매트릭스로 구성하여 사업을 네 가지로 분류했다.

① Star 사업 … 수익과 성장이 큰 성공사업으로 지속적인 투자가 필요하다.
② Cash Cow 사업 … 기존 투자에 의해 수익이 지속적으로 실현되는 자금 원천사업으로 시장성장률이 낮아 투자금이 유지·보수에 들어 자금산출이 많다.
③ Question Mark 사업 … 상대적으로 낮은 시장 점유율과 높은 성장률을 가진 신규사업으로 시장점유율을 높이기 위해 투자금액이 많이 필요하며, 경영에 따라 Star 사업이 되거나 Dog 사업으로 전락할 위치에 놓이게 된다.
④ Dog 사업 … 수익과 성장이 없는 사양사업으로 기존의 투자를 접고 사업을 철수해야 한다.

✅ 팹리스 ✦

반도체를 설계만 하고 제작은 하지 않는 기업을 말한다. '공장(Fab)이 없다(less)'는 뜻의 팹리스는 중앙처리장치(CPU)나 모바일프로세서(AP), 통신모뎀·이미지센서 같은 시스템 반도체(비메모리) 칩의 설계를 맡는다. 팹리스의 설계에 따라 반도체를 생산만 하는 기업은 파운드리(Foundry)라고 한다.

✅ 레이더스(Raiders) ✦

기업약탈자 또는 사냥꾼을 뜻한다. 자신이 매입한 주식을 배경으로 회사경영에 압력을 넣어 기존 경영진을 교란시키고 매입주식을 비싼 값에 되파는 등 부당이득을 취하는 집단이다. 즉, 여러 기업을 대상으로 적대적 M&A를 되풀이하는 경우를 말한다.

✅ 스핀오프(Spin off) ✦

정부출연연구기관의 연구원이 자신이 참여한 연구결과를 가지고 별도의 창업을 할 경우 정부보유의 기술을 사용한데 따른 로열티를 면제해 주는 제도를 말한다. 이를 실시하는 국가들은 기술이 사업화하는데 성공하면 신기술연구기금을 출연토록 의무화하고 있다. 또 기업체의 연구원이 사내창업(社內創業)을 하는 경우도 스핀오프제의 한 형태로 볼 수 있다.

✅ 풋백옵션(Putback Option) ✦

일정한 실물 또는 금융자산을 약정된 기일이나 가격에 팔 수 있는 권리를 풋옵션이라고 한다. 풋옵션에서 정한 가격이 시장가격보다 낮으면 권리행사를 포기하고 시장가격대로 매도하는 것이 유리하다. 옵션가격이 시장가격보다 높을 때는 권리행사를 한다. 일반적으로 풋백옵션은 풋옵션을 기업인수합병에 적용한 것으로, 본래 매각자에게 되판다는 뜻이다. 파생금융상품에서 일반적으로 사용되는 풋옵션과 구별하기 위해 풋백옵션이라고 부른다. 인수시점에서 자산의 가치를 정확하게 산출하기 어렵거나, 추후 자산가치의 하락이 예상될 경우 주로 사용되는 기업인수합병방식이다.

✅ 아웃소싱(Outsourcing) ✦✦

제품생산·유통·포장·용역 등을 하청기업에 발주하거나 외주를 주어 기업 밖에서 필요한 것을 조달하는 방식을 말한다. 특히 업무가 계절적·일시적으로 몰리는 경우 내부직원, 설비를 따로 두는 것보다 외부용역을 주는 것이 효율적이다. 주로 기업에서 활용됐으나 최근에는 정부부문도 일상적 관리업무나 수익성이 있는 사업 등을 민간에 맡기거나 넘겨 효율성을 높이면서 조직을 줄이는 것이 세계적인 추세이다.

✅ 워크아웃(Workout) ✈✈

기업가치회생작업으로, 기업과 금융기관이 서로 합의해서 진행하는 일련의 구조조정과정과 결과를 말한다. 미국의 GE사가 1990년대 초 개발한 신(新)경영기법이다. 사전적 의미로는 운동·훈련 등으로 몸을 가뿐하게 하는 것으로, 종업원들이 근무장소에서 벗어나 회사 내 문제점에 대한 토론을 벌이고 이를 통해 회사의 발전방안을 도출해 내는 의사결정방식이다.

✅ 스톡옵션(Stock Option) ✈✈✈

주식매입선택권으로 기업이 전문경영인이나 핵심기술자를 고용하면서 일정 기간 후 채용할 때의 약속한 가격으로 주식을 살 수 있도록 하는 제도를 말한다. 입사 후 기업성장으로 주가가 오르면 주식차익을 챙길 수 있어 고급인력을 초빙하는데 유리하다.

✅ 그린메일(Green Mail) ✈✈

기업사냥꾼(green mailer)이 대주주에게 주식을 팔기 위해 보낸 편지를 말한다. 기업사냥꾼들이 상장기업의 주식을 대량 매입한 뒤 경영진을 위협해 적대적 M&A를 포기하는 대가로 자신들이 확보한 주식을 시가보다 훨씬 높은 값에 되사들이도록 강요하는 행위이다.

✅ 펀더멘털 ✈✈

한 나라의 경제가 얼마나 건강한지를 나타내는 기초 경제 여건을 말한다. 경제성장률, 물가상승률, 경상수지 등 거시경제지표들이 포함되며 경제적 능력·가치, 잠재적 성장성을 의미한다.

✅ 백기사(White Knight) ✈✈

경영권 다툼을 벌이고 있는 기존 대주주를 돕기 위해 나선 제3자이다. 이때 우호적인 기업인수자를 백기사라고 한다. 백기사는 목표기업을 인수하거나 공격을 차단해 주게 된다. 백기사처럼 기업을 인수하는 단계까지 가지 않고 기업의 주식확보를 도와주는 세력을 백영주(white squire)라고 한다.

✅ 종업원지주제도(從業員持株制度) ✈

회사가 종업원에게 자사주의 보유를 권장하는 제도로서 회사로서는 안정주주를 늘리게 되고 종업원의 저축을 회사의 자금원으로 할 수 있다. 종업원도 매월의 급여 등 일정액을 자금화하여 소액으로 자사주를 보유할 수 있고 회사의 실적과 경영 전반에 대한 의식이 높아지게 된다.

CEO(Chief Executive Officer) ✒

미국 대기업의 최고의사결정권자로 우리나라의 대표이사와 같은 의미이다. 최고경영자가 회장직을 겸하는 경우도 있으나 두 직책이 분리되는 경우도 있다. 분리되는 경우 회장이 단지 이사회를 주재하는 권한만을 행사하는데 반해 최고경영자는 경영 전반을 통괄한다. 실권은 최고경영자에게 있다.

콘체른(Konzern) ✒

동종(同種) 또는 이종(異種)의 각 기업이 법률상으로는 독립하면서 경제상으로는 독립을 상실하고 하나의 중앙재벌 밑에서 지배를 받는 기업집중의 형태로, 재벌이라고도 한다. 일반적으로 거대기업이 여러 산업의 다수기업을 지배할 목적으로 형성된다.

카르텔(Cartel) ✒

기업연합을 뜻하는 것으로, 같은 종류의 여러 기업들이 경제상 · 법률상의 독립성을 유지하면서 상호간의 무리한 경쟁을 피하고 시장을 독점하기 위해 협정을 맺고 횡적으로 연합하는 것을 말한다. 협정의 내용에 따라 구매카르텔, 생산카르텔(생산제한 · 전문화 등), 판매카르텔(가격 · 수량 · 지역 · 조건 · 공동판매 등)이 있다. 우리나라에서는 「독점규제 및 공정거래법」에 의해 원칙적으로 금지되어 있다.

신디케이트(Syndicate) ✒

카르텔 중 가장 결합이 강한 형태로, 중앙에 공동판매소를 두어 공동으로 판매하고 이익을 분배하는 기업집중의 형태이다. 공동판매카르텔이라고도 한다.

콤비나트(Combinat) ✒

국내의 독립된 기업이 생산공정에 있어서 낭비축소, 부산물의 공동이용 등 기술합리화를 위해 지역적 · 다각적으로 결합하여 기업을 경영하는 기업집단의 형태를 말한다. 콤비나트화의 목적은 원재료의 확보, 생산의 집중화, 유통과정의 합리화 등으로 원가절감을 기하는 것이다.

트러스트(Trust) ✒

동종 또는 유사한 기업의 경제상 · 법률상의 독립성을 완전히 상실하고 하나의 기업으로 결합하는 형태로, 이는 대자본을 형성하여 상대경쟁자를 누르고 시장을 독점지배할 수 있다. 일반적으로 거액의 자본을 고정설비에 투자하고 있는 기업의 경우에 이런 형태가 많다. 트러스트의 효시는 1879년 미국에서 최초로 형성된 스탠더드 오일 트러스트(standard oil trust)이다.

✔ 차입경영 ↗

돈을 빌려 사업을 하는 것을 일컫는다. 일반적으로 레버리지효과(지렛대 효과)를 기대하여 과도한 부채를 기반으로 기업을 경영하는 것을 의미한다.

✔ IR(Investor Relations) ↗↗↗

기업설명회를 뜻한다. 기관투자가, 펀드매니저 등 주식투자자들에게 기업에 대한 정보를 제공하여 투자자들의 의사결정을 돕는 마케팅활동의 하나이다. 기업입장에서는 자사주가가 높은 평가를 받도록 함으로써 기업의 이미지를 높이고 유상증자 등 증시에서의 자금조달이 쉬워지는 효과를 거둘 수 있다. IR은 효과를 극대화하기 위해 기업의 장·단점과 계량화되지 않은 정보를 신속·정확·공평하게 계속적으로 알려야 한다.

✔ 투자은행(Investment Bank) ↗↗

장기 산업자금 공급을 주목적으로 하는 은행으로, 예금을 바탕으로 기업에 자금을 공급하는 상업은행과 달리 유가증권 인수를 통해 자금을 공급한다. 우리나라는 2011년 자본시장통합법 제정 이후 금융투자회사의 대형화를 추진해왔는데 2017년 11월 자기자본이 4조 원을 넘는 5개를 초대형 투자은행으로 지정하고 제한적으로 일부 단기금융업무를 허용하는 조치를 취하였다. 초대형투자은행으로 지정되고 단기금융업 인가를 받으면 자기자본의 2배 한도 내에서 발행어음 업무를 할 수 있다.

✔ 개인종합자산관리계좌(ISA : Individual Savings Account) ↗↗

하나의 통장으로 예·적금은 물론 주식·펀드 등 파생 상품 투자가 가능한 통합계좌이다. 근로자와 자영업자, 농어민의 재산 형성 등을 위해 2016년에 도입한 것으로 운용 지시를 가입자가 직접 하는 신탁형과 전문가에게 운용을 맡길 수 있는 일임형으로 나뉜다.

✔ 리콜(Recall) ↗

소환수리제로, 자동차에서 비행기까지 모든 제품에 적용되는 소비자보호제도로서 자동차와 같이 인명과 바로 직결되는 제품의 경우 많은 국가에서 법제화해 놓고 있다. 2만여개의 부품으로 구성된 자동차의 경우 부품을 일일이 검사한다는 것은 기술적으로 불가능하며 대부분 표본검사만 하기 때문에 품질의 신뢰성이 완벽하지 못해, 이에 대한 사후보상으로 애프터서비스제와 리콜제가 있다. 애프터서비스제가 전혀 예기치 못한 개별적인 결함에 대한 보상임에 비해 리콜제는 결함을 제조사가 발견하고 생산일련번호를 추적, 소환하여 해당 부품을 점검·교환·수리해 주는 것을 말한다. 리콜은 반드시 공개적으로 해야 하며, 소비자에게 신문·방송 등을 통해 공표하고 우편으로도 연락해 특별점검을 받도록 해야 한다.

제조물책임법(PL : Product Liability) ✦

소비자가 상품의 결함으로 손해를 입었을 경우 제조업자는 과실이 없어도 책임이 있다는 무과실책임이 인정되어 기업이 배상책임을 지도록 하는 것이다. 우리나라 현행 민법에서는 피해자측이 과실을 입증하지 못하면 기업은 책임을 면할 수 있게 되어 있다. 그러나 수입품에 의한 소비자피해가 발생했을 때에는 해당 외국기업이 배상책임을 지도록 하고 있다.

윈윈전략(Win Win 戰略) ✦

경쟁관계에 있는 기업이라도 공조하지 않으면 모두 위태로울 수 있다는 점에서 나와 상대편이 모두 승리하는데 주안점을 둔 경영전략이다. 단순한 전략적 제휴와는 달리 기업간 경쟁관계를 유지하면서 서로 손잡고 새로운 시장 및 수요를 창출하는 것으로 전략적 제휴를 포함하는 개념이다.

오픈프라이스제(Open Price 制) ✦

최종판매업자가 제품의 가격을 표시해 제품가격의 투명성을 높이는 제도를 말한다. 그동안 제조업자가 턱없이 높은 권장소비자가격을 매겨 놓고 유통업자가 소비자에게 판매할 때 이를 대폭 할인해 주는 식으로 영업을 했다. 이 제도를 도입하면 판매자 간의 가격경쟁을 유도할 수 있어 최종소비자는 더욱 싼값으로 제품을 구입할 수 있게 된다. 제조업자가 가격을 편법으로 인상할 필요도 없어진다.

X이론 · Y이론 · Z이론 ✦

미국의 맥그리거(D. McGregor)가 인간행동의 유형에 대해 붙인 이론이다. 그의 이론에 따르면 X이론형 인간은 일하기를 싫어하고 명령받기를 좋아하며 책임을 회피하는 등 일신의 안정만을 희구하며, Y이론형 인간은 사람에게 있어 일은 자기능력을 발휘하고 자기실현을 이룩할 수 있는 것이므로 오히려 즐거운 것이어서 스스로 정한 목표를 위해 노력한다는 것이다. Z이론은 Y이론에서 한걸음 발전한 형태로, 윌리엄 오우치(William Ouchi)가 일본 경영자들의 호의적 Y이론을 Z이론이라고 불렀다. Z이론형 인간은 전체 구성원들이 합의적 의사결정 과정에 참여, 근로자와 경영자가 품질분임조를 구성 · 공동작업을 통한 품질 개선을 추구하는 등 자신과 회사를 개선시키는데 적극 참여하게 된다는 것이다.

헤일로효과(Halo Effect) ✦✦✦

헤일로(halo)란 후광을 뜻하는데, 인물이나 상품을 평정할 때 대체로 평정자가 빠지기 쉬운 오류의 하나로 피평정자의 전체적인 인상이나 첫인상이 개개의 평정요소에 대한 평가에 그대로 이어져 영향을 미치는 등 객관성을 잃어버리는 현상을 말한다. 특히 인사고과를 할 경우 평정자가 빠지기 쉬운 오류는 인간 행동이나 특성의 일부에 대한 인상이 너무 강렬한 데서 일어난다. 헤일로효과를 방지하기 위해서는 감정 · 선입감 · 편견을 제거하고, 종합평정을 하지 말고 평정요소마다 분석 평가하며, 일시에 전체적인 평정을 하지 않을 것 등이 필요하다.

✔ 시너지효과(Synergy Effect) ↗

기업의 합병으로 얻은 경영상의 효과로, 합병 전에 각 기업이 가졌던 능력의 단순한 합 이상으로 새로운 능력을 갖게 되는 결과를 말한다. 각종 제품에 대해 공통의 유통경로·판매조직·판매창고·수송시설 등을 이용함으로써 생기는 판매시너지, 투자시너지, 생산시너지, 경영관리시너지 등이 있다. 시너지란 본래 인체의 근육이나 신경이 서로 결합하여 나타내는 활동, 혹은 그 결합작용을 의미한다.

✔ 기초생활보장제도 ↗

생활이 어려운 사람에게 필요한 급여를 실시해 이들의 최저생활을 보장하고 자활을 돕고자 실시하는 제도로, 수급자가 자신의 생활의 유지·향상을 위하여 그의 소득, 재산, 근로능력 등을 활용하여 최대한 노력하는 것을 전제로 건강하고 문화적인 최저생활을 유지할 수 있도록 지원한다. 기초생활보장제도 급여는 생계급여, 주거급여, 의료급여, 교육급여, 해산급여 및 자활급여가 있으며, 소득이 일부 증가하더라도 필요한 도움을 지원해준다. 제3차 기초생활보장 종합계획(2024 ~ 2026년)에 따르면 생계급여는 기존 중위소득 30%에서 32%(35%까지 단계적 상향), 주거급여는 기존 47%에서 48%(50%까지 단계적 상향), 부양의무자에게는 의료급여 대상 중증 장애인 부양의무자 기준을 완화하고 재산 기준을 조정한다. 자동차 재산도 2000cc 미만 생업용 자동차는 재산 산정에서 제외하며 비개량 2500cc 미만, 자동차에 대해 현재 가치 500만 원 미만으로 완화하며 기초생활보장제도 급여 보장 수준을 강화한다.

❼ 문화

✅ 퍼블릭 액세스 ✦✦

시민사회의 미디어 액세스 요구를 제도화한 것이다. 방송사뿐만 아니라 일반 시민도 방송에 접근할 권리가 있다는 것을 제도적으로 인정한 사례라 할 수 있다. 시민의 미디어 액세스는 다양한 의견 개진으로 민주적 토론 문화를 만들어 간다는 점에서 민주주의의 발전을 위한 필수 장치라고 할 수 있다. 민주적 헌법이 있는 국가에서 시민의 미디어 액세스는 당연한 기본권으로 인정받아야 한다.

✅ 디지털방송 ✦✦

기존의 아날로그방송과는 달리 정보의 신호를 부호화하여 기록하는 디지털 형태로 텔레비전 신호를 압축하여 내보내는 방송을 의미한다. 아날로그방송은 하나의 전파에는 하나의 영상밖에 실을 수 없어 음성은 다른 전파로 보내야 한 것에 비해 디지털방송은 하나의 전파에 다수의 영상이나 음성 등을 실을 수 있고, 질을 떨어뜨리지 않고 정보를 압축할 수 있어 1개의 아날로그방송 주파수대에 4 ~ 8개의 채널을 설정할 수 있다. 정보를 관리하기 쉽고 시청자가 주문하는 정보를 쌍방향 방송도 가능하다.

✅ 재핑 효과(Zapping Effect) ✦✦

채널을 바꾸다가 중간에 있는 다른 채널의 시청률이 높아지는 현상을 의미한다. 사람들이 채널을 바꾸는 이유는 자신이 보고 있던 프로그램의 광고를 피하기 위함이다. 대부분의 광고는 많은 사람들이 자신에게는 필요가 없는 것이라 생각하기 때문에 그 시간을 허비하기 싫어 다른 채널로 이동하는 것이다. 이렇게 딱히 다른 채널을 보기 위한 의도가 없었음에도 불구하고 짧은 순간에 지나가려던 채널에 관심을 빼앗겨 버리면 그 채널에서 오히려 더 많은 시간을 할애하게 되는 것이 바로 재핑 효과이다. 이는 다른 채널에서 때마침 자신의 관심사 혹은 자신의 취향과 맞는 방송이 송출되고 있을 경우 크게 발생하게 된다.

✅ CATV(Cable / Community Antenna TV) ✦✦

공동시청안테나TV로 난시청 문제를 해결하기 위해 1948년 미국에서 시작되었다. TV전파가 잘 잡히는 높은 언덕이나 산 위에 설치한 우수한 성능의 안테나로부터 TV전파를 수신하여 증폭한 다음, 유선으로 각 가정의 TV수신기로 분배하는 유선TV이다. CATV는 난시청 해소는 물론 무선공중전파에 의한 TV방송에 비해 유선으로 신호를 전달하기 때문에 선명한 화면을 제공할 수 있고, 다양한 서비스가 가능하여 사회적인 영향력도 매우 크다. 우리나라는 1995년 3월 1일 케이블TV 방송을 시작하였다.
☆☆☆ 케이블TV의 3주체 … 전송망사업자, 프로그램공급자, 방송국

✅ 인포데믹스(Infodemics) ✒

정보(information)와 전염병(epidemics)의 합성어로 부정확한 정보가 확산되어 발생하는 각종 부작용을 일컫는 말이다. IT기술이 발전하면서 잘못된 정보나 소문이 미디어와 인터넷, SNS를 통해 확산되면서 정치, 경제, 사회, 안보 등에 치명적인 위기를 초래하게 되는 경우가 종종 발생하게 된다.

✅ 세계지적재산기구(WIPO : World Intellectual Property Organization) ✒✒

지적재산권의 국제적 보호 촉진과 국제협력을 위해 설립한 국제기구로 세계지적소유권기구라도고 한다. 세계지적재산권기구설립조약(1970년 발효)을 근거로, 저작권을 다루는 베른조약(1886년 발효)과 산업재산권을 다루는 파리조약(1883년 발효)의 관리와 사무기구상의 문제를 통일적으로 처리할 목적으로 설립하였으며 1974년 유엔전문기구가 되었다.

✅ 지적소유권(知的所有權) ✒✒

음반 및 방송, 연출, 예술가의 공연, 발명·발견, 공업디자인, 등록상표, 상호 등에 대한 보호 권리와 공업·과학·문학 또는 예술 분야의 지적활동에서 발생하는 모든 권리(지적재산권)를 말한다. 산업발전을 목적으로 하는 산업재산권과 문화 창달을 목적으로 하는 저작권으로 분류할 수 있는데 인간의 지적 창작물을 보호하는 무형재산권이라는 점과 그 보호기간이 한정되어 있다는 점에서 동일하지만, 저작권은 출판과 동시에 보호되는 것에 비해 산업재산권은 특허청의 심사를 거쳐 등록해야만 보호된다. 보호기간도 저작권은 저작자 사후 70년으로 상당히 긴 데 반해 산업재산권은 10 ~ 20년으로 짧은 편이다.

✅ 세계문화유산(世界文化遺産) ✒✒✒

세계유산협약에 따라 유네스코가 1972년부터 인류 전체를 위해 보호해야 할 현저한 보편적 가치가 있다고 인정하는 문화유산이다. 세계문화유산에는 역사적·과학적·예술적 관점에서 세계적 가치를 지니는 건축물·고고유적과 심미적·민족학적·인류학적 관점에서 세계적 가치를 지니는 문화지역 등도 포함한다.

① 세계유산 : 석굴암·불국사, 해인사 장경판전, 종묘, 창덕궁, 화성, 경주역사유적지구, 고창·화순·강화 고인돌 유적, 제주화산섬과 용암동굴, 조선왕릉, 한국의 역사마을 : 하회와 양동, 남한산성, 백제역사유적지구, 산사, 한국의 산지승원, 한국의 서원, 한국의 갯벌, 가야 고분군

② 무형문화유산 : 종묘제례 및 종묘 제례악, 판소리, 강릉단오제, 강강술래, 남사당놀이, 영산재, 제주칠머리당 영등굿, 처용무, 가곡, 대목장, 매사냥, 줄타기, 택견, 한산모시짜기, 아리랑, 김장문화, 농악, 줄다리기, 제주해녀문화, 씨름, 연등회, 탈춤

③ 세계기록유산 : 훈민정음, 조선왕조실록, 직지심체요절, 승정원일기, 조선왕조 의궤, 해인사 대장경판 및 제경판, 동의보감, 일성록, 5·18 민주화운동 기록물, 난중일기, 새마을운동기록물, 한국의 유교책판, KBS특별생방송 '이산가족을 찾습니다' 기록물, 조선왕실 어보와 어책, 국채보상운동 기록물, 조선통신사기록물, 4·19혁명 기록물, 동학농민혁명 기록물

❤ 광고의 종류 ✦✦

구분	특징
배너 광고	인터넷 홈페이지에 뜨는 막대모양의 광고
타이업(tie-up) 광고	영화의 명장면을 이용해 인지도를 높이는 광고
제휴광고	두 기업이 절반 이하의 비용으로 두 배 이상의 효과를 보는 광고
멀티스폿 광고	비슷한 줄거리에 모델을 달리해서 여러 편을 한꺼번에 내보내는 광고
네거티브 광고	죽음, 성, 혐오동물, 범죄 등 부정적인 소재를 활용하는 광고
DM광고	광고주가 예상되는 고객에게 우편으로 직접 송달하여 선전하는 광고
애드버토리얼	'advertisement(광고)'와 'editorial(편집기사)'의 합성어로 신문, 잡지에 기사형태로 실리는 PR광고
애드버커시 광고	기업의 활동과 실태를 홍보하여 기업을 지지도를 높이는 광고
티저(teaser) 광고	상품 자체는 감추어 호기심을 갖게 함으로써 상품에 대한 관심이나 지명도를 높이는 광고
POP 광고	point of purchase의 약자로 소매점이나 가두매점 등에서 소비자가 상품을 구매하는 그 시점에 이루어지는 광고
PPL	영화, 드라마 등에 자사의 특정 제품을 등장시는 광고
키치 광고	설명보다는 기호, 이미지 등을 중시하여 언뜻 보아 무슨 내용인지 감이 안 잡히는 광고
레트로 광고	회고광고 또는 추억광고라고도 하며 고객에게 추억의 향수를 불러일으킴으로써 상품에 대한 이미지를 높이는 광고

❤ 국보(國寶) · 보물(寶物) ✦✦✦

국가가 지정하는 문화재는 국보, 보물, 중요민속자료, 사적 및 명승, 천연기념물, 중요무형문화재로 분류할 수 있다. 이 중 보물은 건조물, 전적, 서적, 고문서, 회화, 조각, 공예품, 고고자료, 무구 등의 유형문화재 중 중요도가 높은 것을 선정하는 것으로 문화재청장과 문화재위원회의 심의를 거친다. 보물에 해당하는 문화재 중 인류문화의 관점에서 볼 때 역사적, 학술적, 예술적 가치가 크고 그 시대를 대표하거나 제작기술이 특히 우수하여 그 유래가 드문 것을 국보로 정한다.

☆☆☆ 문화재 지정번호 … 국보나 보물 등 문화재 지정 시 순서대로 부여하는 번호로, 일부에서 문화재 지정순서가 아닌 가치 서열로 오인해 서열화 논란이 제기되는 경우가 있었다. 이에 「문화재보호법 시행령」 등 관련 규정에서 '지정(등록)번호'를 삭제하고 문화재 행정에서 지정번호를 사용하지 않도록 정책을 개선하였다.

✅ 엠바고(Embargo) ✦✦✦

언론에서는 '어떤 뉴스 기사를 일정 시간까지 그 보도를 유보하는 것'을 의미한다. 정부기관 등의 정보제 공자가 어떤 뉴스나 보도자료를 언론기관이나 기자에게 제보하면서 그것을 일정 시간이나 기일, 즉 해금 시간 후에 공개하도록 요청할 경우 그때까지 해당 뉴스의 보도를 미루는 것이며 혹은 그 요청까지도 엠 바고로 부르기도 한다. 국가이익이나 생명에 끼칠 수 있는 폐해를 막는다는 취지에서 도입되었으나 '국민 의 알 권리' 침해라는 비판도 받고 있다.

☆☆☆ 엠바고 유형

구분	내용
보충 취재용 엠바고	뉴스 가치가 매우 높은 발표 기사이면서도 전문적이고 복잡한 문제를 다루고 있을 때 취재기자들과 취재원의 합의 아래 이루어지는 시한부 보도 중지
조건부 엠바고	뉴스 가치가 있는 사건이 일어나는 것은 확실히 예견할 수 있으나 정확한 시간을 예측하기 어려울 경우, 그 사건이 일어난 이후에 기사화 한다는 조건으로 보도자료를 미리 제공하는 형태
공공이익을 위한 엠바고	국가이익과 관련되거나 인명과 사건에 위해를 끼칠 수 있는 사건이 해결될 때까지 시한부 보도 중지
관례적 엠바고	외교관례를 존중하여 재외공관장의 인사이동에 관한 사항을 미리 취재했더라도 주재국 정부가 아그레망을 부여할 때까지 보류하거나 양국이 동시에 발표하기로 되어 있는 협정 또는 회담 개최에 관한 기사를 공식 발표가 있을 때까지 일시적인 보도 중지

✅ 세계 3대 영화제 ✦✦✦

베니스, 칸, 베를린 영화제를 말하는 것으로 세계 4대 영화제라고 할 경우 모스크바영화제를 포함한다. 베니스영화제가 가장 오랜 역사를 지녔지만, 일반적으로 칸영화제를 가장 권위 있는 영화제로 생각한다.

✅ 베니스 영화제 ✦✦

이탈리아 베니스(venice)에서 매년 개최되는 최고(最古)의 국제 경쟁영화제로 1932년 5월 창설되었다. 매년 8월 말에서 9월 초에 열리며 수상 부문으로 작품상, 남녀배우상 등이 있으며 그랑프리는 '산마르코 금사자상(황금사자상)'이라고 부른다. 타 영화제 출품작을 제외한 일반 극영화만 출품이 가능하다는 특징 이 있다. 우리나라의 수상 내역으로는 강수연[여우주연상, '씨받이(1987)'], 이창동·문소리[감독상·신인 여배우상, '오아시스(2002)'], 김기덕[감독상, '빈집(2004)'], 김기덕[황금사자상, '피에타(2012)'], 채수응 [베스트 VR 경험상, '버디 VR(2018)'] 등이 있다.

✅ 칸 영화제 ✦✦

1946년 프랑스 국립영화센터에서 관광휴양지인 칸(cannes)에 설립한 국제 경쟁영화제이다. 최고의 권위를 인정받고 있는 국제영화제로 황금종려상, 심사위원 대상, 남녀배우주연상, 감독상, 각본상 등의 경쟁부문과 주목할 만한 시선, 황금카메라상, 시네파운데이션 등 비경쟁부문으로 나누어 시상한다. 우리나라의 수상 내역으로는 이두용[특별부문상, '물레야 물레야(1984)'], 임권택[한국영화사상 최초 경쟁부문 진출, '춘향뎐(1999)'], 임권택[감독상, '취화선(2002)'], 박찬욱[심사위원 대상, '올드보이(2004)'], 전도연[여우주연상, '밀양(2007)'], 박찬욱[심사위원상, '박쥐(2009)'], 이창동[각본상, '시(2010)'], 홍상수[주목할 만한 시선 부문 대상, '하하하(2010)'], 김기덕[주목할 만한 시선 부문 대상, '아리랑(2011)'], 문병곤[황금종려상(단편 경쟁 부문), '세이프(2013)'], 봉준호[황금종려상, '기생충(2019)'], 박찬욱[감독상, '헤어질 결심(2022)'], 송강호[남우주연상, '브로커(2022)'] 등이 있다.

✅ 골든글로브상(golden globe prize) ✦

세계 84개국의 신문 및 잡지기자 114명으로 구성된 헐리우드 외국인기자협회가 그해 최우수영화의 각 부문과 남녀배우에게 수여하는 상으로, 아카데미상을 시상하기 전에 시상한다.

✅ 베를린 영화제 ✦✦

1951년 서베를린(berlin)시 시장이었던 빌리 브란트가 세계의 평화와 우애를 지향하고자 창설한 국제영화제로 금곰상(최우수작품상), 은곰상(심사위원 대상, 감독상, 남녀배우상 등), 알프레드바우어상, 블루엔젤상, 평생공로상 등이 있다. 우리나라의 수상 내역으로는 강대진[은곰상, '마부(1961)'], 장선우[알프레드바우어상, '화엄경(1994)'], 김기덕[감독상, '사마리아(2004)'], 임권택[명예황금곰상, 아시아최초(2005)], 박찬욱[알프레드바우어상, '사이보그지만 괜찮아(2007)'], 양효주[은곰상(단편 부문), '부서진 밤(2011)'], 나영길[황금곰상(단편 부문), '호산나(2015)'], 이동하[파노라마 관객상, '위켄즈(2016)'], 김민희[은곰상(여자연기자상), '밤의 해변에서 혼자(2017)'], 홍상수[은곰상(각본상), '인트로덕션'(2021)'], 홍상수[은곰상(심사위원대상), '소설가의 영화(2022)'] 등이 있다.

✅ 모스크바 영화제 ✦

1959년에 창설된 공산권 최대 규모의 영화제로 베니스, 칸, 베를린 영화제와 더불어 세계 4대 국제영화제로 홀수 년도 6월경에 열린다. 시상은 대상(금게오르기상), 심사위원 특별상(은게오르기상), 남녀주연상(동게오르기상)으로 나누어 하며 우리나라 수상 내역으로 강수연[여우주연상, '아제아제바라아제(1989)'], 이덕화[남우주연상, '살어리랏다(1993)'], 장준환[감독상, '지구를 지켜라(2003)'], 정영헌[감독상, '레바논 감정(2013)'], 김윤하[최우수 단편영화상, '스나이퍼 관찰법(2015)'], 김종관[국제영화비평가연맹상, '최악의 여자(2016)'], 윤재호[다큐멘터리 경쟁 부문 최고상, '마담 B. 탈북 여성의 이야기(2016)'], 손현주[남우주연상, '보통사람(2017)'], 김기덕[월드시네마 공로상(2019)], 정관조[다큐멘터리 부문 최우수상, '녹턴(2020)'] 등이 있다.

✅ 대종상(大鐘賞) ✦

우리나라 영화산업의 육성과 영화인들의 의욕을 고취시키고자 당시 문화공보부가 1962년에 설립한 상으로, 작품상·남녀주연상·촬영상·음악상·미술상 등 여러 부문에 걸쳐 해마다 시상한다.

✅ 아카데미상(Academy award) ✦✦

미국의 영화예술과학아카데미협회가 시상하는 영화상으로, 오스카 금패가 수여되어 오스카상이라고도 한다. 1927년 5월에 창설되어 매년 우수영화·영화인에게 수여해 온 세계적으로 권위 있는 영화상이다. 수상부문은 작품·감독·주연 남녀배우·조연 남녀배우·음악·촬영상 등 16개 부문에 시상한다.

✅ 옴니버스(omnibus)영화 ✦

서로 독립된 여러 가지의 스토리를 한편의 영화로 만든 것을 말한다.

✅ 필즈상 ✦

세계 수학자대회에서 4년마다 개최하여 수여하는 상을 의미한다. 수학에 공헌을 40세 미만의 수학자에게 수여하는 상이다. 1924년 제7차 세계수학자대회가 단초는 존 필즈가 국제적으로 명성이 있는 상을 만들기 위해 직접 기부를 하고 기금을 조성하여 제정하였다. 2022년에 핀란드 헬싱키에서 '허준이' 교수가 대수기하학적 방법을 통해 로타를 추측하는 난제를 증명하면서 한국계 수학자 최초로 필즈상을 수여받았다.

✅ 프레올림픽(Pre Olympic) ✦✦

올림픽대회가 열리기 1년 전에 그 경기시설이나 운영 등을 시험하는 의미로 개최되는 비공식경기대회이다. 국제올림픽위원회(IOC)에서는 올림픽이 4년마다 열리는 대회라는 이유로 프레올림픽이라는 명칭의 사용을 금하고 있으나, 국제스포츠계에 잘 알려진 관용명칭이 되어 있다.

✅ 패럴림픽(Paralympic) ✦✦

신체장애자들의 국제경기대회로서 장애자 올림픽이라고도 한다. 정식으로는 1948년 휠체어 스포츠를 창시한 영국의 신체장애자의료센터 소재지의 이름을 따 국제 스토크 맨데빌 경기대회(International Stoke Mandeville Games for the Paralysed)라 한다. 1952년부터 국제경기대회로 발전하여 4년마다 올림픽 개최국에서 개최된다.

✅ F1 그랑프리 ✦✦

월드컵, 올림픽에 이어 전 세계에서 인기를 끌고 있는 3대 국제스포츠행사의 하나인 세계 최고의 자동차 경주대회를 의미한다. 매년 3월부터 10월까지 스페인·프랑스·영국·독일·헝가리·호주·일본 등 대륙을 오가며 17차례 경기를 펼쳐 점수를 합산해 종합우승자를 가린다.

❤ FIFA(Federation Internationale de Football Association) ✦✦

국제축구연맹으로 세계 축구경기를 통합하는 국제단체이다. 국제올림픽위원회(IOC), 국제육상경기연맹(IAAF)과 더불어 세계 3대 체육기구로 불리며 각종 국제 축구대회를 주관한다. 즉, 각 대륙별 연맹이 원활하게 국제 경기 등을 운영할 수 있도록 지원·관리하는 세계축구의 중심체인 것이다. 1904년 프랑스의 단체 설립 제창으로 프랑스, 네덜란드, 덴마크, 벨기에, 스위스, 스웨덴, 스페인의 7개국이 프랑스 파리에서 모여 국제 관리기구로서 국제축구연맹(FIFA)을 탄생시켰다.

☆☆☆ 세계청소년축구선수권대회 … FIFA(국제축구연맹)에서 주관하는 청소년축경기로 만 나이 기준 20세 이하의 선수들만 참가하는 U-20대회와 17세 이하 선수들만 참가하는 U-17대회의 2종류다.

❤ 4대 메이저 대회 ✦✦✦

골프나 테니스 분야에서 세계적으로 권위를 인정받고 있으며 상금액수도 큰 4개의 국제대회를 일컫는 용어이다. 골프의 4대 메이저 대회는 마스터골프대회, US오픈골프선수권대회, 브리티시오픈, 미국PGA선수권대회를 말하며 여자골프 4대 메이저 대회는 크래프트나비스코챔피언십, 맥도날드LPGA챔피언십, US여자오픈, 브리티시여자오픈이 해당한다. 4대 메이저 테니스 대회는 호주오픈, 프랑스오픈, 윔블던, US오픈을 포함한다.

☆☆☆ 오픈 선수권 … 골프, 테니스 등에서 아마추어와 프로가 함께 겨루어 대표를 뽑는 경기

❤ 월드베이스볼클래식(WBC : World Baseball Classic) ✦

세계 각국이 참가하는 프로야구 국가대항전으로, 2006년부터 시작하여 올림픽이 열리는 해를 피해 4년마다 개최하되 시기는 메이저리그 정규시즌 일정을 고려해 조정한다. 1회 대회는 2006년 3월 3일 일본 도쿄돔에서 아시아 예선을 시작으로 그 막을 올렸으며 한국, 일본, 중국, 대만, 미국, 캐나다 등 총 16개국이 참가하였다. 메이저리그 구장에서 열린 8강 조별리그를 거쳐 4강에 진출한 국가는 한국, 일본, 쿠바, 도미니카 공화국이었으며, 일본이 우승을 차지했다. 우리나라는 2009년에 열린 2회 대회에서 준우승을 차지했다.

❤ 보스톤 마라톤대회 ✦

미국 독립전쟁 당시 보스톤 교외의 콘크드에서 미국민병이 영국군에게 승리한 것을 기념하기 위하여 1897년 이래 보스톤시에서 매년 4월 19일에 거행하는 대회로, 아메리칸 마라톤이라고도 한다.

❤ 메이저리그(MLB : Major League Baseball) ✦✦✦

미국 프로야구의 아메리칸리그(American League)와 내셔널리그(National League)를 합쳐서 부르는 말로, '빅 리그'라고도 한다. 아메리칸리그 소속 15개 팀과 내셔널리그 소속 15개 팀이 각각 동부·중부·서부지구로 나뉘어 정규 시즌을 치른다.

✅ 윔블던 테니스대회 ✦

테니스계에서 가장 오랜 역사를 가지고 있는 대회로, 1877년 영국 국내선수권대회로 개최되었으며 1883년부터 국제대회가 되었다. 정식명칭은 전영오픈 테니스선수권대회로 매년 영국 런던 교외의 윔블던에서 열린다. 1968년부터 프로선수의 참가가 허용되었다.

✅ 수퍼볼(Super Bowl)대회 ✦

미국 프로미식축구의 양대 리그인 AFC(아메리칸 풋볼 콘퍼런스)와 NFC(내셔널 풋볼 콘퍼런스)의 우승팀 간에 그 해 최정상을 가리는 대회로, 1966년 창설되었다.

✅ 프리에이전트(Free Agent) ✦✦

자신이 속한 팀에서 일정기간 동안 활동한 뒤 자유롭게 다른 팀과 계약을 맺어 이적할 수 있는 자유계약선수 또는 그 제도를 일컫는 말이다. 자유계약선수 제도 하에서는 특정 팀과의 계약이 만료되는 선수는 자신을 원하는 여러 팀 가운데에서 선택하여 아무런 제약조건 없이 팀을 이적할 수 있다. 이와 반대로 선수가 먼저 구단에 계약해지를 신청한 임의탈퇴선수는 다른 구단과 자유롭게 계약할 권한이 없다.

✅ 드래프트시스템(Draft System) ✦✦

신인선수를 선발하는 제도로, 일정한 기준아래 입단할 선수들을 모은 뒤 각 팀의 대표가 선발회를 구성하여 일괄적으로 교섭하는 방법이다. 우수선수를 균형 있게 선발해 각 팀의 실력평준화와 팀 운영의 합리화를 꾀하는데 목적이 있다.

✅ 플레이오프(Play Off) ✦

프로야구에서 시즌이 끝난 뒤 승률이 같은 경우 벌이는 우승결정전을 말한다. 골프에서는 경기가 정해진 홀 수에서 동점이 됐을 경우 연장전으로 우승자를 결정하는 것을 가리킨다.

✅ 그랜드슬램(Grand Slam) ✦✦✦

야구경기에서 1루에서 3루까지 주자가 있을 때 친 홈런으로 만루홈런이라고도 한다. 골프에서는 1930년 미국의 보비 존스가 전미국·전영국의 오픈 아마추어 선수권의 4대 타이틀을 휩쓸었을 때 붙여진 존칭이다. 현재는 영미의 양 오픈과 전미국 프로, 마스터즈의 4대 타이틀 획득자에게 수여된다. 테니스에서는 한 해에 전영국, 전미국, 전호주, 전프랑스의 4대 토너먼트 단식(單式)에서 모두 우승하는 것으로, 남자로는 1938년의 버지, 1962년과 1969년의 레이버가 기록했고, 여자로는 1953년의 코널리, 1970년의 코트, 1988년 그라프가 기록했다.

❷ 사이클히트(Cycle Hit) ✔✔

야구용어로 올마이티히트라고도 한다. 야구경기에서 타자가 한 게임에서 1루타, 2루타, 3루타, 홈런을 모두 친 것을 말하며 순서는 무관하다.

☆☆☆ 드래그히트(drag hit) … 야구에서 배트를 밀어내 가볍게 공을 맞춤으로써 기습히트를 노리는 공격타법을 말한다.

❷ 드래그번트(Drag Bunt) ✔

야구경기에서 번트는 대부분 이미 나가 있는 주자의 진루를 돕기 위한 희생타인데 비해, 드래그번트는 타자도 살기 위해 왼쪽 타자는 1루 쪽으로, 오른쪽 타자는 3루 쪽으로 공을 끌어서 굴리는 번트이다.

❷ 매직넘버(Magic Number) ✔

프로야구의 종반에 승수를 다투고 있을 때 2위팀이 모두 이기더라도 1위팀의 우승이 거의 확정적일 경우 1위팀의 나머지 승수의 숫자를 말한다.

❷ 핫코너(Hot Corner) ✔

야구에서 3루를 말하는데, 강하고 불규칙한 타구가 많이 날아와 수비하기가 까다롭고 어렵기 때문에 생긴 이름이다.

❷ 사이영 상(Cy Young Award) ✔✔

미국 프로야구에서 22년 동안 활약한 투수 사이 영을 기념하여 그해의 최우수 투수에게 주는 상 투수들만의 MVP라고 할 수 있다. 1956년부터 1966년까지는 내셔널리그와 아메리칸리그에서 한 명의 선수만을 뽑아 수여했는데 1967년부터는 각각 한 명의 선수를 뽑는다.

❷ 럭키존(Lucky Zone) ✔

외야가 넓은 야구장 펜스를 줄였을 경우 원 펜스와 줄인 펜스 사이를 말한다. 만일 펜스를 줄이지 않았다면 2~3루타 정도의 안타로 처리될 것이 줄임으로써 홈런이 되었기 때문에 그 지역을 행운의 지대란 뜻으로 럭키존이라 부른다.

☆☆☆ 텍사스존(Texas Zone) … 야구에서 수비하기 까다로운 내야와 외야의 중간

◆ 골프타수의 명칭 ✦✦✦

명칭	내용
보기(bogey)	그 홀의 파보다 1타 많은 타수로 홀아웃 한 경우
더블 보기(double bogey)	파보다 2타 많은 타수로 홀아웃 한 경우
트리플 보기(triple bogey)	파보다 3타 많은 타수로 홀아웃 한 경우
파(par)	한 홀의 표준타수(우리나라의 정규 18홀은 모두 파 72)
버디(buddy)	파보다 1타 적은 타수로 홀아웃 한 경우
이글(eagle)	파보다 2타 적은 타수로 홀아웃 한 경우
더블 이글(double eagle)	파보다 3타 적은 타수로 홀아웃 한 경우
홀인원(hole-in-one)	1타로 홀컵에 볼을 넣은 경우

☆☆☆ 세계 3대 골프국가대항전 … 라이더컵, 프레지던츠컵, 월드골프챔피언십(WGC)

◆ 퍼펙트게임(Perfect Game) ✦

야구에서 상대편에게 안타를 주지 않을 뿐 아니라 포볼이나 데드볼도 허용하지 않아, 타자가 1루도 밟아
보지 못하게 하는 완전한 공격의 봉쇄를 말한다.

☆☆☆ 노히트 노런게임 … 야구에서 투수가 상대방 선수들에게 단 하나의 안타와 득점도 허용하지 않고 이기는 무
안타 무득점 경기를 말한다.

◆ 스테로이드 ✦

자연에서 얻을 수 있는 중요한 화합물로서 가장 풍부한 동물 스테로이드는 콜레스테롤이다. 콜레스테롤은
몸속에서 합성되기도 하지만 음식물을 먹은 후에 생성되기도 한다. 이 콜레스테롤이 분해되면 중요한 스
테로이드가 생성되는데, 특히 황소로부터 얻은 아나볼릭 스테로이드나 화학적으로 합성한 스테로이드 약
품은 육체적 기능을 증진시키거나 근육의 발달을 돕는 작용이 있기 때문에 운동선수들이 복용하는 사례
가 있다.

◆ 피클 볼(Pickle Ball)

배드민턴과 테니스, 탁구 요소가 결합된 패들 스포츠다. 1965년 미국 워싱턴 주 시애틀의 베인 브리지
아일랜드에서 발명된 스포츠로, 한국에서도 동호회가 생겨나면서 점차 활성화되고 있으며 나이와 성별에
구애 받지 않는 특성으로 새롭게 주목받고 있다. 최근 빌게이츠 마이크로소프트 회장이 어린 시절의 피클
볼을 하는 모습을 올리며 화제가 되었다. 우리에게는 다소 낯설지만 미국에서는 테니스보다 트렌디한 스
포츠로 인기를 끌고 있다. 진입 장벽이 낮고 실내 뿐 아니라 어디에서든 할 수 있다. 차지하는 공간도 다
른 라켓 스포츠인 테니스 보다 작다. 학교 체육과 동호회 중심으로 확산되면서 2018년에는 대한피클볼
협회가 생겼고, 2022년 안동에서 '2022 코리아오픈피클볼 안동대회'가 열린 바 있다. 대한피클볼협회는
3급 지도자 자격증도 만드는 등 지도자 키우기에도 나서고 있다.

출제예상문제

1 인질범이 인질에게 정신적으로 동화되어 공격적인 태도가 완화되는 심리는?

① 리마 증후군

② 리플리 증후군

③ 스톡홀름 증후군

④ 뮌하우젠 증후군

> ✔해설 ② 리플리 증후군 : 허구를 진실이라 믿고 거짓말과 거짓된 행동을 상습적으로 하는 인격장애이다.
> ③ 스톡홀름 증후군 : 인질이 인질범들에게 동화되어 그들에게 동조하는 비이성적 현상이다.
> ④ 뮌하우젠 증후군 : 아프다고 거짓말하거나 자해를 통해 타인의 관심, 동정심을 유발하려는 정신질환이다.

2 신체의 일부처럼 자유롭게 스마트폰을 사용하는 인류를 의미하는 용어로 스마트폰을 통해 다양한
활동을 의미하는 신인류를 의미하는 합성어는?

① 로보 사피엔스

② X세대

③ 알파세대

④ 포노 사피엔스

> ✔해설 ① 로보 사피엔스 : 인간이 로봇처럼 진화하게 될 것이라는 상징적인 의미이다.
> ② X세대 : 1960 ~ 1970년대 베이비붐 세대 이후 태어난 세대를 지칭한다.
> ③ 알파세대 : 2010 ~ 2024년에 태어난 세대를 어려서부터 디지털 환경과 기술적인 정보를 겪어가며
> 자라나는 세대이다.

Answer 1.① 2.④

3 우리 몸에 필요한 3대 영양소가 아닌 것은?

① 탄수화물
② 단백질
③ 지방
④ 비타민

> ✔ 해설 3대 영양소에는 탄수화물, 단백질, 지방이 포함되며 5대 영양소에는 3대 영양소에 비타민, 무기질이 해당된다.

4 정보 확산으로 인한 부작용으로 추측이나 뜬소문이 덧붙여진 부정확한 정보가 인터넷이나 휴대전화를 통해 전염병처럼 빠르게 전파됨으로써 개인의 사생활 침해는 물론 경제, 정치, 안보 등에 치명적인 영향을 미치는 것을 의미하는 용어는?

① 정보전염병
② 네카시즘
③ 인포데믹스
④ 디지털 중독

> ✔ 해설 인포데믹스 … 정보(information)와 전염병(epidemics)의 합성어로, 정보 확산으로 인한 부작용으로 추측이나 뜬소문이 덧붙여진 부정확한 정보가 인터넷이나 휴대전화를 통해 전염병처럼 빠르게 전파되는 현상을 말한다. 인포데믹스의 발전은 소셜 미디어(Social Media) 발전과도 연관 깊으며, 익명성을 악용한 루머 유포나 사이버 폭력, 명예훼손 등이 사회적 문제로 떠오르고 있다.

5 모바일 운전면허증의 특징으로 옳은 것은?

① 법적으로 효력을 가지지 않는다.
② 블록체인 기술을 기반으로 한다.
③ 발급을 받는 절차가 까다롭다.
④ 사용할 수 있는 기관이 제한적이다.

> ✔ 해설 ① 실물 운전면허증과 동일한 법적효력을 지닌다.
> ③ 민원실이나 운전면허시험장에서 신청하면 발급이 가능하다.
> ④ 실물 운전면허증과 같이 온·오프라인에서 통합적으로 사용이 가능하다.

Answer 3.④ 4.③ 5.②

6 한국계 수학자 최초로 허준이 교수가 수상 받은 상으로 4년마다 열리고 세계수학자대회에서 수여하는 상으로 수학의 노벨상이라 부르는 것은?

① 아벨상
② 필즈상
③ 울프상
④ 래스커상

✔해설 ① 아벨상 : 노르웨이 학술원에서 제정하였다. 수학자 아벨이 탄생 200주년이 된 것을 기념하여 만들어진 상이다.
③ 울프상 : 이스라엘 울프재단에서 수여하는 상으로 농업, 화학, 물리학 등 인류에 기여도가 높은 사람에게 수여한다.
④ 래스커상 : 앨버트 메리 래스커 재단이 의학분야에 공여도가 높은 사람에게 수여하는 상이다.

7 감염 질환 등을 막기 위해 감염자가 발생한 의료기관을 통째로 봉쇄하는 조치를 의미하는 용어로, 환자와 의료진 모두를 동일 집단으로 묶어 전원 격리해 감염병 확산 위험을 줄이는 방식은?

① 음압병상
② 팬데믹
③ 코호트 격리
④ 하이드록시클로로퀸

✔해설 코호트 격리 … 코호트(Cohort)는 고대 로마 군대의 기본 편제인 라틴어 '코호스'(Cohors)에서 파생된 말로, 코호스는 360 ~ 800명(통상 500명) 규모로 구성된 군대 조직을 뜻하는 말이다. 이후 사회학에서 같은 시기를 살아가면서 공통된 행동양식이나 특색을 공유하는 그룹을 뜻하는 말로 코호트가 사용되기 시작했고, 통계 용어로서는 '동일 집단'을 가리키는 용어로 사용된다. 코호트는 보건의학 분야에서는 특정 질병 발생에 관여할 것으로 의심되는 특정 인구 집단을 가리키는 말로 사용된다. 여기에 격리(Isolation)라는 단어가 합쳐지면서 코호트 격리는 바이러스나 세균성 감염 질환자가 나온 병원을 의료진들과 함께 폐쇄해 감염병의 확산 위험을 줄이는 조치를 가리키는 말로 사용되고 있다. 코호트 격리는 특정 질병 발병 환자와 의료진을 동일 집단(코호트)으로 묶어 전원 격리하는 매우 높은 단계의 방역 조치로, 여기서 코호트 병원이란 이런 코호트 격리를 하는 병원을 가리킨다.

8 비말감염을 통해 전염되는 질환으로 볼 수 없는 것은?

① 독감

② 백일해

③ 메르스

④ 에이즈

✔해설 비말감염 … 감염자가 기침·재채기를 할 때 침 등의 작은 물방울(비말)에 바이러스·세균이 섞여 나와 타인에게 감염시키는 것을 말한다. 비말 크기는 $5\mu m$($1\mu m$는 100만 분의 1m) 이상으로, 보통 기침을 한번 하면 약 3,000개의 비말이 전방 2m 내에 분사되는 것으로 알려졌다. 따라서 비말감염을 피하려면 감염자로부터 2m 이상 떨어져야 한다. 이 비말은 기침, 재채기, 대화 또는 기관지 내시경과 같은 특별한 처치 시 발생하며, 바이러스를 가진 비말이 다른 사람의 눈 결막이나 비강, 구강 점막에 튀면서 전염이 일어난다. 비말감염으로 전염되는 대표 질환으로는 코로나19, 독감, 백일해, 메르스(중동호흡기증후군) 등이 있다.

9 정식으로 외교 관계를 수립하지 않은 국가 간 외교 관계를 수립하기 위한 전 단계로 상호 간에 설치하는 사무소는?

① 간이사무소

② 예정사무소

③ 연락사무소

④ 정식사무소

✔해설 통상적으로 국제 사회에서 두 나라간의 외교 관계 수립은 절차상 처음부터 대사관을 설치하는 경우는 드물고 사전에 연락사무소나 상주대표부 설치 등으로 시작한다.

10 개인의 생활보다 일을 중시하고 일에 열정적으로 임하는 라이프 스타일은?

① 미닝아웃

② 에코그래머블

③ 태그니티

④ 허슬 컬쳐

✔해설 ① 미닝아웃 : SNS의 해시태그(#) 기능을 사용하여 관심사를 공유하거나 소비 행위 등으로 개인의 신념이나 가치관을 표출하는 소비자 운동의 일종이다.

② 에코그래머블 : 인스타그램(instagram)에 올릴만한 외관을 갖춘 친환경 제품이나 서비스다.

③ 태그니티 : 해시태그(#)와 커뮤니티의 합성어로, SNS에서 해시태그 기능을 사용하여 관심사와 취향을 공유하는 공동체를 말한다.

Answer 8.④ 9.③ 10.④

11 외교사절 임명 절차 중 가장 첫 번째 절차로 옳은 것은?

① 신임장·소환장 작성
② 아그레망 부여
③ 신임장 수여
④ 외교사절 부임

> ✔해설 가장 먼저 신임장·소환장을 작성하여 신임대사 발령 통보 협조문 접수 및 결재 후 파견국으로 송부한다. 그 후 대통령으로부터 신임장을 수여받고 외교부장관이 배석한 곳에서 환담을 가진다. 다음으로 파견국에서는 아그레망 절차를 가지고, 아그레망이 부여되면 외교사절로 부임할 수 있다.

12 미국과 러시아 양국 간의 핵통제 조약 관련 논의로, 2011년 2월에 발효되었다가 2021년 2월에 만료될 예정이었으나 연장 합의를 통해 2026년 2월까지 효력이 지속되는 이 협정은?

① 특정 재래식무기 금지협약(CCW)
② 뉴스타트(new START)
③ 핵확산금지조약(NPT)
④ 생물무기금지협약(BWC)

> ✔해설 ① 특정 재래식무기 금지협약(CCW) : 과도한 상해 또는 무차별적 효과를 초래할 수 있는 특정 재래식무기의 사용금지 및 제한에 관한 협약으로, '비인도적 재래식무기 금지협약'이라고도 한다. 1983년에 발효되었다.
> ③ 핵확산금지조약(NPT) : 비핵보유국이 새로 핵무기를 보유하는 것과 보유국이 비보유국에 대하여 핵무기를 양여하는 것을 동시에 금지하는 조약으로 1970년에 발효되었다.
> ④ 생물무기금지협약 : 생물 및 독소무기의 개발과 생산, 비축 금지 및 보유 생물무기 폐기를 골자로 1975년에 발효된 다자간 군축·비확산 조약이다.

Answer 11.① 12.②

13 호스피스 · 완화의료에 대항하는 질환이 아닌 것은?

① 암
② 만성 위염
③ 만성 간경화
④ 후천성 면역 결핍증

> ✔해설 호스피스 · 완화의료 … 암, 후천성 면역 결핍증, 만성 폐쇄성 호흡기 질환, 만성 간경화에 해당하는 질환 말기 환자로 진단받은 환자 또는 임종 과정에 있는 환자(호스피스 대상 환자)와 그 가족에게 통증과 증상의 완화 등을 포함한 신체적, 심리사회적, 영적 영역에 대한 종합적인 평가와 치료를 목적으로 하는 의료를 말한다.

14 우리나라와 최초로 수교를 맺은 사회주의 국가는?

① 중국   ② 헝가리
③ 쿠바   ④ 베트남

> ✔해설 1948년 남 · 북한 동시에 사회주의 국가인 헝가리와 최초로 수교를 맺었으며, 이후 1989년 우리나라와 단독 수교를 맺었다.

15 레임덕(lame duck) 현상이란 무엇인가?

① 군소정당의 난립으로 인한 정치적 혼란현상
② 임기 후반에 나타나는 정치력 약화현상
③ 국가부도의 위기에 처한 후진국의 경제혼란현상
④ 선진국과 개발도상국 사이에 나타나는 정치적 갈등현상

> ✔해설 레임덕(lame duck) … 현직 대통령이 선거에 패배할 경우 새 대통령이 취임할 때까지 국정정체상태가 빚어지는 현상을 기우뚱 걷는 오리에 비유해서 일컫는 말이다.

16 섀도캐비닛(shadow cabinet)이란 무엇인가?

① 각외대신

② 후보내각

③ 각내대신

④ 야당내각

✔해설 섀도캐비닛(shadow cabinet) … '그늘의 내각' 또는 '그림자 내각'으로 번역하기도 하며, 영국 야당의 최고지도부인 의원간부회의를 말한다. 야당이 정권을 잡았을 때에 대비한 내각이다.

17 대통령제와 의원내각제의 요소를 결합한 절충식 정부형태를 무엇이라 하는가?

① 연방정부제

② 연립내각제

③ 이원집정부제

④ 혼합정부제

✔해설 이원집정부제 … 평상시에는 의원내각제 정부형태를 취하나, 비상시가 되면 대통령에게 강력한 대권을 부여하여 신속하고 강력하게 국정을 처리하는 제도로, 독일 바이마르공화국과 프랑스 제5공화국이 실제로 채택하였다.

18 엽관주의와 관련 있는 것은?

① 권력행정의 강화

② 실적제의 확립

③ 정당정치의 발전

④ 정치·행정의 분리

✔해설 19세기 미국에서 발달한 엽관주의는 정당에 대한 기여도, 충성도를 기준으로 공직을 임면하는 제도로서 정당정치의 발전과 연계된다.

Answer 16.④ 17.③ 18.③

19 Pax Sinica란 무엇인가?

① 중국이 주도하는 세계평화

② 미 · 소 간의 새로운 세계평화질서 확립

③ 미국의 지배에 의한 세계평화

④ 세계 곡물수출을 통한 미국의 경제부흥

✔해설 팍스 시니카(Pax Sinica)

㉠ 중국의 지배에 의한 세계질서의 유지를 이르는 표현으로 팍스 로마마, 팍스 브리태니카, 팍스 아메리카나에 이어 등장하였다. 중국은 홍콩 · 마카오의 반환을 계기로 고속성장을 이루고 있으며, 동남아시아뿐만 아니라 전 세계 화교들의 경제력을 바탕으로 중국이 세계를 중화사상을 중심으로 개편하려고 할 것으로 보고 그 시기를 이르는 표현이다.

㉡ 과거 청대의 강희제부터 건륭제가 지배하던 130년간의(1662 ~ 1795) 중국은 티베트, 내 · 외몽고까지 영토를 확장시켰다. 이렇게 넓은 영토, 평화와 번영이 지속된 시기를 팍스 시니카라고 칭하기도 한다.

20 육군 부대가 한 지역에 계속 주둔하며 그 지역 경비와 군대의 질서 및 군기 감시, 시설물 보호를 목적으로 제정한 대통령령은?

① 분수령

② 위수령

③ 계엄령

④ 경비계엄령

✔해설 위수령 … 육군 부대가 한 지역에 계속 주둔하면서 그 지역의 경비, 군대의 질서 및 군기(軍紀) 감시와 시설물을 보호하기 위하여 제정된 대통령령을 의미하는 것으로 제정된 위수령에 따르면 위수사령관은 치안유지에 관한 조치에 관하여 그 지구를 관할하는 시장 · 군수 · 경찰서장과 협의하여야 하며, 병력 출동은 육군참모총장의 사전승인을 얻어야 하나 사태가 위급한 경우 사후승인도 가능하도록 하였다. 병기는 자위상(自衛上)의 필요, 진압 · 방위 등의 필요가 있을 때에 사용하며, 사용하였을 때는 즉시 육군참모총장에게 보고하도록 하였다.

Answer 19.① 20.②

21 비공개로 모집한 소수의 투자자에게 받은 자금을 주식이나 채권 등에 운용하는 펀드는?

① 공매도   ② 사모펀드

③ 공모펀드   ④ 숏커버링

> **✔ 해설** ① 공매도 : 주식이나 채권이 없는 상태에서 매도주문을 내는 것이다. 가지고 있지 않은 주식이나 채권을 판 후 결제일이 돌아오는 3일 안에 해당 주식이나 채권을 구해 매입자에게 돌려주면 되기 때문에, 약세장이 예상되는 경우 시세차익을 노리는 투자자가 활용하는 방식이다.
> ② 공모펀드 : 50인 이상의 불특정 다수의 투자자를 대상으로 공개적으로 자금을 모아 운용하는 펀드를 말한다. 주로 개인투자자들을 대상으로 자금을 모집한다.
> ③ 숏커버링 : 주식시장에서 빌려서 판 주식을 되갚기 위해 다시 사는 환매수이다. 즉, 공매도 주식을 다시 매수하는 것이다.

22 일정 기간 내에 소비자가 행한 계약을 취소해도 계약금을 다시 받을 수 있도록 한 제도를 무엇이라고 하는가?

① 쿨링오프제도   ② 언론자유제도

③ 복수정당제도   ④ 국가배상제도

> **✔ 해설** 쿨링오프제도 … 소비자가 계약 전 해당 상품에 콩깍지가 씌어 제대로 된 판단을 하지 못해 일정 시간이 흐르고 '냉정함'을 갖고 판단했을 때, 후회가 된다면 취소를 할 수 있게 하는 제도인 것이다.

23 다음 내용이 설명하고 있는 것은?

> 이는 인적재난 및 자연재난으로 구분되며 대형사고 및 국가기반체계의 마비 및 전염병 확산 등으로 인해 많은 피해를 입었을 경우에 이에 대한 수습 및 복구 등을 위해 특별조치 및 국가적 지원이 필요할 시에 인정되는 지역이다.

① 보통재난지역   ② 일부재난지역

③ 특별재난지역   ④ 보통침수지역

> **✔ 해설** 특별재난지역은 재난으로 인해 특별조치가 필요하다고 인정될 시에 심의를 거쳐 특별재난지역으로 선포할 것을 대통령에게 건의할 수 있다.

24 대한민국 검찰의 기소독점주의의 폐해를 견제하기 위해 미국의 대배심과 일본 검찰심사회를 참고하여 신설한 위원회는?

① 검찰시민위원회
② 검찰공정위원회
③ 검찰신용위원회
④ 검찰권익위원회

> **✅해설** 대한민국 검찰의 기소독점주의의 폐해를 견제하기 위해 미국의 대배심과 일본 검찰심사회를 참고하여 신설한 위원회로 구속력은 없고 권고적 효력만 있다. 2010년 검사 성접대 사건 이후 검찰 위상과 신뢰를 회복하기 위해 2010년 검찰시민위원회 도입을 논의한 후 확정했다. 검찰시민위원회는 결정에 구속력이 인정되는 기소배심제도가 도입되기 전까지만 운영되며 검사가 시민위원회 개최를 위원장에게 통보하면 9명의 시민위원이 서울중앙지검 6층 회의실에서 토론을 거쳐 기소하는 것이 적절한지에 대해 판단한다.

25 동일 업종의 기업이 경쟁의 제한 또는 완화를 목적으로 가격이나 생산량, 판로 등에 협정을 맺어 형성하는 독점 형태는?

① 카르텔
② 콘체른
③ 콤비나트
④ 트러스트

> **✅해설** ② 콘체른 : 하나의 지배적 기업과 두 개 이상의 피지배 기업으로 이루어진 기업 집단이다. 카르텔이나 트러스트와 달리 동종업계가 아닌 전반적으로 다른 산업들을 한데 모은 것이다.
> ③ 콤비나트 : 생산 과정에서 기술적 연관이 있는 여러 생산 부문을 집약적으로 한 지역에 형성한 기업 집단이다.
> ④ 트러스트 : 기업결합체라고 한다. 카르텔은 개개의 기업의 독립성을 보장하는 기업 연합이지만 트러스트는 동일 산업 내의 기업 합동이다.

Answer 24.① 25.①

26 인근 지역 거주 노인 인력을 활용한 택배 서비스를 무엇이라고 하는가?

① 중년택배

② 실버택배

③ 베이비택배

④ 저비용택배

✔ 해설 실버택배 … 노인계층을 뜻하는 실버(Silver)와 택배의 합성어로, 택배사가 아파트 단지 입구까지 수화물을 배송하면, 단지 내에서는 실버택배 요원이 각 세대에 방문 배송하는 식으로 이루어지며 이러한 실버택배 는 노년층 일자리 확충이라는 공익적 목적으로 도입되었다.

27 ( ) 안에 들어갈 용어로 옳은 것은?

( )은(는) 특정한 장소나 상황을 컴퓨터 그래픽으로 구현하여 간접적으로 경험할 수 있도록 하는 기술을 말한다. 최근에는 교육, 모의 면접, 지역 축제, 나아가 수술 시 ( )을(를) 적용하는 것만으로 진정제 투여량을 크게 줄일 수 있다는 연구 결과가 나왔다. 연구진은 환자에게 헤드셋과 노이즈 캔슬링 헤드폰을 착용하고 초원과 숲 등 휴식을 느낄 수 있는 환경이 설계된 360도 ( )기술을 적용했는데, 적용한 군은 평균 125mg/hr의 진정제가 사용되었고, 단순 진정군은 평균 750mg/hr의 프로포폴이 사용되었다.

① AI

② VR

③ UHD

④ RFID

✔ 해설 ① AI : 인간의 학습 능력과 추론 능력, 지각 능력, 이해 능력 등을 컴퓨터 프로그램으로 실현한 것으로 인공지능이라고 한다.
③ UHD : 고화질 해상도의 비디오와 다채널 및 실감형 오디오로, 시청자에게 현장감과 사실감을 제공한다.
④ RFID : 무선 주파수(RF)를 이용해 물건이나 사람을 식별할 수 있는 기술이다.

Answer 26.② 27.②

28 스칸디나비아 반도에 사는 설치류의 일종으로 개체수가 급증하면 다른 땅을 찾아 움직이는데, 이동 시에 직선으로 우두머리만 보고 따라가다 집단적으로 호수나 바다에 빠져 죽기도 하는 이것에서 유래된 것으로 맹목적인 집단행동을 비난할 때 사용하는 용어는?

① 스톡홀름 신드롬
② 테네시티 신드롬
③ 레밍 신드롬
④ 오셀로 신드롬

✔해설 레밍 신드롬 … 자신의 생각 없이 남들이 하는 행태를 무작정 따라하는 집단행동 현상을 의미하는 것으로 레밍 신드롬은 맹목적인 집단행동을 비난할 때 종종 인용되며, 다른 말로 레밍효과(The Lemming effect)라고도 한다.

29 저출산 및 고령화에 기인한 것으로 한 가구의 자녀가 1명 또는 2명으로 줄어들고 경제력 있는 조부모가 늘어나면서 귀한 손자, 손녀를 위해 지출을 아끼지 않게 된 것에서 비롯된 용어는?

① 패런트 포켓
② 차일드 포켓
③ 에이트 포켓
④ 하우스 포켓

✔해설 에이트 포켓 … 출산율이 낮아지면서 한 명의 아이를 위해 부모, 양가 조부모, 삼촌, 이모 등 8명이 지갑을 연다(아이를 위한 지출을 한다)는 것을 의미한다.

30 전화기(Phone)와 냉대, 무시라는 뜻의 스너빙(Snubbing)의 합성어로 상대방을 앞에 두고도 스마트폰에만 집중하는 무례한 행위를 뜻하는 것은?

① 데빙　　　　　　　　　　　　　② 샤빙
③ 퍼빙　　　　　　　　　　　　　④ 무빙

✔해설 퍼빙 … 스마트폰을 사용하느라 같이 있는 사람을 소홀히 대하거나 무시하는 현상을 나타내는 용어로 예를 들이 스마트폰을 계속 보면서 대화를 이어가거나 메시지가 올 때마다 회신을 하는 등의 행위가 퍼빙에 해당한다.

31 결혼 후 독립했다가 다시 부모님 세대와 재결합해서 사는 자녀 세대들을 가리키는 용어는?

① 니트족　　　　　　　　　　　　② 몰링족
③ 리터루족　　　　　　　　　　　④ 캥거루족

✔해설 리터루족 … '돌아가다(return)'와 '캥거루(kangaroo)족'의 합성어이다. 일부는 높은 전셋값 등의 주택 문제와 육아 문제 등이 리터루족 탄생의 주요 원인이라고 분석하기도 한다. 미국과 같이 성년이 되면 부모를 떠나 독립하는 것이 당연시되는 문화에서도 경기침체로 인해 최근 이러한 현상이 늘어나고 있다.

32 싱글족 가운데 두 곳 이상에 거처를 두거나 잦은 여행과 출장 등으로 오랫동안 집을 비우는 사람들을 일컫는 용어는?

① 0.5인 가구　　　　　　　　　　② 10% 가구
③ 1인 가구　　　　　　　　　　　④ 2인 가구

✔해설 0.5인 가구 … 1인 가구보다 집에 머무는 시간이 훨씬 더 짧으며 평소에는 직장 근처에 방을 얻어 혼자 살지만 주말에는 가족들의 거처로 찾아가 함께 시간을 보내는 경우도 여기에 속한다.

33 다음 빈칸에 들어갈 내용으로 적절한 것은?

SNS 등을 통해 이슈가 되었던 아이스 버킷 챌린지는 (   )에 대한 관심을 환기하고 치료에 필요한 비용에 대한 기부를 활성화 하려는 사회적 캠페인이라고 할 수 있다.

① 루게릭병
② 알츠하이머병
③ 파킨슨병
④ 모겔론스병

✔해설 아이스 버킷 챌린지 … 근위축성 측색 경화증(루게릭병)에 대한 관심을 환기하고 기부를 활성화하기 위해 한 사람이 머리에 얼음물을 뒤집어쓰거나 기부금을 내는 방식으로 이루어진 사회 운동으로 릴레이 형식으로 진행된다.

34 대출을 받아 무리하게 장만한 집 때문에 빚에 허덕이는 사람들을 이르는 말은?

① 렌트 푸어
② 하우스 푸어
③ 워킹 푸어
④ 실버 푸어

✔해설 하우스 푸어(House Poor) … 서울과 수도권을 중심으로 무리하게 대출을 받아 집을 장만했기 때문에 내 집은 있으나 대출이자와 원금에 허덕이며 힘겹게 살고 있는 사람들을 말한다. 심지어 집값이 떨어지면서 매매가보다 낮은 가격으로 내놓아도 거래가 되지 않는 상황에 이르는 경우도 있다.

35 다음의 상황과 관련된 용어는?

甲은 자신의 전공분야인 IT 관련 업무능력이 매우 뛰어나다. 하지만 자신이 담당한 업무 외에는 문외한이라 기본적인 문제해결에서도 어려움을 겪는다.

① 스티그마 효과 ② 피그말리온 효과
③ 낭떠러지 효과 ④ 나비효과

✔해설 제시된 상황은 자신이 정통한 분야에 대해서는 임무 수행능력이 탁월하지만 조금이라도 그 분야를 벗어나면 낭떠러지에서 떨어지듯 일시에 모든 문제해결능력이 붕괴되는 낭떠러지 효과와 관련 있다.

36 출생률과 사망률이 모두 낮고 인구가 정체하는 선진국형 인구구조는?

① 표주박형 ② 별형
③ 피라미드형 ④ 종형

✔해설 인구구조

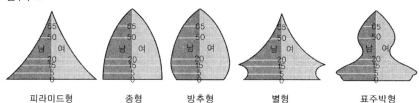

피라미드형　　종형　　방추형　　별형　　표주박형

㉠ 피라미드형(정체형, 증가형) : 피유소년층이 큰 비중을 차지하는 구조로 다산다사의 미개발 국가나 다산소사의 개발도상국에서 나타난다.

㉡ 종형(정체형) : 출생률이 낮아 유소년층의 인구 비중이 낮고 평균 수명이 연장되어 노년층의 비중은 높은 소산소사의 선진국에서 나타난다.

㉢ 방추형(감소형) : 낮은 출생률과 사망률로 출산 기피에 따른 인구 감소가 나타난다. 에스키모나 아메리카 인디언과 같은 특수한 경우나 프랑스와 일본 등 초저출산 국가에서도 방추형의 인구구조가 나타난다.

㉣ 별형(도시형) : 인구 전입으로 청장년층의 비율이 높은 도시나 신개발 지역에서 나타나는 유형으로, 노년 인구나 유소년 인구에 비해서 생산 연령 인구가 많다.

㉤ 표주박형(농촌형) : 청장년층의 전출로 노년층 비율이 높은 농촌에서 나타나는데, 생산 연령 인구에 비해서 노년 인구나 유소년 인구가 많다.

37 맞벌이를 하면서 자녀를 두지 않고 돈과 출세를 인생의 목표로 삼는 부부는?

① YUPPY족
② TONK족
③ DINS족
④ DINK족

> **해설** 딩크(DINK)족 … 'Double Income, No Kids'의 약어로, 정상적인 부부생활을 영위하면서 의도적으로 자녀를 두지 않고 맞벌이하는 세대를 말한다.

38 결혼 후부터 남편 뒷바라지, 자녀양육으로 바쁜 일정을 보냈던 가정주부가 문득 남편도 자식도 모두 자신의 품 안에서 떠나버렸음을 깨닫고, 자신의 정체성(identity)에 대해 회의를 느끼는 심리적 현상을 무엇이라고 하는가?

① 피터팬증후군
② 공소증후군
③ 신데렐라증후군
④ 님비현상

> **해설** 공소증후군(empty nest syndrome) … 여성들의 사회참여가 활발하지 못한 사회에서 심각한 문제로 제기된다. 빈둥지증후군이라고도 한다.

39 '공익을 위하여'라는 라틴어 줄임말로 미국에서 소외 계층을 위해 무료 변론을 하는 변호사를 일컫는 말로 쓰이면서 대중화된 개념은?

① 애드호크(ad hoc)
② 페르소나 논 그라타(persona non grata)
③ 프로보노(probono)
④ 마니페스투스(Manifestus)

> **해설** 프로보노(Probono) … 라틴어 'Pro Bono Publico'의 줄임말로서 '정의를 위하여'라는 뜻이다. 지식이나 서비스 등을 대가없이 사회 공익을 위하여 제공하는 활동을 말한다.

Answer 37.④ 38.② 39.③

40 임금 노동자들이 인간다운 삶과 실질적 생활을 유지할 수 있도록 최저임금 이상의 임금을 보장하는 제도를 무엇이라고 하는가?

① 성과급제
② 최고임금제
③ 문화임금제
④ 생활임금제

> ✔해설 생활임금제 … 근로자들의 주거비, 교육비, 문화비 등을 종합적으로 고려해 최소한의 인간다운 삶을 유지할 수 있을 정도의 임금수준으로 노동자들의 생계를 실제로 보장하려는 정책적 대안을 의미한다.

41 실업의 유형 중 현재 직장에 만족하지 못하고 이직을 고려하거나 준비하고 있는 사람과 관련이 있는 것은?

① 마찰적 실업
② 경기적 실업
③ 구조적 실업
④ 비자발적 실업

> ✔해설 실업의 유형
> ㉠ 자발적 실업 : 일할 능력을 갖고 있으나 현재의 임금수준에서 일할 의사가 없어서 실업 상태에 있는 것
> • 마찰적 실업 : 일시적으로 직장을 옮기는 과정에서 실업상태에 있는 것
> • 탐색적 실업 : 보다 나은 직장을 찾기 위해 실업상태에 있는 것
> ㉡ 비자발적 실업 : 일할 의사와 능력은 갖고 있으나 현재의 임금수준에서 일자리를 구하지 못하여 실업 상태에 있는 것
> • 경기적 실업 : 경기침체로 인해 발생하는 대량의 실업
> • 구조적 실업 : 일부 산업의 급속한 사양화와 노동공급과잉으로 발생하는 실업

42 「근로기준법」이 정한 근로자 최저연령은?

① 13세　　　　　　　　　　② 15세
③ 16세　　　　　　　　　　④ 17세

> ✔해설　15세 미만인 자는 근로자로 사용하지 못한다. 다만, 대통령령으로 정하는 기준에 따라 고용노동부장관이 발급한 취직인허증을 지닌 자는 근로자로 사용할 수 있다〈「근로기준법」 제64조(최저 연령과 취직인허증) 제1항〉.

43 다음 중 UN의 국제노동기구는?

① ILO　　　　　　　　　　② WFTU
③ CIO　　　　　　　　　　④ ICFTU

> ✔해설　국제노동기구(ILO … International Labour Organization) … 1919년 베르사유조약에 의해 국제연맹의 한 기관으로 제네바에서 창설되었으며, 1946년 12월에 유엔 최초의 전문기관으로 발족하였다.
> ② 세계노동조합연맹
> ③ 최고경영자 · 정보담당임원
> ④ 국제자유노동연합

44 좋아질 것이라는 믿음과 기대로 투약하거나 수술을 받지 않아도 증상이 호전되는 현상은?

① 나비 효과
② 플라시보 효과
③ 스티그마 효과
④ 피그말리온 효과

> ✔해설　① 나비 효과 : 나비의 작은 날개짓이 날씨 변화를 일으키듯, 미세한 변화 또는 작은 사건이 추후 엄청난 파장을 불러일으키는 것을 말한다.
> ③ 스티그마 효과 : 사회제도 또는 규범을 근거로 특정인이 부정적인 낙인이 찍힘으로써 실제로 그렇게 되는 현상을 말한다.
> ④ 피그말리온 효과 : 타인의 긍정적인 기대와 관심이 좋은 영향을 미치는 효과를 말한다.

45 인터넷 지하세계로 암호화된 인터넷망을 뜻하는 용어는?

① 다크 웹

② 서피스 웹

③ 딥 웹

④ 블루 웹

✔해설 다크 웹(Dark web) … 인터넷을 사용하지만, 접속을 위해서는 특정 프로그램을 사용해야 하는 웹을 가리키며 일반적인 방법으로 접속자나 서버를 확인할 수 없기 때문에 사이버상에서 범죄에 활용된다.

46 '문화가 있는 날'에 대한 설명으로 옳지 않은 것은?

① 「문화기본법」에 근거하여 문화권을 보장하기 위해 지정했다.

② 매달 마지막 수요일에 혜택을 제공하고 있다.

③ 해당 날에는 4대궁, 종묘, 조선왕릉 등을 무료로 개방한다.

④ 스포츠 분야는 '문화가 있는 날'에 해당되지 않는다.

✔해설 스포츠를 포함하여 영화관, 공연장, 박물관, 미술관, 문화재 등 전국 2,000여 개 이상의 문화시설을 할인, 또는 무료 관람 등 다양한 문화 혜택을 제공하고 있다.
※ 문화가 있는 날 … 「문화기본법」 제12조 2항에 근거하여 문화표현과 활동에서 차별받지 않으며 자유롭게 문화를 창조하고 문화 활동에 참여할 수 있는 권리인 "문화권"을 보장하기 위해 지정한 날이다. 매달 마지막 수요일과 그 주간에 다양한 문화 혜택을 제공하고 있으며 지역문화 다양성과 지속 가능한 선순환 문화생태계 구축을 위한 맞춤형 사업(특화)도 추진하고 있다.

47 공격 대상이 방문할 가능성이 있는 합법적 웹사이트를 미리 감염시킨 뒤 잠복하면서 피해자의 컴퓨터에 악성코드를 추가로 설치하는 공격을 말하는 것은 무엇인가?

① 스파이 앱
② 제로데이공격
③ 매크로바이러스
④ 워터링홀

✔ **해설** 워터링홀(Watering Hole) ··· 사자가 먹이를 습격하기 위하여 물웅덩이 (Watering hole) 근처에 매복하고 있다가 먹이가 물웅덩이에 빠지면 공격하는 것에서 유래한 용어로 특정 계층이나 관련된 인사들만이 접근하는 사이트들에 악성코드 감염을 유도하는 것이다. 우리나라 군사문제연구원의 경우 2014년 4월, 5월, 11월부터 현재까지 악성링크가 삽입된 채로 방치된 상황이 관찰되고 있다.
① 스파이 앱: 사용자들의 통화 내용, 문자메시지, 음성 녹음을 통한 도·감청 기능까지 갖춘 앱을 일컫는 말로, 스파이 애플리케이션의 준말
② 제로데이공격: 운영체제(OS)나 네트워크 장비 등 핵심 시스템의 보안 취약점이 발견된 뒤 이를 막을 수 있는 패치가 발표되기도 전에 그 취약점을 이용한 악성코드나 해킹공격을 감행하는 수법
③ 매크로바이러스: 마이크로소프트사(社)의 엑셀(EXCEL)과 워드(WORD) 프로그램의 파일에 감염되는 바이러스

48 '이것'은 조종사 없이 무선전파의 유도에 의해서 비행 및 조종이 가능한 비행기나 헬리콥터 모양의 군사용 무인항공기의 총칭이다. 카메라, 센서, 통신시스템 등이 탑재돼 있으며 25g부터 1200kg까지 무게와 크기도 다양하다. 군사용도로 처음 생겨났지만 최근엔 고공 촬영과 배달 등으로 확대됐다. 또한 농작물에 농약을 살포하거나, 공기질을 측정하는 등 다방면에 활용되고 있는 '이것'은?

① 비조
② 드론
③ THAAD
④ 틸트로터 항공기

✔ **해설** 문제는 드론에 대한 설명이다. 드론은 조종사 없이 비행 및 조종이 가능한 군사용 무인항공기를 총칭하는 것으로 용도는 산업부터 군사용까지 다양하다.
① 비조: 우리나라의 무인기로 2000년에 성공적으로 개발된 군사용 무인기다.
③ THAAD: 군사기지를 적의 미사일 공격으로부터 보호할 목적으로 제작된 공중방어시스템이다.
④ 틸트로터 항공기: 헬리콥터처럼 떠서 비행기처럼 날아가는 축소형 스마트 무인 항공기다.

Answer 47.④ 48.②

49 인터넷이 실생활에서 중요해짐에 따라 인터넷문화진흥, 인터넷정책기획, 인터넷침해대응 등의 사업을 추진하고 있는 한국인터넷진흥원의 전화번호는?

① 114
② 117
③ 118
④ 120

✔해설 ① 114 – 전화번호 안내
② 117 – 아동·여성·장애인 경찰지원센터
④ 120 – 다산콜센터

50 사용자가 컴퓨터와 정보 교환 시 키보드를 통한 명령어 작업이 아닌 그래픽을 통해 마우스 등을 이용하여 작업할 수 있는 환경을 무엇이라고 하는가?

① GUI
② bluetooth
③ UCC
④ P2P

✔해설 ② bluetooth : 각각의 휴대폰끼리 또는 휴대폰과 PC끼리 사진 등의 파일을 전송하는 무선 전송기술을 말한다.
③ UCC : 사용자가 직접 제작한 콘텐츠를 온라인상에 제공하는 것을 말한다.
④ P2P : 인터넷상에서 개인과 개인이 직접 연결되어 파일을 공유하는 것을 말한다.

51 물의 특성에 대한 설명으로 옳지 않은 것은?

① 영양소의 용매로서 체내 화학반응의 촉매 역할과 삼투압을 조절하여 체액을 정상으로 유지시킨다.
② 체온의 항상성을 유지한다.
③ 신체의 노폐물을 대, 소변, 땀, 호흡 등을 통해 배설시킨다.
④ 우리 몸의 약 14 ~ 18%를 차지한다.

✔해설 단백질에 대한 설명이다. 성인 남성과 여성의 경우 수분 함량이 전체의 55 ~ 65%이다.

Answer 49.③ 50.① 51.④

52 방사성원소가 아닌 것은?

① 우라늄   ② 라듐

③ 헬륨   ④ 토륨

> **해설** 방사성원소 … 방사능을 가지고 있어 방사선을 방출·붕괴하여 새로운 안정된 원소로 되는 원소로, 우라늄·라듐·악티늄·토륨 등이 있다.

53 비행기, 로켓 등 고속으로 빠르게 움직이는 물체의 속도를 음속으로 나타낸 단위를 나타내는 것은?

① 나노   ② 마하

③ 노트   ④ 제3의 힘

> **해설** 마하 1이란 소리가 1시간에 도달할 수 있는 거리를 의미하며, 15℃일 때 소리의 속도가 초속 340m이므로 시속 1,224㎞를 말한다.

54 간에 작용하여 포도당을 글리코겐으로 변하게 하고 체내의 포도당 소비를 촉진시킴으로써 혈당량을 낮춰 주는 호르몬은?

① 인터페론

② 인슐린

③ 구아닌

④ 아데닌

> **해설** 인슐린(insulin) … 췌장에서 분비되는 호르몬으로, 포도당을 글리코겐으로 바꾸어 간에 저장한다. 부족하게 되면 혈액 중의 당 농도가 지나치게 높아져 소변으로 나오는데, 이것이 당뇨병이다.

Answer   52.③   53.②   54.②

55 예측 불가능한 현상, 즉 언뜻 보아 무질서하게 보이는 복잡한 현상의 배후에 있는 정연한 질서를 밝혀내는 이론은?

① 퍼지 이론(fuzzy set theory)

② 카오스 이론(chaos theory)

③ 빅뱅 이론(big bang theory)

④ 엔트로피 이론(entropy theory)

✔해설 퍼지(fuzzy)가 주관적인 결정을 하는 데 비해 카오스(chaos)는 객관적인 이론체계를 만든다.

56 역전층에 대한 설명으로 가장 옳은 것은?

① 상공의 기온이 지상의 기온보다 높은 곳

② 공기의 대류가 매우 심한 공기층

③ 극동 상공에 불고 있는 제트기류와의 경계층

④ 고온지대와 저온지대의 경계선

✔해설 역전층 … 대기의 온도는 지표 부근이 가장 높고 100m 상승할 때마다 0.6℃씩 낮아지는 것이 보통이나, 역전층은 이와 반대의 현상이 일어나고 있는 대기층을 말한다. 따라서 대기의 교류가 일어나기 어려우므로 하층 부근에 안개나 대기오염이 발생하기 쉽다.

57 시민들의 자발적인 모금이나 기부, 증여를 통해 보존가치가 있는 자연자원 및 문화자산을 보전 관리하는 시민환경운동을 뜻하는 용어는?

① 넵튠계획

② 시빅트러스트

③ 브레인트러스트

④ 내셔널트러스트

✔해설 내셔널트러스트(National Trust) … 시민들의 자발적인 모금이나 기부·증여를 통해 보존가치가 있는 자연자원과 문화자산을 확보하여 시민 주도로 영구히 보전·관리하는 시민환경운동으로, 우리나라에서는 1990년대부터 각 지역의 특정 자연환경과 문화유산 보전을 위한 시민 성금모금, 그린벨트 보존 운동을 거쳐 2000년 한국내셔널트러스트가 출범했다.

Answer 55.② 56.① 57.④

58 지구 온난화가 환경에 영향을 준 사례로 옳지 않은 것은?

① 북반구에서는 작물 재배의 북한계선이 북상하고 있다.
② 대관령 일대의 고랭지 채소 재배 면적이 감소하고 있다.
③ 해수면 상승으로 해안 저지대의 침수 피해가 나타나고 있다.
④ 우리나라 근해에서는 한류성 어족의 어획량이 증가하고 있다.

✔**해설** 지구 온난화의 영향으로 우리나라 근해에서는 명태, 대구와 같은 한류성 어족의 어획량이 감소하고 있다.

59 스콜(squall)에 대한 설명으로 옳은 것은?

① 열대지방에서 내리는 소나기
② 남극지방에서 일어나는 눈보라
③ 소림과 관목으로 이루어진 습윤한 열대초원
④ 해수면의 온도가 낮아지는 현상

✔**해설** 스콜(squall) … 열대지방에서 거의 매일 오후에 나타나는 소나기로, 갑자기 불기 시작하여 갑자기 멈추는 강한 바람이나 강하게 내리쬐는 햇볕으로 공기의 일부가 상승하게 되는데, 그 상승기류에 의해 비가 내린다.

60 동태평양의 해수온도가 갑자기 낮아져 기상 이변을 일으키는 현상은?

① 엘니뇨 현상   ② 부영양화
③ 열오염   ④ 라니냐 현상

✔**해설** 라니냐 현상 … 엘니뇨의 반대 현상이며 동태평양의 해수면 온도가 5개월 이상 0.5도 낮아지는 경우로 이런 현상이 발생하면 원래 찬 동태평양의 바닷물은 더욱 차갑게 되어 서쪽으로 이동하게 된다. 이로 인해 동남아 지역은 극심한 장마가 오고 남아메리카에서는 가뭄이 발생하며 북아메리카에서는 강추위가 나타날 수 있다.
① 엘리뇨 현상: 남미 에콰도르와 페루 북부 연안의 태평양 해면온도가 비정상적으로 상승하는 현상
② 부영양화: 강·바다·호수 등의 영양물질이 많아져 조류가 급속히 증가하는 현상
③ 열오염: 온폐수의 영향으로 수온이 올라가고 수질이 악화되어 수중의 생물에 미치는 피해

61 폭우가 쏟아지면 모래, 자갈이 섞인 물이 흐르나 비가 그치면 마르게 되고 빗물이 지하수가 되어 오아 시스가 생기는 수도 있으므로, 대상(隊商)들이 이곳을 길로 이용하는 것은?

① 와디   ② 크레바스
③ 툰드라   ④ 스텝

✔해설 와디(wadi) … 아라비아 및 북아프리카 지방의 건조지역에 많이 있는 간헐하천으로 비가 내릴 때 이외 에는 물이 마르는 개울을 의미한다.

62 우리나라와 비슷한 위도상에 있는 나라가 아닌 것은?

① 그리스   ② 터키
③ 멕시코   ④ 이란

✔해설 우리나라는 북위 33 ~ 43°에 위치하고 있으며, 멕시코는 북위 15 ~ 30° 사이에 있다.

63 다음에서 밑줄 친 '이것'이 의미하는 것은?

> 이것은 서아프리카 열대 우림지대의 풍토병적인 바이러스성 급성 출혈열로써 이것이 전파되는 경로는 주로 아프리카 사바나 지대에서 서식하고 있는 다유방쥐의 침 또는 오줌이다. 이 쥐들은 금광 붐으로 인해 산림이 파괴되어 삶의 터전을 잃고 사람이 사는 마을로 나오게 되면서 쉽게 주거 공간에 침입해 이것이 사람에게 옮기게 된다.

① 말라리아   ② 장티푸스
③ 뎅기열   ④ 라사열

✔해설 라사열 … 서아프리카 열대 우림지대의 풍토병적인 바이러스성 급성 출혈열을 의미한다. 1969년 나이지 리아의 라사마을에서 발견되어 미국, 영국, 독일로 퍼졌다. 전염력이 강하고 치사율이 35 ~ 50% 정도 로 높으므로 엄중한 격리치료를 해야 하는 국제전염병으로 알려져 있다.

64 돼지와 멧돼지에 감염 시 발열이나 전신의 출혈성 병변을 일으키는 국내 제1종 법정전염병으로, 최대 치사율이 100%에 이르지만 현재 치료제나 백신이 없는 이것은?

① 조류독감
② 메르스
③ 아프리카돼지열병
④ A형 인플루엔자 바이러스

> ✔해설 아프리카돼지열병(ASF) … 돼지와 멧돼지에 감염 시 발열이나 전신의 출혈성 병변을 일으키는 국내 제1종 법정전염병으로, 최대 치사율이 100%에 이르지만 현재 치료제나 백신이 없다. 아프리카돼지열병의 주요 임상증상으로는 돼지들이 한데 겹쳐있거나, 급사하거나 비틀거리는 증상, 호흡곤란, 침울증상, 식욕절폐, 복부와 피부 말단 부위에 충혈 등이 있다. 2019년 9월 경기도 파주에서 국내 첫 아프리카돼지열병 발생 후 김포, 연천, 강화 등지로 계속 확산되어 당국이 차단방역에 나섰다.

65 인도양, 아라비아해, 뱅골만 등에서 발생하는 열대성 저기압은?

① 미스트랄
② 태풍
③ 윌리윌리
④ 사이클론

> ✔해설 ① 프랑스 중부에서 지중해 북서안으로 부는 한랭건조한 성질의 국지풍
> ② 필리핀 부근에서 발생하여 동북아시아로 부는 바람
> ③ 오스트레일리아 북부로 불어오는 바람

66 지도상에 나타난 산 높이의 기준이 되는 면은?

① 지구 타원체면
② 지구와 같은 부피를 가진 구의 표면
③ 표준중력을 나타내는 기상 타원체면
④ 지오이드

> ✔해설 지오이드(geoid) … 지구의 각지에서 중력의 방향을 측정하여 이것에 수직한 면을 연결한 곡면으로서, 평균해수면과 일치하며 지구상의 여러 측정기준이 된다.

Answer 64.③ 65.④ 66.④

67 교통안전표지의 종류로 옳은 것은?

① 주의표지, 규제표지, 안내표지, 경고표지, 보조표지

② 규제표지, 지시표지, 안내표지, 보조표시, 노면표지

③ 주의표지, 규제표지, 지시표시, 안내표지, 노면표지

④ 주의표지, 규제표지, 지시표지, 보조표지, 노면표시

> ✔ 해설　안전표지〈「도로교통법 시행규칙」제8조 제1항〉
> ㉠ 주의표지 : 도로상태가 위험하거나 도로 또는 그 부근에 위험물이 있는 경우에 필요한 안전조치를 할 수 있도록 이를 도로사용자에게 알리는 표지
> ㉡ 규제표지 : 도로교통의 안전을 위하여 각종 제한·금지 등의 규제를 하는 경우에 이를 도로사용자에게 알리는 표지
> ㉢ 지시표지 : 도로의 통행방법·통행구분 등 도로교통의 안전을 위하여 필요한 지시를 하는 경우에 도로사용자가 이에 따르도록 알리는 표지
> ㉣ 보조표지 : 주의표지·규제표지 또는 지시표지의 주기능을 보충하여 도로사용자에게 알리는 표지
> ㉤ 노면표시 : 도로교통의 안전을 위하여 각종 주의·규제·지시 등의 내용을 노면에 기호·문자 또는 선으로 도로사용자에게 알리는 표지

68 타이가(taiga)에 해당하는 곳은?

① 부에노스아이레스를 중심으로 한 약 600㎞ 반경의 초원

② 브라질의 내륙 고원에 전개되는 아열대성 초원

③ 툰드라지대 남쪽에 전개되는 침엽수림대

④ 베네수엘라의 오리노코강 유역의 열대초원

> ✔ 해설　타이가 … 북반구의 경작한계와 툰드라지대 사이로 시베리아와 캐나다의 침엽수림대가 대표적이다.

69 한국의 남극 과학기지 세종기지가 건설된 곳은?

① 애들레이드섬   ② 엘리펀트섬
③ 무라노섬   ④ 킹조지섬

✔해설 세종기지(대한민국 남극 세종과학기지)는 남셔틀랜드 군도에서 제일 큰 섬인 킹조지섬($1,340km^2$)에 위치하고 있다.

70 비행장 주변의 조류가 비행기 엔진에 빨려 들어가 발생하는 비행기 사고는?

① bird strike
② air shock
③ bird shock
④ air strike

✔해설 조류충돌로 항공기의 이·착륙 시 항공기 엔진에서 발생하는 강한 흡입력으로 인하여 새가 빨려 들어가 엔진이 파괴되는 등 대형사고가 발생하기도 한다.

71 세계에서 환경 분야의 가장 권위 있는 상으로, 노벨환경상으로 불리는 상의 이름은 무엇인가?

① 글로벌 500
② 골드만 환경상
③ 녹색당상
④ 몬트리올 환경상

✔해설 골드만 환경상 … 환경 분야에서 뛰어난 업적을 세운 풀뿌리 환경운동가에게 수여되는 세계 최대 규모의 환경상이다.

Answer 69.④ 70.① 71.②

72 2021년 2월 22일 미얀마 전역에서 군부쿠데타를 규탄한 총파업을 뜻하는 '22222 시위'의 유래가 된 항쟁으로 옳은 것은?

① 양곤의 봄   ② 사프란 혁명
③ 천안문 사태   ④ 우산혁명

✔해설 양곤의 봄 … 미얀마 민주화 상징인 1988년 8월 8일 일명 '888항쟁'이다. 1988년 8월 8일에 양곤의 대학생을 주축으로 일어난 반(反)군부 민중항쟁은 평화 시위로 시작되었으나 새로운 군부의 진입으로 수천 명이 희생되었다.
② 사프란 혁명 : 2007년 미얀마에서 일어난 반정부 시위로, 승려들이 시위에 참여하자 일부 언론에서는 승려들이 입은 옷 색깔을 따 사프란 혁명이라고 하였다.
③ 천안문 사태 : 1989년 중국의 베이징시 중앙에 있는 천안문 광장에서 일어난 민주화 운동을 중국정부가 무력으로 진압한 사태를 말한다.
④ 우산혁명 : 2014년에 일어난 홍콩 민주화 운동으로, 경찰의 최루 가스 공격을 막기 위해 우산을 사용하면서 우산혁명 또는 우산운동이라고 불리게 되었다.

73 국민연금을 의무적으로 가입해야 하는 나이는?

① 18세   ② 19세
③ 20세   ④ 21세

✔해설 국민연금제도 … 노령이나 불의의 사고·질병으로 인한 장해 또는 사망 등으로 소득 상실 또는 축소된 경우에 공공기관에서 본인이나 그 유족에게 평생 정기적으로 일정액을 지급하는 소득보장제도를 말한다. 우리나라에서는 1988년부터 18세 이상 60세 미만 국내 거주국민이 일정 기간 가입하여 혜택을 받는다. 단 공무원이나 국인 등 특수직 종사자는 제외한다.

74 옵서버(observer)에 대한 설명으로 옳지 않은 것은?

① 회의 따위에서 특별히 출석이 허용된 사람을 말한다.
② 우리말로는 '참관인' 정도로 순화할 수 있다.
③ 회의에서 자신의 의견을 말할 수 있는 발언권을 가진다.
④ 발의권은 있으나 의결권이 없어 정식 구성원으로는 인정되지 않는다.

✔해설 발언권만 가질 뿐 발의권이나 의결권이 없어 정식 구성원으로 인정되지 않는다.

Answer 72.①   73.①   74.④

75 선거의 4대 원칙이 아닌 것은?

① 보통 선거

② 비밀 선거

③ 평등 선거

④ 자유 선거

> **✔해설** 자유 선거 … 선거 활동을 하는 데 간섭을 받지 않고, 유권자가 자유롭게 의사를 나타낼 수 있는 조건과 환경에서 이루어지는 선거를 말한다.
>
> ※ 민주 선거 4대 원칙
> ㉠ 보통 선거 : 만 18세 이상 대한민국 국민은 누구나 선거권을 가진다.
> ㉡ 평등 선거 : 차별 없이 누구나 평등하게 한 표씩 투표권을 가진다.
> ㉢ 직접 선거 : 자신의 투표권으로 대통령·국회의원을 직접 선출한다.
> ㉣ 비밀 선거 : 투표 내용을 비공개로 한다.

76 국가 상호 간 특별한 관계가 있어서 일반적으로 적용되는 규제나 조건을 면제하기 위해 만든 대상 국가의 목록을 뜻하는 용어는?

① 버킷리스트

② 블루리스트

③ 블랙리스트

④ 화이트리스트

> **✔해설** 화이트리스트 … 안전보장 우호국이라고도 한다. 일반적으로 적용되는 조건이나 규제, 장벽, 제한 등에 대해 특정한 대상에 한정하여 차별적으로 접근을 허용하거나 특혜를 제공하기 위함이다. 화이트리스트에 오른 국가들은 안전보장에 위협이 될 수 있는 첨단기술이나 물품 및 전자 부품을 수출 할 때에 상호 신뢰 관계가 형성되어 있기 때문에 허가 신청이 면제된다.
> ① 버킷리스트 : 죽기 전에 해보고 싶은 일을 적은 목록을 일컫는다.
> ② 블루리스트 : 문화·예술계 블랙리스트에 빗대어 박근혜 정부 때 박근혜 전 대통령과 교육부의 눈 밖에 난 국공립대 총장 후보자들을 일컫는 말이다.
> ③ 블랙리스트 : 감시가 필요한 위험인물을 적은 명단을 말한다.

Answer 75.④ 76.④

77 헌법을 개헌하지 않더라도 개정이 가능한 것은?

① 대통령의 임기
② 헌법재판소 재판관의 수 변경
③ 선거구 획정 변경
④ 지방자치단체의 의회제도 폐지

> **해설** 선거구 획정 … 대표를 선출하기 위하여 선거구를 분할하는 것을 말한다. 전국적인 인구조사 이후 의석 재분배와, 재분배된 의석수에 따라 그 단위 지역 안에서 새로운 선거구의 경계선을 획정한다. '공직선 거법'에 따르면 국회의원 지역 선거구의 공정한 획정을 위해 중앙선거관리위원회에 선거구 획정위원회 를 둔다. 선거구 획정위원회는 당해 국회의원의 임기 만료에 의한 총선거의 선거일 전 1년까지 선거구 획정안을 작성하여 국회의장에게 제출하여야 하며, 국회는 이 획정안을 존중하도록 규정하고 있다. 그 러나 우리나라는 국회의원 정수 및 지역구와 비례구 의석 간의 비율이 고정되어 있지 않고 법률로 정 하도록 되어 있기 때문에 선거를 앞두고 국회의원 수 등에 늘 변동이 생긴다.
> ① 대통령의 임기 : 5년 단임제로 헌법 제70조에서 규정하고 있다.
> ② 헌법재판소 재판관의 수 : 9명으로 헌법 제111조 제2항에서 규정하고 있다.
> ④ 지방자치단체의 기초의회 : 헌법 제118조 제2항에 규정하고 있어 헌법 개정 없이 의회를 폐지할 수 없다.

78 형법상 형벌이 아닌 것은?

① 과태료
② 구류
③ 몰수
④ 벌금

> **해설** 과태료 … 행정상의 질서벌에 해당한다.
> ② 형법상의 형벌, 자유형에 해당한다.
> ③④ 형법상의 형벌, 재산형에 해당한다.

Answer 77.③ 78.①

79 대통령이 내란·외환의 죄 이외의 범죄에 대하여 임기기간 중 형사상 소추(訴追)를 받지 않는 권한은?

① 불소추특권
② 사면권
③ 임명권
④ 국군통수권

✔해설 **불소추특권** … 외국에 대하여 국가를 대표하는 지위에 있는 대통령의 신분과 권위를 유지하고 국가원수 직책의 원활한 수행을 보장하기 위함이다.

② 사면권 : 대통령의 특권으로 범죄인에 대한 형벌권 전부 혹은 일부는 면제하거나 형벌로 상실된 자격을 회복시켜주는 행위이다.

③ 임명권 : 대통령은 헌법과 법률이 정하는 바에 따라서 공무원을 임명 또는 파면시킬 수 있는 권한이 있다.

④ 국군통수권 : 대통령이 국군의 총지휘권자로서 국군을 통수할 수 있는 권한을 말한다.

80 일반 국민들을 배심원으로 선정하여 유죄 및 무죄의 평결을 내리게 하는 한국형 배심원 재판제도는?

① 소액심판제도
② 이행권고결정제도
③ 국민 참여재판제도
④ 재산명시신청제도

✔해설 **국민 참여재판제도** … 2008년 1월부터 시행된 배심원 재판제도로 만 20세 이상의 국민 가운데 무작위로 선정된 배심원들이 형사재판에 참여하여 유죄 및 무죄 평결을 내리지만 법적인 구속력은 없다.

① 소액심판제도 : 분쟁 금액이 2,000만 원 이하의 금액(대여금, 물품대금, 손해배상청구 등)으로 비교적 단순한 사건에 대하여 신속하고 간편하며 경제적으로 심판을 받을 수 있도록 하는 제도이다.

② 이행권고결정제도 : 법원이 확정판결을 내리기 전 피고에게 원고의 요구를 이행하라고 권고하는 민사 사건 처리제도이다.

④ 재산명시신청제도 : 재산이 있음에도 빚을 갚지 않는 채무자의 재산을 명확하게 알 수 있도록 신청하는 제도이다.

81 정보 민주주의의 구성요소가 아닌 것은?

① 정보 참가권   ② 정보 사용권

③ 정보 수정권   ④ 프라이버시권

> ✔해설 정보 민주주의의 구성요소
> ㉠ 알리지 않을 권리(프라이버시권)
> ㉡ 알 권리(정부의 공개 및 공유)
> ㉢ 알릴 권리(표현의 자유)
> ㉣ 정보 사용권
> ㉤ 정보 참가권

82 정당해산결정권을 가진 기관은?

① 법원   ② 헌법재판소

③ 대통령   ④ 국회

> ✔해설 ①③④ 헌법재판소의 권한으로는 위헌법률심판권, 탄핵심판권, 위헌정당해산심판권, 권한쟁의심판권, 헌법소원심판권이 있다.

83 국가의 의무로 옳은 것은?

① 국방의 의무   ② 교육의 의무

③ 납세의 의무   ④ 재외국민 보호의무

> ✔해설 ①②③ 국민의 의무이다. 국민의 6대 의무로는 국방의 의무, 납세의 의무, 근로의 의무, 공공복리에 적합한 재산권 행사 의무, 환경보전의 의무가 있으며 4대 의무라 하면 국방의 의무, 근로의 의무, 교육의 의무, 납세의 의무를 말한다.
> ※ 헌법이 규정하는 국가의 의무
> ㉠ 국가는 법률이 정하는 바에 의하여 재외국민을 보호할 의무를 진다〈제2조 제2항〉.
> ㉡ 모든 국민은 인간으로서의 존엄과 가치를 가지며, 행복을 추구할 권리를 가진다. 국가는 개인이 가지는 불가침의 기본적 인권을 확인하고 이를 보장할 의무를 진다〈제10조〉.
> ㉢ 국가는 청원에 대하여 심사할 의무를 진다〈제26조 제2항〉.
> ㉣ 국가는 사회보장·사회복지의 증진에 노력할 의무를 진다〈제34조 제2항〉.
> ㉤ 국가는 노인과 청소년의 복지 향상을 위한 정책을 실시할 의무를 진다〈제34조 제4항〉.
> ㉥ 국가는 지역 간의 균형 있는 발전을 위하여 지역경제를 육성할 의무를 진다〈제123조 제2항〉.

Answer   81.③   82.②   83.④

84 어떤 범죄나 사건을 해결할 때 나오는 확실하고 결정적인 증거를 일컫는 용어는?

① 홀리건
② 스모킹 건
③ 호킹지수
④ 서스펜스

> ✔해설 스모킹 건 … 가설을 증명하는 과학적 근거라는 뜻으로도 쓰이며 살해 현장에 있는 용의자의 총에서 연기가 피어난다면 이는 틀림없이 명백한 증거가 된다는 의미에서 붙여진 이름이다. 과거에는 범죄 행위에 대한 결정적 증거로 사용되는 물건이나 사실을 스모킹 건이라 표현하였으나, 현재는 특정 현상이나 가설을 뒷받침하는 과학적 근거를 가리키는 말로도 쓰인다. 스모킹 건은 영국의 유명 추리소설 「셜록 홈즈」에 나오는 대사에서 유래되었다. 1974년 리처드 닉슨 대통령의 워터게이트 사건을 조사한 미 하원 사법위원회의 뉴욕주 하원의원 바버 코너블이 닉슨 대통령과 수석보좌관 사이에 오간 대화가 담긴 녹음테이프(증거물)를 가리켜 스모킹 건이라는 말을 쓰면서, 이 용어가 일반적으로 사용되기 시작했다.
> ① 홀리건 : 축구장의 난동꾼들을 가리킨다.
> ③ 호킹지수 : 책 전체 페이지를 100페이지로 가정하고 독자가 처음부터 끝까지 읽은 비율을 계산한 것으로, 책을 구입한 독자가 실제로도 책을 읽었는지 측정하는 지수이다.
> ④ 서스펜스 : 영화나 연극에서 불안과 긴장감을 조성하여 관객들의 흥미를 유발하는 기법을 말한다.

85 법정기한 내에 예산이 국회에서 의결을 받지 못하는 경우를 대비하여 있는 예산으로, 전년도 예산에 따라 집행하는 예산 성립형식은?

① 본예산
② 추가경정예산
③ 준예산
④ 수정예산

> ✔해설 준예산 … 예산이 법정기한 내에 성립하지 못하게 되는 경우 전년도 예산에 준하여 잠정적으로 집행하는 예산이다.
> ① 본예산 : 국회에서 의결을 받아서 확정된 예산이다.
> ② 추가경정예산 : 부득이한 사정으로 경비가 부족할 때 본예산을 추가·변경하여 성립하는 예산이다.
> ④ 수정예산 : 제출한 예산안을 국회가 심의하고 확정하기 전에 수정한 뒤에 다시 제출하는 예산이다.

Answer 84.② 85.③

86 출구조사에 있어, 여론조사 결과 우세한 것으로 나타난 후보나 정당의 지지도가 상승하는 것을 나타내는 말은?

① 언더독 효과

② 밴드왜건 효과

③ 데킬라 효과

④ 스티그마 효과

> **해설** 밴드왜건 효과 … 정치학에서는 소위 말하는 대세론으로 후보자가 일정 수준 이상의 지지율을 얻으면 그 후보를 따라가게 되는데 이를 밴드왜건 효과라고 한다. 경제학에서는 대중적으로 유행하는 상품을 따라서 소비하는 성향을 일컫는다.
> ① 언더독 효과 : 여론조사 결과 열세에 있는 후보를 지지하는 현상을 말한다.
> ② 데킬라 효과 : 1995년에 발생한 멕시코의 금융위기가 다른 중남미 국가에 미친 파급효과를 지칭한다.
> ③ 스티그마 효과 : 부정적으로 낙인찍히면 점점 더 나쁜 행태를 보이고, 부정적인 인식이 지속되는 현상으로 낙인 효과라고도 한다.

87 추가경정예산안에 대한 설명으로 옳은 것은?

① 정부에서 편성하여 국회에 제출한다.

② 당해 회계연도 성립 전 경정하는 것을 말한다.

③ 이미 예산으로 승인된 사업의 계속비 등을 전년도에 준하여 집행할 수 있는 예산이다.

④ 헌법이나 법률에 의해 설치된 기관 또는 시설의 유지 · 운영비를 말한다.

> **해설** 추가경정예산 … 정부가 예산을 성립한 후 어떠한 사유에 의하여 예산을 변경할 때 편성한 이후에 국회에 제출하는 예산을 말한다. 총예산은 본예산과 추가경정예산의 합이다.
> ② 당해 회계연도의 예산이 성립된 후 예산을 추가하거나 경정하는 것을 말한다.
> ③④ 준예산에 대한 설명이다.

Answer 86.② 87.①

88 선거를 도와주고 그 대가를 받거나 이권을 얻는 행위를 일컫는 용어는?

① 매니페스토(Manifesto)
② 로그롤링(Logrolling)
③ 게리맨더링(Gerrymandering)
④ 플레비사이트(Plebiscite)

> ✔해설 로그롤링(Logrolling) … 서로 협력하여 통나무를 모으거나 강물에 굴려 넣는 놀이에서 비롯되었다.
> ① 매니페스토(Manifesto) : 선거 시에 목표와 이행 가능성, 예산확보의 근거를 구체적으로 제시한 유권자에 대한 공약을 말한다.
> ③ 게리맨더링(Gerrymandering) : 선거구를 특정 정당이나 후보자에게 유리하게 인위적으로 획정하는 것을 말한다.
> ④ 플레비사이트(Plebiscite) : 직접민주주의의 한 형태로 국민이 국가의 의사결정에 국민투표로 참여하는 제도이다.

89 기업에서 사용되는 전력 전부를 태양광, 풍력 등과 같은 재생에너지로 충당하자는 캠페인을 의미하는 것은?

① 쿼드 플러스
② RE100
③ 동북아 방역 · 보건 협력체
④ ESG

> ✔해설 RE100 … 2050년까지 기업이 사용하는 전력량 100%를 태양광, 풍력 등의 재생에너지로 충당하겠다는 환경 캠페인이다.
> ① 쿼드 플러스 : 미국, 인도, 일본, 호주 4개국이 참여하는 비공식 안보회의체 쿼드에 한국과 베트남, 뉴질랜드 3개국을 더한 루소(Rousseau) : 인간의 자유와 평등을 구상을 말한다.
> ③ 동북아 방역 · 보건 협력체 : 지난 2020년 UN총회 기초연설에서 문재인 대통령이 제안한 것으로 코로나19를 비롯한 신종 감염병 등 지리적으로 인접하고 교류가 활발한 역내 국가 간 공동 대응 역량을 강화하기 위함이다.
> ④ ESG : 기업에서 환경, 사회, 지배구조를 의미하는 용어이다.

Answer 88.② 89.②

90 의료인에게 폭력을 휘둘렀을 경우 처벌이 가중되고 주취 감경 규정을 적용하지 않아 의료인과 환자를 법적으로 보장하는 법안은 무엇인가?

① 윤창호법
② 하준이법
③ 임세원법
④ 김용규법

✔ 해설 임세원법 … 의료법 일부 개정안이다. 환자가 휘두른 흉기에 찔려 숨진 강북삼성병원 임세원 교수 사건을 계기로 발의하여 임세원법이라고 불린다. 의료인에게 폭력을 휘둘렀을 경우 처벌이 가중되고 주취 감경 규정을 적용하지 않아 의료인과 환자를 법적으로 보장한다. 상해를 입혔을 경우 7년 이하의 징역 또는 1,000만 원 이상 7,000만 원 이하의 벌금이 부과되고, 중상해를 입혔을 경우 3년 이상 10년 이하의 징역, 사망에 이르게 한 경우 무기징역 또는 5년 이상의 징역에 처하게 된다.
① 윤창호법 : 특정범죄 가중처벌 등에 관한 법률 개정안 및 도로교통법 개정안이다.
② 하준이법 : 주차장법개정안, 도로교통법 개정안이다.
④ 김용균법 : 산업안전보건법 개정안이다.

91 입법권으로부터 기본적 인권이 침해되었을 때 가장 유효한 구제수단은?

① 형사보상청구권
② 위헌법률심사제도
③ 행정소송제도
④ 손해배상청구권

✔ 해설 법률이 헌법에 규정된 기본적 인권을 침해한다는 것은 곧 위헌법률의 판단문제를 의미한다.
① 형사보상청구권 : 형사피의자나 혹은 형사피고인으로 구금되었던 자가 불기소처분이나 무죄판결을 받은 경우 물리적 · 정신적 피해를 보상해 줄 것을 국가에 대하여 청구하는 권리를 말한다.
③ 행정소송제도 : 행정법규의 적용에 관련된 분쟁이 있는 경우 소송제기에 의거하여 판정하는 소송절차이다.
④ 손해배상청구권 : 채무의 불이행이나 불법 행위로 생긴 손해를 메우고 원래의 상태로 복귀되도록 요구하는 권리이다.

92 제4차 산업혁명에 데이터경제발전을 위해 개정한 데이터 3법에 해당하지 않는 것은?

① 개인정보 보호법
② 정보통신망법
③ 게임산업진흥법
④ 신용정보법

> **해설** 개인정보보호에 소관 부처가 나눠져서 중복적으로 규제되면서 생긴 불편함을 해소하기 위해 개정한 3가지 법안이다. 개인과 기업이 마이데이터를 다양하게 활용하기 위해서 개정한 데이터 3법은 개인정보보호법, 정보통신망법, 신용정보법이다.

93 가구의 소득 흐름은 물론 금융 및 실물 자산까지 종합적으로 고려하여 가계부채의 부실위험을 평가하는 지표로, 가계의 채무상환능력을 소득 측면에서 평가하는 원리금상환비율(DSR : Debt Service Ratio)과 자산 측면에서 평가하는 부채/자산비율(DTA : Debt To Asset Ratio)을 결합하여 산출한 지수를 무엇이라고 하는가?

① 가계신용통계지수
② 가계수지
③ 가계순저축률
④ 가계부실위험지수

> **해설** 가계부실위험지수(HDRI) … 가구의 DSR과 DTA가 각각 40%, 100%일 때 100의 값을 갖도록 설정되어 있으며, 동 지수가 100을 초과하는 가구를 '위험가구'로 분류한다. 위험가구는 소득 및 자산 측면에서 모두 취약한 '고위험가구', 자산 측면에서 취약한 '고DTA가구', 소득 측면에서 취약한 '고DSR가구'로 구분할 수 있다.

94 국방·경찰·소방·공원·도로 등과 같이 정부에 의해서만 공급할 수 있는 것 또는 정부에 의해서 공급되는 것이 바람직하다고 사회적으로 판단되는 재화 또는 서비스는?

① 시장실패
② 공공재
③ 사유재
④ 보이지 않는 손

✔해설 공공재에는 보통 시장가격은 존재하지 않으며 수익자부담 원칙도 적용되지 않는다. 따라서 공공재 규모의 결정은 정치기구에 맡길 수밖에 없다. 공공재의 성질로는 어떤 사람의 소비가 다른 사람의 소비를 방해하지 않고 여러 사람이 동시에 편익을 받을 수 있는 비경쟁성·비선택성, 대가를 지급하지 않은 특정 개인을 소비에서 제외하지 않는 비배제성 등을 들 수 있다.

95 다음 내용을 읽고 괄호 안에 들어갈 말로 가장 적절한 것을 고르면?

( )을/를 시행하게 되면 환율 변동에 따른 충격을 완화하고 거시경제정책의 자율성을 어느 정도 확보할 수 있다는 장점이 있다. 하지만 특정 수준의 환율을 지속적으로 유지하기 위해서는 정부나 중앙은행이 재정정책과 통화정책을 실시하는 데 있어 국제수지 균형을 먼저 고려해야하는 제약이 따르고 불가피하게 자본이동을 제한해야 한다.

① 고통지수
② 자유변동환율제도
③ 고정환율제도
④ 고정자본소모

✔해설 고정환율제도 … 외환의 시세 변동을 반영하지 않고 환율을 일정 수준으로 유지하는 환율 제도를 의미한다. 이 제도는 경제의 기초여건이 악화되거나 대외 불균형이 지속되면 환투기공격에 쉽게 노출되는 단점이 있다

Answer 94.② 95.③

96 자원의 희소성이 존재하는 한 반드시 발생하게 되어 있으며 경제문제를 발생시키는 근본요인이 되는 것은?

① 기회비용
② 매몰비용
③ 한계효용
④ 기초가격

> **✔해설** 기회비용 … 인간의 욕구에 비해 자원이 부족한 현상을 희소성이라 하는데, 희소한 자원을 가지고 인간의 모든 욕구를 충족시킬 수 없기 때문에 인간은 누구든지 부족한 자원을 어느 곳에 우선으로 활용할 것인가를 결정하는 선택을 해야 한다. 이렇게 다양한 욕구의 대상들 가운데서 하나를 고를 수밖에 없다는 것으로 이때 포기해 버린 선택의 욕구들로부터 예상되는 유·무형의 이익 중 최선의 이익을 기회비용 이라고 한다.

97 다음 내용을 가장 잘 설명하고 있는 것은?

> 과거에 한 번 부도를 일으킨 기업이나 국가의 경우 이후 건전성을 회복했다 하더라도 시장의 충분한 신뢰를 얻기 어려워지며, 나아가 신용위기가 발생할 경우 투자자들이 다른 기업이나 국가보다 해당 기업이나 국가를 덜 신뢰하여 투자자금을 더 빨리 회수하고 이로 인해 실제로 해당 기업이나 국가가 위기에 빠질 수 있다.

① 긍정 효과
② 자동 효과
③ 낙인 효과
④ 분수 효과

> **✔해설** 낙인효과 … 어떤 사람이 실수나 불가피한 상황에 의해 사회적으로 바람직하지 못한 행위를 한 번 저지르고 이로 인해 나쁜 사람으로 낙인찍히면 그 사람에 대한 부정적 인식이 형성되고 이 인식은 쉽게 사라지지 않는다. 이로 인해 추후 어떤 상황이 발생했을 때 해당 사람에 대한 부정적 사회인식 때문에 유독 그 사람에게 상황이 부정적으로 전개되어 실제로 일탈 또는 범죄행위가 저질러지는 현상을 낳는 것 이다. 경제 분야에서도 이러한 현상이 발생한다.

Answer 96.① 97.③

98 다음 내용을 읽고 괄호 안에 들어갈 말로 가장 적절한 것을 고르면?

> 국민경제 내에서 자산의 증가에 쓰인 모든 재화는 고정자산과 재고자산으로 구분되는데 전자를 국내 총 고정자본형성 또는 고정투자, 후자를 재고증감 또는 재고투자라 하며 이들의 합계를 (　　　　)이라 한다.

① 국내총투자율
② 국내총생산
③ 국내신용
④ 국내공급물가지수

✔해설 국내총투자율(gross domestic investment ratio) … 국민경제가 구매한 재화 중에서 자산의 증가로 나타난 부분이 국민총처분가능소득에서 차지하는 비율을 의미한다.

99 통신사업자가 대도시나 아파트 단지 등 고수익 – 저비용 지역에만 서비스를 제공하는 현상에 빗댄 것으로 기업이 이익을 창출할 것으로 보이는 시장에만 상품과 서비스를 제공하는 현상을 의미하는 것은?

① OSJD
② 스마일 커브
③ 크림 스키밍
④ 코드 커팅

✔해설 크림 스키밍(cream skimming) … 원유에서 맛있는 크림만을 골라 먹는데서 유래한 단어로 기업이 이익을 창출할 것으로 보이는 시장에만 상품과 서비스를 제공하는 현상을 뜻한다. 1997년 세계무역기구(WTO) 통신협상 타결 뒤 1998년 한국 통신시장이 개방하면 자본과 기술력을 갖춘 다국적 통신사가 국내 통신사업을 장악한다는 우려와 함께 '크림 스키밍'이 사용되었다.

Answer 98.① 99.③

100 상당기간 자금이 묶이지 않기 때문에 최근 각광받고 있는 것으로 불안한 투자환경과 시장 변동성 속에서 잠시 자금의 휴식처가 필요하거나 당장 목돈을 사용할 계획이 없는 투자자들에게 유용한 이것은 무엇인가?

① 적금 통장
② 정기예금 통장
③ 파킹 통장
④ 마이너스 통장

> ✔해설 파킹(parking) 통장 … 잠시 주차를 하듯 짧은 시간 여유자금을 보관하는 통장을 의미한다. 일반 자유입출금 통장처럼 수시입출금이 가능하면서 비교적 높은 수준의 금리를 제공하는데, 특히 하루만 맡겨도 금리 수익을 거둘 수 있다는 게 장점으로 꼽힌다.

101 경기 침체나 위기 이후 회복될 쯤 경기 부양을 위해 내놓았던 정책을 거둬들이며 경제에 미치는 영향을 최소화하는 전략적 경제 정책은 무엇인가?

① 출구전략
② 양적완화
③ 워크아웃
④ 세일 앤드 리스 백

> ✔해설 경기 침체나 위기가 끝나갈 쯤 입구전략을 끝내고, 물가의 급격한 상승을 동반한 인플레이션과 같은 부작용을 막기 위해 시장에 공급된 통화를 거둬들이고, 금리를 올리며, 세제 감면 혜택을 줄이고, 정부의 적자 예산을 흑자 예산으로 바꾸는 등의 조치를 펴게 되는데, 이를 출구전략이라고 한다.

102 생산비와 인건비 절감 등을 이유로 해외로 생산시설을 옮긴 기업들이 다시 자국으로 돌아오는 현상을 말하는 용어는?

① 리마 신드롬
② 니어쇼어링
③ 리쇼어링
④ 오프쇼어링

해설 리쇼어링 … 생산비와 인건비 절감 등을 이유로 해외로 생산시설을 옮긴 기업들이 다시 자국으로 돌아오는 현상을 말한다. 온쇼어링(onshoring), 인쇼어링(inshoring), 백쇼어링(backshoring)도 비슷한 개념으로서 오프쇼어링(offshoring)과는 반대되는 말이다. 기술적인 측면에서 스마트 팩토리(smart factory)의 확산과 정책적인 측면에서 보호무역주의의 확산으로 인해 리쇼어링이 최근 활성화되고 있다.
① 리마 신드롬 : 인질범들이 포로나 인질들에게 정신적으로 동화되어 그들에 대한 공격적인 태도가 완화되는 현상을 의미한다.
② 니어쇼어링 : 인접 국가에서 아웃소싱을 하는 것으로 근거리 아웃소싱이라고 한다.
④ 오프쇼어링 : 기업업무의 일부를 해외 기업에 맡겨 처리하는 것으로 업무의 일부를 국내기업에 맡기는 아웃소싱의 범주를 외국으로 확대했다는 것이 차이점이다.

103 복지지표로서 한계성을 갖는 국민총소득(GNI)을 보완하기 위해 미국의 노드하우스(W. Nordhaus)와 토빈(J. Tobin)이 제안한 새로운 지표를 무엇이라고 하는가?

① 소비자동향지표
② 경제활동지표
③ 경제후생지표
④ 고용보조지표

해설 경제후생지표(measure of economic welfare) … 국민총소득에 후생요소를 추가하면서 비후생요소를 제외함으로써 복지수준을 정확히 반영하려는 취지로 제안되었지만, 통계작성에 있어 후생 및 비후생 요소의 수량화가 쉽지 않아 널리 사용되지는 못하고 있는 실정이다.

104 다음에서 설명하는 효과로 적절한 것은?

> 물건 구매에 망설이던 소비자가 남들이 구매하기 시작하면 자신도 그에 자극돼 덩달아 구매를 결심하는 것을 비유한 현상이다.

① 펭귄 효과
② 악어 효과
③ 판다 효과
④ 제비 효과

> ✔해설 펭귄 효과 … 상품에 대한 구매 확신이 없어 구매하지 않다가 남들이 구매하면 자신도 자극받아 덩달아 구매하는 현상을 말한다.

105 다음 내용을 읽고 괄호 안에 들어갈 말로 가장 적절한 것을 고르면?

> 영국의 전래동화에서 유래한 것으로 동화에 따르면 엄마 곰이 끓인 뜨거운 수프를 큰 접시와 중간 접시 그리고 작은 접시에 담은 후 가족이 이를 식히기 위해 산책을 나갔는데, 이 때 집에 들어온 (   )가 아기 곰 접시에 담긴 너무 뜨겁지도 않고 너무 차지도 않은 적당한 온도의 수프를 먹고 기뻐하는 상태를 경제에 비유한 것을 무엇이라고 하는가?

① 애덤 스미스
② 임파서블
③ 세이프티
④ 골디락스

> ✔해설 골디락스 경제(Goldilocks economy) … 경기과열에 따른 인플레이션과 경기침체에 따른 실업을 염려할 필요가 없는 최적 상태에 있는 건실한 경제를 의미한다. 이는 다시 말해 경기과열이나 불황으로 인한 높은 수준의 인플레이션이나 실업률을 경험하지 않는 양호한 상태가 지속되는 경제를 지칭한다.

Answer 104.① 105.④

106 소득소비곡선상의 X재의 수요가 증대할 때 Y재의 수요는 감소하는 경우 X재에 대해서 Y재를 무엇이라 부르는가?

① 공공재　　　　　　　　　　　　　② 보완재

③ 대체재　　　　　　　　　　　　　④ 열등재

> ✔ 해설　대체제(경쟁제) … 재화 중에서 동종의 효용을 얻을 수 있는 두 재화를 말한다. 대체관계에 있는 두 재화는 하나의 수요가 증가하면 다른 하나는 감소하고, 소득이 증대되면 상급재의 수요가 증가하고 하급재의 수요는 감소한다. 예를 들어 버터(상급재)와 마가린(하급재), 쌀(상급재)과 보리(하급재), 쇠고기(상급재)와 돼지고기(하급재) 등이다.
> ① 공공재 : 모두가 공동으로 이용할 수 있는 재화 또는 서비스를 일컫는다.
> ② 보완재 : 재화 중에서 동일 효용을 증대시키기 위해 함께 사용해야 하는 두 재화를 말한다. 예를 들어 커피와 설탕, 버터와 빵, 펜과 잉크 등이 있다.
> ④ 열등재 : 소득이 증가할수록 그 수요가 줄어드는 재화를 의미한다.

107 가격이 상승한 소비재의 수요가 오히려 증가하는 현상은?

① 립스틱 효과　　　　　　　　　　② 전시 효과

③ 베블렌 효과　　　　　　　　　　④ 리카도 효과

> ✔ 해설　베블렌 효과 … 허영심에 의해 수요가 발생하는 것으로서 가격이 상승한 소비재의 수요가 오히려 증가하는 현상을 의미한다.

108 BCG 매트릭스에서 고성장 저점율의 형태는 무엇인가?

① 별 사업부　　　　　　　　　　　② 개 사업부

③ 젖소 사업부　　　　　　　　　　④ 물음표 사업부

> ✔ 해설　물음표 사업부는 높은 성장률을 지닌 사업부이나 동시에 시장 점유율을 높이기 위해 많은 자금을 필요로 하게 되는 사업부이다.

109 수입 200,000원, 저축 40,000원, 음식물비 80,000원일 때 엥겔지수는? (단, 수입 중 저축을 제외한 금액은 모액은 소비한다.)

① 40%
② 45%
③ 50%
④ 55%

✔해설 엥겔지수는 일정 기간 가계 소비지출 총액에서 식료품비가 차지하는 비율이므로

$$\frac{80,000}{200,000-40,000} \times 100 = 50\% \text{이다.}$$

110 긴급하고 특별한 상황이 빚어져 관세율을 인상 또는 인하할 필요가 있을 경우 그때그때 국회에서의 법 개정이 어렵기 때문에 제한된 범위 내에서 행정부가 조정할 수 있게 한 세율은?

① 탄력관세
② 할당관세
③ 긴급관세
④ 조정관세

✔해설 탄력관세(elastic tariff) … 국내산업보호·물가안정 등을 위하여 정부가 국회의 위임을 받아 일정한 범위 내에서 관세율을 인상 또는 인하할 수 있는 권한을 갖도록 한 관세제도로, 우리나라에서는 1969년부터 채택하고 있다.

111 스태그플레이션과 함께 인플레이션이 겹쳐서 나타나는 현상에 대한 두려움을 의미하는 용어는?

① S의 공포
② 더블딥
③ D의 공포
④ J의 공포

✔해설 ② 더블딥 : 경기가 회복되었다가 다시 침체에 빠지는 현상을 의미한다.
③ D의 공포 : 물가가 하락하는 디플레이션 현상이 두려움으로 다가오는 것을 의미한다.
④ J의 공포 : 실직사태가 발생할 것에 대한 두려움을 의미한다.

112 보행자와 차량이 혼합하여 이용하되 보행자의 안전과 편의를 우선적으로 고려하여 설치하는 폭 10m 미만의 도로는?

① 자전거 우선 도로
② 자전거 전용 도로
③ 보행자 전용 도로
④ 보행자 우선 도로

✔해설 보행자 우선 도로는 차도와 보도가 분리되지 않은 도로로서, 보행자의 통행이 차량 통행에 우선하도록 지정된 도로이다. 2022년 1월에 공포된 보행안전법, 도로교통법 개정안에 근거하여 2022년 7월부터 시행되었다.

113 한국은행의 한정된 조직과 인력만으로는 전국의 국고금 납부자에게 충분한 편의를 제공하기 어렵기 때문에 인력과 시설이 확보된 점포를 대상으로 한국은행과 대리점 계약을 체결한 후 국고업무를 취급할 수 있도록 하게 하는데 이 같은 대리점계약을 체결한 금융기관 점포를 무엇이라고 하는가?

① 국고수표
② 국고전산망
③ 국고대리점
④ 국고할인점

✔해설 국고대리점 … 국가의 경제활동도 민간의 경제활동과 마찬가지로 금전 수수를 수반하게 되는데 이와 같은 경제활동에 수반되는 일체의 현금을 통상 국고금이라 한다. 우리나라에서는 국고금의 출납사무를 중앙은행인 한국은행이 담당하고 있다. 국고대리점은 2003년 국고금 실시간 전자이체 제도의 시행으로 국고금 지급 업무를 한국은행이 전담 수행하게 됨에 따라 국고금 수납 업무만 수행하게 되었다. 국고대리점은 국고수납대리점과 국고금수납점으로 구분하는데 기능상 차이는 없으며 기관의 성격 즉 은행은 단일 법인체인 반면 비은행은 법인의 집합체인 점에 의한 계약방식의 차이에 의해서 구분된다.

114 입체파(큐비즘) 화가가 아닌 인물은?

① 세잔
② 브라크
③ 피카소
④ 고흐

✔해설 입체파(큐비즘) … 20세기 초 프랑스 서양 미술 표현 양식으로, 여러 가지 형태를 입체 조각으로 표현하고, 여러 시점의 형태를 조합한다는 특징이 있다. 고흐는 후기 인상주의 화가에 해당한다.

Answer 112.④ 113.③ 114.④

115 '앙티로망'이란 무엇을 의미하는가?

① 전통 계승 문학 　　　　② 사회참여소설

③ 저항문학 　　　　④ 실험적 반(反)소설

> ✔해설　앙티로망 … 전통적인 수법을 부정하는 새로운 형식의 반(反)소설 또는 비(非)소설로, 일종의 실험소설이다.

116 내 집 마련이나 노후준비보다는 현재의 삶을 즐기는 사람들을 일컫는 말은?

① 니트족

② 욜로족

③ 파이어족

④ 프리터족

> ✔해설　① 니트족 : 일하지 않으며 일할 의지도 없는 청년 무직자를 일컫는다.
> ③ 파이어족 : 40대 초에 경제적 자립을 통해 조기 은퇴하겠다는 목표를 가진 사람들을 일컫는다.
> ④ 프리터족 : 특정 직업 없이 아르바이트로 생계를 유지하는 젊은 층을 일컫는다.

117 수용자들이 매스미디어의 메시지를 선택적으로 노출 · 지각 · 기억한다고 설명하는 이론은?

① 선별효과 　　　　② 피파주효과

③ 향상효과 　　　　④ 제한효과

> ✔해설　제한효과이론 … 매스미디어는 기존의 태도나 가치 · 신념을 강화시키는 제한적 효과가 있을 뿐이라는 이론적 관점으로, 매스미디어의 영향력이 그렇게 크지 않으며 한정되어 있다는 이론이다.

Answer　115.④　116.②　117.④

118 특정 사실이 언론매체를 통해 이슈화되면 관심이 집중되고 새로운 사실로 받아들이며 이 관심이 확산되는 현상을 나타내는 용어는?

① 베르테르 효과   ② 루핑 효과

③ 나비 효과   ④ 피그말리온 효과

> ✔ 해설 ① 베르테르효과(Werther effect) : 유명인이나 자신이 모델로 삼고 있던 사람 등이 자살할 경우, 이를 동일시하여 자살을 시도하는 현상이다.
> ③ 나비효과(Butterfly effect) : 아주 작은 사건 하나가 그것과는 별반 상관없어 보이는 곳까지 영향을 미친다는 이론이다.
> ④ 피그말리온 효과(Pygmalion effect) : 누군가에 대한 사람들의 믿음이나 기대가 그대로 실현되는 현상이다.

119 신문·잡지의 특정한 난을 담당하여 집필하는 사람을 가리키는 말은?

① 데스크   ② 칼럼니스트

③ 카피라이터   ④ 스폰서

> ✔ 해설 ① 사건담당 책임기자
> ③ 광고문안 작성자
> ④ TV, 라디오, 신문 등의 광고주

120 현지에서 일어난 사실을 녹음을 섞어가며 편집, 구성하는 생생한 방송은?

① 핫뉴스

② 르포

③ 다큐멘터리

④ 애드버토리얼

> ✔ 해설 ① 핫뉴스 : 현장에서 바로 취재해 온 최신뉴스를 말하며, 방송의 경우 현장에서 직접 보도하는 뉴스를 말한다.
> ③ 다큐멘터리 : 기록영화나 실록소설·사실적인 방송을 말한다.
> ④ 애드버토리얼 : 'advertisement(광고)'와 'editorial(편집기사)'의 합성어로 논설 광고를 말한다.

121 네임애드(name ads)에 관한 설명으로 옳지 않은 것은?

① 제2차 세계대전 이후 미국에서 처음으로 시도되었다.
② 광고의 목적은 기업의 이미지 개선과 소비자의 호의를 확립하는 데 있다.
③ 기업PR 또는 기업광고라고도 한다.
④ 새로운 상품소개를 목적으로 한다.

> ✔해설 네임애드(name ads) … 기업광고 또는 기업PR이라고도 하며, 대중매체를 통해 특정 제품의 광고보다는 기업의 이미지를 좋게 하고 소비자의 호의를 확립하는 것이 목적인 광고이다.

122 커스컴(cuscom)이란?

① 법과 같은 강제력을 가지는 언론의 윤리관
② 컴퓨터를 이용해서 주고받는 정보체계
③ 사회의 관습, 풍습, 관례에 따른 개인적 습관
④ 유선방송처럼 특정 소수의 사람들을 상대로 전달되는 통신체계

> ✔해설 커스컴(cuscom) … 'custom(단골)'과 'communication(전달)'의 조합어로, 특정 소수를 상대로 전달되는 통신체계를 말한다.

123 대중매체가 강조하는 정도에 따라 수용자가 인식하는 정도가 달라질 수 있다고 보는 이론은?

① 침묵의 나선형이론   ② 이용과 충족이론
③ 의제설정이론   ④ 2단계 유통이론

> ✔해설 의제설정이론 … 아젠다 세팅(agenda setting)이라고도 하는데, 매스미디어가 특정 주제를 선택하고 반복함으로써 이를 강조하여 수용자가 중요한 의제로 인식하게 한다는 개념이다.

Answer   121.④   122.④   123.③

124 존경의 표시로 다른 작품을 일부러 모방하는 것은?

① 표절

② 오마주

③ 패러디

④ 리메이크

> ✔해설 ① 표절 : 다른 사람의 저작물의 일부 또는 전부를 몰래 가져다 쓰는 행위이다.
> ③ 패러디 : 특정 작품의 소재나 문체를 흉내내어 익살스럽게 표현하는 수법 혹은 작품이다.
> ④ 리메이크 : 이미 발표된 작품을 부분적인 수정을 가하여 다시 만드는 것이다.

125 스포츠 용어로 출전자격을 취득하지 못했으나 특별히 출전이 허용되는 선수나 팀을 지칭하는 것은?

① 멤버십카드　　　　　　　　　　② 와일드카드

③ 히든카드　　　　　　　　　　　④ 체크카드

> ✔해설 와일드카드 … 스포츠 용어로는 축구, 테니스, 사격, 체조, 야구 등 일부 종목에서 출전자격을 따지 못했
> 지만 특별히 출전이 허용된 선수나 팀을 의미한다. 이러한 와일드카드는 1994년 232일 간의 긴 파업
> 끝에 개막된 1995년의 포스트시즌부터 시작되었다. 파업 후유증으로 페넌트 레이스 경기 수가 줄어든
> 대신 1994년 불발에 그친 와일드카드가 관중들의 흥미를 돋우기 위해 처음 도입된 것이다.

126 유대인 율법학자들이 유대교의 율법과 사상, 전통 등에 대하여 구전 · 해설한 것을 집대성한 책은?

① 테아이테토스

② 니힐리즘

③ 탈무드

④ 소피스트

> ✔해설 ① 테아이테토스 : 고대 그리스 철학자 플라톤의 저서이다.
> ② 니힐리즘 : 이상이나 도덕규범, 문화 등을 전적으로 부정하는 허무주의이다.
> ④ 소피스트 : 기원전 5 ~ 4세기에 그리스를 중심으로 활동했던 철학 사상가 및 교사이다. 프로타고라
> 스, 고르기아스 등이 대표 소피스트이다.

127 아이러니한 상황 또는 사건 등을 통해 웃음을 유발하는 코미디는?

① 블랙 코미디

② 블루 코미디

③ 화이트 코미디

④ 그린 코미디

> ✔해설 블랙 코미디(black comedy) … 주로 부조리, 죽음과 같은 어두운 소재나 정치·사회적으로 비난받을 만한 소재를 풍자하며 웃음을 유발한다. 이러한 블랙 코미디는 웃기지만 생각해보면 상황을 지독히 현실적이고 냉정하게 바라보는 것이 특징이다.

128 저작권 소유자가 모든 이용자에게 대해 자신의 창작물을 사용·변경·재배포 하는 것을 무상으로 허용하는 것을 일컫는 용어는?

① 카피라이트(copyright)

② 카피레프트(copyleft)

③ 카피다운(copydown)

④ 카피프리(copyfree)

> ✔해설 카피레프트 … 프리웨어(freeware)라고도 하며, 저작권(copyright) 소유자가 모든 이용자에 대해 자신의 창작물을 사용·변경·재배포하는 것을 무상으로 허용하는 것을 말한다. copy 'right'와는 달리 이용자의 자유를 보장하기 위해 저작권을 사용한다는 점에서 copy 'left'라고 부른다.

Answer 127.① 128.②

129 유네스코가 지정하는 국제 기념일 세계 철학의 날은?

① 매년 10월 첫째 주 일요일

② 매년 3월 셋째 주 금요일

③ 매년 5월 둘째 주 토요일

④ 매년 11월 셋째 주 목요일

✔해설 세계 철학의 날… 철학의 가치를 보존하기 위해 유네스코가 2002년에 제정한 기념일이다.
① 세계 주거의 날로, 주거가 모든 사람의 기본적인 권리라는 것을 인식시키기 위하여 UN이 지정한 국제 기념일이다.
② 세계 수면의 날로, '편안한 잠으로 만드는 건강한 마음과 행복한 세상'을 슬로건으로 세계수면학회가 지정한 날이다.
③ 세계 공정무역의 날로, WFTO에서 공정무역을 널리 알리고 활발한 참여를 촉구하기 위해 지정한 날이다.

130 골프 용어가 아닌 것은?

① 퍼트(put)

② 이글(eagle)

③ 엘리웁(alleyoop)

④ 알바트로스(albatross)

✔해설 엘리웁(alleyoop) … 농구에서 사용하는 용어이다. 바스켓 근처에서 점프한 선수가 공중에서 공을 받아 발이 땅에 닿기 전에 슛을 쏘는 동작을 말한다.
① 퍼트(put) : 그린 위에서 공을 홀에 넣기 위해 치는 동작을 말한다.
② 이글(eagle) : 한 홀에서 기준 타수보다 2타 적은 타수로 홀인하는 것을 말한다.
④ 알바트로스(albatross) : 한 홀에서 기준 타수보다 3타 적은 타수로 홀인하는 것을 말한다.

한국사

한민족(韓民族)의 형성 ✦

농경생황을 바탕으로 동방문화권(東方文化圈)을 성립하고 독특한 문화를 이룩한 우리 민족은 인종학상으로는 황인종 중 퉁구스족(Tungus族)의 한 갈래이며, 언어학상 알타이어계(Altai語系)에 속한다. 한반도에는 구석기시대부터 사람이 살기 시작하였고 신석기시대에서 청동기시대를 거치는 동안 민족의 기틀이 이루어졌다.

선사시대의 비교 ✦✦✦

시대	구석기	신석기	청동기	철기
연대	약 70만 년 전	약 8000년 전	BC 15 ~ 13세기경	BC 4세기경
경제	수렵 · 채집 · 어로	농경 시작 조 · 피 · 수수 등	벼농사 시작 사유재산 발생	철제 농기구로 생산력 증대
사회	무리생활	씨족 단위의 부족사회 계급 없는 평등사회	군장사회의 출현 계급의 발생	연맹국가
유물	동물뼈, 석기류, 인골	간석기, 토기(이른민무늬토기, 덧무늬토기, 빗살무늬토기)	민무늬토기, 반달돌칼, 비파형동검 등	검은간토기, 덧띠토기, 거푸집, 세형동검, 잔무늬거울
유적	• 웅기 굴포리 • 상원 검은모루 • 공주 석장리 • 연천 전곡리 등	• 웅기 굴포리 • 부산 동삼동 • 서울 암사동 • 봉산 지탑리 등	• 고인돌 • 돌무지무덤 • 돌널무덤 등	• 돌무지무덤 • 돌널무덤 • 독무덤 • 널무덤 등

중석기 ✦

구석기에서 신석기로 넘어가는 약 2000년간(1만 년 전 ~ 8000년 전)의 과도기 단계 구분하여 부르는 시기로, 작고 빠른 동물을 잡기 위한 활, 창, 작살 등과 잔석기 등을 사용하였다.

❖ 단군신화(檀君神話) ↗↗

우리민족의 시조 신화로 이를 통해 청동기시대를 배경으로 고조선의 성립이라는 역사적 사실과 함께 당시 사회모습을 유추할 수 있다.

① 천제의 아들 환웅이 천부인 3개와 풍백·운사·우사 등의 무리를 거느리고 태백산 신시에 세력을 이루었다. → 천신사상, 선민사상, 농경사회, 계급사회, 사유재산제 사회

② 곰과 호랑이가 와서 인간이 되게 해달라고 하였으며, 곰만이 인간여자가 되어 후에 환웅과 결합하여 아들 단군왕검을 낳았다. → 토테미즘, 샤머니즘, 제정일치

③ 널리 인간을 이롭게 한다(홍익인간). → 민본주의, 지배층의 권위(통치이념)

❖ 8조법(八條法) ↗

고조선 사회의 기본법으로, 「한서지리지」에 기록되어 있다. 살인·상해·절도죄를 기본으로 하는 이 관습법은 족장들의 사회질서유지 수단이었으며, 동시에 가부장 중심의 계급사회로서 사유재산을 중히 여긴 당시의 사회상을 반영하고 있다. 그 내용 중 전하는 것은 '사람을 죽인 자는 사형에 처한다, 남에게 상해를 입힌 자는 곡물로 배상한다, 남의 물건을 훔친 자는 노비로 삼고 배상하려는 자는 50만전을 내야 한다' 등 3조이다.

❖ 여러 부족의 성장 ↗

구분	부여	고구려	옥저·동예	삼한
정치	5부족 연맹체(왕·4출도), 1책 12법	5부족 연맹체(왕·대가), 제가회의(군장회의)	읍군·삼로(군장)	제정분리 : 군장(신지·견지·읍차·부례), 제사장(천군)
풍속	우제점법, 형사취수, 순장의 풍습	데릴사위제	• 옥저 : 민며느리제, 가족공동장 • 동예 : 책화, 족외혼	벼농사 발달(저수지 축조), 낙랑·일본 등에 철 수출
경제	• 반농반 • 말, 주옥, 모피 등과 같은 특산물	약탈경제 → 부경(창고)	• 농경발달, 해산물 풍부 • 단궁, 과하마, 반어피(동예)	두레조직을 통해 공동작업
제천행사	영고(12월)	동맹(10월)	무천(동예, 10월)	수릿날(5월), 계절제(10월)

✅ 발해(渤海) ↗

698년 고구려의 장군이었던 대조영이 지린성 돈화현 동모산 일대(현재의 만주 및 연해주, 한반도 동북부)에 고구려인과 말갈족을 합하여 세운 나라이다. 정치 조직은 당나라의 영향을 받아 3성(정당성·선조성·중대성) 6부(충·인·의·지·예·신)를 두었고 귀족회의에서 국가 중대사를 결정했다. 발해는 고구려 유민이 지배층을 이루며 고구려 문화를 계승하여 발달시켰으며, 통일신라에 대한 견제로 일본과의 교역을 추진하였다. 926년 거란족에 의해 멸망했다.

✅ 진대법(賑貸法) ↗

고구려 고국천왕 16년(194) 을파소의 건의로 실시한 빈민구제법이다. 춘궁기에 가난한 백성에게 관곡을 빌려주었다가 추수기인 10월에 관에 환납하게 하는 제도이다. 귀족의 고리대금업으로 인한 폐단을 막고 양민들의 노비화를 막으려는 목적으로 실시한 제도였으며, 고려의 의창제도, 조선의 환곡제도의 선구가 되었다.

✅ 광개토대왕비(廣開土大王碑) ↗↗

만주 집안현 통구(通溝)에 있는 고구려 19대 광개토대왕의 비석으로, 왕이 죽은 후인 장수왕 2년(414)에 세워졌다. 비문은 고구려·신라·가야의 3국이 연합하여 왜군과 싸운 일과 왕의 일생사업을 기록한 것으로, 우리나라 최대의 비석이다. 일본은 '倭以辛卯年來渡海破百殘□□新羅以爲臣民'라는 비문을 확대·왜곡 해석하여 임나일본부설의 근거로 삼고 있다.

✅ 태학(太學) ↗

고구려의 국립교육기관으로, 우리나라 최초의 교육기관이다. 소수림왕 2년(372)에 설립되어 중앙귀족의 자제에게 유학을 가르쳤다.

✅ 경당(慶堂) ↗↗

지방의 사립교육기관으로 한학과 무술을 가르쳤다.

✅ 다라니경(陀羅尼經) ↗

국보 제126호로 지정되었다. 불국사 3층 석탑(석가탑)의 보수공사 때(1966) 발견된 것으로, 현존하는 세계 최고(最古)의 목판인쇄물이다. 다라니경의 출간연대는 통일신라 때인 700년대 초에서 751년 사이로 추정되며 정식 명칭은 무구정광 대다라니경이다.

✅ 마립간(麻立干) ↗

신라시대의 왕호이다. 신라 건국초기에는 박·석·김의 3성(姓) 부족이 연맹하여 연맹장을 세 부족이 교대로 선출했으며, 이들이 주체가 되어 신라 6촌이라는 연맹체를 조직하기에 이르렀다. 이것이 내물왕 때부터는 김씨의 왕위세습권이 확립되었고 대수장(大首長)이란 뜻을 가진 마립간을 사용하게 되었다.

✅ 골품제도(骨品制度) ↗↗

신라의 신분제로, 성골·진골·6두품 등이 있었다. 성골은 양친 모두 왕족인 자로서 28대 진덕여왕까지 왕위를 독점 세습하였으며, 진골은 양친 중 한편이 왕족인 자로서 태종무열왕 때부터 왕위를 세습하였다. 골품은 가계의 존비를 나타내고 골품 등급에 따라 복장·가옥·수레 등에 여러 가지 제한을 두었다.

✅ 향(鄕) · 소(巢) · 부곡(部曲) ↗

통일신라때 생겨난 특수행정구역으로 양인이지만 천역을 진 신량역천인 거주지를 말한다. 통일과정에서 저항한 지역을 강등시킴으로 생겨났으며 향·부곡은 농업, 소는 수공업을 담당하였다. 고려 때까지 있었으나 조선 때 소멸했다.

✅ 독서삼품과(讀書三品科) ↗↗

신라 때의 관리등용방법으로, 원성왕 4년(788) 시험본위로 인재를 뽑기 위하여 태학감에 설치한 제도이다. 좌전·예기·문선을 읽어 그 뜻에 능통하고 아울러 논어·효경에 밝은 자를 상품(上品), 곡례·논어·효경을 읽을 줄 아는 자를 중품(中品), 곡례와 논어를 읽을 줄 아는 자를 하품(下品)이라 구별하였으며, 독서출신과(讀書出身科)라고도 하였다. 그러나 골품제도 때문에 제 기능을 발휘하지는 못하였다.

✅ 신라장적(新羅帳籍) ↗

1933년 일본 도오다이사(東大寺) 쇼소인(正倉院)에서 발견된 것으로, 서원경(淸州)지방 4개 촌의 민정문서이다. 남녀별·연령별의 정확한 인구와 소·말·뽕나무·호도나무·잣나무 등을 집계하여 3년마다 촌주가 작성하였다. 호(戶)는 인정(人丁)수에 의해 9등급, 인구는 연령에 따라 6등급으로 나뉘었고, 여자도 노동력수취의 대상이 되었다. 촌주는 3 ~ 4개의 자연촌락을 다스리고 정부는 촌주에게 촌주위답을, 촌민에게는 연수유답을 지급하였다. 이 문서는 조세수취와 노동력징발의 기준을 정하기 위해 작성되었다.

✅ 진흥왕순수비(眞興王巡狩碑) ↗

신라 제24대 진흥왕이 국토를 확장하고 국위를 선양하기 위하여 여러 신하를 이끌고 변경을 순수하면서 기념으로 세운 비로, 현재까지 알려진 것은 창녕비·북한산비·황초령비·마운령비 등이다.

화백제도(和白制度) ✦

신라 때 진골 출신의 고관인 대등(大等)들이 모여 국가의 중대사를 결정하는 회의이다. 만장일치로 의결하고, 한 사람이라도 반대하면 결렬되는 회의제도였다.

훈요 10조(訓要十條) ✦

고려 태조 26년(943)에 대광 박술희를 통해 후손에게 훈계한 정치지침서로, 신서와 훈계 10조로 이루어져 있다. 불교·풍수지리설 숭상, 적자적손에 의한 왕위계승, 당풍의 흡수와 거란에 대한 강경책 등의 내용으로 고려정치의 기본방향을 제시하였다.

기인제도(其人制度) ✦✦

고려 초기 지방향리의 자제를 서울에 인질로 두고 지방사정에 대한 자문을 구했던 제도로, 호족세력의 억제수단이었다. 이 제도는 신라시대 상수리제도에서 유래되어 조선시대의 경저리제도로 발전하였다.

상수리제도(上守吏制度) ✦

통일신라시대 지방 세력의 자제를 중앙에 머물게 하는 제도를 말하며, 왕권의 강화를 위해 실시하였다. 삼국을 통일한 신라는 왕권을 강화하기 위해 많은 정책을 실시하였는데, 그 중 상수리 제도는 각 주의 지방 세력의 자제들 중 한 명을 뽑아 중앙의 볼모로 와 있게 함으로써 지방의 세력을 견제하고 왕권을 강화하고자 한 것이다. 이는 고려의 기인, 조선의 경저리 제도와 유사한 제도이다.

사심관제도(事審官制度) ✦✦✦

고려 태조의 민족융합정책의 하나로, 귀순한 왕족에게 그 지방정치의 자문관으로서 정치에 참여시킨 제도이다. 신라 경순왕을 경주의 사심관으로 임명한 것이 최초이다. 사심관은 부호장 이하의 향리를 임명할 수 있으며, 그 지방의 치안에 대해 연대책임을 져야 했다. 결국 지방세력가들을 견제하기 위한 제도라고 볼 수 있다.

서경제도 ✦

고려·조선시대에 관리의 임명이나 법령의 개정·폐지 시 대간(고려 : 어사대·중서문사성 낭사, 조선 : 사헌부·사간원 관리)의 동의를 받도록 하는 제도를 말한다.

장생고(長生庫) ✦

고려 때 사원에 설치한 서민금융기관이다. 사원전에서 수확된 대부분을 자본으로 하여 민간경제의 융통을 기하는 동시에 사원 자체의 유지·발전을 꾀하였으나, 점차 고리대금의 성격으로 변하였다. 이로 인하여 불교 자체의 질적 저하를 가져왔으며, 귀족들의 부를 증대시켰다.

✅ 무신정변(武臣政變) ✦✦

고려시대 무신들에 의해 일어난 정변으로 이는 좁은 뜻으로 볼 때 1170년(의종 24)의 정중부의 난을 말한다. 고려의 지배층을 구성한 것은 문신과 무신이 모두 해당되나, 과거제도와 함께 유교주의가 채택됨으로써 문치를 지향하는 사회가 되어 문신의 지위가 무신에 비해 높아지게 되었다. 그리하여 성종 이후 거란·여진 등 북방민족이 침입했을 때도 그 최고지휘관은 문신이 되었고, 무신은 그 아래에서 지휘를 받으며 많은 희생을 감수하였다. 또한 경제적 배경이 되는 전시과체제에 있어서 998년(목종 1)의 문무양반의 전시과체제의 개정 때에는 무관이 문관에 비해 낮은 품계를 받음으로써 무신의 불평은 높아지고 갈등이 깊어지게 되었다. 그 불평과 갈등은 마침내 실력행사로 나타나게 되었고, 그것은 세력의 기반을 다지지 않고서는 성공하기 힘든 것이었다. 1014년(현종 5) 급증한 백관의 녹봉을 지급하기 위해 당시 경군(京軍)의 영업전을 몰수하자, 이에 격분한 무신 최질·김훈 등은 병사들을 충동하여 반란을 일으키고 정치상의 실권을 장악하였다. 그러나 이 정권은 1년도 못되어 실패하는 바람에 더욱더 문신이 득세하는 결과를 낳았다. 계속된 숭문억무정책은 의종 때까지 이어져 명승지에 이궁과 정자를 지으면서 군졸들을 동원하였고, 급기야 문신 김돈중이 견룡대정(牽龍隊正) 정중부의 수염을 촛불로 태워 희롱하는 사태로까지 발전하였다. 결국 이러한 고려 귀족사회가 지닌 모순들은 마침내 무신정변을 일으키게 하였다. 1170년 의종이 문신들을 거느리고 장단 보현원에 행차할 때 왕을 호종하던 정중부와 이의방·이고 등은 반란을 일으켜 왕을 수행하던 문신들을 학살하고, 다시 개성으로 돌아와서 요직에 있던 문신들을 대량 학살하였다. 그들은 곧이어 의종을 폐위시키고 그의 아우 익양공을 왕(명종)으로 옹립하여 실권을 장악, 문신귀족 정치를 무너뜨리고 무신정권이 성립되었다.

☆☆☆ 정방(正房) … 고려 최씨집권 때 최우가 자기집에 설치하여 문무백관의 인사행정을 담당하던 기관으로, 최씨 정권이 몰락한 후에도 오래 존속되었다. 창왕 때 상서사로 개편되었다.

✅ 음서제도(蔭書制度) ✦✦

고려·조선시대에 공신이나 고위관리의 자제들이 과거에 응하지 않고도 관직에 등용되던 제도를 말한다. 조선시대는 고려시대보다 음서의 범위가 축소되었다.

✅ 중방정치(重房政治) ✦

중방은 2군 6위의 상장군·대장군 16명이 모여 군사에 관한 일을 논의하던 무신의 최고회의기관으로, 정중부가 무신의 난 이후 중방에서 국정전반을 통치하던 때의 정치를 의미한다.

✅ 도방정치(都房政治) ✦

도방은 경대승이 정중부를 제거한 후 정권을 잡고 신변보호를 위해 처음 설치하여 정치를 하던 기구로, 그 뒤 최충헌이 더욱 강화하여 신변보호 및 집권체제 강화를 위한 군사기기로 사용하였다.

❤ 도병마사(都兵馬使) ✦✦

고려시대 중서문하성의 고관인 재신과 중추원의 고관인 추밀이 합좌하여 국가 중대사를 논의하던 최고기관(도당)이다. 충렬왕 때 도평의사사로 바뀌었다.

❤ 교정도감(敎定都監) ✦

고려시대 최충헌이 무신집권기에 설치한 최고행정집행기관(인사권 · 징세권 · 감찰권)으로, 국왕보다 세도가 강했으며 우두머리인 교정별감은 최씨에 의해 대대로 계승되었다.

❤ 별무반(別武班) ✦

고려 숙종 9년(1104) 윤관의 건의에 따라 여진정벌을 위해 편성된 특수부대이다. 귀족 중심의 신기군(기병부대), 농민을 주축으로 한 신보군(보병부대), 승려들로 조직된 항마군으로 편성되었다.

❤ 삼별초(三別抄) ✦✦

고려 최씨집권시대의 사병집단이다. 처음에 도둑을 막기 위하여 조직한 야별초가 확장되어 좌별초 · 우별초로 나뉘고, 몽고군의 포로가 되었다가 도망쳐 온 자들로 조직된 신의군을 합하여 삼별초라 한다. 원종의 친몽정책에 반대하여 항쟁을 계속하였으나, 관군과 몽고군에 의해 평정되었다.

❤ 묘청의 난 ✦✦✦

고려 인종 13년(1135)에 묘청이 풍수지리의 이상을 표방하고, 서경으로 천도할 것을 주장하였으나 유학자 김부식 등의 반대로 실패하자 일으킨 난이다. 관군에 토벌되어 1년만에 평정되었다. 신채호는 '조선역사상 1천 년 내의 제1의 사건'이라 하여 자주성을 높이 평가하였다.

❤ 건원중보(乾元重寶) ✦

고려 성종 15년(996)때 주조된 우리나라 최초의 철전(鐵錢)이다. 그 후 삼한중보 · 삼한통보 · 해동중보 · 해동통보 · 동국중보 · 동국통보 등을 주조하였으나 널리 통용되지는 않았다.

❤ 전시과(田柴科) ✦✦✦

고려의 토지제도로 관직이나 직역을 담당한 사람들에게 직위에 따라 전지(田地)와 시지(柴地)를 차등있게 분급하는 제도이다. 태조 23년(940)의 역분전(役分田)에 기초를 둔 것이었는데, 역분전은 통일 뒤의 논공행상적인 것이었다. 전시과라는 명칭은 문무관리에게 전지와 연료채취지인 시지를 준 데에서 비롯된다. 신라의 녹읍제가 토지 자체보다도 인간을 지배하려는데 그 목적이 컸음에 비하여 전시과는 토지를 통한 농민지배의 성격이 강했다.

✅ 공음전 ⚡⚡

공음전시(功蔭田柴)라고도 하며 고려시대 관리에게 토지를 지급하는 전시과에 속한 토지 항목 중의 하나이다. 5품 이상의 귀족관료에게 지급되어 세습이 허용되었다.

✅ 과전법(科田法) ⚡⚡

고려 말 이성계일파에 의하여 단행된 전제개혁으로 공양왕 3년(1391)에 전국의 토지를 몰수한 후 경기토지에 한하여 전직·현직 문무관에게 사전(私田)을 지급하였다. 이것은 세습할 수 없었고, 나머지는 모두 공전(公田)으로 하였다.

✅ 국자감(國子監) ⚡⚡

고려 성종 11년(992)에 세워진 국립대학으로, 국자학·태학·사문학의 3학과 율학·서학·산학 등의 전문학과가 있었다. 평민이 입학하여 기술학을 학습하는 유일한 국립대학이었다. 국학이라고도 불리웠는데, 후에 성균관으로 개칭되어 조선에 계승되었다.

✅ 상평창(常平倉)·의창(義倉) ⚡

상평창은 고려 성종 12년(993)에 설치한 물가조절기관으로, 곡식과 포목 등 생활필수품을 값쌀 때 사두었다가 흉년이 들면 파는 기관이다. 이는 개경과 서경을 비롯한 전국 주요 12목에 큰 창고를 두었으며, 사회구제책과 권농책으로 오래 활용되었다. 의창은 고려 성종 5년(986)에 태조가 만든 흑창을 개칭한 빈민구제기관으로, 전국 각 주에 설치하였다. 춘궁기에 관곡에 빌려주고 추수 후에 받아들이는 제도로, 고구려 진대법과 조선의 사창·환곡과 성격이 같다.

✅ 노비안검법(奴婢按檢法) ⚡⚡

고려 광종 7년(956) 원래 양인이었다가 노비가 된 자들을 조사하여 해방시켜 주고자 했던 법으로, 귀족세력을 꺾고 왕권을 강화하기 위한 정책적 목적으로 실시되었다. 그러나 후에 귀족들의 불평이 많아지고 혼란이 가중되어 노비환천법이 실시되었다.

✅ 노비환천법(奴婢還賤法) ⚡⚡

노비안검법의 실시로 해방된 노비 중 본 주인에게 불손한 자를 다시 노비로 환원시키기 위해 고려 성종 때 취해진 정책이다.

✅ 상정고금예문(詳定古今禮文) ⚡

고려 인종 때 최윤의가 지은 것으로, 고금의 예문을 모아 편찬한 책이나 현존하지 않는다. 이규보의 동국이상국집에 이 책을 1234년(고종 21)에 활자로 찍었다고 한 것으로 보아 우리나라 최초의 금속활자본으로 추정된다.

✅ 직지심경(直指心經) ⚡⚡

고려 우왕 3년(1377)에 백운이라는 승려가 만든 불서로 직지심체요절(直指心體要節)이라고도 한다. 1972년 파리의 국립도서관에서 유네스코 주최로 개최된 '책의 역사' 전시회에서 발견되어 현존하는 세계 최고(最古)의 금속활자본으로 판명되었다.

✅ 조선경국전(朝鮮經國典) ⚡

조선왕조의 건국이념과 정치·경제·사회·문화에 대한 기본방향을 설정한 헌장법전으로, 정도전·하윤 등에 의해 편찬되었다. 경국대전을 비롯한 조선왕조 법전편찬의 기초가 되었다.

✅ 도첩제(度牒制) ⚡

조선 태조 때 실시된 억불책의 하나로, 승려에게 신분증명서에 해당하는 도첩을 지니게 한 제도이다. 승려가 되려는 자에게 국가에 대해 일정한 의무를 지게 한 다음 도첩을 주어 함부로 승려가 되는 것을 억제한 제도인데, 이로 말미암아 승려들의 세력이 크게 약화되고 불교도 쇠퇴하였다.

✅ 대동법(大同法) ⚡⚡

17세기 초 이원익, 한백겸의 주장으로 현물로 바치던 공물을 토지의 결수에 따라 쌀로 바치게 한 세법이다. 1결당 12두로 선조 때부터 경기지방에 실시되다가 숙종 때 함경·평안도를 제외하고 전국적으로 실시되었다. 이로써 방납의 폐해 근절, 국가재정의 증대, 농민부담의 감소, 지주부담의 증가, 공인의 등장, 상공업·화폐·교통의 발달 등의 결과를 가져왔다.

✅ 선혜청 ⚡⚡

선조 때 이원익의 주창으로 설치되어 대동미와 베·돈의 출납 등을 맡아보던 관청이다.

✅ 균역법(均役法) ⚡⚡⚡

영조 26년(1750) 백성의 부담을 덜기 위하여 실시한 납세제도로, 종래 1년에 2필씩 내던 포를 1필로 반감하여 주고 그 재정상의 부족액을 어업세·염세·선박세와 결작의 징수로 보충하였다. 역을 균등히 하기 위해 제정하고 균역청을 설치하여 이를 관할하였으나, 관리의 부패로 농촌생활이 피폐해졌으며 19세기에는 삼정문란의 하나가 되었다.

✔ 삼정(三政) ✦✦

조선시대 국가재정의 근원인 전정(田政)·군정(軍政)·환곡(還穀)을 말한다. 전정이란 토지에 따라 세를 받는 것이고, 군정은 균역 대신 베 한필씩을 받는 것이며, 환곡은 빈민의 구제책으로 봄에 곡식을 빌려 주었다가 가을에 10분의 1의 이자를 합쳐 받는 것이다.

✔ 삼포왜란(三浦倭亂) ✦

왜인들이 중종 5년(1510)에 3포(부산포, 제포, 염포)에서 일으킨 난을 말한다. 이로 인해 임신약조를 맺게 되어 세견선과 세사미두를 반감하였고, 제포를 개항하는 동시에 중종 39년(1544)에는 왜관을 부산포로 옮겼다. 삼포왜란을 계기로 군국의 사무를 맡는 새로운 기관이 필요해짐에 따라 비변사가 설치되었다.

✔ 4군 6진(四郡六鎭) ✦

세종 때 영토수복정책의 일환으로 최윤덕이 압록강 일대의 여진족을 정벌하고 여연·자성·무창·우예의 4군을, 김종서가 두만강 일대의 여진족을 몰아내고 종성·온성·회령·부령·경원·경흥의 6진을 설치하였다.

✔ 병자호란(丙子胡亂) ✦

조선 인조 14년(1636) 청이 명을 정벌하기 위해서 군량과 병선의 징발을 요구하고 형제관계를 군신관계로 바꾸도록 강요하자, 이에 격분한 조선정부가 임전태세를 강화함으로써 일어난 전쟁이다. 청 태종이 용골대와 마부대를 선봉으로 10만 대군을 이끌고 침입, 결국은 주화파 최명길을 통하여 삼전도에서 굴욕적인 항복을 하였다. 이 결과 청과 조선은 군신관계를 맺고 명과의 관계를 끊으며, 소현세자와 봉림대군의 두 왕자와 척화파인 홍익한, 윤집, 오달제 등 3학사를 인질로 보냈다.

✔ 비변사(備邊司) ✦✦

조선시대 정일품아문(正一品衙門)으로 중앙과 지방의 군국기무(軍國機務)를 총괄하던 관청이다. 중종 5년인 1510년에 처음으로 설치했을 때는 왜인 및 야인과의 충돌을 대비한 임시기구였지만, 명종 10년인 1555년부터 상설 기관화 하였다. 임진왜란 이후 정치의 중추기관 역할을 하며 의정부를 대신하여 최고아문(最高衙門)이 되었다가, 고종 대에 와서는 외교·국방·치안 관계만을 맡아보다가 1865년 폐지되었다.

✔ 소수서원(紹修書院) ✦

우리나라 최초의 사액서원이다. 중종 38년(1543) 풍기 군수인 주세붕이 최초의 서원인 백운동서원을 설립하였고, 명종 때 이황이 군수로 부임한 후 국왕으로부터 사액을 하사받아 소수서원이라고 개칭했다.

집현전(集賢殿) ✦

세종 2년(1420) 설치된 왕립학문연구소이다. 그 구성은 재주 있는 연소학자로 되어 있어 각각 경연(왕의 학문지도)과 서연(세자의 학문지도), 각종 학술의 연구, 유교·지리·의학 등 국왕에 대한 학문상 고문과 정치적 자문, 각종 서적의 편찬과 저술 등을 수행하였다. 세조 때 폐지되었다가 성종 때 홍문관으로, 다시 정조 때 규장각으로 변천되었다.

규장각(奎章閣) ✦

정조 원년(1776)에 궁중에 설치된 왕립도서관 및 학문연구소로, 역대 국왕의 시문·친필·서화·유교 등을 관리하던 곳이다. 이는 학문을 연구하고 정사를 토론케 하여 정치의 득실을 살피는 한편, 외척·환관의 세력을 눌러 왕권을 신장시키고 문예·풍속을 진흥시키기 위한 것이었다.

탕평책(蕩平策) ✦✦✦

영조가 당쟁의 뿌리를 뽑아 일당전제의 폐단을 없애고, 양반의 세력균형을 취하여 왕권의 신장과 탕탕평평을 꾀한 정책이다. 이 정책은 정조 때까지 계승되어 당쟁의 피해를 막는데 큰 성과를 거두었으나, 당쟁을 근절시키지는 못하였다.

만인소(萬人疏) ✦

정치의 잘못을 시정할 것을 내용으로 하는 유생들의 집단적인 상소를 말한다. 그 대표적인 것으로는 순조 23년(1823)에 서자손 차별반대 상소, 철종 6년(1845)에 사도세자 추존의 상소, 그리고 고종 18년(1881)에 김홍집이 소개한 황쭌셴의 조선책략에 의한 정치개혁반대 상소를 들 수 있다.

4색당파(四色黨派) ✦

조선시대 약 340년간 정권쟁탈과 사리사욕을 일삼던 북인·남인·노론·소론의 당파를 말한다. 당쟁은 선조 8년(1575) 김효원 중심의 동인과 심의겸 중심의 서인과의 대립에서 시작되었다. 4색은 선조 24년에 동인이 북인과 남인으로, 숙종 9년에 서인이 노론과 소론으로 분당되어 이루어졌다.

사육신(死六臣)·생육신(生六臣) ✦

조선시대 수양대군의 왕위찬탈에 의분을 느낀 집현전 학자들은 정인지·신숙주 등을 제외하고 단종복위 운동을 꾀하였다. 이때 실패하여 처형당한 성삼문·박팽년·하위지·유응부·유성원·이개 등을 사육신이라 부른다. 생육신은 불사이군(不事二君)이란 명분을 내세워 벼슬을 거부하고 절개를 지킨 김시습·원호·이맹전·조여·성담수·권절(또는 남효온) 등을 말한다.

✅ 조의제문(弔義帝文) ✔✔

조선 김종직이 초나라의 항우가 의제(義帝)를 죽여 폐위시킨 것을 조위하여 쓴 글이다. 이는 세조가 어린 단종을 죽이고 즉위한 것을 풍자한 글로서, 후에 무오사화(戊午士禍)의 원인이 되었다.

✅ 4대 사화(四大士禍) ✔✔✔

조선시대 중앙관료들 간의 알력과 권력쟁탈로 인하여 많은 선비들이 화를 입었던 사건을 말한다. 4대 사화는 연산군 4년(1498)의 무오사화, 연산군 10년(1504)의 갑자사화, 중종 14년(1519)의 기묘사화, 명종 원년(1545)의 을사사화를 말한다.

4대 사화	내용
무오사화	사초(史草)가 발단이 되어 일어나 사화(史禍)라고도 하며, 김일손 등 신진사류가 유자광 중심의 훈구파에게 화를 입은 사건이다.
갑자사화	연산군의 어머니 윤씨(尹氏)의 복위문제에 얽혀서 일어난 사화로 윤씨 복위에 반대한 선비들을 처형한 사건이다.
기묘사화	남곤, 홍경주 등의 훈구파에 의해 조광조 등의 신진사류들이 숙청된 사건이다.
을사사화	왕실의 외척인 대윤(大尹)과 소윤(小尹)의 반목을 계기로 일어난 사화이다.

✅ 실학(實學) ✔✔✔

조선 후기 17 ~ 19세기에 걸쳐 나타난 근대 지향적이고 실증적인 학문이다. 전근대적인 성향의 전통유학인 성리학의 한계에서 벗어나 부국강병과 민생안정을 도모할 수 있는 실천적인 학문을 모색한 개신적(改新的) 사상이다.

✅ 중농학파(重農學派) · 중상학파(重商學派) ✔✔

구분	특징
중농학파	경세치용(經世致用)학파라고도 하며, 실리적이고 체계적인 개혁을 지향하여 농촌 문제에 관심을 쏟아 토지 · 조세 · 교육 · 관리 선발 등의 폐단을 시정하고자 하였다. 유형원, 이익, 정약용 등이 이 학파에 속하며, 중농학파는 구한말의 애국계몽 사상가들과 일제 강점기 국학자들에게 큰 영향을 주었다.
중상학파	북학파(北學派), 이용후생학파(利用厚生學派)라고도 하며, 청나라 문화의 영향을 받아 등장하였다. 농업뿐 아니라 상공업 진흥과 기술 혁신 등 물질문화 발달에 관심을 보였으며, 중심 학자로 유수원, 홍대용, 박지원, 박제가 등이 있다. 중상학파의 개혁사상은 농업에만 치우친 유교적 이상국가론에서 탈피하여 부국강병을 위한 적극적인 방안을 강구하였다는 점에서 의의가 있으며, 박규수, 김옥균 등 개화사상가에게 영향을 주었다.

✔ 동의보감(東醫寶鑑) ✔✔

광해군 때 허준이 중국과 한국의 의서를 더욱 발전시켜 펴낸 의서로, 뒤에 일본과 중국에서도 간행되는 등 동양의학 발달에 크게 기여하였다. 이 책은 내과·외과·소아과·침구 등 각 방면의 처방을 우리 실정에 맞게 풀이하고 있다.

✔ 동사강목(東史綱目) ✔

정조 2년(1778) 순암(順菴) 안정복(安鼎福)이 저술한 역사서로 고조선부터 고려 말 공양왕까지의 역사를 기록하였다. 중국 송나라 주자(朱子)의 「통감강목(通鑑綱目)」의 체제에 따라 편찬한 강목체·편년체 사서로 본편 17권에 부록 3권이 덧붙여져 있다.

✔ 경국대전(經國大典) ✔

조선 세조의 명에 의해 최항, 노사신 등이 편찬을 시작하여 성종 2년에 완성한 조선 왕조의 기본법전이다. 조선 초기 「경제육전(經濟六典)」과 그 후에 반포된 법령, 교지, 조례 등을 종합해 호전(戶典), 형전(刑典) 등의 6조(曹)로 완성된 전 6권은 책이다.

✔ 향약(鄕約) ✔✔✔

조선 중종 때 조광조(여씨향약)에 의하여 처음 실시되었으며, 이황(예안향약)과 이이(해주향약)에 의해 전국적으로 보급되었다. 지방 사족이 향촌사회를 운영하는 지배수단이 되었다. 향약의 4대 덕목은 좋은 일은 서로 권한다는 의미의 '덕업상권(德業相勸)', 잘못한 일은 서로 규제한다는 의미의 '과실상규(過失相規)', 올바른 예속으로 교류한다는 의미의 '예속상교(禮俗相交)', 재난과 어려움을 서로 돕는다는 의미의 '환난상률(患難相恤)'이다.

✔ 양안(量案) ✔

농민층의 토지대장을 말한다. 논밭의 소재·위치·등급·형상·면적·자호를 적어둔 책으로, 조선시대에는 20년마다 양전(토지조사)을 하여 양안(토지대장)을 작성하였다. 경지면적과 등급을 재조사함으로써 국가재정수입을 늘리고 조세부담을 고르게 하는데 목적이 있었다.

✔ 상평통보(常平通寶) ✔

인조 11년(1663) 이덕형의 건의로 만들어진 화폐이다. 만들어진 후 곧 폐지되었으나, 효종 2년 김육에 의하여 새로 만들어져 서울과 서북지방에서 잠시 사용되다가 다시 폐지되었다. 그 후 숙종 4년(1678)에 허적에 의하여 새로이 주조되어 전국적으로 통용되었다.

❤ 육의전(六矣廛) ↗

조선 때 운종가(종로)에 설치되어 왕실·국가의식의 수요를 도맡아 공급하던 어용상점을 말한다. 비단·무명·명주·모시·종이·어물 등 여섯 종류였고, 이들은 고율의 세금과 국역을 물고 납품을 독점하였으며, 금난전권을 행사하며 자유로운 거래를 제한하였다.

❤ 금난전권 ↗↗

난전을 금압하는 시전상인들의 독점판매권이다. 18세기 말 정조 때 신해통공정책으로 육의전을 제외한 모든 시전상인들의 금난전권이 철폐되었다.

❤ 도고(都賈) ↗

조선 후기 대규모의 자본으로 상품을 매점매석하여 이윤의 극대화를 노리던 상행위 또는 그러한 상행위를 하던 상인이나 상인조직을 일컫는다. 도고의 성장은 상인의 계층 분화를 촉진시키는 요인으로 작용하였다.

❤ 조선왕조실록 ↗↗

조선 태조에서 철종까지 472년간의 역사적 사실을 각 왕 별로 기록한 편년체 사서다. 조선 왕조의 역사를 백과사전 형식으로 기록한 편년체 사서로 사초, 시정기 등을 바탕으로 실록청에서 편찬하였다. 실록에는 「고종태황제실록(高宗太皇帝實錄)」과 「순종황제실록(純宗皇帝實錄)」이 포함되어 있지 않다. 두 실록은 1927부터 1932년까지 조선총독부의 주도로 조선사편수회가 편찬한 것으로 일본의 대한제국 국권 침탈과 황제·황실의 동정에 관한 기록들에서 왜곡이 많기 때문이다. 또한 조선시대의 엄격한 실록 편찬 규례에도 맞지 않는 점이 많다. 따라서 고종·순종실록의 역사는 참고하거나 인용하는 데에 주의가 필요하다. 한편 「조선왕조실록」은 모두 국보로 지정되어 있으며, 1997년 「훈민정음」과 함께 유네스코 세계기록유산으로 등재되었다.

❤ 조사시찰단(紳士遊覽團) ↗

고종 18년(1881) 일본에 파견하여 새로운 문물제도를 시찰케 한 사절단을 말한다. 강화도조약이 체결된 뒤 수신사 김기수와 김홍집은 일본에 다녀와서 서양의 근대문명과 일본의 문물제도를 배워야 한다고 주장하였다. 이에 조선정부는 박정양·조준영·어윤중·홍영식 등과 이들을 보조하는 수원·통사·종인으로 조사시찰단을 편성하여 일본에 체류하면서 문교·내무·농상·의무·군부 등 각 성(省)의 시설과 세관·조례 등의 주요 부분 및 제사(製絲)·잠업 등에 이르기까지 고루 시찰하고 돌아왔다.

강화도조약 ✦✦✦

운요호사건을 빌미로 고종 13년(1876) 일본과 맺은 최초의 근대적 조약으로, 일명 병자수호조약이라고도 한다. 부산 · 인천 · 원산 등 3항의 개항과 치외법권의 인정 등을 내용으로 하는 불평등한 조약이나, 이를 계기로 개국과 개화가 비롯되었다는 데 큰 의의가 있다.

임오군란(壬午軍亂) ✦✦

고종 19년(1882) 개화파와 보수파의 대립으로 일어난 사건으로, 신 · 구식 군대차별이 발단이 되었다. 이 결과 대원군이 재집권하게 되었으나, 민씨일파의 책동으로 청의 내정간섭이 시작되고 이로 인해 제물포조약이 체결되어 일본의 조선침략의 발판이 되었다.

별기군(別技軍) ✦

고종 18년(1881)에 설치한 신식군대로, 강화도 조약 체결 이후 노골화 되는 제국주의세력에 대한 부국강병책의 일환으로 설립되었다. 일본의 육군공병 소위 호리모도를 초빙하여 교관으로 삼고 100명으로 편성된 별기군을 훈련시켰다. 별기군은 임오군란 때 폐지되었다.

갑신정변(甲申政變) ✦✦✦

고종 21년(1884) 개화당의 김옥균, 박영효 등이 중심이 되어 우정국 낙성식에서 민씨일파를 제거하고 개화정부를 세우려 했던 정변이다. 갑신정변은 청의 지나친 내정간섭과 민씨세력의 사대적 경향을 저지하고 자주독립국가를 세우려는 의도에서 일어났으나, 청의 개입과 일본의 배신으로 3일천하로 끝났다. 근대적 정치개혁에 대한 최초의 시도였다는 점에 큰 의의가 있다.

동학농민운동 ✦✦

고종 31년(1894) 전라도 고부에서 동학교도 전봉준 등이 일으킨 민란에서 비롯된 농민운동을 말한다. 교조신원운동의 묵살, 전라도 고부군수 조병갑의 착취와 동학교도 탄압에 대한 불만이 도화선이 된 이 운동은 조선 봉건사회의 억압적인 구조에 대한 농민운동으로 확대되어 전라도 · 충청도 일대의 농민이 참가하였으나, 청 · 일 양군의 간섭으로 실패했다. 이 운동의 결과 대외적으로는 청일전쟁이 일어났고, 대내적으로는 갑오개혁이 추진되었다. 또한 유교적 전통사회가 붕괴되고 근대사회로 전진하는 중요한 계기가 되었다.

갑오개혁(甲午改革) ✦✦✦

고종 31년(1894) 일본의 강압에 의해 김홍집을 총재관으로 하는 군국기무처를 설치하여 실시한 근대적 개혁이다. 내용은 청의 종주권 부인, 개국연호 사용, 관제개혁, 사법권 독립, 재정의 일원화, 은본위제 채택, 사민평등, 과부개가 허용, 과거제 폐지, 조혼금지 등이다. 이 개혁은 근대화의 출발점이 되었으나, 보수적인 봉건잔재가 사회 하층부에 남아 있어 근대화의 기형적인 발달을 보게 되었다.

✅ 거문도사건 ✈

고종 22년(1885) 영국이 전라남도에 있는 거문도를 불법 점거한 사건이다. 당시 영국은 러시아의 남하를 막는다는 이유로 러시아함대의 길목인 대한해협을 차단하고자 거문도를 점령하였다. 그리하여 조선정부는 청국정부를 통해서 영국에 항의를 하게 되고 청국정부도 중간 알선에 나서게 되었다. 그 후 러시아도 조선의 영토를 점거할 의사가 없다고 약속함으로써 영국함대는 고종 24년(1887) 거문도에서 철수했다.

✅ 병인양요(丙寅洋擾) ✈

고종 3년(1866) 대원군이 천주교도를 탄압하자 리델(Ridel)신부가 탈출하여 천진에 와 있던 프랑스함대에 보고함으로써 일어난 사건이다. 그해에 프랑스 로즈(Rose)제독은 함선을 이끌고 강화도를 공격·점령했는데, 대원군이 이경하 등으로 하여금 싸우게 하여 40여일만에 프랑스군을 격퇴시켰다.

✅ 단발령(斷髮令) ✈

고종 32년(1895) 친일 김홍집내각이 백성들에게 머리를 깎게 한 명령이다. 그러나 을미사변으로 인하여 일본에 대한 감정이 좋지 않았던 차에 단발령이 내리자, 이에 반대한 전국의 유생들이 각지에서 의병을 일으키게 되었다.

✅ 을미사변(乙未事變) ✈✈

조선 고종 32년(1895) 일본공사 미우라가 친러세력을 제거하기 위하여 명성황후를 시해한 사건이다. 을미사변은 민족감정을 크게 자극하여 의병을 일으키는 계기가 되었다.

✅ 방곡령(防穀令) ✈

고종 26년(1889) 함경감사 조병식이 식량난을 막기 위해 곡물의 일본수출을 금지한 것이다. 함경도와 황해도지방에 방곡령을 선포하였으나 조일통상장정에 위배된다는 일본의 항의로 배상금만 물고 실효를 거두지 못하였다.

✅ 독립협회(獨立協會) ✈✈

조선 고종 33년(1896)에 서재필·안창호·이승만·윤치호 등이 정부의 외세의존, 외국의 침략, 이권의 박탈 등을 계기로 독립정신을 고취시키기 위하여 만든 정치적 색채를 띤 사회단체이다. 종래의 인습타파 및 독립정신 고취 등 국민계몽에 힘썼으며, 독립문을 건립하고 독립신문을 발간하였으나 황국협회의 방해 등으로 1898년에 해산되었다.

✅ 황국협회 ✈✈

광무 2년(1898)에 홍종우·길영수·이기동·박유진 등이 조직한 정치·사회단체로, 보부상과 연결되어 독립협회의 활동을 견제하였다.

❤ 관민공동회(官民共同會) ✎

열강의 이권침탈에 대항하여 자주독립의 수호와 자유민권의 신장을 위하여 독립협회 주최로 열린 민중대회이다. 1898년 3월 서울 종로 네거리에서 러시아인 탁지부 고문과 군부 교련사관의 해고를 요구하고 이승만·홍정하 등 청년 연사가 열렬한 연설을 하여 대중의 여론을 일으켰다. 이 대회는 계속 개최되어 그해 10월에는 윤치호를 회장으로 선출, 정부의 매국적 행위를 공격하고 시국에 대한 개혁안인 헌의 6조를 결의하였다. 이 개혁안은 국왕에게 제출되어 왕도 처음에는 그 정당성을 인정하고 그 실시를 확약하였으나 보수적 관료들의 반대로 이에 관계한 대신들만 파면되고 실현을 보지 못하였다. 독립협회의 해산 후 얼마 동안은 만민공동회라는 이름으로 활약하였다.

❤ 헌의 6조의 내용 ✎✎

- 외국인에게 의지하지 말 것
- 외국과의 이권에 관한 계약과 조약은 각 대신과 중추원 의장이 합동 날인하여 시행할 것
- 국가재정은 탁지부에서 전관하고, 예산과 결산을 국민에게 공포할 것
- 중대 범죄를 공판하되, 피고의 인권을 존중할 것
- 칙임관을 임명할 때에는 정부에 그 뜻을 물어서 중의에 따를 것
- 정해진 규정을 실천할 것

❤ 아관파천(俄館播遷) ✎✎

명성황후가 살해된 을미사변(乙未事變) 이후 신변에 위협을 느낀 고종과 왕세자가 1896년 2월부터 약 1년간 왕궁을 버리고 러시아 공관으로 옮겨 거처한 사건을 말한다. 조선의 보호국을 자처하게 된 러시아는 아관파천을 계기로 조선정부에 압력을 가하여 압록강 연안과 울릉도의 산림채벌권을 비롯하여 광산채굴권, 경원전신선(京元電信線)을 시베리아 전선에 연결하는 권리 등의 이권을 차지했다.

❤ 을사조약(乙巳條約) ✎✎✎

광무 9년(1905) 일본이 한국을 보호한다는 명목 아래 강제로 체결한 조약으로 제2차 한일협약이라고도 한다. 러일전쟁의 승리와 영일동맹조약 개정 등으로 한국에 대한 우월한 권익과 지위를 국제적으로 인정받은 일본은 이토 히로부미를 파견하여 강압적으로 조약을 체결하였다. 이 결과 우리나라는 주권을 상실하고 외교권을 박탈당했으며, 일본은 서울에 통감부를 두고 보호정치를 실시하였다.

☆☆☆ 을사 5적(乙巳五賊) … 을사조약을 체결할 때 찬성 또는 묵인한 5인의 매국노로, 박제순·이완용·이근택·이지용·권중현을 말한다.

◉ 국권수호운동(國權守護運動) ✈✈

1905년 체결된 한일협약에 반대하여 일어난 국민적 운동이다. 고종은 만국평화회의에 밀사를 파견하여 을사조약이 무효임을 호소하였으나 결국 일제에 의해 고종이 강제 퇴위당하고 정미 7조약이 맺어지면서 일본이 내정을 장악하게 되었다. 이에 일본의 식민지화를 반대하고 주권회복과 자주독립을 위해 근대문물을 받아들여 실력을 양성하자는 애국계몽운동과 무력으로 일제를 물리치자는 항일의병운동이 일어났다. 이와 같은 국권회복운동은 관원·양반·상인·농민·천민에 이르기까지 전 계층의 호응을 얻어 전국적으로 전개되었다. 이러한 운동들은 일제강점기 동안 점차 실력양성론과 무장투쟁론으로 자리잡아갔다.

◉ 정미 7조약(丁未七條約) ✈✈

정식명칭은 한일신협약이다. 1907년 일본이 대한제국을 병합하기 위한 예비조처로 헤이그밀사사건을 구실삼아 고종을 퇴위시키고 강제적으로 맺은 조약이다. 이로 인해 통감의 권한이 확대되고 일본인 차관이 행정실무를 담당하는 차관정치가 실시되었다.

◉ 국채보상운동(國債報償運動) ✈

1907년 일본에 대한 외채가 너무 많아 일본에의 예속을 면치 못하자, 서상돈·김광제 등이 국채보상기성회를 조직하여 금연·금주운동을 전개했던 운동이다. 국민들로 하여금 많은 호응을 받았으나 통감부의 탄압으로 얼마 못가 중지되고 말았다.

◉ 헤이그밀사사건 ✈

을사조약에 의하여 일본에게 모든 실권을 빼앗기고 백성들이 극심한 착취와 탄압에 시달리게 되자, 고종은 1907년 6월에 네덜란드 헤이그에서 열리는 만국평화회의에 밀사를 파견하였다. 이준·이상설·이위종 세 사람의 밀사는 국제정의 앞에 당시 우리나라의 상황을 호소하고자 하였으나, 일본의 방해로 뜻을 이루지 못하였다.

◉ 신민회(新民會) ✈

1907년 안창호·양기탁·이동녕·이동휘·신채호 등이 조직한 비밀결사단체로, 정치·교육·문화 등 계몽운동과 항일운동을 고취시켰다. 민족산업의 육성을 위해 평양에 자기회사를 설립·운영하는 한편, 대구에 태극서관 창설·해외에 독립운동기지 건설 등 구국운동의 인재를 양성하였으나, 1910년 105인 사건으로 해체되었다.

◉ 건국준비위원회 ✈

1945년 8·15해방 이후 여운형을 중심으로 국내인사들이 조직한 최초의 정치단체를 말한다. 민족 총역량을 일원화하여 일시적 과도기에서의 국내질서를 자주적으로 유지할 것을 목표로 삼았다. 전국에 지부를 설치하고 치안대를 동원하여 국내 유일의 정치세력을 형성, 국호를 조선인민공화국이라 정하고 형식상 민족자주정권의 수립을 기도했으나, 상해임시정부의 귀국과 미군정의 실시 등으로 해체되었다.

✅ 홍범도 장군 ✦✦

조선 말기 의병장으로, 일제강점기 독립운동가다. 봉오동 전투와 청산리대첩에서 대승을 이끌며 이후 대한독립군단을 조직하고 고려혁명군관학교를 설립했다. 조국 해방을 2년 앞두고 1943년 카자흐스탄에서 숨을 거두었다. 1962년에 대한민국 정부에서 건국훈장 대통령장을 추서하였다. 2019년에 유해 봉환 요청, 2021년 8월 15일 카자흐스탄으로부터 유해가 봉환되었다. 이후 대한민국 건국훈장 중 최고등급인 대한민국장을 추서하였고 유해는 대전 현충원에 안장되었다.

✅ 대한민국 임시정부(大韓民國臨時政府) ✦✦

3·1운동이 일어난 후 일본통치에 조직적으로 항거하는 기관의 필요성을 느낀 애국지사들이 1919년 4월 13일 조국의 광복을 위해 임시로 중국 상하이에서 조직하여 선포한 정부이다. 임시정부는 외교위원부를 두어 다각적인 외교활동을 전개하였고 독립신문을 발행하고 한일관계자료집을 간행하는 등의 많은 업적을 남겼다. 1940년대에는 '한국광복군'도 창설하여 연합국과 연합작전을 벌이고 국내진공작전도 시행하려 하였다. 임시정부는 1948년 정부수립까지 독립운동의 대표기관이었다.

✅ 물산장려운동(物産獎勵運動) ✦

1922년 평양에 설립된 조선물산장려회가 계기가 되어 조만식을 중심으로 일어난 민족운동이다. 서울의 조선청년연합회가 주동이 되어 전국적 규모의 조선물산장려회를 조직, 국산품 애용·민족기업의 육성 등의 구호를 내걸고 강연회와 시위선전을 벌였으나, 일제의 탄압으로 유명무실해지고 1940년에는 총독부 명령으로 조선물산장려회가 강제 해산되었다.

✅ 신간회(新幹會) ✦

1927년 민족주의자와 사회주의자가 통합하여 조직한 최대 항일민족운동단체이다. 주요 활동으로는 아동의 수업료 면제·조선어교육 요구·착취기관 철폐·이민정책 반대 등을 제창하였고, 광주학생운동을 지원하기도 했다. 자매단체로는 여성단체인 근우회가 있었다.

✅ 우리나라의 해방과 국제회담 ✦✦

연대	회합	대표국	내용
1943	카이로선언	미·영·중	한국 해방·독립을 결의한 최초의 회담
	테헤란회담	미·영·소	연합국 상륙작전
1945	얄타회담	미·영·소	소련의 대일참전 및 38선 설정
	포츠담선언	미·영·소	카이로선언의 재확인
1945	모스크바 3국외상회의	미·영·소	5년간의 신탁통치 결정
1946	미·소 공동위원회	미·소	통일문제 토의

❖ 3 · 15의거(마산의거) ✦

이승만 자유당 정부는 1960년 3 · 15 정 · 부통령선거에서 장기집권을 위해 선거준비과정에서부터 노골적인 부정행위를 했는데, 이에 대구에서 학생들의 첫 시위인 2 · 28시위가 터지게 된다. 그러다가 3월 15일 선거날 공공연한 부정행위가 목격되었다. 이에 마산시민들은 '협잡선거 물리치라'는 구호를 외치며 항의하기 시작했고 항의하는 시민에게 경찰들이 최루탄 및 총기를 무차별 난사하여 많은 인명이 살상되었다. 또한 28일 동안 실종되었던 김주열의 시체가 4월 11일 마산 중앙부두에서 떠오르자 이에 분노한 마산시민의 2차 시위와 함께 전국민의 분노가 확산되어 4 · 19혁명의 기폭제가 되었다. 현재 3 · 15의거를 기념하기 위해 3월 15일 전후하여 기념마라톤대회, 전국웅변대회, 백일장 등 문화체육행사를 지속적으로 실시하고 있으며 2003년 3월에는 3 · 15 국립묘지가 준공되었다.

❖ 인혁당사건의 재심 판결 ✦✦

1975년 대법원은 인혁당 관련자 재판에서 8명에게 사형, 17명에게 무기징역 등을 선고했다. 유족들은 27년 만인 2002년 재심 개시를 청구했고 법원은 2005년 재심 개시를 결정했다. 이어 2007년 서울중앙지법에서 무죄가 선고됐으며 검찰이 항소하지 않아 무죄가 확정됐다.

❖ 인혁당사건 ✦

사건구분	내용
1차 인혁당사건 (1964.08)	중앙정보부장이 기자회견을 통해 '북괴의 지령을 받은 대규모 지하조직인 인민혁명당이 국가변란을 획책하여 이를 적발, 일당 57명중 41명을 구속하고 16명을 수배 중에 있다.'고 발표한 사건
2차 인혁당사건 (1974.04)	인민혁명당 재건위원회 사건이라고도 하며 유신반대 투쟁을 벌였던 민청학련(전국민주청년학생연맹)의 배후를 '인혁당재건위'로 지목, 이를 북한의 지령을 받은 남한 내 지하조직이라고 규정한 사건

❖ 이한열 열사 ✦✦✦

이한열 열사는 연세대학교 재학 중이던 1987년 6월 9일 1,000여 명 학생들과 연세대학교 정문 앞에서 전두환 정권 독재 타도와 5 · 18 진상 규명을 외치는 시위에 참여했다. 경찰은 시위 진압을 위해 학생들에게 최루탄을 쐈고, 이 과정에서 최루탄을 맞고 쓰러진 이한열 열사를 학우들이 부축하는 장면이 로이터통신 기자에 의해 보도되며 전국적으로 알려졌다. 소식을 접한 100만 명이 넘는 학생과 시민들이 분노하여 거리로 나와 민주화를 외치자 전두환 군사정권은 6·29 선언을 통해 대통령 직선제 개헌을 수용했다. 의식이 돌아오지 못하던 그는 1987년 7월 5일 세상을 떠났다.

동북공정(東北工程) ✦✦✦

'동북변강역사여현상계열연구공정(東北邊疆歷史與現狀系列研究工程)'의 줄임말로 중국 국경 안에서 전개된 모든 역사를 중국 역사로 만들기 위해 2002년부터 중국이 추진하고 있는 동북쪽 변경지역의 역사와 현상에 관한 연구 프로젝트이다. 연구는 중국 최고의 학술기관인 사회과학원과 지린성(吉林省)·랴오닝성(遼寧省)·헤이룽장성(黑龍江省) 등 동북3성 위원회가 연합하여 추진한다. 궁극적 목적은 중국의 전략지역인 동북지역, 특히 고구려·발해 등 한반도와 관련된 역사를 중국의 역사로 만들어 한반도가 통일되었을 때 일어날 가능성이 있는 영토분쟁을 미연에 방지하는 데 있다.

9·19 군사합의 ✦✦

2018년 9월 19일 평양정상회담을 통해 채택한 9월 평양공동선업의 부속 합의서이다. 정식 명칭은 '역사적인 판문점선언 이행을 위한 군사 분야 합의서'로 판문점선언(4·27 남북정상회담 합의) 이행을 위한 군사 분야 합의서이다. 해당 합의서에는 비무장지대(DMZ)의 비무장화, 서해 평화수역 조성, 군사당국자회담 정례화 등을 구체적으로 이행하기 위한 후속 조치가 명시되었다.

출제예상문제

1   **최초로 한국의 독립을 약속한 국제 회담은?**

① 카이로 회담   ② 얄타 회담
③ 포츠담 회담   ④ 모스크바 3상 회의

 카이로 회담 … 1943년 11월 미국, 영국, 중국의 대표들이 전후 문제를 논의하기 위해 가진 회담으로 장제스는 미국과 영국에게 한국의 독립 문제를 건의하여 적당한 시기에 독립할 것을 약속하였다.

② 1945년 2월 미국, 영국, 소련의 대표들이 가진 회담으로 소련군의 대일전 참전을 결정하기 위해 가진 회담이다. 소련군의 대일전 참전으로 38도선이 형성되었다.

③ 1945년 7월 미국, 영국, 소련의 정상이 한국의 독립을 재확인하고 일본의 조속한 항복을 촉구한 회담이다.

④ 1945년 12월 임시정부 수립, 신탁통치, 미소공동위원회를 설치하기 위해 미국, 영국, 소련이 가진 회의이다.

2   **다음에서 공통으로 설명하고 있는 조선시대의 왕은?**

• 탕평책 실시   • 사도세자의 죽음 • 신문고 제도 부활   • 균역법 실시

① 세종   ② 숙종
③ 정조   ④ 영조

 영조의 업적
㉠ 탕평책 실시 : 붕당정치의 폐해를 바로 잡기 위하여 실시
㉡ 압슬형과 부관참시 폐지 : 비인간적인 고문과 형벌을 금지시킴
㉢ 균역법 실시 : 포목을 2필에서 1필로 줄여줌
㉣ 학문의 장려와 서적 발간
㉤ 신문고 제도의 부활

Answer 1.① 2.④

3 다음과 관련된 사람은?

> • 4.19혁명
> • 사사오입 개헌
> • 3.15 부정선거

① 이승만 　　　　　　　　② 박정희
③ 전두환 　　　　　　　　④ 노태우

> ✔**해설** 이승만 정권은 대통령 연임 제한규정을 초대 대통령에게는 적용되지 않는다는 내용의 개헌안을 강제로 통과시켰으며 이는 3.15 부정선거와 함께 4.19 혁명의 원인으로 작용하였다.

4 홍범 14조의 내용 중 틀린 것은?

① 왕실 사무와 국정사무를 분리하여 서로 혼동하지 않는다.
② 왜에 의존하는 관념을 끊고 자주독립의 기초를 확실히 건립한다.
③ 의정부와 각 아문(衙門)의 직무권한의 한계를 명백히 규정한다.
④ 장교를 교육하고 징병제도를 정하여 군제의 기초를 확립한다.

> ✔**해설** 홍범 14조는 갑오개혁 후 고종이 선포한 14개 조항으로 된 정치 혁신의 기본 강령으로 왜가 아닌 청국에 의존하는 생각을 끊고 자주독립의 기초를 세운다는 내용이 제시되어 있다.
>
> ※ 홍범 14조 전문
> ㉠ 청국에 의존하는 생각을 끊고 자주독립의 기초를 세운다.
> ㉡ 왕실전범을 작성하여 대통(大統)의 계승과 종실·척신의 구별을 밝힌다.
> ㉢ 국왕이 정전에 나아가 정사를 친히 각 대신에게 물어 처리하되, 왕후, 비빈, 종실 및 척신이 간여함을 용납 치 아니한다.
> ㉣ 왕실 사무와 국정사무를 분리하여 서로 혼동하지 않는다.
> ㉤ 의정부와 각 아문(衙門)의 직무권한의 한계를 명백히 규정한다.
> ㉥ 부세(賦稅)는 모두 법령으로 하고 명목을 더하여 거두지 못한다.
> ㉦ 조세부과와 징수 및 경비지출은 모두 탁지아문에서 관장한다.
> ㉧ 왕실은 솔선하여 경비를 절약해서 각 아문과 지방관의 모범이 되게 한다.
> ㉨ 왕실과 각 관부에서 사용하는 경비는 1년간의 예산을 세워 재정의 기초를 확립한다.
> ㉩ 지방관제도를 속히 개정하여 지방 관리의 직권을 한정한다.
> ㉪ 널리 자질이 있는 젊은이들을 외국에 파견하여 학술과 기예를 익히도록 한다.
> ㉫ 장교를 교육하고 징병제도를 정하여 군제의 기초를 확립한다.
> ㉬ 민법 및 형법을 엄정히 정하여 함부로 가두거나 벌하지 말며, 백성의 생명과 재산을 보호한다.
> ㉭ 사람을 쓰는 데 문벌을 가리지 않고 널리 인재를 등용한다.

Answer 3.① 4.②

5 다음 글과 같은 맥락에서 추진한 정책은?

> 저들의 종교는 사악하다. 하지만 저들의 기술은 이롭다. 잘 이용하여 백성들이 잘 살게 할 수 있다면 농업, 잠업, 의학, 병기, 배, 수레에 관한 기술을 꺼릴 이유가 없다. 종교는 배척하되 기술은 본받자는 것은 함께 할 수 있다.
>
> — 고종실록 —

① 영선사 파견
② 척화비 건립
③ 공노비 해방
④ 중추원 관제 도입

> ✔해설 제시된 글은 '구본신참'으로 옛 것을 근본으로 해서 새로운 것을 참작 또는 참조한다는 뜻이다. 고유의 전통문화와 사상·제도를 유지하면서 점진적으로 서구문물을 받아들이자는 이론이다. 영선사는 선진 문물(무기 제조법)을 견학하기 위해 젊은 유학생들로 중국에 견학한 사신이다.

6 다음 자료에 서술된 농업기술에 대한 설명으로 잘못 된 것은?

> 이 농법은 제초에는 편하나 만일 한 번만 가뭄을 만나면 실수하니 농가에 위험한 일이다.

① 조선 후기에 처음 시작하였다.
② 다수의 농민들은 경작권을 잃었다.
③ 농민들의 계급분화를 촉진하였다.
④ 한 사람이 농사지을 수 있는 면적이 늘어났다.

> ✔해설 제시된 글은 이앙법에 대한 것으로 고려시대 때부터 시행된 농법이기는 하지만 수리시설의 미비로 일부 지역에서만 시행되었고 전국적으로 보급된 것은 임진왜란 이후부터였다.

Answer 5.① 6.①

7 대한민국 임시정부의 외교활동으로 옳은 것은?

① 연통제 설치
② 독립신문 발행
③ 독립 공채 발행
④ 구미위원회 설치

> ✔해설 대한민국 임시정부 … 정식 정부를 수립하기 위한 준비 정부로 국제법 차원에서는 정부로 인정받지 못했다. 국내외 3·1운동이 전국적으로 확산이 될 때 주권국민이라는 뜻을 표하고 독립운동을 체계적으로 발전시키기 위해 수립되었다. 1919년 9월에 7개의 임시정부가 개헌 형식으로 통합되었다. 워싱턴에 구미위원회를 설치하여 한국의 독립 문제를 국제 여론화시켰다.
> ① 대한민국 임시정부와 국내 비밀 연락망 조직이다. 군자금 조달과 행정 관리를 위한 체계를 구축하였다.
> ② 사료 편찬소 설치 및 독립신문을 발행하여 문화활동에 힘썼다.
> ③ 독립 공채를 발행하여 군자금을 모금하였다.

8 항일의병운동이 다음과 같은 변화를 맞게 된 배경으로 옳은 것은?

> 의병부대는 보다 조직적 활동을 전개하게 되었고 근대적인 무기를 갖추어 전투력이 크게 향상되었다. 의병들의 항일투쟁은 이제 범국민적인 대일 전쟁의 성격을 띠고 전개되었다.

① 을미사변 후 단발령이 내려졌다.
② 군대가 강제 해산되었다.
③ 일본군이 남한 대토벌작전을 벌렸다.
④ 윤봉길이 상하이에서 의거를 일으켰다.

> ✔해설 1907년 통감부는 순종으로 하여금 군대해산조칙을 내리게 하였다. 군대해산은 대한제국의 실질적인 멸망을 뜻하는 비극적인 사건이었으나 이를 계기로 의병전쟁이 종래와는 다른 양상으로 확대·전개되기 시작했다. 전국 각지의 진위대 해산군이 의병에 적극 참가함으로써 의병의 활동지역이 크게 확대되었다. 특히 하급병사출신의 의병장이 종래의 유생의병장과 교체되는 등 의병의 계급적 성격도 다른 양상을 띠었고 실전 경험을 갖춘 해산군인의 작전지휘로 의병의 전투기술이 향상되어 일본군에 큰 타격을 주게 되었다.

Answer 7.④ 8.②

9 고조선의 기록이 없는 것은?

① 제왕운기   ② 동국여지승람

③ 동국통감   ④ 삼국사기

 해설 ① 단군의 전조선, 후조선, 위만, 삼한, 신라 · 백제 · 고구려의 3국과 후삼국 및 발해가 고려로 통일되는 과정까지를 7언시 264귀 1,460언으로 서영하고 있다.

② 우리나라 각 도의 연혁과 관인을 개괄하고, 성씨 · 형승 · 산천 · 토산 · 성곽 · 봉수 · 누정 · 학교 · 역원 · 창고 · 불우 · 사묘 · 능묘 · 고적 · 인물 · 효자 · 열녀 등의 조목 아래 해당 내용을 나열식으로 기술하였다. 누정 · 불우 · 고적 · 제영에는 역대 명가의 시와 기문이 풍부하게 실려 있다. 또한 각 도의 첫머리에 도별 지도를 수록하여 지역에 대한 공간적인 인식이 가능하게 되어 있다.

③ 편년체 사서로 단군조선으로부터 삼한까지는 책머리에 외기로 다루었고, 삼국의 건국부터 신라 문무왕 9년(669)까지를 삼국기, 669년에서 고려 태조 18년(935)까지를 신라기, 935년부터 고려 말까지를 고려기로 구분하여 서술하고 있다.

10 조선시대 중앙정치 조직에서 3사에 다음과 같은 권한을 부여한 목적은?

> 사헌부, 사간원, 홍문간의 3사는 관리의 비리를 감찰하고 정사를 비판하며 문필활동을 하면서 언론기능을 담당하였다. 3사의 언론권인 고관은 왕이라도 함부로 막을 수 없었다.

① 권력의 독점 및 부정방지

② 지방의 효율적 통제

③ 왕명의 출납

④ 전제왕건강화

해설 3사는 조선시대 언론기관인 사헌부 · 사간원 · 홍문관을 합친 명칭이다. 권력을 견제하고 조정하는 기능을 한다. 사헌부는 주로 백관에 대한 감찰 · 탄핵을, 사간원은 국왕에 대한 간쟁을 담당하였지만 두 기관 모두 정치 전반에 대한 언론도 임무로 하고 있다. 홍문관은 집현전을 계승한 관청으로 궁중의 서적, 사적 등을 관리하였으며 왕의 자문에 응하는 행정기관이자 연구기관이다.

Answer 9.④ 10.①

11 조선시대의 탑이 아닌 것은?

① 원각사지 십층석탑

② 신륵사 다층석탑

③ 낙산사 칠층석탑

④ 경천사지 십층석탑

✔해설 경천사지 십층석탑…국립중앙박물관 내에 소재한 국보로, 본래 경기도 개풍군 광덕면의 경천사 절터에 있었던 고려시대의 석탑이다.

12 1934년 한국 학자의 힘으로 연구한 결과를 국어로 발표하려는 의도하에 조직된 실증주의 성향의 학술단체는?

① 한글학회

② 청구학회

③ 진단학회

④ 조선어학회

✔해설 ① 한글학회 : 한국 최초의 민간 학술 단체인 조선어연구회가 광복 후에 개칭한 것으로 한글과 한국어의 연구를 위해 조직된 단체다.
② 청구학회 : 일본 경성대학의 교수들을 중심으로 식민사학의 이론을 확립하고 보급한 단체이다.
④ 조선어학회 : 한글 연구 및 보급에 앞장섰던 학회로, 조선어 연구회에서 1931년에 조선어학회로 명칭을 바꾸었다.

13 중상학파에 대한 설명이 아닌 것은?

① 유형원, 이익, 정약용 등이 주장하였다.

② 상공업의 진흥 및 기술 개발을 중요하게 생각하였다.

③ 청나라의 선진문물을 도입하려고 하였기 때문에 북학파라고도 부른다.

④ 열하일기, 북학의, 의산문답 등의 책에서 주장하였다.

✔해설 유형원, 이익, 정약용은 중농학파로 농업을 중요시하고 농촌문제 해결과 토지제도개혁 등을 주장하였다. 중상학파로는 유수원, 홍대용, 박지원, 박제가 등이 있다.

Answer 11.④ 12.③ 13.①

14 다음의 사건을 연대순으로 바르게 나열한 것은?

> ㉠ 7.7 선언(민족자존과 통일번영에 관한 특별선언)
> ㉡ 7.4 남북공동성명 발표
> ㉢ 6.15 남북공동선언
> ㉣ 10.4 선언(남북관계 발전과 평화번영을 위한 선언)

① ㉢ - ㉠ - ㉣ - ㉡
② ㉣ - ㉡ - ㉠ - ㉢
③ ㉡ - ㉠ - ㉢ - ㉣
④ ㉡ - ㉢ - ㉠ - ㉣

✔해설 ㉠ 1988. 7. 7
㉡ 1972. 7. 4
㉢ 2000. 6. 15
㉣ 2007. 10. 4

15 발해의 5경이 아닌 것은?

① 상경
② 중경
③ 동경
④ 북경

✔해설 발해의 선왕(818 ~ 830)은 광대한 영토를 효율적으로 통치하기 위하여 지방행정구역을 5경(京)·15부 (府)·62주(州)로 편제하였다. 그 중 5경은 상경(용천부)·중경(현덕부)·동경(용원부)·남경(남해부)· 서경(압록부)으로 이루어져 있었다.

16 고구려의 광개토대왕의 업적이 아닌 것은?

① 연호(영락)의 사용
② 후연을 거쳐 요동지방의 땅을 차지
③ 왜군 격파
④ 백제의 위례성 함락

✔해설 광개토대왕은 한강이북지역까지 점령하였으며, 위례성은 장수왕 때 함락되었다.

17 고조선의 세력범위는 비파형동검이 출토되는 지역과 거의 일치한다. 이를 추측으로 고조선은 어떤 문화를 기반으로 성립되었다고 볼 수 있는가?

① 구석기문화
② 신석기문화
③ 청동기문화
④ 철기문화

✔해설 비파형동검은 고인돌, 미송리식 토기와 함께 청동기시대를 특징짓는 유물 중 하나이다.

18 단군신화가 소개되어 있지 않은 책은?

① 제왕운기
② 삼국사기
③ 동국여지승람
④ 응제시주

✔해설 단군신화는 「삼국유사」, 「응제시주」, 「제왕운기」, 「세종실록지리지」, 「동국여지승람」 등에 수록되어 있다.

19 광개토대왕비의 비문을 통하여 알 수 있는 역사적 사실로 옳은 것은?

① 고구려가 신라와 가야에 침입한 왜구를 몰아내었다.
② 고구려가 수의 침입을 격퇴하였다.
③ 고구려가 일본에 여러 문물을 전해 주었다.
④ 고구려가 남한강까지 진출하였다.

✔해설 광개토대왕비는 만주 집안현 통구에 있는 광개토왕의 비석으로 장수왕이 414년에 세운 것이다. 비문에는 고구려의 건국 내력, 고구려·신라·가야 3국이 연합하여 왜군과 싸운 일, 왕의 일생사업이 기록되어 있다. 우리나라 최대의 비석이며, 일본이 비문을 날조하여 임나일본부설의 근거로 삼고 있는 것이기도 하다.

20 대원군의 개혁정치와 관련이 없는 것은?

① 권력기관인 비변사를 폐지하고 의정부의 기능을 부활시켰다.
② 대전통편을 편찬하고 시행세칙, 세목을 모아 육전조례를 편찬하였다.
③ 군역제도를 호포제로 바꾸어 양반들에게도 군포를 내게 하였다.
④ 환곡제를 사창제로 고쳐 합리적 운영을 꾀하였다.

✔해설 대전통편은 정조 때 편찬되었다.

21 고구려 고분벽화 '사신도'에 등장하지 않는 것은?

① 봉황
② 백호
③ 현무
④ 주작

✔해설 사신도(또는 사수도)는 중국 고대 사상에서 발생한 방위도로 동쪽에는 청룡, 서쪽에는 백호, 남쪽에는 주작, 북쪽에는 현무의 네 짐승을 배치하였다.

Answer 19.① 20.② 21.①

22 1907년에 조직된 신민회와 관련이 없는 것은?

① 의병활동 적극지원

② 애국계몽운동

③ 물산장려운동으로 연결

④ 안창호, 신채호

> ✔**해설** 물산장려운동 … 1922년 조만식 등이 평양에서 조직한 단체인 조선물산장려회가 일본상품 배격을 내세우며 펼친 금주·금연운동, 국산품애용운동 등을 말한다.

23 다음 제도 중 실시목적이 다른 하나는?

① 기인제도

② 사심관제도

③ 상수리제도

④ 서경제도

> ✔**해설** 기인제도·사심관제도(고려)와 상수리제도(통일신라)는 지방 세력의 견제를 위한 정책이며, 서경제도는 조선시대 왕권을 제한하기 위한 제도였다.

24 유교주의 사관에 입각하면서도 단군조선을 우리 역사의 기점으로 쓴 것은?

① 고려사

② 삼국유사

③ 동국통감

④ 삼국사기

> ✔**해설** 동국통감 … 세조 때 시작되어 성종 15년(1484)에 완성된 우리나라 최초의 통사로, 양성재·서거정 등이 단군조선부터 고려 공양왕 때까지를 편년체로 서술한 역사서이다.

Answer 22.③ 23.④ 24.③

25 대동법(大同法)에 대한 설명으로 옳지 않은 것은?

① 선혜청에서 관할하였다.

② 상업과 수공업을 발전시켰다.

③ 전국적으로 동시에 실시되었다.

④ 대동법 실시 이후에도 별공(別貢), 진상(進上)이 존속되었다.

> ✅ **해설** 대동법 … 민호(民戶)에 토산물을 부과, 징수하던 공납을 토지의 결수에 따라 미(米)·포(布)·전(錢)으로 납입하게 하는 제도. 광해군 때 최초로 경기도에 실시했으며, 인조 때 강원도, 효종 때 전라도, 충청도를 거쳐 숙종 때 전국적으로 실시하였다.

26 다산(茶山) 정약용과 관계가 없는 것은?

① 한전론 주장

② 여유당전서 저술

③ 경세유표 저술

④ 정조 때 수원성 설계

> ✅ **해설** 한전론 … 성호 이익이 주장한 것으로, 농가에 영업전을 주되 매매를 할 수 없게 하고 그 밖의 토지는 매매를 허락하여 토지소유의 평등을 이루고자 하는 제도이다. 정약용은 한전론을 시행할 경우 직접 농사에 참여하지 않는 사람도 영업전을 소유하게 되는 결과를 가져온다는 점과 대토지 소유를 효과적으로 봉쇄하기 힘들다는 점에서 문제점이 있다고 평가하였다.

27 조선후기 대표적 실학자의 사상 및 저서를 연결한 것이다. 잘못 연결된 것은?

① 유형원 - 균전론 - 반계수록(磻溪隧錄)

② 이익 - 한전론 - 흠흠신서(欽欽新書)

③ 정약용 - 여전론 - 아언각비(雅言覺非)

④ 박지원 - 한전론 - 과농소초(課農小抄)

> ✅ **해설** 「흠흠신서」는 정약용의 형옥사무에 관한 저서이다.

28 1930년대 이후 일제가 경제공황 타개책으로 한반도에서 실시한 경제정책은?

① 회사령을 반포하여 우리 민족의 기업 활동을 제한하였다.
② 토지조사사업을 통해 토지약탈을 꾀하였다.
③ 산미증식계획을 실시하기 시작하였다.
④ 대륙침략을 위한 병참기지로 중화학공업을 육성하였다.

> ✔해설 1930년대 이후 일제는 만주를 점령하고 중일전쟁을 도발하여 대륙침략을 위한 병참기지화정책을 썼고, 국가총동원령을 발표하여 인적·물적 자원을 수탈하였다.

29 고려시대 무신정권과 관련이 적은 것은?

① 도방
② 도병마사
③ 교정도감
④ 삼별초

> ✔해설 도병마사 … 중서문하성의 고관인 재신과 중추원의 추신이 합좌하여 국가 중대사를 논의하던 최고기관이다.
> ① 도방: 경대승이 정중부를 제거한 후 정권을 잡고 신변보호를 위해 처음 설치하여 정치를 하던 기구
> ③ 교정도감: 고려시대 최충헌이 무단정치를 할 때 설치한 최고행정집행기관
> ④ 삼별초: 고려 최씨 집권시대의 사병집단

30 갑오개혁에서 단행된 개혁의 내용이 아닌 것은?

① 국호와 연호의 개정
② 조세의 금납화
③ 도량형의 통일
④ 신분제의 철폐

> ✔해설 갑오개혁 때 종래의 중국연호를 폐지하고, 이성계의 개국원년을 기원(503)으로 하여 공사의 문서를 사용하였다. 그러나 국호는 1897년 독립국가로서의 면목을 내외에 선양하기 위해 대한제국이라 하고 연호를 광무(光武)라 하여 자주독립국임을 만방에 선포하였다.

Answer 28.④ 29.② 30.①

31 직접적인 관련이 없는 것끼리 묶여진 것은?

① 동학혁명 – 정미 7조약

② 임오군란 – 제물포조약

③ 갑신정변 – 한성조약

④ 운요호사건 – 병자수호조약

✓해설 정미 7조약(한일신협약)은 1907년 7월 헤이그밀사사건을 계기로 고종을 강제 퇴위시키고 맺은 조약이다.

32 다음이 설명하는 사건은?

> 고종 8년 미국 상선이 평양까지 올라와 통상을 요구하며 재물을 약탈하다가 박규수와 민중들에 의해 침몰되었다. 미국은 이 사건을 문책하는 동시에 통상을 강요하기 위해 군함 5척으로 강화해협에 침입하였다가 격퇴되었다.

① 병인양요

② 신미양요

③ 오페르트의 도굴사건

④ 운요호사건

✓해설 1866년에 발생한 제너럴셔먼호사건이 원인이 되어 1871년 신미양요가 발생하였다.

33 해방 이후 강대국에 의한 신탁통치를 결정하여 남한에서 미군정의 토대를 마련한 국제회의는?

① 모스크바회담

② 카이로회담

③ 포츠담회담

④ 얄타회담

✓해설 ② 한국독립약속(1943)
③ 카이로선언 및 한국독립재확인(1945)
④ 38선 설정(1945)

Answer 31.① 32.② 33.①

34 구한말에 세워진 사립학교 중 국내 인사에 의하여 설립된 학교는?

① 오산학교

② 배재학당

③ 숭실학교

④ 이화학당

> ✔해설 오산학교 … 오산 학교는 1907년에 이승훈이 평안북도 정주에 세운 학교로 민족정신을 고취하고 독립운동의 인재를 양성하기 위하여 설립하였다.
> ② 배재학당 : 선교사 아펜젤러에 의해 설립되었다.
> ③ 숭실학교 : 미국 북장로교 선교사 베어드(Baird, W. M.)가 평양에 설립한 미션계의 교육기관이다.
> ④ 이화학당 : 조선시대에 선교사 스크랜턴이 창설한 사립 여자교육기관이다.

35 고려 성종 때 물가조절기관은?

① 상평창

② 의창

③ 제위보

④ 흑창

> ✔해설 상평창 … 고려 성종 12년(993년)에 개성과 평양 그리고 12목에 설치한 물가 조절을 위한 기관이다.
> ② 의창 : 고려와 조선시대에 흉년에 먹을거리가 없는 백성을 구제하기 위해 각 지방에 설치하여 곡식을 저장해 두던 창고
> ③ 제위보 : 고려 광종 14년에 설치되어 돈이나 곡식 따위를 모아 두었다가 이를 백성에게 주고 그 이자를 받아 빈민의 구제 사업 및 질병치료를 맡아 보던 관아
> ④ 흑창 : 고려 초에 설치되어 궁민에게 곡식을 빌려두었다가 추수기에 상환하도록 하는 진휼기관

36 '불경의 난해한 교리를 터득하지 못한다 해도 염불만으로써 서방정토인 극락에 왕생할 수 있다'고 가르친 정토교를 전파하여 불교 대중화에 크게 기여한 인물은?

① 지눌

② 의상

③ 원효

④ 혜초

> ✔해설 원효의 정토사상에 관한 설명이다. 불경의 깊은 교리를 터득하지 못하더라도 아미타불에 귀의한다는 뜻의 나무아미타불을 외는 염불만으로도 아미타불이 산다는 서방정토, 즉 극락에 왕생할 수 있다는 것으로 원효에 의해 일반 대중에게 대중신앙으로 널리 보급되었다.

37 동학 혁명에 관한 설명 중 틀린 것은?

① 우리나라 역사상 가장 대규모적인 농민전쟁이다.
② 갑오경장의 원인이 되었다.
③ 청일전쟁의 발단이 되었다.
④ 봉건제도를 고수하자는 운동이 일어났다.

✔해설 **동학농민운동** … 1894년 전라도 고부에서 전봉준을 비롯한 동학계 농민들의 주체로 봉건제도를 개혁하고 일제 침략으로부터 국권을 수호하기 위한 운동이었다.

38 4 · 19 후 창간되어 5 · 16 쿠데타로 폐간된 민족일보에 대한 설명이 아닌 것은?

① 1961년 2월 13일 창간호를 내고 같은 해 5월 19일 92호를 마지막으로 폐간되었다.
② 민족의 진로를 가리키는 신문, 조국의 통일을 절규하는 신문 등 4개 항의 사시를 내걸었다.
③ 조용수 사장은 31세의 나이로 사형당했다.
④ 한글 가로쓰기를 시도해 주목을 받았다.

✔해설 한글 가로쓰기를 최초도 시도한 것은 호남신문이다.

39 우리나라 최초의 주화는 무엇인가?

① 동국통보
② 삼한중보
③ 건원중보
④ 해동중보

✔해설 **건원중보** … 중국 당나라 숙종의 건원 연간(756 ~ 762)에 발행되었으며, 고려는 이를 모방하여 앞면에는 건원중보라는 화폐이름을 새기고, 뒷면에는 위아래로 동국(東國)이라 표기하여 996년 철전을 처음으로 주조하였다가 이듬해 유통시켰다.

40 1976년 건축가 김수근에 의해 건축되었으며 1987년 박종철 고문치사 사건으로 사회에 널리 알려지게 된 곳은?

① 서대문 형무소
② 국립서울현충원
③ 남영동 대공분실
④ 탑골공원

✔해설 남영동 대공분실은 대한민국 경찰청 산하의 대공 수사 기관으로 활용되었으며 2005년까지 보안분실로 사용되었다가 경찰의 과거사 청산 사업의 일환으로 경찰청 남영동 인권센터로 역할을 바꾸어 운영 중에 있다.

41 1866년 경복궁 중건 시 발행된 화폐는?

① 상평통보
② 당백전
③ 당오전
④ 팔방통보

✔해설 당백전 … 경복궁 중건의 기부금을 마련하고자 발행한 돈이다. 당백전 한 푼은 종래 돈의 100푼에 해당하여 경제적 혼란을 가져왔다.

42 조선시대 일본과의 사이에 일어난 사건을 시대 순으로 바르게 나열한 것은?

㉠ 임신조약	㉡ 쓰시마정벌
㉢ 삼포왜란	㉣ 정미약조

① ㉠ - ㉡ - ㉢ - ㉣
② ㉡ - ㉢ - ㉠ - ㉣
③ ㉣ - ㉡ - ㉠ - ㉢
④ ㉡ - ㉠ - ㉢ - ㉣

✔해설 ㉡ 1419년(세종 1)
㉢ 1510년(중종 5)
㉠ 1512년(중종 7)
㉣ 1547년(명종 2)

Answer 40.③ 41.② 42.②

43 고려와 조선의 정치적 공통점으로 볼 수 없는 것은?

① 과거를 실시하여 문무 관리를 선발하였다.

② 합의를 통해 국가의 중대사를 결정하였다.

③ 국왕의 전제를 방지하기 위한 제도적 장치가 존재하였다.

④ 고위관료의 자제는 과거를 통하지 않아도 관직에 나갈 수 있었다.

✔해설 고려시대에는 무과가 거의 실시되지 않았다.

※ 고려시대 · 조선시대 과거제도

구분			내용
고려		제술과(진사과)	시 · 부 · 송 · 책 등 한문학 시험(가장 중시)
		명경과(생원과)	서경 · 역경 · 시경 · 춘추 · 예기 등의 유교경전 시험
		잡과	의학 · 천문 · 지리 · 음양 · 산술 등의 기술관 등용시험
		승과	교종시(화엄경) · 선종시(전등록) → 합격한 승려에게 법계를 부여
조선	종류	문과	생진과(소과)와 문과(대과) → 요직에 등용
		무과	문무양반제도의 확립
		잡과	역과, 율과, 의과, 음양과 → 기술관 등용시험
	시기	정기시험	식년시(3년마다 한 번씩 시행)
		부정기시험	증광시, 알성시, 별시, 정시 등

44 조선시대의 호패(號牌)란?

① 귀족의 신분증명서

② 노예의 표시

③ 16세 이상 남자의 신분증명서

④ 전 국민의 신분증명서

✔해설 호패는 조선 태종 때 실시한 일종의 신분증명서로, 16세 이상의 남자가 지녀야 했다.

Answer 43.① 44.③

45 조선시대의 삼사(三司)가 아닌 것은?

① 사헌부

② 홍문관

③ 승정원

④ 사간원

✔️**해설** 삼사는 조선시대의 사헌부·사간원·홍문관을 말하며, 왕권견제의 역할을 하였다. 승정원은 조선시대 임금의 명령을 전달하고 하부의 보고와 청원 등을 임금에게 전하던 국왕의 비서 기관이다.

46 조선왕조실록에 대한 설명으로 거리가 먼 것은?

① 태조부터 철종까지의 역사적 사실을 편년체로 썼다.

② 왕이 죽으면 홍문관 내에 실록청을 두고 승정원일기, 의정부등록, 비변사등록을 기준으로 하여 편찬되었다.

③ 일단 편찬된 실록을 때에 따라 수정, 개수하는 경우가 있었다.

④ 조선시대를 연구하는 기본사료나 왕실, 궁정 중심의 서술이어서 지방의 실정은 거의 무시되었다.

✔️**해설** 실록청은 춘추관 내에 있었다.

47 판문점에 대한 설명으로 옳지 않은 것은?

① 1953년 판문점에서 휴전협정을 체결하였다.

② '돌아오지 않는 다리'는 미루나무 사건으로 폐쇄되었다.

③ 최초 남북미 정상 3자회동은 '판문각'에서 이루어졌다.

④ 전쟁 직후 판문점에서 대규모 포로 교환이 이루어진 바 있다.

✔️**해설** 최초 남북미 정상 3자회동은 '자유의 집'에서 이루어졌다. 판문각은 군사분계선을 기준으로 '자유의 집'을 마주 보고 있는 북측 시설이다.

① 1951년 7월 8일 휴전회담 예비회담은 개성 북쪽에 위치한 고급요리점에서 개최되었으며, 1953년 7월 27일 판문점에서 휴전협정을 체결하였다.

② 1976년 '미루나무 사건(판문점 도끼 만행사건)' 이후 판문점 JSA 경계선이 그어지고 '돌아오지 않는 다리'도 폐쇄되었다.

④ 1953년 8월 5일 ~ 9월 6일까지 82,000여 명의 북한군 및 중국군 포로가, 13,000여 명의 유엔군 포로가 판문점을 통해 교환되었다.

Answer 45.③ 46.② 47.③

48 동학농민군의 폐정개혁안 중 옳지 않은 것은?

① 잡부금 폐지
② 소작료 인하
③ 문벌을 타파한 인재등용
④ 노비문서 소각

> **✔ 해설** 폐정개혁 12조항
> ㉠ 동학교도와 정부와의 숙원을 없애고 공동으로 서정(庶政)에 협력할 것
> ㉡ 탐관오리의 죄상을 자세히 조사 처리할 것
> ㉢ 횡포한 부호를 엄중히 처벌할 것
> ㉣ 불량한 유림과 양반을 징벌할 것
> ㉤ 노비문서를 불태울 것
> ㉥ 칠반천인(七班賤人)의 대우를 개선하고 백정의 머리에 쓰게 한 평양립(平壤笠)을 폐지할 것
> ㉦ 청상과부의 재혼을 허가할 것
> ㉧ 무명의 잡부금을 일절 폐지할 것
> ㉨ 관리 채용에 있어 지벌(地閥)을 타파하고 인재를 등용할 것
> ㉩ 일본과 상통하는 자를 엄벌할 것
> ㉺ 공사채(公私債)를 막론하고 기왕의 것은 모두 면제할 것
> ㉫ 토지는 균등하게 분작(分作)하게 할 것

49 〈보기〉로 알 수 있는 시조의 저자는?

> 이런들 어떠하며 저런들 어떠하리
> 만수산(萬壽山) 드렁칡이 얽혀진들 어떠하리
> 우리도 이같이 얽어져 백 년까지 누리리라

① 정도전
② 이성계
③ 정몽주
④ 이방원

> **✔ 해설** 〈보기〉는 '하여가'로, 고려 말 이방원이 지은 시조다. 정몽주를 떠보고 회유하기 위하여 지은 시조로, 이에 정몽주는 '단심가'로 화답시를 보냈으나 이방원에게 무참히 죽음을 당한다.

50 조선시대 사림(士林)에 관한 설명으로 옳은 것은?

① 기호지방 사림은 고려에 대한 절의로 조선을 거부한 야은 길재의 영향을 받았다.

② 중앙정치무대에 진출한 후 부국강병책을 제시하여 기존 세력인 훈구세력과 대립해 사화가 발생하였다.

③ 성종 때에 조광조가 사림을 등용하기 위해 마련한 현량과를 통해 정계에 등장하였다.

④ 사림은 주로 삼사(三司)의 주요 언관직에 진출하였다.

> ✔해설 사림(士林)은 성리학의 정통을 중요시하여 명분론과 도덕론을 강조하였고 경학을 통해 왕도정치의 구현을 주장하였다. 성종 이후에는 김종직 일파의 사림파가 크게 득세하기 시작하여 삼사(三司)의 주요 언론직을 모두 차지해 실질적인 권력을 잡았다.
> ① 고려에 절의를 지킨 길재는 영남지방에 내려가 후학을 양성하였다.
> ② 사림파은 의리와 도덕을 숭상하고 향촌자치를 주장하였으며 훈구파는 부국강병과 중앙집권을 추진하였다.
> ③ 현량과는 중종 때 조광조의 건의로 실시되었다.

51 다음 설명 가운데 잘못된 것은?

① 3 · 1운동 이후 민족주의와 사회주의가 합작하기도 했다.

② 대한민국 임시정부는 간도에 신흥무관학교를 세워 독립 운동가를 양성했다.

③ 대한민국 임시정부는 한 · 일 관계 사료집을 편찬하기도 했다.

④ 105인 사건으로 신민회가 해산되었다.

> ✔해설 신흥무관학교 … 신민회가 독립국의 기간요원 양성을 위해 신흥강습소의 후신으로 1919년 만주 집안현에 세운 독립군 양성기관이다.

52 다음에 해당하는 사건은?

> 조선시대 세종의 뒤를 이은 병약한 문종이 일찍 죽자 나이 어린 단종이 즉위하였다. 이에 세종의 아들이자 단종의 삼촌인 수양대군은 김종서, 황보인 등과 같이 단종을 보위하던 대신들을 제거하고 단종에게 선양을 강요하여 왕위에 올랐다. 후에 단종은 반역을 도모하였다고 하여 노산군으로 강등되었으며 영월에 유배되었다가 죽었다.

① 계유정난
② 갑신정변
③ 무신정변
④ 만적의 난

✔해설 위 사건은 수양대군이 김종서, 황보인 등을 제거하고 단종을 몰아내 왕위를 빼앗은 계유정난에 대한 설명이다.

53 대한민국 임시정부에 관한 설명으로 옳지 않은 것은?

① 3·1운동을 계기로 단일 정부수립의 필요성이 대두되어 수립되었다.
② 국외 곳곳에 나뉘어 있던 임시정부를 통합하여 성립되었다.
③ 민주주의에 입각하여 근대적 헌법을 제정하였다.
④ 3권분립에 기초한 민주공화정으로 대통령중심제와 내각책임제를 절충하였다.

✔해설 대한민국 임시정부는 블라디보스토크의 국민의회와 서북간도의 군정부, 서울의 한성정부 등을 통합하여 수립되었다.

54 대한(大韓)이란 국호는 언제부터 사용되었는가?

① 갑오경장 이후
② 융희황제 이후
③ 갑신정변 이후
④ 고종의 아관환궁 이후

✔해설 1896년에 고종과 태자가 러시아공사관에서 거처한 것을 아관파천이라 하는데, 그 후 1897년 고종이 경운궁으로 돌아와 연호를 광무, 국호를 대한이라 했다.

55 일제강점기 민족의 문화투쟁에 해당되지 않는 것은?

① 조선어학회 활동
② 민립대학 운동
③ 조선불교 유신회 조직
④ 조선사편수회 설립

✔해설 조선사편수회는 일제 식민지정책의 하나이다.

56 단재 신채호의 사관에 대해서 타당하지 않은 것은?

① 민족주의 역사학의 기반을 확립하였다.
② 역사발전의 원동력을 '아(我)와 비아(非我)의 투쟁'으로 파악하였다.
③ 근대사를 연구하여 국권회복의 방향을 제시하였다.
④ 역사연구에 있어서 사료의 중요성과 비판을 엄격히 하였다.

✔해설 신채호는 주로 고대사연구에 치중하여 「조선상고사」, 「조선사연구초」 등을 저술하였다.

Answer 54.④ 55.④ 56.③

57 고려 태조의 민족융합정책의 하나로, 귀순한 왕족에게 그 지방정치의 자문관으로서 정치에 참여시킨 제도는?

① 음서제도

② 사심관 제도

③ 기인제도

④ 서경제도

✔**해설** 사심관 제도에서 사심관은 부호장 이하의 향리를 임명할 수 있으며, 그 지방의 치안에 대해 연대책임을 져야 했다. 결국 지방 세력가들을 견제하기 위한 제도라고 볼 수 있다.

58 밑줄 친 '이 시대'의 사회 모습으로 옳은 것은?

> 이 시대의 황해도 봉산 지탑리와 평양 남경 유적에서 탄화된 좁쌀이 발견되는 것으로 보아 잡곡류 경작이 이루어졌음을 알 수 있다. 농경의 발달로 수렵과 어로가 경제생활에서 차지하는 비중이 줄어들기 시작하였지만, 여전히 식량을 얻는 중요한 수단이었다. 한편 가락바퀴나 뼈바늘을 이용하여 옷이나 그물을 만드는 등 원시적인 수공업 생산이 이루어지기 시작하였다.

① 생산물의 분배 과정에서 사유 재산 제도가 등장하였다.

② 마을 주변에 방어 및 의례 목적으로 환호(도랑)를 두르기도 하였다.

③ 흑요석의 출토 사례로 보아 원거리 교류나 교역이 있었음을 알 수 있다.

④ 집자리는 주거용 외에 창고, 작업장, 집회소, 공공 의식 장소 등도 확인되었다.

✔**해설** 밑줄 친 이 시대는 신석기 시대이다.
①②④ 청동기

Answer 57.② 58.③

59 고조선의 세력 범위가 요동반도에서 한반도에 걸쳐 있었음을 알게 해 주는 유물을 모두 고르면?

> ㉠ 조개껍데기 가면
> ㉡ 거친무늬 거울
> ㉢ 비파형 동검
> ㉣ 미송리식 토기

① ㉠㉡
② ㉡㉢
③ ㉠㉡㉢
④ ㉡㉢㉣

✔해설 요령지방에서 출토된 비파형동검을 조형으로 한 세형동검이 B.C. 3C 초부터 대동강 일대에서 나타나는 사실로서 알 수 있으며, 고인돌과 비파형동검, 미송리식 토기 등이 대표적인 고조선의 유물에 해당한다.

60 단군신화와 관련한 역사적 사실로 옳지 않은 것은?

① 홍익인간의 정신은 평등이념을 성립하게 되었다.
② 사유재산의 성립으로 지배층은 농사일을 하지 않았다.
③ 선민사상을 가지고 있던 부족은 우월성을 과시했다.
④ 각 부족들은 특정한 동물이나 식물을 자신의 부족과 연결하여 숭배하고 있었다.

✔해설 단군신화에 나타난 사회의 모습 … 구릉지대에 거주하면서 농경생활을 하고 있었고 선민사상을 가지고 있었으며 사유재산의 성립과 계급의 분화에 따라 사회생활을 주도하였다.

61 신석기 시대에 대한 설명으로 옳지 않은 것은?

① 토기를 사용하여 음식을 조리하고 저장하게 되었다.
② 움집생활을 하였으며 중앙에 화로를 두었다.
③ 주식으로 쌀을 먹었다.
④ 조, 피, 수수 등의 잡곡류의 경작과 개, 돼지 등을 목축하였다.

✔해설 신석기 시대의 유적지인 황해도 봉산 지탑리와 평양 남경의 유적에서 탄화된 좁쌀이 발견된 것으로 보아 잡곡류를 경작하였다는 것을 알 수 있다.

62 위만 조선이 한나라의 침입으로 왕검성이 함락되어 멸망하게 된 직접적인 원인으로 옳은 것은?

① 독자적인 문화를 발전시키지 못하였다.
② 철기 문화를 수용하지 못하여 군사력이 약하였다.
③ 상업과 무역이 발달하지 못하여 폐쇄적인 자급자족의 경제였다.
④ 예와 진의 무역을 막고 중계무역의 이득을 독점하였다.

✔해설 위만 조선 … 본격적으로 철기문화를 수용하고 철기의 사용에 따른 무기생산과 농업이 발달하여 이에 따른 상업과 무역이 융성하였다. 중앙정치조직을 갖추고 우세한 무력을 기반으로 영토를 확장했으며 지리적 이점을 이용하여 예와 진이 직접 중국과 교역하는 것을 막고 중계무역의 이득을 독점하려 하였다. 이에 한나라의 무제는 대규모 공격을 감행하였는데 장기간의 전쟁으로 인한 고조선 지배층의 내분이 원인이 되어 B.C. 108년에 왕검성이 함락되면서 멸망하였다.

63 구석기시대에 관한 설명으로 옳지 않은 것은?

① 농경, 목축이 시작되었다.
② 평등한 공동체적 생활을 하였다.
③ 뗀석기와 골각기를 사용하였다.
④ 주술적인 조각품을 남겼다.

✔해설 농경과 목축이 시작된 시기는 신석기시대이다.

Answer 61.③ 62.④ 63.①

64 고구려와 신라의 관계를 다음과 같이 알려주고 있는 삼국시대의 금석문은?

> • 고구려의 군대가 신라 영토에 주둔했던 것으로 이해할 수 있는 기록이 보인다.
> • 고구려가 신라의 왕을 호칭할 때 '동이 매금(東夷 寐錦)'이라고 부르고 있다.
> • 고구려가 신라의 왕과 신하들에게 의복을 하사하는 의식을 거행한 것으로 보인다.

① 광개토왕비
② 집안고구려비
③ 중원고구려비
④ 영일냉수리비

✔해설 중원고구려비 … 충청북도 충주시에 있는 고구려의 고비(古碑)로서 현재 국보 제205로 지정되어 있다. 이 비는 고구려 비(碑) 중 한반도에서 발견된 유일한 예로 고구려가 당시 신라를 「동이(東夷)」라 칭하면서 신라왕에게 종주국으로서 의복을 하사했다는 내용이 실려 있는데 이는 「삼국사기(三國史記)」를 비롯한 여러 문헌에는 실려 있지 않은 사실이다. 또한 '신라토내당주(新羅土內幢主)'하는 직명으로 미루어 신라 영토 안에 고구려 군대가 주둔하였음을 확인할 수 있는 등의 내용이 담겨 있어 고구려사를 연구하는 데 많은 영향을 주었다.

65 고려의 대외관계에 대한 설명으로 옳지 않은 것은?

① 송과는 문화적 · 경제적으로 밀접한 유대를 맺었다.
② 거란의 침입에 대비하여 광군을 조직하기도 하였다.
③ 송의 판본은 고려의 목판인쇄 발달에 영향을 주었다.
④ 고려는 송의 군사적 제의에 응하여 거란을 협공하였다.

✔해설 송은 고려에 대하여 정치 · 군사적 목적을 고려는 송에 대하여 경제 · 문화적 외교 목적을 갖고 있었다. 즉, 송의 국자감에 유학생을 파견한다든가 의술 및 약재 수입, 불경 · 경서 · 사서 등의 서적 구입에 대외관계를 구축하는 등 경제 · 문화 관계는 유지하였으나 군사적으로 송을 지원하지는 않았다.

66 다음 여러 왕들의 정책들과 정치적 목적이 가장 유사한 것은?

> ㉠ 신라 신문왕 : 문무 관리에게 관료전을 지급하고 녹읍을 폐지하였다.
> ㉡ 고려 광종 : 과거 제도를 시행하고 관리의 공복을 제정하였다.
> ㉢ 조선 태종 : 6조 직계제를 확립하고 사병을 혁파하였다.

① 집사부 시중보다 상대등의 권력을 강화하였다.
② 향약과 사창제를 실시하고 서원을 설립하였다.
③ 장용영을 설치하고 규장각을 확대 개편하였다.
④ 중방을 실질적인 최고 권력 기관으로 만들었다.

> ✔해설 ㉠ 신문왕은 왕권 강화의 차원으로 녹읍제를 폐지하고 관료전의 지급을 실시하였다.
> ㉡ 광종은 신진관료 양성을 통한 왕권의 강화를 목적으로 하여 무력이 아닌 유교적 학식을 바탕으로 정치적 식견과 능력을 갖춘 관료층의 형성을 위해 과거제도를 실시하였으며 공복을 제정하여 관료제도의 질서를 통한 왕권의 확립을 꾀하였다.
> ㉢ 태종은 국정운영체제를 도평의사사에서 의정부서사제로, 다시 이를 6조직계제로 고쳐 왕권을 강화하였으며, 사원의 토지와 노비를 몰수하여 전제개혁을 마무리하고, 개인의 사병을 혁파하고 노비변정도감이라는 임시관청을 통해 수십만의 노비를 해방시키는 등 국가 재정과 국방을 강화하기 위한 노력을 하였다.

67 일본에 사신을 보내면서 스스로를 '고려국왕 대흠무'라고 불렀던 발해 국왕대에 있었던 통일신라의 상황으로 옳은 것은?

① 귀족세력의 반발로 녹읍이 부활되었다.
② 9주 5소경 체제의 지방행정조직을 완비하였다.
③ 의상은 당에서 귀국하여 영주에 부석사를 창건하였다.
④ 장보고는 청해진을 설치하고 남해와 황해의 해상무역권을 장악하였다.

> ✔해설 발해 문왕(737 ~ 793)은 스스로를 황제라 칭하였으며, 이 시기 통일신라에서는 757년 경덕왕 시절 내외관의 월봉인 관료전이 폐지되고 녹읍이 부활하였다.
> ②③ 7C
> ④ 신라 하대

68 영조 집권 초기에 일어난 다음 사건과 관련된 설명으로 옳지 않은 것은?

> 충청도에서 정부군과 반란군이 대규모 전투를 벌였으며 전라도에서도 반군이 조직되었다. 반란에 참가한 주동자들은 비록 정쟁에 패하고 관직에서 소외되었지만, 서울과 지방의 명문 사대부 가문 출신이었다. 반군은 청주성을 함락하고 안성과 죽산으로 향하였다.

① 주요 원인 중의 하나는 경종의 사인에 대한 의혹이다.
② 반란군이 한양을 점령하고 왕이 피난길에 올랐다.
③ 탕평책을 추진하는데 더욱 명분을 제공하였다.
④ 소론 및 남인 강경파가 주동이 되어 일으킨 것이다.

> ✔해설 이인좌의 난(영조 4년, 1728년) … 경종이 영조 임금에게 독살되었다는 경종 독살설을 주장하며 소론과 남인의 일부가 영조의 왕통을 부정하여 반정을 시도한 것이다. 영조의 즉위와 함께 실각 당하였던 노론이 다시 집권하고 소론 대신들이 처형을 당하자 이에 불만을 품은 이인좌 등이 소론·남인세력과 중소상인, 노비를 규합하여 청주에서 대규모 반란을 일으켜 한성을 점령하려고 북진하다가 안성과 죽산전투에서 오명환이 지휘한 관군에게 패하여 그 목적이 좌절되었다.

69 발해를 우리 민족사의 일부로 포함시키고자 할 때 그 증거로 제시할 수 있는 내용으로 옳은 것은?

> ㉠ 발해의 왕이 일본에 보낸 외교문서에서 '고(구)려국왕'을 자처하였다.
> ㉡ 발해 피지배층은 말갈족이었다.
> ㉢ 발해 건국주체세력은 고구려 지배계층이었던 대씨, 고씨가 주류를 이루었다.
> ㉣ 수도상경에 주작 대로를 만들었다.

① ㉠㉣
② ㉠㉢
③ ㉠㉡
④ ㉠㉣

> ✔해설 발해가 건국된 지역은 고구려 부흥운동이 활발하게 일어난 요동지역이었다. 발해의 지배층 대부분은 고구려 유민이었으며 발해의 문화는 고구려적 요소를 많이 포함하고 있었다.

70 삼국통일 후에 신라는 다음과 같은 정책을 실시하게 된 궁극적인 목적으로 옳은 것은?

> • 문무왕은 고구려, 백제인에게도 관직을 내렸다.
> • 옛 고구려, 백제 유민을 포섭하려 노력했다.
> • 고구려인으로 이루어진 황금서당이 조직되었다.
> • 말갈인으로 이루어진 흑금서당이 조직되었다.

① 민족융합정책
② 전제왕권강화
③ 농민생활안정
④ 지방행정조직의 정비

> **✔해설** 삼국통일 이후 신라의 9서당은 중앙군사조직에 신라인뿐만 아니라 고구려·백제인·말갈인 등 다른 국민까지 포함시켜 조직함으로써 다른 국민에 대한 우환을 경감시키고 중앙병력을 강화할 수 있었다. 그러나 가장 궁극적인 목적은 민족융합에 있었다고 할 수 있다.

71 원 간섭기 때의 설명으로 옳지 않은 것은?

① 왕권이 원에 의해 유지되면서 통치 질서가 무너져 제기능을 수행하기 어려워졌다.
② 충선왕은 사림원을 통해 개혁정치를 실시하면서, 우선적으로 충렬왕의 측근세력을 제거하고 관제를 바꾸었다.
③ 공민왕 때에는 정치도감을 통해 개혁정치가 이루어지면서 대토지 겸병 등의 폐단이 줄어들었다.
④ 고려는 일 년에 한 번 몽고에게 공물의 부담이 있었다.

> **✔해설** 정치도감을 통한 개혁정치는 충목왕이었다.
> ※ 공민왕의 개혁정치 … 공민왕은 반원자주정책과 왕권 강화를 위하여 개혁정치를 펼쳤다. 친원세력을 숙청하고 정동행성을 폐지하였으며 관제를 복구하였다. 몽고풍을 금지하고 쌍성총관부를 수복하고 요동을 공격하였다. 그리고 정방을 폐지하고 전민변정도감을 설치하였으며 성균관을 설치하여 유학을 발달시키고 신진사대부를 등용하였다.

Answer 70.① 71.③

72 (개) 시기에 볼 수 있는 장면으로 적절한 것은?

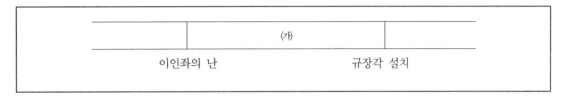

	(개)	
이인좌의 난		규장각 설치

① 당백전으로 물건을 사는 농민
② 금난전권 폐지를 반기는 상인
③ 전(錢)으로 결작을 납부하는 지주
④ 경기도에 대동법 실시를 명하는 국왕

> **해설** 이인좌의 난은 1728년에 일어났으며 규장각은 1776년에 설치되었다. 균역법은 영조 26년(1750)에 실
> 시한 부세제도로 종래까지 군포 2필씩 징수하던 것을 1필로 감하고 그 세수의 감액분을 결미(結米)·
> 결전(結錢), 어(漁)·염(鹽)·선세(船稅), 병무군관포, 은·여결세, 이획 등으로 충당하였다.
> ① 당백전은 1866년(고종 3) 11월에 주조되어 약 6개월여 동안 유통되었던 화폐이다.
> ② 금난전권은 1791년 폐지(금지)되었다.
> ④ 대동법은 1608년(광해군 즉위년) 경기도에 처음 실시되었다.

73 다음이 게재된 신문으로 옳은 것은?

> 천하의 일이 측량하기 어렵도다. 천만 뜻밖에도 5조약을 어떤 이유로 제출하였는고. 이 조약은 비단
> 우리나라만 아니라 동양 3국이 분열하는 조짐을 나타내는 것인 즉 이토 히로부미의 본래 뜻이 어디에
> 있느냐? … (중략) … 오호라 찢어질 듯한 마음이여! 우리 2,000만 동포들이여! 살았느냐? 죽었느냐?
> 단군 기자 이래 4000년 국민 정신이 하룻밤 사이에 졸연히 망하고 멈추지 않았는가? 원통하고 원통하
> 다. 동포여, 동포여!

① 독립신문   ② 제국신문
③ 한성순보   ④ 황성신문

> **해설** 제시글은 을사늑약의 부당함을 알리고 규탄하는 장지연의 시일야방성대곡으로, 황성신문에 게재되었다.
> 황성신문에 게재된 뒤 며칠 후에 영문과 한문으로 번역되어 대한매일신보에도 게재되었다.

Answer 72.③ 73.④

74 **다음과 같은 시대의 왕의 업적으로 옳지 않은 것은?**

> 적극적인 탕평책을 추진하여 벽파를 물리치고 시파를 고루 기용하여 왕권의 강화를 꾀하였다. 또한 영조 때의 척신과 환관 등을 제거하고, 노론과 소론 일부, 남인을 중용하였다.

① 군역 부담의 완화를 위하여 균역법을 시행하였다.

② 붕당의 비대화를 막고 국왕의 권력과 정책을 뒷받침하는 기구인 규장각을 육성하였다.

③ 신진 인물과 중·하급 관리를 재교육한 후 등용하는 초계문신제를 시행하였다.

④ 수령이 군현 단위의 향약을 직접 주관하게 하여 지방 사림의 영향력을 줄이고 국가의 백성에 대한 통치력을 강화하였다.

✔**해설** 군역 부담을 줄이기 위하여 균역법을 시행한 것은 영조의 치적이다.

　※ 정조의 개혁정치
　　㉠ 규장각의 육성
　　㉡ 초계문신제의 시행
　　㉢ 장용영의 설치
　　㉣ 수원 육성
　　㉤ 수령의 권한 강화
　　㉥ 서얼과 노비의 차별을 완화
　　㉦ 통공정책으로 금난전권을 폐지
　　㉧ 대전통편, 동문휘고, 탁지지 등을 편찬

75 다음에서 설명하는 제도가 시행되었던 왕대의 상황에 대한 설명으로 옳은 것은?

> 양인들의 군역에 대한 절목 등을 검토하고 유생의 의견을 들었으며, 개선 방향에 관한 면밀한 검토를 거친 후 담당 관청을 설치하고 본격적으로 시행하였다. 핵심 내용은 1년에 백성이 부담하는 군포 2필을 1필로 줄이는 것이었다.

① 증보문헌비고가 편찬, 간행되었다.
② 노론의 핵심 인물이 대거 처형당하였다.
③ 통공정책을 써서 금난전권을 폐지하였다.
④ 청계천을 준설하여 도시를 재정비하고자 하였다.

> **✔해설** 제시글은 영조시대 백성에게 큰 부담이 된 군포제도를 개혁한 균역법에 대한 설명이다. 이 시대에는 도성의 중앙을 흐르는 청계천을 준설하는 준천사업을 추진하였고 1730년을 전후하여 서울인구가 급증하고 겨울용 뗄감의 사용량이 증가하면서 서울 주변 산이 헐벗게 되고 이로 인하여 청계천에 토사가 퇴적되어 청계천이 범람하는 사건이 발생하였다.

76 고려시대의 경제 활동에 대한 설명으로 옳지 않은 것은?

① 전기에는 관청 수공업과 소 수공업 중심으로 발달하였다.
② 상업은 촌락을 중심으로 발달하였다.
③ 대외 무역에서 가장 큰 비중을 차지한 것은 송과의 무역이었다.
④ 사원에서는 베, 모시, 기와, 술, 소금 등의 품질 좋은 제품을 생산하였다.

> **✔해설** 고려시대에는 상품화폐경제가 발달하지 못하였고 상업은 촌락이 아니라 도시를 중심으로 발달하였다.

Answer 75.④ 76.②

77 다음과 같은 문화 활동을 전후한 시기의 농업 기술 발달에 관한 내용으로 옳은 것을 모두 고르면?

- 서예에서 간결한 구양순체 대신에 우아한 송설체가 유행하였다.
- 고려 태조에서 숙종 대까지의 역대 임금의 치적을 정리한 「사략」이 편찬되었다.

ㄱ 2년 3작의 윤작법이 점차 보급되었다.
ㄴ 원의 「농상집요」가 소개되었다.
ㄷ 우경에 의한 심경법이 확대되었다.
ㄹ 상품 작물이 광범위하게 재배되었다.

① ㄱㄴ ② ㄴㄷ
③ ㄱㄴㄷ ④ ㄴㄷㄹ

✔해설 구양순체는 고려 전기의 유행서체이며 송설체가 유행한 시기는 고려 후기에 해당한다. 또한 13세기 후반 성리학의 수용으로 대의명분과 정통의식을 고수하는 성리학과 사관이 도입되었는데 이제현의 「사략」은 이 시기의 대표적인 역사서이다. 따라서 고려 후기의 농업 기술 발달에 관한 내용을 선택하여야 하며 상품작물이 광범위하게 재배된 것은 조선 후기의 특징에 해당하므로 제외하여야 한다.

※ 고려 후기의 농업 발달
ㄱ 밭농사에 2년 3작의 윤작법이 보급되었다.
ㄴ 원의 사농사에서 편찬한 화북지방의 농법 「농상집요」를 전통적인 것을 보다 더 발전시키려는 노력의 일단으로 소개 보급하였다.
ㄷ 소를 이용한 심경법이 널리 보급되었다.

Answer 77.③

78 다음의 세 사람이 공통적으로 주장한 내용으로 옳은 것은?

- 유형원
- 이익
- 정약용

① 자영농을 육성하여 민생을 안정시키자고 주장하였다.
② 상공업의 진흥과 기술혁신을 주장하였다.
③ 개화기의 개화사상가들에 의해 계승되었다.
④ 농업부문에서 도시제도의 개혁보다는 생산력 증대를 중요시 하였다.

✔해설 중농학파(경세치용)
ⓐ 농촌 거주의 남인학자들에 의해 발달
ⓑ 국가제도의 개편으로 유교적 이상국가의 건설을 주장
ⓒ 토지제도의 개혁을 강조하여 자영농의 육성과 농촌경제의 안정을 도모
ⓓ 대원군의 개혁정치, 한말의 애국계몽사상, 일제시대의 국학자들에게 영향

79 조선시대 토지제도에 대한 설명이다. 변천순서로 옳은 것은?

ⓐ 국가의 재정기반과 신진사대부세력의 경제기반을 확보하기 위해 시행되었다.
ⓑ 현직관리에게만 수조권을 지급하였다.
ⓒ 관청에서 수조권을 행사하여 백성에게 조를 받아, 관리에게 지급하였다.
ⓓ 국가가 관리에게 현물을 지급하는 급료제도이다.

① ⓐ - ⓑ - ⓒ - ⓓ
② ⓑ - ⓐ - ⓒ - ⓓ
③ ⓒ - ⓑ - ⓐ - ⓓ
④ ⓓ - ⓑ - ⓒ - ⓐ

✔해설 토지제도의 변천
ⓐ 통일신라시대 : 전제왕권이 강화되면서 녹읍이 폐지되고 신문왕 관료전이 지급되었다.
ⓑ 고려시대 : 역분전 → 시정전시과 → 개정전시과 → 경정전시과 → 녹과전 → 과전법의 순으로 토지제도가 변천되었다.
ⓒ 조선시대 : 과전법 → 직전법 → 관수관급제 → 직전법의 폐지와 지주제의 확산 등으로 이루어졌다.

Answer 78.① 79.①

80 영조 때 실시된 균역법에 대한 설명으로 옳지 않은 것은?

① 군포를 1년에 2필에서 1필로 경감시켰다.

② 균역법의 실시로 모든 양반에게도 군포를 징수하였다.

③ 균역법의 시행으로 감소된 재정은 어장세·염전세·선박세로 보충하였다.

④ 결작이라 하여 토지 1결당 미곡 2두를 부과하였다.

✔해설 균역법의 시행으로 감소된 재정은 결작(토지 1결당 미곡 2두)을 부과하고 일부 상류층에게 선부군관이라는 칭호를 주어 군포 1필을 납부하게 하였으며 선박세와 어장세, 염전세 등으로 보충하였다.

81 민정문서(신라장적)에 대한 설명으로 옳은 것은?

① 천민 집단과 노비의 노동력은 기록하지 않았다.

② 소백 산맥 동쪽에 있는 중원경과 그 주변 촌락의 기록이다.

③ 인구를 연령별로 6등급으로 나누어 작성하였다.

④ 5년마다 촌락의 노동력과 생산력을 지방관이 작성하였다.

✔해설 연령과 성별에 따라 6등급으로, 호는 인구수에 따라 9등급으로 나누어 기록하였다.

82 신문왕 때 폐지되었던 녹읍이 경덕왕 때 다시 부활한 이유로 옳은 것은?

① 왕권 강화

② 귀족 세력의 반발

③ 피정복민의 회유

④ 농민의 생활 안정

✔해설 경덕왕 때 귀족의 반발로 녹읍제가 부활되어 국가경제가 어렵게 되었다.

83 다음은 통일신라 때의 토지 제도에 대한 설명이다. 이에 관한 설명으로 옳은 것은?

> 통일 후에는 문무 관료들에게 토지를 나누어 주고, 녹읍을 폐지하는 대신 해마다 곡식을 나누어 주었다.

① 농민 경제가 점차 안정되었다.
② 귀족들의 농민 지배가 더욱 강화되었다.
③ 귀족들의 기반이 더욱 강화되었다.
④ 귀족에 대한 국왕의 권한이 점차 강화되었다.

✔해설 제시된 내용은 관료전을 지급하는 대신 녹읍을 폐지한 조치에 대한 설명이다. 녹읍은 토지세와 공물은 물론 농민의 노동력까지 동원할 수 있었으나 관료전은 토지세만 수취할 수 있었다.

84 통일신라의 무역활동과 관계없는 것은?

① 한강 진출로 당항성을 확보하여 중국과의 연결을 단축시켰다.
② 산둥반도와 양쯔강 하류에 신라인 거주지가 생기게 되었다.
③ 통일 직후부터 일본과의 교류가 활발해졌다.
④ 장보고가 청해진을 설치하고 남해와 황해의 해상무역권을 장악하였다.

✔해설 일본과의 무역은 통일 직후에는 일본이 신라를 견제하고, 신라도 일본의 여·제 유민을 경계하여 경제 교류가 활발하지 못하였으나 8세기 이후 정치의 안정과 일본의 선진문화에 대한 욕구로 교류가 활발해 졌다.

85 다음에서 발해의 경제생활에 대한 내용으로 옳은 것을 모두 고르면?

> ⊙ 밭농사보다 벼농사가 주로 행하였다.
> ⓒ 제철업이 발달하여 금속가공업이 성행하였다.
> ⓒ 어업이 발달하여 먼 바다에 나가 고래를 잡기도 하였다.
> ⓔ 가축의 사육으로 모피, 녹용, 사향 등이 생산되었다.

① ⊙ⓒ

② ⊙ⓒ

③ ⊙ⓔ

④ ⓒⓒⓔ

✔해설 ⊙ 발해의 농업은 기후가 찬 관계로 콩, 조 등의 곡물 생산이 중심을 이루었고 밭농사가 중심이 되었다.

86 다음의 자료에 나타난 나라에 대한 설명으로 옳은 것은?

> 큰 산과 깊은 골짜기가 많고 평원과 연못이 없어서 계곡을 따라 살며 골짜기 물을 식수로 마셨다. 좋은 밭이 없어서 힘들여 일구어도 배를 채우기는 부족하였다.
>
> — 삼국지 동이전 —

① 국동대혈에서 제사를 지내는 의례가 있었다.

② 가족 공동의 무덤인 목곽에 쌀을 부장하였다.

③ 특산물로는 단궁 · 과하마 · 반어피 등이 유명하였다.

④ 남의 물건을 훔쳤을 때에는 50만 전을 배상토록 하였다.

✔해설 ① 고구려 ② 옥저 ③ 동예 ④ 고조선

87 조선 전기의 상업 활동에 대한 설명으로 옳은 것은?

① 공인(貢人)의 활동이 활발해졌다.
② 시전이 도성 내 특정 상품 판매의 독점권을 보장받기도 하였다.
③ 개성의 송상, 의주의 만상은 대외 무역을 통해 대상인으로 성장하였다.
④ 경강상인들은 경강을 중심으로 매점 활동을 통해 부유한 상업 자본가로 성장하였다.

> ✔해설 ①③④ 조선 후기의 상업 활동에 대한 설명이다.
> ※ 조선 전기의 상업 활동
> ㉠ 통제 경제와 시장 경제를 혼합한 형태로 장시의 전국적 확산과 대외무역에서 사무역이 발달하였다.
> ㉡ 지주제의 발달, 군역의 포납화, 농민층의 분화와 상인 증가, 방납의 성행 등으로 장시와 장문이 발달하게 되었다.
> ㉢ 시정세, 궁중과 부중의 관수품조달 등의 국역을 담당하는 대가로 90여종의 전문적인 특정 상품에 대한 독점적 특권을 차지한 어용상인인 시전이 발달하였다.
> ㉣ 5일마다 열리는 장시에서 농산물, 수공업제품, 수산물, 약제 같은 것을 종·횡적으로 유통시키는 보부상이 등장하였다.

88 다음의 내용과 관련 있는 것은?

> 향촌의 덕망 있는 인사들로 구성되어 지방민의 자치를 허용하고 자율적인 규약을 만들었고, 중집권과 지방자치는 효율적으로 운영하였다.

㉠ 승정원	㉡ 유향소
㉢ 홍문관	㉣ 경재소

① ㉠㉡
② ㉡㉣
③ ㉠㉢
④ ㉠㉣

> ✔해설 ㉡ 유향소 : 수령을 보좌하고 향리를 감찰하며, 향촌사회의 풍속을 교정하기 위한 기구이다.
> ㉣ 경재소 : 중앙정부가 현직 관료로 하여금 연고지의 유향소를 통제하게 하는 제도로서, 중앙과 지방의 연락업무를 맡거나 수령을 견제하는 역할을 하였다.

89 다음에 해당하는 세력에 대한 설명으로 옳은 것은?

> 경제력을 토대로 과거를 통해 관계에 진출한 향리출신자들이다. 이들은 사전의 폐단을 지적하고, 권문세족과 대립하였으며 구질서와 여러 가지 모순을 비판하고 전반적인 사회개혁과 문화혁신을 추구하였다. 이들은 온건파와 급진파로 나뉘는데 조선건국을 도운 급진파가 조선의 지배층이 되었다.

① 사기 근서시에 싱을 쌓고 군대를 보유하여 스스로 싱주 혹은 징군이라 칭하면시, 그 지방의 행정권과 군사권을 장악하였을 뿐 아니라 경제적 지배력도 행사하였다.

② 원 간섭기 이후 중류층 이하에서 전공을 세우거나 몽고귀족과의 혼인을 통해서 정계의 요직을 장악하고, 음서로서 신분을 유지하고 광범위한 농장을 소유하였다.

③ 6두품과 호족들이 중앙으로 진출하여 결혼을 통하여 거대한 가문을 이루고 관직을 독점하며 각종 특권을 누렸다.

④ 하급 관리나 향리의 자제 중 과거를 통해 벼슬에 진출하고 성리학을 공부하고 유교적 소양을 갖추고 행정 실무에도 밝은 학자 출신 관료이다.

✔ **해설** 신진사대부 … 경제력을 토대로 과거를 통해 관계에 진출한 향리출신자들이다. 사전의 폐단을 지적하고, 권문세족과 대립하였으며 구질서와 여러 가지 모순을 비판하고 전반적인 사회개혁과 문화혁신을 추구하였다.
① 호족
② 권문세족
③ 문벌귀족

90 다음에 대한 설명으로 옳지 않은 것은?

> 국가가 필요로 하는 인재를 육성하려는 목적으로 조직되어 조직 내에서 일체감을 갖고 활동하면서 교육적 · 수양적 · 사교적 · 군사적 · 종교적 기능도 가지고 있다.

① 귀족들로 구성되어 국왕과 귀족 간의 권력을 중재하는 기능을 담당하였다.
② 계층 간의 대립과 갈등을 조절 · 완화하는 기능을 하였다.
③ 진흥왕은 보기의 활동을 장려하여 조직이 확대되었다.
④ 제천의식을 통하여 협동과 단결 정신을 기르고 심신을 연마하였다.

✔해설 화랑도는 귀족 출신의 화랑과 평민 출신의 낭도로 구성되어 계급 간의 대립과 갈등을 조절하고 완화하는 기능을 하였다.

91 조선시대의 신분제도에 대한 설명으로 옳은 것은?

① 양반은 과거가 아니면 관직에 진출할 수 없었다.
② 농민은 법제적으로는 관직에 진출하는 것이 가능하였다.
③ 향리는 과거를 통하여 문반직에 오를 수 있었고, 지방의 행정실무를 담당하였다.
④ 서얼도 문과에 응시할 수 있었다.

✔해설 조선의 신분제 … 법제적으로 양천제를 채택하였지만, 실제로는 양반, 중인, 상민, 노비의 네 계층으로 분화되어 있었다. 양인은 직업에 따른 권리와 의무에 차등이 있었다. 농민은 과거응시권이 있었으나, 공인과 상인은 불가능 하였다. 과거의 응시제한계층은 공인, 상인, 승려, 천민, 재가녀의 자, 탐관오리의 자손, 국사범의 자손, 전과자 등이었다.

92 다음으로 인하여 나타난 변화로 옳은 것은?

> • 조선 후기 이앙법이 전국적으로 시행되면서 광작이 가능해졌으며, 경영형 부농이 등장하였다.
> • 대동법의 시행으로 도고가 성장하였으며, 상업자본이 축적되었다.

① 정부의 산업 주도
② 양반의 지위 하락
③ 신분구조의 동요
④ 국가 재정의 확보

> ✔해설 조선 후기에 이르러 경제상황의 변동으로 부를 축적한 상민들이 신분을 매매하여 양반이 되는 등 신분제의 동요가 발생하였다.

93 독립협회의 활동으로 옳은 것은?

① 대성 학교와 오산 학교를 설립하였다.
② 관민 공동회를 통해 헌의 6조를 결의하였다.
③ 국채 보상 운동을 전개하였다.
④ 만세보를 발행하여 민족의식을 고취하였다.

> ✔해설 독립협회 … 서재필, 이상재, 윤치호 등이 자주 독립 국가와 내정 개혁을 위해 1896년 7월에 조직하였다. 독립신문을 발간하고, 독립문을 건립하였으며 만민 공동회를 개최하여 자주 국권 운동을 전개하고 관민 공동회를 통해 헌의 6조를 결의하였다.
> ① 신민회
> ③ 국채보상기성회
> ④ 천도교

94 밑줄 친 '이 농서'가 처음 편찬된 시기의 문화에 대한 설명으로 옳은 것은?

> 「농상집요」는 중국 화북 지방의 농사 경험을 정리한 것으로서 기후와 토질이 다른 조선에는 도움이 될
> 수 없었다. 이에 농사 경험이 풍부한 각 도의 농민들에게 물어서 조선의 실정에 맞는 농법을 소개한
> <u>이 농서</u>가 편찬되었다.

① 현실 세계와 이상 세계를 표현한 「몽유도원도」가 그려졌다.
② 선종의 입장에서 교종을 통합한 조계종이 성립되었다.
③ 윤휴는 주자의 사상과 다른 모습을 보여 사문난적으로 몰렸다.
④ 진경산수화와 풍속화가 유행하였다.

> ✔️**해설** 안견의 몽유도원도는 1447년(세종 29)에 안평대군이 도원을 거닐며 놀았던 꿈 내용을 당시 도화서 화
> 가였던 안견에게 말해 안견이 그린 것으로 현재 일본 덴리대학(天理大學) 중앙도서관에 소장되어 있다.
> ※ 농사직설(農事直說) … 조선 세종 때 지어진 농서(農書)로 서문에서 밝히는 바와 같이 당시 까지 간행된
>   중국의 농서가 우리나라의 풍토와 맞지 않아 농사를 짓는 데 있어 어려움이 있다는 이유로 세종이 각
>   도 감사에게 명해 각 지역의 농군들에게 직접 물어 땅에 따라 이미 경험한 바를 자세히 듣고 이를 수
>   집하여 편찬, 인쇄, 보급한 것이다. 이 책은 지역에 따라 적절한 농법을 수록하여 우리 실정과 거리가
>   먼 중국의 농법에서 벗어나는 좋은 계기를 마련했다고 볼 수 있다.

95 다음 역사서 저자들의 정치적 입장에 관한 설명으로 옳지 않은 것은?

① 「여사제강」 – 서인의 입장에서 북벌운동을 지지하였다.
② 「동사(東事)」 – 붕당정치를 비판하였다.
③ 「동사강목」 – 성리학적 명분론을 비판하였다.
④ 「동국통감제강」 – 남인의 입장에서 왕권 강화를 주장하였다.

> ✔️**해설** 동사강목 … 17세기 이후 축적된 국사연구의 성과를 계승 발전시켜 역사인식과 서술내용 면에서 가장
> 완성도가 높은 저술로서 정통론인식과 문헌고증방식의 양면을 집대성한 대표적인 통사이다. 단군→기
> 자→마한→통일신라→고려까지의 유교적 정통론을 완성하였으며 위만조선을 찬탈왕조로 다루고 발
> 해를 말갈왕조로 보아 우리 역사에서 제외시켰는데 이는 조선의 성리학자로서의 명분론에 입각한 것이
> 었다.

Answer 94.① 95.③

96 다음의 내용들을 시대 순으로 바르게 나열한 것은?

> ㉠ 충청도 지방의 호론과 서울 지방의 낙론 사이에 성리학의 심성논쟁이 벌어졌다.
> ㉡ 붕당 사이에 예론을 둘러싼 논쟁이 전개되었다.
> ㉢ 이황과 이이 사이에 성리학의 이기론을 둘러싼 논쟁이 전개되었다.

① ㉠ - ㉡ - ㉢   ② ㉡ - ㉠ - ㉢
③ ㉢ - ㉠ - ㉡   ④ ㉢ - ㉡ - ㉠

 해설 ㉠ 제시된 글은 노론 내부에서 펼쳐진 호락논쟁으로 서울지역의 인물성동론은 북학파에, 충청지역의
　　　인물성이론은 위정척사에 영향을 주었다.
　　　㉡ 예송 논쟁이란 예법에 대한 송사와 논쟁으로 제1차는 1659년에 기해 예송, 제2차는 1674년 갑인
　　　예송으로 나타났다.
　　　㉢ 이황은 주리론의 입장에서 학문의 본원적 연구에 치중하였고, 이이는 주기론의 입장에서 현실세계
　　　의 개혁에 깊이 관여하였다. 그러나 두 학파 모두 도덕세계의 구현이라는 점에서는 입장이 같다.

97 다음 자료를 쓴 역사가의 활동으로 옳은 것은?

> 역사란 무엇이뇨. 인류 사회의 아와 비아의 투쟁이 시간부터 발전하며 공간부터 확대하는 심적 활동의
> 상태의 기록이니, 세계사라 하면 세계 인류의 그리되어 온 상태의 기록이며, 조선사라하면 조선 민족
> 의 그리되어 온 상태의 기록이니라.

① 「여유당전서」를 발간하여 조선후기 실학자들을 재평가하였다.
② 을지문덕, 최영, 이순신 등 애국명장의 전기를 써서 애국심을 고취하였다.
③ 「조선사회경제」를 저술하여 세계사적 보편성 속에서 한국사를 해석하였다.
④ '5천 년간 조선의 얼'이라는 글을 동아일보에 연재하여 민족정신을 고취하였다.

해설 제시된 사료는 신채호의 「조선상고사」 총론의 일부이다. 「조선상고사」는 단군시대로부터 백제의 멸망
　　과 그 부흥운동까지를 주체적으로 서술하였다. 「을지문덕전」, 「최도동전」, 「이순신전」 등을 저술하여 애
　　국심을 고취하였다.
　　① 정약용 ③ 백남운 ④ 정인보

98 대한민국 정부 수립 이후에 일어난 사건을 모두 고른 것은?

> ㉠ 반민족 행위 특별 조사 위원회 설치
> ㉡ 농지 개혁법 시행
> ㉢ 안두희의 김구 암살
> ㉣ 제주 4 · 3 사건 발생
> ㉤ 여수 · 순천 10 · 19 사건 발생

① ㉠㉡㉤
② ㉠㉡㉢㉤
③ ㉠㉡㉣㉤
④ ㉠㉡㉢㉣㉤

✔해설 ㉣ 제주 4 · 3 사건은 1948년에 일어난 사건으로 대한민국 정부 수립(1948년 8월 15일) 이전이다.
㉠ 1948년 10월
㉡ 1949년 제정, 1950 ~ 1957년 시행
㉢ 1949년 6월
㉤ 1948년 10월

99 다음 내용이 포함된 개혁에 대한 설명으로 옳지 않은 것은?

> • 공 · 사 노비 제도를 모두 폐지하고, 인신매매를 금지한다.
> • 연좌법을 폐지하여 죄인 자신 외에는 처벌하지 않는다.
> • 과부의 재혼은 귀천을 막론하고 그 자유에 맡긴다.

① 중국 연호의 사용을 폐지하였다.
② 독립협회 활동의 영향을 받았다.
③ 군국기무처의 주도 하에 추진되었다.
④ 동학 농민 운동의 요구를 일부 수용하였다.

✔해설 제시된 내용이 포함된 개혁은 1894년에 일어난 제1차 갑오개혁이다. 독립협회는 1896년에 창립되었다.

Answer 98.② 99.②

100 다음은 일제 강점기 국외 독립운동에 관한 사실들이다. 이를 시기 순으로 바르게 나열한 것은?

> ㉠ 대한민국 임시 정부가 지청천을 총사령으로 하는 한국광복군을 창설하였다.
> ㉡ 블라디보스토크에서 이상설, 이동휘 등이 중심이 된 대한 광복군 정부가 수립되었다.
> ㉢ 홍범도가 이끄는 대한 독립군을 비롯한 연합 부대는 봉오동 전투에서 대승을 거두었다.
> ㉣ 양세봉이 이끄는 조선 혁명군은 중국 의용군과 연합하여 영릉가 전투에서 일본군을 무찔렀다.

① ㉠ - ㉣ - ㉡ - ㉢
② ㉡ - ㉢ - ㉣ - ㉠
③ ㉢ - ㉡ - ㉣ - ㉠
④ ㉣ - ㉢ - ㉠ - ㉡

> **✔해설** ㉠ 한국광복군은 1940년 중국 충칭에서 조직되었다.
> ㉡ 대한광복군정부는 1914년 러시아 블라디보스토크에 세워졌던 망명 정부이다.
> ㉢ 봉오동 전투는 1920년 6월 7일 만주 봉오동에서 홍범도의 대한독립군이 일본 정규군을 대패시킨 전투이다.
> ㉣ 영릉가 전투는 1932년 4월 남만주 일대에서 활동하던 조선혁명군이 중국 요령성 신빈현 영릉가에 서 일본 관동군과 만주국군을 물리친 전투이다.

101 다음에 제시된 개혁 내용을 공통으로 포함한 것은?

> • 청과의 조공 관계 청산　　　　• 인민 평등 실현
> • 혜상공국 혁파　　　　　　　• 재정의 일원화

① 갑오개혁의 홍범 14조
② 독립협회의 헌의 6조
③ 동학 농민 운동의 폐정개혁안
④ 갑신정변 때의 14개조 정강

> **✔해설** 제시된 지문은 갑신정변 때 개화당 정부의 14개조 혁신 정강의 내용이다.

102 다음은 간도와 관련된 역사적 사실들이다. 옳지 않은 것은?

① 1909년 일제는 청과 간도협약을 체결하여 남만주의 철도 부설권을 얻는 대가로 간도를 청의 영토로 인정하였다.

② 조선과 청은 1712년 "서쪽으로는 압록강, 동쪽으로는 토문강을 국경으로 한다."는 내용의 백두산정계비를 세웠다.

③ 통감부 설치 후 일제는 1906년 간도에 통감부 출장소를 두어 간도를 한국의 영토로 인정하였다.

④ 1902년 대한제국 정부는 간도관리사로 이범윤을 임명하는 한편, 이를 한국 주재 청국 공사에게 통고하고 간도의 소유권을 주장하였다.

> ✔해설 통감부 설치 후 일제는 1907년 8월 23일에 간도용정에 간도통감부 출장소를 설치하고, 간도는 조선의 영토이며 출장소를 설치한 것은 간도조선인을 보호하기 위한 것이라 천명하고 청과 외교교섭을 시작했다.

103 1919년 3 · 1운동 전후의 국내외 정세에 대한 설명으로 옳지 않은 것은?

① 일본은 시베리아에 출병하여 러시아 영토의 일부를 점령하고 있었다.

② 러시아에서는 볼셰비키가 권력을 장악하여 사회주의 정권을 수립하였다.

③ 미국의 윌슨 대통령이 민족자결주의를 내세워 전후 질서를 세우려 하였다.

④ 산동성의 구 독일 이권에 대한 일본의 계승 요구는 5 · 4 운동으로 인해 파리평화회의에서 승인받지 못하였다.

> ✔해설 파리평화회의 … 제1차 세계대전 종료 후, 전쟁에 대한 책임과 유럽 각국의 영토 조정, 전후의 평화를 유지하기 위한 조치 등을 협의한 1919 ~ 1920년 동안의 일련의 회의 일체를 말한다. 이 회의에서 국제문제를 풀어나갈 원칙으로 미국의 윌슨 대통령이 14개 조항을 제시하였는데 각 민족은 정치적 운명을 스스로 결정할 권리가 있다는 민족자결주의와 다른 민족의 간섭을 받을 수 없다는 집단안전보장원칙을 핵심으로 주장하였고 이는 3 · 1운동에 영향을 주었다.

104 6 · 25 전쟁 이전 북한에서 일어난 다음의 사건들을 연대순으로 바르게 나열한 것은?

> ㉠ 북조선 5도 행정국 설치   ㉡ 토지개혁 단행
> ㉢ 북조선 노동당 창당   ㉣ 조선공산당 북조선 분국 조직

① ㉠㉡㉢㉣   ② ㉠㉡㉣㉢
③ ㉡㉠㉣㉢   ④ ㉣㉠㉡㉢

 ㉣ 1945년 10월
㉠ 1945년 11월
㉡ 1946년 3월
㉢ 1946년 8월

105 '을사조약' 체결 당시의 사건에 대한 설명으로 옳은 것은?

① 영국은 일본의 한국에 대한 지배권을 인정하였다.
② 구식군대가 차별대우를 받았다.
③ 일본의 한국에 대한 지배권을 인정하며, 미국의 필리핀 지배를 확인하였다.
④ 러시아, 프랑스, 독일이 일본에 압력을 가했다.

✔해설 을사조약 체결(1905. 11.) … 러 · 일 전쟁에서 승리한 일본은 조선의 독점적 지배권을 인정받고 조선의 외교권을 박탈하고 통감부를 설치하였다. 이에 초대 통감으로 이토 히로부미가 부임하였으며 고종황제는 조약의 부당성을 알리기 위해 1907년에 개최된 헤이그 만국평화회의에 밀사를 파견하였다.

106 연결이 옳지 않은 것은?

① 한일의정서 – 군사기지 점유   ② 제1차 한일협정서 – 사법권, 경찰권박탈
③ 제2차 한일협정서 – 외교권박탈   ④ 한일신협약 – 차관정치, 군대해산

✔해설 제1차 한 · 일협약 체결(1904. 8.) … 러 · 일전쟁 중 체결되었으며 일본 정부가 추천하는 외교와 재정고문을 두는 고문정치가 시작되었다.

Answer 104.④ 105.① 106.②

107 대한민국 임시정부가 있었던 지역이 아닌 곳은?

① 충칭
② 난징
③ 우한
④ 광저우

✔해설 대한민국 임시정부 … 1931년 3·1 운동 당시 독립선언을 계기로 건립된 임시정부로, 1919년 중국 상하이에서 시작되었으나 중일전쟁의 영향으로, 상하이(1919) → 항저우(1932) → 전장(1935) → 창사(1937) → 광저우(1938) → 류저우(1938) → 치장(1939) → 충칭(1940)로 이동했다.

108 다음은 어느 신문의 사설이다. 다음에 대한 설명으로 옳은 것은?

> 1931년부터 4년간에 걸쳐 벌인 브나로드 운동은 대표적인 계몽운동이었다. 남녀 청년학도들이 계몽대, 강연대를 조직하여 삼천리 방방곡곡을 누비며 우리글, 우리 역사를 가르치고 농촌위생, 농촌경제개발에 앞장섰던 이 운동은 지식인과 학생이 이 땅에서 일으킨 최초의 민중운동이었다.

① 언론사 중심의 문맹퇴치운동이 전개되었다.
② 사회운동계열이 주도하였다.
③ 이 운동의 영향으로 민립대학설립운동이 추진되었다.
④ 이 시기에 언론과 지식인과 학생이 주도한 만세시위가 확산되고 있었다.

✔해설 브나로드 … '민중 속으로'라는 러시아 말에서 유래된 것으로 일제강점기에 동아일보사가 주축이 되어 전국적 문맹퇴치운동으로 전개되었다. 브나로드 운동은 문자교육과 계몽활동(미신 타파, 구습 제거, 근검절약 등)을 병행한 대표적인 농촌계몽운동이다.

CHAPTER
03 윤리

01 동양 윤리

1 동양 윤리 사상의 연원

(1) 동양의 윤리 사상

① 유교, 도가
- ㉠ 중국 춘추 전국 시대에 발생한 사상
- ㉡ 춘추 전국 시대에 이르러 주나라의 정치, 사회 질서가 무너지고, 갈등이 고조되는 문제를 해결하기 위하여 다양한 사상이 대두
- ㉢ 이 중 유교와 도가가 후대에까지 큰 영향을 미침

② 불교
- ㉠ 기원전 6세기경 인도에서 발생한 사상
- ㉡ 현세의 삶은 전생에 지은 행위에 의한 것임을 강조
- ㉢ 현재의 행위가 미래의 고통과 쾌락을 결정한다는 인도 전통 사상을 배경으로 탄생

(2) 유교 사상

① 대표인물 … 공자

② 인(仁)
- ㉠ 인간이 지니는 본질적 사랑, 인간다움
- ㉡ 나와 상대방의 관계가 사랑과 인간다움으로 채워져야 함을 의미

③ 예(禮)
- ㉠ 사회 질서를 유지하기 위한 규범
- ㉡ 국가 제도로부터 개인의 행동 방식에 이르기까지 모든 방면에서의 합리적인 체계와 대응 방식

④ 인과 예를 실천하여 인간다운 인간이 되고, 질서 있는 사회를 만들 것을 주장

(3) 도가 사상

① 대표인물 … 노자, 장자

② 도(道)
　　㉠ 만물의 원인이 되는 원리
　　㉡ 만물은 도에서 나오고, 도에 의해 운행

③ 도에 따르는 삶 … 무위자연(無爲自然)에 따라 제물(齊物)을 실천하고 소요(逍遙)의 경지에 이르는 삶

(4) 불교 사상

① 대표인물 … 석가모니

② 연기(緣起)
　　㉠ 세계의 모든 존재는 서로 인과적으로 의존하고 있음
　　㉡ 연기를 모르는 중생(衆生)은 모든 것에 집착하여 괴로움에 빠짐
　　㉢ 연기를 깨달아 해탈(解脫)을 추구하고 자비를 실천해야 함

③ 윤회설(輪廻說)
　　㉠ 수레바퀴가 구르듯 삶과 죽음이 반복
　　㉡ 중생이 이 세상에서 어떻게 행위 하느냐에 따라 다음 삶이 결정

❷ 고대의 동양 윤리

(1) 공자의 사상

① 유교의 토대 정립 … 춘추 시대에 하 · 은 · 주 삼대(三代)의 문화를 종합하여 유교 사상 정립

② 인
　　㉠ 사랑의 정신이자 사회적 존재로 완성된 인격체의 인간다움
　　㉡ 효제(孝悌), 충서(忠恕) 등을 통해 표현되는 도덕적인 마음

③ 예
　　㉠ 인의 정신을 담고 있는 외면적 사회 규범
　　㉡ 극기복례위인(克己復禮爲仁) : 사욕을 극복하고 예를 회복하여야 인을 할 수 있음
　　㉢ 예는 인을 실현하기 위하여 반드시 필요한 규범

④ 정명 … 명분을 바로잡는 것

    ㉠ 군군신신부부자자(君君臣臣父父子子) : 임금은 임금답고, 신하는 신하답고, 부모는 부모답고, 자식은 자식다운 것

    ㉡ 사회 성원 각자가 자신의 신분과 지위에 알맞은 역할을 다해야 함

⑤ 덕치

    ㉠ 통치자의 덕성과 예의에 의한 교화를 추구하는 정치

    ㉡ 수기치인(修己治人) : 통치자가 먼저 군자다운 인격을 닦고 다스려야 함

⑥ 분배의 형평성 강조 … 통치자는 재화의 적음보다 분배가 고르지 못함을 걱정해야 함

⑦ 이상적 인간과 사회 … 군자와 대동사회

(2) 맹자의 사상

① 성선설(性善說)

    ㉠ 사람은 태어날 때부터 착한 본성을 부여 받음

    ㉡ 사단(四端) : 누구나 선천적으로 지니고 있는 네 가지 선한 마음

측은지심(惻隱之心)	수오지심(羞惡之心)	사양지심(辭讓之心)	시비지심(是非之心)
불쌍하고 가엾게 여기는 마음(인)	불의를 부끄러워하고 미워하는 마음(의)	양보하고 공경하는 마음(예)	옳고 그름을 분별하는 마음(지)

    ㉢ 양지(良知) : 선천적 도덕 자각 능력 → 생각하지 않고도 알 수 있는 것

    ㉣ 양능(良能) : 선천적 도덕 실천 능력 → 배우지 않고도 할 수 있는 것

② 수양방법

    ㉠ 구방심(求放心) : 잃어버린 본심을 되찾음

    ㉡ 과욕(寡欲) : 욕심을 적게 가짐

    ㉢ 존심양성(存心養性) : 선한 본심을 보존하고 착한 본성을 기름

③ 정치사상

    ㉠ 왕도정치(王道政治) : 힘으로 다스리는 것이 아니라 통치자가 인의(仁義)의 덕으로 다스림

    ㉡ 역성혁명(易姓革命) : 백성을 고통에 빠뜨리고 나라를 위태롭게 하는 통치자는 바꿀 수 있음

    ㉢ 유항산 유항심(有恒産有恒心) : 백성들은 일정한 생업이 있어야만 변치 않는 도덕심을 지닐 수 있음

④ 이상적 인간

    ㉠ 대인 또는 대장부

    ㉡ 집의(集義)를 통해 길러지는 호연지기를 갖춘 인간

(3) 순자의 사상

① 성악설(性惡說)

    ㉠ 인간의 타고난 성정(性情)은 악함

    ㉡ 사람이 선하게 되는 것은 인위적인 노력의 결과임

② 예(禮) 중시

    ㉠ 고대의 성왕(聖王)이 제정한 외면적인 사회 규범

    ㉡ 도덕 생활과 통치의 표준

    ㉢ 사람들의 악한 성정을 선하게 변화시키고 재화를 공정하게 분배하기 위한 사회 규범

③ 정치사상

    ㉠ 예치(禮治) : 고대의 성왕이 제정한 예로써 다스려야 함

    ㉡ 덕을 헤아려서 지위를 정하고, 능력을 헤아려서 관직을 맡겨야 함

④ 자연관

    ㉠ 공자, 맹자와 달리 하늘을 물리적인 자연 현상으로 봄

    ㉡ 자연 현상과 인간이 일은 독립적인 것이라고 주장

(4) 주희의 성리학 사상

① 이기론(理氣論)

    ㉠ 만물은 이(理)와 기(氣)가 결합함으로써 이루어짐

    ㉡ 이는 만물을 낳는 근본 원리이고, 기는 만물을 이루는 재료

    ㉢ 이기불상잡(理氣不相雜), 이기불상리(理氣不相離) : 이와 기는 논리적으로 분명하게 구분되지만, 사물에서는 별개로 분리될 수 없음

② 심성론(心性論)

  ㉠ 성즉리(性卽理) : 인간의 본성은 하늘이 부여한 이치이며, 성에는 인의예지가 모두 갖추어져 있음

  ㉡ 본연지성(本然之性), 기질지성(氣質之性)

  • 본연지성은 순선하나 기질지성은 기질의 맑고 흐린 정도에 따라 천차만별의 차이

  • 올바른 사람이 되려면 기질을 맑게 변화시켜야 함

③ 수양론

  ㉠ 거경궁리(居敬窮理) : 경건한 자세를 유지하면서 사물의 이치를 탐구

  ㉡ 격물치지(格物致知) : 사물의 이치를 탐구하여 앎을 지극히 함

  ㉢ 존양성찰(存養省察) : 양심을 보존하고 본성을 함양하며 반성하고 살핌

  ㉣ 존천리거인욕(存天理去人欲) : 천리를 보존하고 인욕을 제거

(5) 왕수인의 양명학 사상

① 특성 … 주희의 성즉리설, 격물치지설 등을 비판하고 유교 경전을 새롭게 해석

② 핵심 사상

  ㉠ 심즉리(心卽理) : 인간의 마음이 곧 하늘의 이치임

  ㉡ 심외무리 심외무물(心外無理 心外無物) : 마음 밖에는 이치가 없고, 마음 밖에는 사물도 없음

  ㉢ 치양지(致良知) : 사욕을 극복하고 양지를 적극적이고 구체적으로 발휘하면 이론적 학습과정을 거치지 않아도 누구나 성인(聖人)이 될 수 있음

  ㉣ 지행합일(知行合一) : 앎은 행함의 시작이고, 행함은 앎의 완성임

(6) 청대(清代)의 고증학

① 등장 배경 … 구체적인 현실 문제보다 인간의 도덕 문제에 치우친 경향을 보인 성리학과 양명학에 대한 반성과 비판의 분위기 대두

② 특징

  ㉠ 실생활에 도움이 되는 경세치용(經世致用)의 학문 추구

  ㉡ 실제적인 일에서 옳음을 구하고 실사구시(實事求是)의 방법론을 중시

❸ 한국의 유교와 실학

(1) 이황의 성리학 사상

① 특징
  ㉠ 순수한 도덕 본성의 실현을 강조
  ㉡ 주희의 이기론을 재해석하고 사단칠정론을 체계화
  ㉢ 도덕적 본성인 이(理)의 순수성과 절대성을 강조하고 도덕적 실천을 중시

② 이기론
  ㉠ 이귀기천설(理貴氣賤說) : 순선한 원리적 개념인 이는 존귀하고, 선악의 가능성을 함께 지니고 있는 현상적 개념으로서의 기는 비천함
  ㉡ 이기호발설(理氣互發說) : 이와 기는 모두 발할 수 있음

③ 사단 칠정론
  ㉠ 주희의 "이와 기가 서로 섞일 수 없다."라는 주장에 주목하여 사단과 칠정의 연원이 각기 다르다고 봄
  ㉡ 사단은 이가 발하고 기가 그것을 따른 것이며, 칠정은 기가 발하고 이가 그것을 탄 것이라고 주장

④ 수양론
  ㉠ 거경(居敬)과 궁리(窮理)의 병행을 강조
  ㉡ 특히 경(敬)의 실천을 강조

(2) 이이의 성리학 사상

① 특징
  ㉠ 일반 감정의 조절과 기질의 변화 강조
  ㉡ 이황의 입장에 대해 비판적인 자세를 취하면서 대안적인 이론을 제시
  ㉢ 인간의 도덕 문제와 함께 현실 개혁에도 깊은 관심을 기울임

② 이기론
  ㉠ 이통기국론(理通氣局論) : 형태가 없는 이는 통하고 형태가 있는 기는 국한됨
  ㉡ 기발이승일도설(氣發理乘一途說) : 작용이 없는 이는 발하는 까닭이고, 작용이 있는 기는 발하는 것이므로 "기가 발하고 이가 기를 탄다."라는 한 가지 길만이 옳음

③ 사단 칠정론
  ㉠ 주희의 "이와 기가 서로 떨어져 있을 수 없다."라는 주장에 주목하여 사단과 칠정이 분리될 수 없다고 봄

      ⓛ 사단과 칠정을 모두 기가 발하고 이가 탄 것으로 파악

      ⓒ 사단은 칠정을 포함할 수 없지만 칠정은 사단을 포함하는 것이며, 사단은 칠정의 선한 측면일 뿐
        이라고 주장

④ **수양론**

      ㉠ 이의 본연인 선의 실현을 위해 기질(氣質)을 바로잡을 것을 강조

      ⓛ 경(敬)을 통해 성(誠)에 이를 것을 강조

⑤ **사회경장론**… 정치 · 경제 · 교육 · 국방 등과 관련된 개혁을 주장

(3) 정약용의 실학 사상

① **특징**

      ㉠ 이법적 실체에 대한 비판과 마음의 기호(嗜好) 강조

      ⓛ 학문의 실용성을 강조하고 실학을 집대성

      ⓒ 성리학에 비판적인 입장을 취하고 선진 유학을 재해석하여 새로운 심성론과 덕론을 제시

② **심성론**

      ㉠ 성기호설(性嗜好說) : 인산의 성은 선을 좋아하고 악을 싫어하는 마음의 기호임

      ⓛ 인간의 도덕적 자율성 강조 : 인간은 선이나 악을 스스로 선택할 수 있는 자주지권(自主之權)을 부
        여받음

      ⓒ 인간의 욕구 긍정 : 인간의 욕구는 생존과 도덕적 삶을 위해 필요함

③ **덕론**

      ㉠ 인의예지라는 덕은 인간의 본성에 내재하는 것이 아니라 실천을 통해 형성되는 것임

      ⓛ 인의예지는 일상생활에서 사단을 확충함으로써 형성되는 것임

❹ 불교 윤리

(1) 초기 불교의 가르침

① 연기설(緣起說)
  ㉠ 모든 존재와 현상은 무수한 원인과 조건에 의해 생겨나며, 그 원인과 조건이 없으면 결과도 없다는 이론
  ㉡ 연기의 법을 올바르게 이해할 때 윤회의 고통에서 벗어나 해탈할 수 있음
  ㉢ '나'와 '자연 만물'의 연계성과 상호 의존성을 자각하게 함
  ㉣ 세상의 모든 생명에 대한 경외심을 북돋워 주고 자비를 일깨움

② 사성제(四聖諦)와 팔정도(八正道)
  ㉠ 사성제(四聖諦)
  • 석가모니가 수행을 통하여 깨달은 네 가지 성스러운 진리
  • 고제(苦諦) : 인간의 삶은 본질적으로 고통일 수밖에 없음, 생로병사, 괴로움 등
  • 집제(集諦) : 인간이 겪는 고통은 무명(無明)과 애욕(愛慾)으로 인해 생김
  • 멸제(滅諦) : 고통의 원인인 무명과 애욕을 없애면 더 이상 고통이 없는 열반에 이름
  • 도제(道諦) : 무명과 애욕을 없애기 위해서는 중도를 닦아야 함
  ㉡ 팔정도(八正道)
  • 깨달음을 얻기 위해 실천해야 할 여덟 가지 바른 수행 방법
  • 정어(正語) : 올바른 말을 함
  • 정명(正命) : 올바른 생업에 종사함
  • 정념(正念) : 올바른 마음 챙김을 함
  • 정견(正見) : 올바른 견해를 가짐
  • 정업(正業) : 올바른 행위를 함
  • 정정진(正精進) : 올바르게 노력함
  • 정정(正定) : 올바르게 마음을 집중함
  • 정사(正思) : 올바르게 생각을 함

(2) 원효의 사상

① **종합적인 불교 이론의 전개** … 어떤 경전을 중시하는가를 따지는 중국 불교와 달리 일심(一心)을 근거로 불교 사상을 이해하면서 다양한 이론을 종합

② **일심(一心) 사상**

   ㉠ 일심은 깨끗함과 더러움, 참과 거짓, 나와 너 등 일체의 이원적 대립을 초월하는 절대불이(絶待不二)한 것

   ㉡ 인간답게 사는 길은 존재의 원천인 일심으로 돌아가는 것

③ **화쟁(和諍) 사상** … 대립·갈등하는 여러 불교 종파의 주장들을 높은 차원에서 하나로 아루르려는 사상

④ 일심으로 돌아가면 이웃을 내 몸처럼 사랑하고 모든 생명을 이롭게 할 수 있다고 봄

⑤ 왕실 중심의 불교를 민중 불교로 전환하려고 노력, 불교의 대중화에 기여

(3) 의천의 사상

① 중국의 천태종을 박아들이면서 해동 천태종을 창시

② 교종을 중심으로 선종과의 조화를 추구

③ **교관겸수(敎觀兼修)** … 깨달음을 얻기 위해서는 경전을 읽은 교학 수행과 참선을 하는 지관 수행을 함께해야 함

④ **내외겸전(內外兼全)** … 내적인 공부(선종)와 외적인 공부(교종)를 같이 온전히 해야 함

(4) 지눌의 사상

① 선종을 중심으로 교종과의 조화를 추구

② **돈오점수(頓悟漸修)** … 단박에 진리를 깨친 뒤에도 나쁜 습기(習氣)를 차차 소멸시켜 나가는 수행이 필요

③ **정혜쌍수(定慧雙修)** … 선정(禪定)과 지혜(知慧)를 함께 닦아 나가는 것

④ **선교일원(禪敎一元)** … "부처가 입으로 설한 것이 교(敎)이고, 조사가 마음으로 전한 것이 선(禪)이다." 라고 주장하면서 선종과 교종에서 제시하는 궁극의 진리는 서로 같다고 봄

⑤ **한국적인 선(禪) 체계 제시** … 깨달음에 이르는 선 수행의 한 부분으로 교학을 받아들임으로써 선종과 교종의 공존을 꾀함

⑥ 간화선(看話禪)이라는 수행법을 사용하면서 한국 불교만의 독특한 수행 방법을 정립하고자 노력

❺ 도가사상

(1) 노자의 사상

① 사회 혼란의 원인과 극복 방안

　ⓐ 원인
　　• 인간의 그릇된 인식과 가치관
　　• 인위적인 규범과 사회 제도

　ⓑ 극복 방안
　　• 소박하고 순수한 도(道)와 자연스러운 덕(德)을 실현
　　• 억지로 하지 않고 의도적으로 조작하지 않는 무위(無爲)의 정치를 추구

② 도(道)의 의미와 특징

　ⓐ 의미 : 우주 만물의 근원이자 변화의 법칙

　ⓑ 특징
　　• 형체가 없고 인간의 감각 경험으로는 파악할 수 없는 것
　　• 인간의 언어로 한정할 수 없고, 이름 지을 수도 없는 것

③ 이상적인 삶과 이상 사회

　ⓐ 삶의 원리
　　• 무위자연(無爲自然) : 사람의 힘이 더해지지 않은 자연 그대로의 상태
　　• 무위의 삶을 위해 무사(無私), 무지(無知), 무욕(無欲)의 덕을 갖추어야 함
　　• 상선약수(上善若水) : 으뜸이 되는 선(善)은 물과 같음
　　• 성인(聖人) : 겸허와 부쟁 등의 덕을 지니고 무위자연의 삶을 사는 이상적 인간

　ⓑ 이상적인 사회의 모습
　　• 소국과민(小國寡民) : 영토가 작고 인구가 적은 나라, 인위적 문명의 발달이 없는 무위와 무욕의 사회
　　• 무위지치(無爲之治) : 통치자의 인위적인 조작이 없으면 백성은 스스로 자신의 일을 해 나갈 수 있음

(2) 장자의 사상

① 특징 … 도(道)의 관점에서 만물의 평등함과 정신의 자유로움을 강조

② 도(道) … 천지 만물의 근원이며 천지 만물에 내재하는 것임

③ 이상적인 삶과 이상적 인간상

    ㉠ 이상적인 삶 : 외물(外物)에 본심을 어지럽히지 않고 도(道)와 일치하는 삶

    ㉡ 수양방법

      • 좌망(坐忘) : 조용히 앉아서 우리를 구속하는 일체의 것들을 잊어버림

      • 심재(心齋) : 마음을 비워서 깨끗이 함

    ㉢ 이상적 인간상

      • 수양을 통해 절대적 자유의 경지에 오른 인간

      • 지인(至人), 진인(眞人), 신인(神人), 성인(聖人) 등

④ 이상적인 경지

    ㉠ 소요유(逍遙遊) : 세속을 초월하여 무엇에도 얽매이지 않는 정신적 자유의 경지, 일체의 분별과 차별을 없앰으로써 도달하게 되는 경지

    ㉡ 제물(齊物) : 도의 관점에서 만물을 평등하게 인식

❻ 근대 동양 윤리

(1) 조선 후기 유교 사상

① 실학

    ㉠ 공리공론(空理空論)이나 허학(虛學)을 반대하면서 실용적인 학문을 추구

    ㉡ 청나라의 고증학과 서양의 과학 및 종교 사상을 비판적으로 수용하여 성리학과 다른 세계관과 인간관, 도덕관을 제시

    ㉢ 우리의 역사, 지리, 풍속 등에 대한 독자적인 탐구를 전개

    ㉣ 실학의 학문적 경향

      • 경세치용(經世致用) : 세상을 다스리는 일과 실제 생활에 도움이 되는 학문을 추구함

      • 이용후생(利用厚生) : 생활에 이롭게 쓰이고 삶을 풍요롭게 하는 학문을 추구함

      • 실사구시(實事求是) : 사실에 입각해서 옳음을 구함

② 강화학파

    ㉠ 17세기 정제두에 의해 독자적인 조선 양명학 체계가 수립되었으며, 하나의 학파를 이루게 됨

    ㉡ 왕수인의 양명학을 새롭게 해석하고 발전

    ㉢ 인간이 도덕적 주체임을 자각하고 사욕을 극복하여 양지를 실천할 것을 강조

    ㉣ 불교, 도교에도 관심을 갖는 등 개방적인 학문 태도를 취하였으며, 일제강점기의 국학 운동과 애국 계몽 운동에 영향

(2) 근대 격변기의 사상

① 위정척사 사상

  ㉠ **위정척사**(衛正斥邪) : 올바른 것(유교적 가치 체계)은 지키고 거짓된 것(서양과 일본의 문물)은 배척해야 함

  ㉡ 주체성을 지키고자 하는 의식과 절의를 강조하는 선비 정신의 표출

  ㉢ 항일 의병 운동에 영향

② 개화 사상

  ㉠ **개화**(開化) : 개발하여 변화시키고, 새로운 것에 나아가 자립하며, 장점을 기르고 단점을 버림

  ㉡ 유교 사상에 대한 태도에 따라 온건 개화론과 급진 개화론으로 분리

  ㉢ 급변하는 국제 사회의 현실을 직시하고 서구 문명을 능동적으로 수용하여 부국강병과 사회 개혁을 도모하려는 근대 지향적인 사상의 면모를 보여줌

  ㉣ 애국 계몽 운동으로 어어짐

  ㉤ **동도서기론**(東道西器論)
  - 유교적 가치와 질서를 지키면서 서양의 우수한 과학 기술과 군사 제도를 수용하자는 입장
  - 유교를 중심으로 삼고 근대화된 서양 문물을 주체적으로 수용하여 시대적 과제를 해결하고자 함

  ㉥ **변법적 개화론**
  - 유교적 질서를 근본적으로 변혁해야 한다는 입장
  - 전통적 정치 체제를 혁파하고 서구식 정부를 수립할 것을 주장

③ 신흥 민족 종교 사상

  ㉠ 등장배경
  - 신분차별, 지배계층의 수탈, 유교사상의 지배력 상실, 내부적 모순의 심화 등
  - 천주교의 침투, 서양의 통상 요구로 인한 위기의식 고조

  ㉡ 사상적 특징
  - 우리나라의 고유 사상을 바탕으로 유·불·도 사상을 주체적으로 수용
  - 후천개벽(後天開闢) : 사회 변혁을 주장하며 혼란을 극복하고 새로운 세계를 열고자 하는 백성의 열망을 반영
  - 내세보다 현세에서 이상 세계를 이룰 수 있다고 봄

  ㉢ 동학
  - 최제우가 제창한 민족 종교
  - 서구 열강의 침략에 대항하여 보국안민(輔國安民)을 주장
  - 인본주의, 사해 평등주의를 표방
  - 신분차별, 남녀차별, 노소차별이 심했던 당시의 사회 질서를 거부하는 운동을 전개

- 중심사상
  - 시천주(侍天主) : 모든 사람은 자기 안에 한울님을 모시고 있음
  - 인내천(人乃天) : 사람이 곧 하늘임
  - 오심즉여심(吾心卽汝心) : 내 마음이 곧 네 마음임
  - 사인여천(事人如天) : 사람 대하기를 하늘 섬기듯 함
  - 성(誠), 경(敬), 신(信)의 수양을 강조
- ㉣ 증산교
  - 강일순에 의하여 만들어진 민족 종교
  - 고유 사상을 바탕으로 무속과 도가의 사상을 나름 해석하여 사상적 기초를 세움
  - 중심 사상
    - 해원상생(解冤相生) : 원한을 풀고 서로 살리며 함께 살아감
    - 현세에서의 지상 낙원 실현을 주장
    - 사랑과 정의가 넘쳐흐르는 사회를 실현
- ㉤ 원불교
  - 박중빈이 창립한 민족 종교
  - 기존의 불교 사상을 개혁하여 한국형 생활 불교를 표방
  - 일상생활 속에서 수행할 수 있는 여러 방법을 제시
  - 중심 사상
    - 일원상(一圓相)의 진리 : 우주의 근본 원리를 일원상으로 표현
    - 영육쌍전(靈肉雙全) : 정신과 육체를 균형 있게 발전시켜 나감

(3) 동양 윤리의 이상적 인간상

① 유교의 이상적 인간상

  ㉠ 군자의 특징
  - 인의(仁義)를 실현하기 위해 지속적인 노력
  - 인격 완성을 위해 도덕적 수양에 힘쓰고 사회적 책무를 충실히 이행

  ㉡ 군자의 현대적 의의 : 사람의 정신과 정의감을 갖추고 자신의 역할을 충실히 수행하는 시민의 모범
  이 될 수 있음

② 대승 불교의 이상적 인간상

  ㉠ 보살의 특징 : 위로는 깨달음을 구하고 아래로는 중생 구제에 힘씀

  ㉡ 보살의 현대적 의의 : 모든 사람과 생명에게 조건 없는 사랑을 베풀면서 함께 잘 사는 공동체를 만
  들고자 하는 시민의 모범이 될 수 있음

③ 도교의 이상적 인간상

    ㉠ 지인, 진인(신인, 천인, 성인)의 특성 : 겸허한 자세로 자연의 흐름에 따라 살아가며, 만물을 평등하게 보면서 정신적 자유를 누림

    ㉡ 지인, 진인의 현대적 의의 : 자연을 존중하고 만물을 차별하지 않으며 소박하고 자유롭게 살아가는 시민의 모범이 될 수 있음

02 서양 윤리

❶ 서양 윤리 사상의 연원

(1) 고대 그리스 사상

① 아테네의 민주주의 발전

    ㉠ 시민들은 누구나 민회(民會)에 참여할 수 있었고, 평생 한 번은 관직을 수행해야 할 의무를 지님

    ㉡ 활발한 정치 참여 과정에서 바람직한 삶에 관심을 갖고 토론하였고 자신의 생각을 논리적으로 전달하는 일에 관심을 두었음

② 자연 철학자들의 등장

    ㉠ "세상은 무엇으로 이루어졌는가?"라는 물음에 대한 물, 불, 흙, 공기 등과 같은 요소로 설명

    ㉡ 세계의 기원과 자연의 변화를 이성적이고 논리적인 방식으로 설명하기 위해 노력

③ 특징

    ㉠ 인간의 경험과 이성을 바탕으로 세계를 탐구하고 설명하려는 철학자들이 나타나면서 인본주의적 성격을 띠게 됨

    ㉡ 이성적이고 합리적인 사고와 논변을 중시하고, 사물과 인간의 본질에 큰 관심을 보이게 됨

④ 영향

    ㉠ 인간 이성에 대한 깊은 관심, 행복과 같이 우리 삶에 있어서 추구해야 할 좋은 것 등이 서양 윤리 사상의 중요한 탐구 주제가 됨

    ㉡ 옳은 것은 무엇이며 어떻게 알 수 있는지를 탐구하고 윤리의 보편성 및 다양성을 둘러싼 수많은 논쟁이 펼쳐졌음

(2) 헤브라이즘

① 의미 : 유대교와 그리스도교의 사상과 문화를 일컫는 말

② 특징

    ㉠ 유일무이(唯一無二)한 절대자로서의 신에 대한 믿음

    ㉡ 신에 대한 절대적인 믿음은 누구나 지켜야 하는 규율로 제시

    ㉢ 신에게서 받은 계명에 따라 세속적 욕망에서 벗어난 경건한 삶을 살며, 이웃 사랑과 사회 성의를 실천

    ㉣ 살인과 절도에 대한 금지, 부모에 대한 공경 등 보편적인 윤리적 행동 지침을 신의 명령이자 인간 삶의 규율로 제시

③ 영향

    ㉠ 인간과 세계의 근원으로서의 신, 신과 인간의 관계, 이에 바탕한 인간 삶의 본질과 원리 등에 대한 탐구가 이루어짐

    ㉡ 인간 존재의 존엄성과 그 근거, 그리고 인간이라면 누구나 따라야 할 절대적인 규칙 등에 대한 깊이 있는 탐구가 이루어짐

(3) 소피스트와 소크라테스

① 소피스트

    ㉠ 대표적 사상가

      • 프로타고라스 : 보편타당한 절대적인 진리와 도덕규범은 존재하지 않는다고 봄

      • 고르기아스 : 회의주의적 관점에서 보편적이고 절대적인 존재와 진리, 그에 관한 객관적 인식을 부정

      • 트라시마코스 : 정의는 강자의 이익에 불과하다고 주장

    ㉡ 세속적 세계관

      • 사회적 성공, 특히 정치적 성공을 중시

      • 실용적인 지식과 수사학을 가르치는 데 치중

    ㉢ 영향 : 상대주의와 더불어 그들의 경험주의적 탐구 방법이나 실용주위적 가치관은 이후 서양 윤리 사상에 많은 영향을 미침

② 소크라테스

    ㉠ 현실 삶에서의 세속적 성공보다는 선하고 도덕적인 삶을 추구할 것을 강조

    ㉡ 참된 앎, 보편타당한 절대적 진리와 도덕규범은 존재하며 참된 앎을 지닌 사람은 도덕적인 삶을 살아가데 된다고 봄

ⓒ **무지(無知)의 자각** : 악행의 원인을 무지로 보며, 보편 도덕을 추구하는 과정에서 사람들이 숙고와 반성을 통해 자신의 무지를 깨닫고, 영혼의 덕을 갖출 수 있다고 봄

ⓔ **지덕복합일설** : 참된 앎을 지닌 사람은 덕 있는 사람이 되고, 덕이 있는 사람은 행복한 삶을 살게 된다는 입장

ⓜ 참된 앎을 추구하기 위해 상대가 제시하는 의견에 논리적이고 이성적인 물음을 계속 제기하는 문답법을 사용

ⓗ "검토되지 않은 삶은 살 만한 가치가 없다."라고 주장하며 성찰하는 삶을 중시

❷ 고대의 서양 윤리

(1) 플라톤의 세계관

① **소크라테스의 사상을 계승**
　ⓖ 소크라테스의 '영혼을 돌보라'라는 가르침을 계승하여 인간의 영혼에 있어 정의(正義)의 덕을 실현하는 방안을 탐구
　ⓛ 국가적 차원에서 정의의 적을 실현하는 방안도 탐구하여 개인과 국가 모두 행복에 이르는 길을 밝히고자 함

② **이데아론**
　ⓖ **이데아 세계**
　　• 참된 실재가 존재하고 완전한 세계이고, 감각 경험이 아닌 이성을 통해 탐구되고 파악
　　• 이데아란 어떤 것의 본질, 즉 완전하고 이상적인 원형을 의미
　　• 현실 세계에는 수많은 다른 꽃이 있는데. 그것들이 꽃일 수 있는 이유는 꽃의 본질인 꽃의 이데아가 있기 때문
　ⓛ **현실 세계**
　　• 생성과 소멸을 끊임없이 반복하는 불완전한 세계로 감각 경험을 통해 파악
　　• 현실에 있는 아름다운 노을, 아름다운 사람 등이 해당

③ **동굴의 비유**
　ⓖ 현실 세계는 동굴 안 그림자의 세계이며, 태양이 비추는 동굴 밖의 세계는 이데아 세계임
　ⓛ 동굴 밖으로 나가 선의 이데아를 본 사람들이 철학자이며, 선의 이데아에 관한 지혜를 갖춘 철학자가 통치할 때, 정의로운 국가가 실현

(2) 아리스토텔레스의 세계관

① 플라톤의 사상을 계승하면서도 독자적 사상을 추구
- ㉠ 플라톤의 아카데미아에서 공부하면서 그의 사상에 영향을 받음
- ㉡ 인간의 이성을 강조하는 윤리 사상을 전개하였으며, 인간과 사회의 본질에 대해 깊은 관심을 보임

② 현실주의적 세계관과 목적론적 세계관
- ㉠ 현실주의적 세계관
  - 플라톤의 이상주의적 이데아론에 비해 현실적인 관점을 주장
  - 세계는 개별적인 실체들로 이루어진 하나의 세계이며, 선(善)은 이데아의 세계가 아닌 현실 세계에 존재한다고 주장
  - 변화하는 상황과 삶의 관점에 따라 좋음이 다양하게 해석될 수 있음
- ㉡ 목적론적 세계관
  - 세상의 모든 것에는 목적이 있으며, 따라서 인간의 모든 행위에도 목적이 있음
  - 인간의 모든 행위는 어떤 선(善)을 목적으로 함
  - 각각의 선은 또 다른 상위의 선에 이바지함
  - 각각의 선이 보다 상위의 목적으로 계속 올라가다 보면 더는 올라갈 수 없는 최종적인 목적, 즉 최고선(最高善)에 도달하게 됨
  - 인간의 궁극적인 목적이자 최고선은 행복임

❸ 중세의 서양 윤리

(1) 아우구스티누스의 윤리

① 플라톤 사상의 영향
- ㉠ 이데아론을 이용하여 그리스도교 신앙과 사랑의 윤리를 체계화
- ㉡ 영원한 천상의 나라와 유한한 지상의 나라를 구분하고, 영원하고 완전한 존재인 신을 사랑해야 한다고 주장

② 신(神)
- ㉠ 신은 이성적 인식의 대상을 넘어선 실존을 통해 만나야 할 인격적 존재
- ㉡ 신은 최고선이며, 신을 사랑하는 사람은 악에 빠지지 않고 선을 실현하며 참된 행복에 이를 수 있음
- ㉢ 믿음, 소망, 사랑이라는 종교적 덕 중 사랑을 최고의 덕으로 보았으며, 플라톤이 강조한 4주덕(절제, 용기, 정의, 지혜)도 모두 신에 대한 사랑의 다른 표현으로 해석
- ㉣ 악은 최고선인 신이 창조한 것이 아니라 인간이 자유 의지를 남용하여 생겨난 것으로 봄

③ 원죄론과 참된 행복

　ⓐ 원죄론
　　• 인간의 노력만으로는 신을 온전히 사랑할 수 없다고 봄
　　• 자유 의지를 남용함으로써 원죄를 갖게 되었다고 봄
　　• 원죄로부터의 구원은 신의 은총에 의해서만 가능하다고 봄

　ⓑ 참된 행복
　　• 신에 대한 사랑을 기반으로 하지 않는 행위는 결코 옳은 행위가 될 수 없으며, 올바른 신앙이
　　　없이는 진정으로 사랑할 수 없음
　　• 사랑은 행복을 실현하기 위한 필수 조건
　　• 신을 사랑하고 이웃을 진정으로 사랑할 수 있는 길은 오직 신앙을 통해 온전히 신과 하나가 될
　　　때 완전한 행복을 누릴 수 있다고 봄

(2) 아퀴나스의 윤리

① 덕론
　ⓐ 아리스토텔레스의 사상을 이용하여 그리스도교의 교리를 철학적으로 논증하고자 함
　ⓑ 아리스토텔레스가 추구한 행복은 완전한 행복으로 나아가는 예비적인 단계에 불과함
　ⓒ 완전한 행복 : 이성적 활동을 통해 지적인 덕과 품성적인 덕을 형성하는 것뿐만 아니라 신의 은총
　　아래 믿음, 소망, 사랑이라는 종교적 덕(신학적 덕)을 실천하여 신과 하나가 되어야 한다고 주장

② 자연법 윤리
　ⓐ 세계는 신에 의해 창조되었고 신의 영원한 법칙인 영원법에 의해 다스려진다고 봄
　ⓑ 자연법은 이성을 지닌 인간이라면 누구나 동의할 수밖에 없고 언제 어디서나 지켜야 하는 도덕 법
　　칙임
　ⓒ 우리가 이성에 의해 인식된 자연적 성향을 성찰하고 실현함으로써 신이 무엇을 원하는지를 깨달을
　　수 있으며 행복에 이를 수 있다고 봄
　ⓓ 인간이 제정한 실정법은 자연법에 기초해야 한다고 강조

③ 이성적 논증을 통한 신의 존재 증명
　ⓐ 신앙의 영역과 이성의 영역을 구분하면서도 신앙과 이성이 상호 보완적인 역할을 한다고 보았음
　ⓑ 신앙과 이성 모두 신으로부터 주어진 것이며, 결국 하나의 진리인 신에게로 귀결된다고 봄

(3) 그리스도교 윤리와 현대에 미친 영향

① 종교 개혁과 프로테스탄티즘의 등장
  ⊙ 루터 : 참된 진리는 교회나 교황이 아니라 성서에 있으며, 누구나 신과 직접 대화할 수 있다고 주장하면서 기존 교회의 권위와 부패를 비판
  ⓒ 칼뱅 : 구원이 신에 의해 예정되어 있다고 주장하며, 직업이 소명이자 이 땅에서 신의 영광과 이웃 사랑을 실현하는 통로라고 봄

② 현대인의 삶에 미친 영향
  ⊙ 주변 사람들과 사회적 약자에 대한 관심과 돌봄을 이끌어 냄
  ⓒ 신의 은총에 의한 영원한 행복의 추구는 정신적인 가치를 추구하게 함
  ⓒ 그리스도교의 자연법 사상은 성별, 빈부, 인종의 차이를 넘어 모든 사람의 인권을 보장하고 향상나는 데 기여

❹ 근대의 서양 윤리

(1) 근대 윤리 사상

① 등장배경 … 르네상스, 종교개혁, 자연과학의 발달 등

② 특징 … 중세의 신 중심적 사고에서 인간 중심적 사고로 변환

③ 근대 윤리 사상은 합리주의와 경험주의로 전개

(2) 데카르트의 사상

① 이성을 통한 진리 탐구 강조 … 감각적 경험을 통해 얻은 지식은 단편적이고 주관적이며 우연한 지식이므로 확실한 진리가 될 수 없음

② 방법적 회의(懷疑) … 의심할 수 없는 확실한 진리를 찾기 위해 모든 것을 의심해보는 방법

③ 철학의 제1원리 … "나는 생각한다. 그러므로 나는 존재한다." 다른 모든 것들을 의심할 수 있지만 "의심하는 내가 존재한다."는 것은 의심할 수 없음

(3) 스피노자의 사상

① 도덕의 판단과 행동의 근거는 이성임

② 윤리사상

  ㉠ 범신론

- 신은 세계 자체이자 자연이며, 자연은 필연적 질서와 인과 법칙에 따라 움직이는 거대한 기계임
- 신, 즉 자연은 존재하는 유일한 실체(實體)이며, 자연의 개별 사물은 하나의 실체가 보여 주는 여러 가지 모습인 양태(樣態)임

  ㉡ 필연론

- 자연에서 일어나는 모든 일은 원인과 결과의 필연적인 관계로 연결되어 있음
- 자연에 속한 존재인 인간도 필연성을 벗어날 수 없음
- 인간이 필연성에서 벗어나 자유 의지를 갖는 것은 불가능

  ㉢ 인간관

- 인간은 자연 법칙에 따라 살고 있고 자기 보존을 위해 노력하는 존재임
- 능동적 감정 : 자기 보존이 증대하는 경우 느끼는 감정
- 수동적 감정(정념) : 자기 보존이 감소하는 경우 느끼는 감정

  ㉣ 올바른 삶

- 이성적 관조를 통해 자연의 필연적 질서를 인식하는 삶
- 정념에서 벗어나 진정한 자유와 행복을 누릴 수 있음

③ 의의

  ㉠ 정념에 예속된 삶을 경계

  ㉡ 이성을 통해 필연성을 인식하고 수동적 감정인 정념을 올바르게 조절할 것을 강조

  ㉢ 칸트 윤리 사상에 큰 영향을 미침

(4) 베이컨의 사상

① **경험을 통한 진리 탐구 강조** ··· 자연과학의 실험 정신에 근거하여 관찰과 경험을 통해 얻은 지식만이 참된 지식임

② **자연 과학적 지식의 유용성 강조** ··· 자연 과학적 지식을 올바른 지식으로 보고, 그러한 지식을 이용하여 자연을 지배하고 인간의 생활 방식을 개선할 수 있다고 봄

③ **우상론** ··· 자연에 대한 올바른 인식을 방해하는 인간의 선입견과 편견을 우상(偶像)이라고 칭하고, 우상을 제거하고 자연을 있는 그대로 관찰할 것을 강조

④ 우상의 종류

    ㉠ 종족의 우상 : 모든 것을 인간의 관점에서 보는 편견

    ㉡ 동굴의 우상 : 개인의 특수한 경험이나 환경 등에서 비롯된 편견

    ㉢ 시장의 우상 : 언어에 대한 잘못된 인식이나 그릇된 사용에서 비롯된 편견

    ㉣ 극장의 우상 : 전통이나 권위의 무비판적 수용에서 비롯된 편견

(5) 흄의 사상

① 특징

    ㉠ 도덕의 판단과 행동의 근거는 감정임

    ㉡ 타인의 상황에 공감(共感)할 수 있는 감정을 도덕적 삶의 토대로 봄

    ㉢ 도덕적 행위의 동기는 이성이 아닌 감정임을 강조

     • 이성

     −이성은 도덕적 행위를 위한 어떠한 의욕도 불러일으키지 못함

     −이성은 사실의 참이나 거짓을 밝히는 역할과 도덕적 행위를 수행하기 위한 방법이나 절차를 가르쳐 줄 뿐임

     • 감정

     −감정은 도덕적 행위를 위한 의욕을 일으키며 도덕적 행위의 동기가 될 수 있음

     −도덕은 이성으로 판단하는 것이 아니라 감정으로 느끼는 것임

     −인간은 감정을 통해 선악을 구별하는 것이라고 봄

    ㉣ 도덕적 판단의 기준은 시인(是認)과 부인(否認)의 도덕감정임

     • 선

     −시인(是認)의 즐거운 감정(쾌감)을 느끼게 하는 행위

     −사회적으로, 보편적으로 유용한 행위에 대해 느껴지는 도덕 감정

     • 악

     −부인(否認)의 불쾌한 감정을 느끼게 하는 행위

     −사회적으로, 보편적으로 유용하지 않거나 해악을 끼치는 행위에 대해 느껴지는 도덕 감정

    ㉤ 도덕 감정은 개인이 주관적으로 느끼는 감정이 아니라 사람들이 보편적으로 느끼는 감정임

    ㉥ 도덕성의 기초

     • 다른 사람의 행복과 불행을 함께 느낄 수 있는 공감(共感) 능력이 도덕성의 기초

     • 사회적으로 유익한 것에 대해 사회적인 시인의 감정을 느끼는 것은 공감 능력 때문

    Ⓢ 회의주의
       • 인과 관계는 우리가 반복적으로 관찰하여 파악한 것일 뿐임
       • 우리는 원인과 결과가 어떻게 작동하는지 완벽하게 알 수 없음

② 의의
    ㉠ 도덕적 행동의 직접적인 동기는 감정임을 밝히고, 이성을 감정을 위한 도구적 역할로 한정
    ㉡ 사회의 행복에 유용한 행위를 강조하여 공리주의의 모태가 됨
    ㉢ 지식의 유용성을 강조하는 실용주의 윤리 사상의 형성에 영향을 줌

(6) 칸트의 윤리사상

① 의무론
    ㉠ 인간이 마땅히 지켜야 할 의무의 준수 여부에 따라 행위의 옳고 그름을 판단해야 한다는 이론
    ㉡ 특징
       • 행위의 결과가 아니라 행위의 동기를 중시
       • 행위의 가치가 본래 정해져 있다고 봄
       • 좋은 결과의 산출이라는 목적이 수단을 정당화할 수 없다고 봄

② 도덕 법칙
    ㉠ 인간이라면 누구나 반드시 지키고 따라야 할 절대적이고 보편타당한 법칙
    ㉡ 도덕 법칙은 실천 이성이 우리 스스로에게 부과한 자율적 명령이며, 도덕 법칙은 정언 명령의 형식으로 나타남
    ㉢ 도덕 법칙의 예
       • 보편주의 : 네 의지의 준칙이 언제나 동시에 보편적 입법의 원리가 될 수 있도록 행위하라.
       • 인격주의 : 너 자신과 다른 모든 사람의 인격을 결코 단순히 수단으로만 대하지 말고 언제나 동시에 목적으로 대우하도록 행위하라.

③ 선의지
    ㉠ 어떤 행위가 옳다는 바로 그 이유 때문에 행위를 선택하려는 의지
    ㉡ 특징
       • 선의지는 그 자체로 선한 유일한 것이고 도덕적 행위의 판단 기준은 행위의 동기
       • 행위의 선악을 결정하는 기준은 행위의 결과가 아닌 행위의 동기인 의지
       • 선의지에 따른 행위는 의무로부터 비롯된 행위이며 그 자체로 도덕적 가치를 지님
       • 자연적 경향성에서 비롯된 행위는 도덕적 가치가 있는 행위가 아님

④ 칸트 윤리사상에 대한 평가

　　㉠ 긍정적 평가

　　　• 도덕을 인간다움의 핵심적인 요소로 보고, 자연적 경향성을 극복하고 보편타당한 도덕을 준수할
　　　　것을 강조

　　　• 인간을 단지 수단이 아닌 목적으로 대우해야 함을 강조

　　㉡ 부정적 평가

　　　• 도덕 법칙의 예외를 인정하지 않으며, 행위의 결과나 행복을 고려하지 말아야 함

　　　• 정언 명령은 단지 형식이기 때문에 도덕적 결정을 내려야 하는 사람에게 구체적인 지침을 제공
　　　　하지 못함

⑤ 현대의 칸트주의

　　㉠ 칸트의 의무론을 계승하면서도 그 한계를 극복하려 함

　　㉡ 로스의 조건부 의무론

　　　• 조건부 의무

　　　－특별 상황이 발생할 경우 예외가 인정되는 의무

　　　－두 가지 의무가 상충할 경우 직관에 따라 어떤 의무가 더 우선하는지를 판단할 수 있음

　　　• 의무 간 충돌 해결 방안

　　　－두 가지 의무 사이에 갈등이 발생한다면 그 중 더 유리한 의무를 따라야 하며, 다른 의무는 유보

　　　－도덕 원칙도 인간의 직관과 상식에 따라 유보될 수 있음

　　　• 의의

　　　－정언 명령보다 느슨한 의무인 조건부 의무를 제시하여 칸트 윤리 사상의 문제점인 의무 간의
　　　　충돌 문제를 해결하고자 함

　　　－도덕의 확고한 토대를 마련하였으며, 인권 사상의 형성 및 민주주의 발전에 기여

(7) 공리주의

① 결과론

　　㉠ 행위의 옳고 그름이 그 행위를 수행함으로써 발생하는 결과에 의존하며, 올바른 행위란 최선의 결
　　　과를 가져오는 행위라고 주장하는 이론

　　㉡ 특징

　　　• 행위의 가치는 각 행위의 결과에 의해 결정됨

　　　• 좋은 결과의 산출이라는 목적에 도움이 되는 수단은 도덕적으로 정당화될 수 있음

② 고전적 공리주의

　　㉠ 벤담의 양적 공리주의

　　　• 쾌락에는 오로지 양적인 차이만 있으며, 질적인 차이는 없음

　　　• 행위의 결과인 쾌락(행복)과 고통의 양으로 행위의 옳고 그름을 판단

　　　• 최대 다수의 최대 행복을 도덕과 입법의 원리로 제시

　　　• 쾌락의 양을 계산하는 구체적인 기준을 제시

　　　• 관련된 사람들의 행복을 공평하게 고려할 것을 요구

　　　• 개인적 차원의 행복주의를 사회적 차원으로 확대

　　　• 행위의 옳고 그름을 판단할 때 관련된 사람들에게 최대 행복을 가져오는 행위를 중시

　　㉡ 밀의 질적 공리주의

　　　• 쾌락에는 질적인 차이가 있으며, 쾌락의 양뿐만 아니라 질적인 차이도 고려해야 함

　　　• 정상적이고 합리적인 인간이라면 누구나 질적으로 높고 고상한 쾌락을 추구함

　　　• 어떤 쾌락이 더 우월한지 판단하려면 두 가지 쾌락을 모두 경험해보았고 어떤 쾌락이 더 우월한
　　　　지 판단할 수 있는 사람, 즉 전문가의 선택을 존중해야 함

　　　• 다른 사람의 행복에 대해서 느끼는 쾌락도 질적으로 높은 쾌락에 포함

　　　• 이타심을 중요하게 여겼으며, 이를 토대로 공익을 실현하고자 함

③ 현대 공리주의

　　㉠ 고전적 공리주의의 원리를 계승하면서도 한계를 극복하고자 함

　　㉡ 선호 공리주의

　　　• 선택할 수 있는 행위 중 그 행위에 영향을 받을 모든 당사자의 선호를 가장 많이 만족하게 해
　　　　주는 행위가 옳다고 주장하는 이론

　　　• 싱어의 사상

　　　　– 감각을 가진 개체의 선호를 동등하게 고려

　　　　– 고통과 쾌락을 느낄 수 있는 감각을 가진 개체가 자신의 선호를 추구하는 것은 개체의 기본적
　　　　　인 권리임

　　　• 인간의 행복뿐만 아니라 감각을 지닌 동물의 행복까지도 도덕적으로 고려하고자 함

　　㉢ 규칙 공리주의

　　　• 좋은 결과를 가져다 줄 가능성이 큰 규칙을 따름으로써 공리를 극대화할 수 있다는 이론

　　　• 행위 공리주의의 문제점을 보완

　　　• 우리 사회의 전통이나 직관과 상충하지 않을 가능성이 높으며, 개별 행위의 결과를 계산하는 것
　　　　보다 효율적임

　　㉣ 현대 공리주의의 의의 : 공리주의의 원리를 구현하려는 다양한 노력을 통해 개인의 윤리적 판단과
　　　　사회의 정책 결정에 영향을 끼치고 있음

(8) 실존주의

① 등장배경

- ㉠ 근대 이성주의의 한계
  - 객관적이고 보편적인 지식이나 도덕을 강조하여 개인이 겪는 구체적인 삶의 문제를 도외시
  - 물질적 풍요와 편리함을 위해 이성의 도구적 기능만을 강조함으로써 비인간화, 인간 소외, 물질 만능주의와 같은 사회 문제를 초래
- ㉡ 20세기 세계 대전의 영향 : 심각한 불안과 이성에 대한 불신을 초래

② 실존주의의 특징

- ㉠ 지금 여기에 있는 구체적이고 개별적이며 현실적 존재인 개인이 곧 실존임
- ㉡ 과학 기술 문명과 전쟁 속에서 비인간화되어 가는 인간의 현실을 고발
- ㉢ 개인적이고 현실적이며 상대화할 수 없는 인간의 실존 문제를 중시
- ㉣ 보편적이고 합리적인 것보다는 개인의 주체성을 중시
- ㉤ 인간의 불안과 고통을 극복하고 참된 실존을 회복하는 방법을 제시

③ 키르케고르

- ㉠ '이것이냐 저것이냐'를 선택해야 하는 구체적 상황에 처한 개인을 실존으로 파악
- ㉡ 선택 앞에 놓인 개인은 늘 불안을 느끼며 주체적 결정으로 회피하면서 '죽음에 이르는 병', 즉 절망에 빠지게 됨
- ㉢ 실존적 상황에서 객관적이고 보편적인 지식이 아닌 오직 주체성만이 답을 제시할 수 있음
- ㉣ 진리는 주관적임
- ㉤ 불안과 절망에서 벗어나 참된 실존을 회복하기 위해서는 '신 앞에 선 단독자'로서 생각하고 행동해야 함을 강조
- ㉥ 절망에서 벗어나 참된 실존에 이르는 단계 : 심리적 실존 → 윤리적 실존 → 종교적 실존

④ 야스퍼스

- ㉠ 한계 상황
  - 죽음, 고통 등 이성이나 과학의 힘 등 어떤 방법으로도 결코 해결할 수 없고, 피할 수도 변화시킬 수도 없는 상황
  - 한계 상황에서 겪는 절망과 좌절은 인간이 자신의 실존을 자각하는 계기가 됨
- ㉡ 인간은 자신의 유한성을 자각하는 한계 상황에서 스스로의 결단을 통해 초월자의 존재를 수용하고 참된 실존을 회복할 수 있음
- ㉢ 개인은 현실에서 타인과 더불어 존재하므로 다른 사람과의 연대를 통하여 자신만이 아니라 다른 사람의 실존적 삶을 위해서도 노력해야 함

⑤ 하이데거

    ㉠ 인간은 다른 사람의 시선을 의식하며 타인이 규정한 삶의 방식에 자신을 끼워 맞추며 살아감

    ㉡ 주체성을 상실한 채 불안 속에 살아감

    ㉢ 인간은 죽음에 대한 불안과 염려를 안고 살아감

    ㉣ 인간이 '죽음에 이르는 존재'임을 자각해야 함

    ㉤ 죽음의 자각을 통해 삶의 소중함을 깨달아야 참된 실존을 회복할 수 있음

⑥ 사르트르

    ㉠ 인간은 '내던져진 존재'임

    ㉡ 인간은 본질이나 목적이 계획되거나 창조된 존재가 아님

    ㉢ 인간의 본질을 정해 줄 신은 존재하지 않음

    ㉣ 인간은 미리 정해진 목적이나 본질 없이 먼저 실존하는 존재 → 실존은 본질에 앞선다

    ㉤ 인간에게 주어진 자유를 바탕으로 자신의 주체적인 선택과 결단에 따라 자신을 스스로 만들어 나가고 그 결과에 대하여 책임질 때 참된 실존을 회복할 수 있음

(9) 실용주의

① **등장배경** … 산업화와 도시화로 인해 다양한 사회 문제와 갈등에 직면

② **실용주의의 특징**

    ㉠ 영국의 경험론 및 다윈의 진화론에 영향을 받음

    ㉡ 경험적이고 과학적인 방법을 바탕으로 문제 해결을 위한 유용한 지식을 강조

    ㉢ 산업 사회에서 요구되는 개척 정신과 실험 정신을 담고 있음

    ㉣ 도덕은 인간의 문제를 개선하는 데 기여해야 한다고 봄

③ 퍼스

    ㉠ 어떤 것이 옳으려면 그것이 반드시 쓸모 있는 실제적 성과를 만들어 내야 한다는 원칙인 실용주의의 격률을 주장

    ㉡ 과학적 탐구의 방법을 거친 지식의 중요성을 강조

④ 제임스

    ㉠ 지식과 신념의 현금 가치를 중시

    ㉡ 현금 가치

      • 지식과 신념은 우리의 삶에 실제적으로 이롭고 유용할 때 비로소 가치를 지님

      • 지식과 신념의 유용성을 중시

    ㉢ 이로운 것과 옳은 것을 같은 맥락으로 보며, 고정적이고 절대적인 진리를 거부

⑤ 듀이

  ㉠ 도구주의

    • 지식을 인간이 환경에 적응하고 삶과 세계를 개선하기 위한 도구로 봄

    • 지식은 그 자체가 목적이거나 가치가 있는 것이 아니라 인간이 직면한 문제를 해결하는 과정에서 유용성이 있을 때 가치가 있음

  ㉡ 지성적 탐구

    • 문제 상황에 대한 답을 얻기 위해 지성을 통한 탐구를 강조

    • 지성적 탐구를 통해 문제 상황을 개선할 수 있으며, 사회의 성장과 진보가 가능

    • 창조적 지성을 강조

  ㉢ 민주주의와 교육

    • 지성적인 방식의 문제 해결을 보장하는 정치 제도로써 민주주의를 강조

    • 창조적 지성을 갖춘 민주적 시민을 양성하는 것이 교육의 역할

  ㉣ 윤리사상

    • 도덕이나 윤리는 고정된 것이 아니라 성장하고 변화하는 것

    • 고정적이고 절대적인 가치는 존재하지 않음

    • 도덕적 인간이란 도덕적으로 성장하는 과정에 있는 사람이며, 도덕적 문제 상황에서 지성을 발휘하여 옳은 선택을 하려고 노력하는 사람임

⑥ 실용주의의 문제점과 의의

  ㉠ 문제점

    • 보편적인 도덕을 거부하여 윤리 상대주의에 빠질 우려

    • 유용성의 관점에서 자칫 비도덕적 행위가 정당화 될 수 있음

  ㉡ 의의

    • 지성적인 방식으로 우리 삶을 개선하는데 도움

    • 도덕의 진보와 사회 발전을 이룩할 수 있음

    • 다원주의 사회가 정착하는 데 도움을 줄 수 있음

03 용어 정리

❂ 그리스철학(Greek philosophy) ✦✦✦

그리스철학은 고대 그리스에서 발생하여 고대 로마에까지 계승된 철학을 통틀어 이른다. 그리스철학은 그 절정기라고 할 수 있는 소크라테스 · 플라톤 · 아리스토텔레스가 살았던 고전기를 전후하여 3기로 나눌 수 있다.

구분	특징
제1기 (창시기)	• '소크라테스 이전의 철학'이라고 불리는 필로소피아의 형성기 • 인간을 둘러싼 자연의 근원에 대한 관심 • 원리와 원인에 관한 지식의 추구 • 철학의 정초를 이룸
제2기 (고전기)	• 일명 '아테네 철학' • 페르시아전쟁 이후 아테네가 그리스 문화의 중심이 됨 • 관심의 초점이 대우주(자연)에서 소우주(인간)로 이동 • 그리스 철학이 꽃 핀 시기
제3기 (헬레니즘~로마기)	• 아리스토텔레스 이후의 시기 • 민족적 자주성을 잃은 세계시민의 입장과 개인주의적 탐구에 전념 • 고대 로마로 계승

❂ 형이상학(metaphysics) ✦

세계의 궁극적인 근거를 연구하는 학문으로 '자연 속에서 일어나는 일(physica)'의 '너머(meta)'에 대한 관심에서 출발한다. 과학이 어떤 특수한 영역을 구성하는 원리를 탐구한다면 형이상학은 일체의 세계에 대한 근본을 연구하는 것이다. 따라서 형이상학은 보편적이고 전체적인 지식, 즉 특수한 영역과 시야를 뛰어넘어 포괄적이고 초월적 지식을 추구한다.

❂ 형이하학 ✦

현상을 대상으로 하는 학문으로 생물학, 물리학 등 모든 자연과학 분야가 이에 해당한다.

❂ 로고스(logos) · 파토스(pathos) ✦

로고스는 사물의 존재를 한정하는 보편적인 법칙과 행위가 따라야 할 준칙을 인식하고 이를 따르는 분별과 이성을 뜻하며, 파토스는 감각적 · 신체적 예술적인 것을 가리킨다. 로고스는 고대 그리스 철학이나 신학에서 기본을 이루는 용어로, 서구의 전통적인 형이상학의 바탕이 되는 사고방식이다.

❤ 헬레니즘(hellenism) · 헤브라이즘(hebraism) ✦✦

유럽문화의 2대 조류이다. 헬레니즘은 넓은 의미에서 그리스문화 전체를 포함하며, 크리스트교 사상과 대조된다. 헤브라이즘은 유대교와 크리스트교의 전통을 총괄한 헤브라이문화 또는 헤브라이정신을 가리킨다. 헬레니즘이 이성적 · 과학적 · 미적인 반면 헤브라이즘은 의지적 · 윤리적 · 종교적이다.

❤ 귀납법(歸納法) ✦✦

각각의 특수한 것에서 일반적 · 보편적 원리로 나아가는 추리방법이다. 아리스토텔레스(Aristoteles)는 완전귀납과 불완전귀납으로 나누었으며, 베이컨(F. Bacon)에 의해 학문으로 체계화되었다. 이를 집대성한 이는 영국의 밀(J. S. Mill)인데, 그는 최고의 원리는 귀납으로 파악된다고 하였다.

❤ 연역법(演繹法) ✦✦

이미 알려진 보편적 원리에서 개별의 법칙 또는 특수한 명제를 끌어내어 경험이 아닌 사유에 의하여 진실한 인식에 도달하는 추리방법이다. 데카르트(R. Descartes)는 연역의 최고원리는 지성의 직각(直覺)에 의하여 파악된다고 하였다.

❤ 변증법(辨證法) ✦✦

창시자 제논(Zenon)은 상대편의 입장에서 모순을 찾아내 논쟁하는 방법이라고 정의하였으나, 플라톤(Platon)은 개념의 분석으로 이데아(idea)의 인식에 도달하는 방법이라 하였고, 헤겔(G. Hegel)은 자연과 인간세계를 포함하는 전 우주의 발전법칙이라고 하였다. 헤겔의 변증법에 따르면 전우주는 생성 · 발전하는 하나의 과정이며 궁극적인 최고원리는 절대정신(geist)이라 하여, 절대정신의 변증법적 자기발전과정이 바로 세계의 역사라는 것이다. 헤겔의 변증법은 정립(these) · 반정립(anti-these) · 종합(synthese)의 단계를 거쳐 전개된다.

❤ 에피투미아(epithumia) · 에로스(eros) · 아가페(agape) ✦

에피투미아는 육체적인 쾌감과 욕망에 의해서 영위되는 자기본위(自己本位)의 생활로, 이는 공동생활이 불가능하여 자타공멸의 결과를 초래하게 된다. 에로스는 자기와 타인이 공동으로 번영해 나가기를 바라는 자타본위(自他本位)의 생활로, 진 · 선 · 미를 동경하며 참된 가치를 추구한다. 아가페는 자신을 희생하고 타인이나 영원한 존재를 위해 사는 타자본위(他者本位)의 생활로 타인을 위해 헌신하지만 현실을 초월한 데서 영원한 가치를 기대한다.

❤ 이데아(idea) ✦✦

본래는 보이는 것, 알려져 있는 것으로 '형상(形象)'이라는 뜻이나, 플라톤은 인간감성을 초월한 진실적인 존재로 보았으며, 소크라테스는 윤리적 · 미적 가치 자체를 표현하는 의미로 사용하였다. 근대에 와서는 특히 이성(理性)의 영원불변하는 최선의 의식내용을 뜻하는 말로 사용되고 있다.

✔ 대화법 ✦✦

소크라테스는 상대적이고 회의적인 윤리관을 극복하고 보편적이고 절대적인 진리를 추구해야 한다는 관점으로 지행합일설과 지덕복합일설을 주장하였다. 절대적인 진리 추구를 위해서는 무지를 자각해야 하며 무지를 자각하게 하는 방법으로 대화의 상대자가 스스로 참된 지식에 도달하게 하는 대화법을 사용하였다. 대화법은 대화 속에서 발견되는 상대방의 모순이나 그릇된 지식에 대해 계속적으로 여러 가지 질문을 던짐으로써 벽에 부딪히게 해 스스로의 무지를 깨닫게 하는 방법(반어법)과 상대방이 이미 알고 있는 지식을 출발점으로 하여 마치 산파가 임산부의 출산을 돕듯이 상대방의 내면에 있는 진리를 끌어내 줌으로써 스스로 새로운 지식을 얻게 하는 방법(산파술)이 있다.

✔ 경험론(經驗論) ✦✦

베이컨 · 로크 · 흄 등에 의해 성립된 학문탐구의 방법으로, 인간의 인식은 감각을 통해 주어진 경험에 의해서 만들어진다는 입장이다. 인식의 근거를 경험에서 구하며 초경험적이고 이상적인 통로로 얻어진 인식을 인정하지 않는다. 귀납법을 중요시하며 주로 영국에서 발전되었고 20세기 미국 실용주의에 영향을 주었다.

✔ 관념론(觀念論) ✦

존재와 사유의 관계에 있어서 사유를 1차적이며 본원적인 것으로 보는 입장으로, 주관적 관념론과 객관적 관념론으로 나뉜다. 주관적 관념론의 대표자는 버클리, 객관적 관념론의 대표자는 플라톤이며, 근대에 이르러서는 데카르트에서 출발하여 라이프니츠 · 스피노자 등 대륙의 이성론으로 발전했다. 이후 칸트 · 헤겔에 이르는 독일 고전철학에서 절대적 관념론으로 이어졌다.

✔ 우상론(偶像論) ✦✦

영국의 경험론 철학자 베이컨(F. Bacon)이 말한 것으로, 선입견적인 편견과 망상을 우상이라 표현하고 4개로 나누었다. 종족(種族)의 우상은 자기 중심의 인간 본성에서 오는 편견, 동굴(洞窟)의 우상은 버릇 · 취미 · 성격 등 개인의 특수성에서 오는 편견, 시장(市場)의 우상은 인간의 사회적 교섭 · 언어에 의하여 나타나는 편견, 극장(劇場)의 우상은 전통 · 역사 · 권위를 무비판적으로 믿는 편견을 말한다. 그는 참된 경험과 지식을 얻기 위해서는 우상을 버려야 한다고 주장하였다.

✓ 합리론(合理論) ✗✗

참된 지식은 나면서부터 지니고 있는 이성(理性)에 의해서만 얻을 수 있다는 입장으로, 학문탐구의 방법으로서 연역법을 사용하였다. 합리론은 비합리와 우연적인 것을 배척하고 도리와 이성과 논리가 일체를 지배한다는 세계관이다. 이것은 주로 유럽 여러 나라에서 발전했으며, 데카르트·파스칼·스피노자·라이프니츠를 거쳐 칸트와 헤겔의 관념론으로 발전했다.

합리론의 특징은 자연과학과 종교, 물질과 정신의 융합을 꾀한데 있다.

✓ 순수이성(純粹理性) ✗

감각과 경험을 초월한 선천적 사유능력를 말하는 것으로, 칸트(I. Kant)의 비판철학의 중심개념이다. 이는 실천이성에 대립되는 개념으로, 이론이성이라고도 한다. 칸트는 그의 저서 순수이성비판에서 독자의 인식론을 수립함으로써 자연과학·형이상학의 근거를 존중하였다.

✓ 비판철학(批判哲學) ✗✗

기존 권위를 그대로 긍정하지 않고 자기이성에 호소하여 그 권위의 본질을 파악한 후 옳고 그름을 정하는 비판주의적 태도를 인식론에 이용, 과학적 인식의 본질이나 한계를 생각한 칸트(I. Kant)의 철학이다. 칸트는 생득적·초경험적인 것과 후천적·경험적인 것에 의한 종합판단의 문제를 정신작용의 분야인 지(知)·정(情)·의(意)의 세 측면(3대 비판)에서 비판적으로 연구하였다. 지적 측면의 연구가 순수이성비판(인식론), 정적 측면의 연구가 판단력비판(미학), 의적 측면의 연구가 실천이성비판(도덕론)이다.

✓ 분석철학(分析哲學, Analytic Philosophy) ✗✗

언어를 논리적으로 분석하여 그 의미를 밝히고자 하는 것으로 논리실증주의에서 비롯하였다. 형이상학적인 명제들은 경험적으로 검증되지 않는 무의미한 것으로 이러한 무의미한 명제들은 철학자들이 애매한 일상 언어를 부당하게 확대하여 사용한 것에서 생겨났다고 보았다. 이를 타파하기 위해 형식언어(形式言語)의 구축을 통한 의미 분석, 철학적 언어의 명료화에 대한 요구, 일상 언어의 의미 분석 시도 등을 전개하였으며 이를 통해 '기호논리학'을 발전시켰다. 러셀, 비트겐슈타인 등이 대표적이다.

✓ 교부철학(敎父哲學, Patristic Philosophy) ✗✗

초기 크리스트교 신학자들을 중심으로 교회의 건설 및 교의(敎義)의 발전에 공헌하고 기독교사상을 합리적으로 체계화하려는 목적에서 일어난 철학이다. 교부는 일반적으로 저작활동을 통해 크리스트교 교회와 신자들을 지도한 사람으로, 이들의 종교적 철학을 교부철학이라 한다. 교부철학의 중심과제는 신(神)의 계시와 인간의 이성을 혼합하여 파악하고자 하는 것이었으며, 특히 플라톤(Platon)의 이데아(idea)의 세계관을 주된 연구대상으로 삼았다. 클레멘스에 의해 창시되고 아우구스티누스에 의해 완성되었다.

❤ 스콜라(Schola)철학 ✦✦

8 ~ 17세기에 걸쳐 중세유럽의 신학 중심의 철학을 총칭하는 것으로, 기독교의 교리를 절대적 진리로 전제하고 그 교리들을 체계화하기 위하여 아리스토텔레스(Aristoteles)의 철학을 바탕으로 삼은 철학이다. 대표적 사상가는 아퀴나스(T. Aquinas)로, 저서로는 신학대전이 있으며 신앙우위를 주장하는 '철학은 신학의 시녀'라는 말이 유명하다.

❤ 실용주의(實用主義, Pragmatism) ✦✦

결정론적 세계관을 부정하고 행동과 실천을 중시하는 결과주의, 상대주의, 주관주의, 현실주의 철학이다. 구체적으로 실증적인 경험을 철학의 기초로 삼고 있는 실용주의는 영국의 경험론을 사상적 근원으로 하여 관념적이 아닌 실제생활과의 관련 속에서 사상을 생각하는 입장이다. 19세기 이후 미국에서 생성, 청교도주의와 함께 미국의 2대 사상적 기둥을 형성하였다. 퍼스에 의해 창시되어 제임스, 듀이 등에 의해 완성되었다.

❤ 실증주의(實證主義, Positivism) ✦

일체의 초경험적·관념적인 실재를 부정하고, 모든 지식의 근원을 경험적인 사실에 한정한다는 근대철학의 한 사조이다. 프랑스의 콩트(A. Comte)의 저서 실증철학강의에서 처음 사용되었으며, 경험론과 계몽주의에 근원을 두고 있다.

❤ 실존주의(實存主義, Positivism) ✦

19세기 후반에 관념론·유물론 등의 반동으로 일어난 철학사상으로, 실존하는 것이 가치가 있으며 비본래적인 자기에 대하여 본래적인 자기의 존재방식을 탐구하려는 사상이다. 여기에는 키에르케고르, 야스퍼스 등의 유신론적 실존주의와 니체, 하이데거, 사르트르 등의 무신론적 실존주의가 있다.

❤ 공산주의(共産主義, Communism) ✦

사유재산제도의 부정과 공유재산제도의 실현으로 빈부차를 없애려는 사상과 운동이다. 라틴어 코뮌(commune)에서 유래된 말로, 사유재산제를 철폐하고 사회의 모든 구성원이 재산을 공동 소유하는 사회제도를 의미한다. 사유재산제도로부터 발생하는 사회적 타락과 도덕적 부정을 간파하고 재산의 공동 소유를 기초로 하여 보다 합리적이고 정의로운 공동사회를 실현하고자 한 공산주의의 소박한 이상은 인간의 정치적·사회적 사색이 시작된 때부터 싹튼 것으로 볼 수 있다. 오늘날의 공산주의사상은 19세기 후반에 자본주의사회를 근본적으로 전면 비판한 마르크스와 엥겔스에 의해 확립되었으며, 20세기 초 레닌에 의해 러시아의 특수한 조건을 바탕으로 실천적인 측면이 덧붙여졌다. 그런 의미에서 마르크스·레닌주의라 불린다.

✪ 수정자본주의(修正資本主義) ✦

원칙적으로는 자본주의 체제를 유지하면서 자본주의 발달에 의하여 발생한 모순을 극복하기 위한 보강책이다. 2차대선 후 영국 노동당의 정책이나 미국의 뉴딜정책(new deal 政策) 등이 이 이론이 적용된 예다. 케인스(J. M. Keynes)가 일반이론에서 설명한 개념이다.

✪ 과학적 사회주의(科學的社會主義) ✦✦

마르크스와 엥겔스가 주장한 사회주의이론으로, 역사적 인식에 대한 과학성을 주장하였다. 독일의 고전철학, 영국의 고전경제학, 프랑스의 사회주의 등에 의해 이루어진 이론들을 규합하여 주장된 것으로, 엥겔스(F. Engels)의 저서 공상적 사회주의에서 과학적 사회주의에서 유래된 것이다.

✪ 공리주의(功利主義, Utilitarianism) ✦✦

18 ~ 19세기에 영국에서 발달한 윤리사상으로, 자기와 타인의 입장을 고려하여 어떻게 조화시킬 수 있는가를 탐구하고 나아가 개인의 행복을 사회 전체의 입장에서 고찰하려 한 사상이다. 개인주의와 합리주의를 사상적 기초로 공리를 증진시킴으로써 행위의 목적과 선악판단의 표준을 세우자는 공중적 쾌락주의이다. 공리주의는 '최대 다수의 최대 행복'을 주장한 벤담(J. Bentham)에 의해 창시되고 밀(J. S. Mill)에 이르러 완성되었다.

☆☆☆ 최대다수의 최대행복 … 모든 사람들이 제각기 자기의 쾌락과 행복만을 추구한다면 사회는 혼란상태에 빠지게 되므로 선한 행위란 가급적 많은 사람에게 행복을 주는 공리성을 전제로 해야 한다.

✪ 구조주의(構造主義) ✦✦

'구조(構造)'라는 개념을 중심에 두고 생각하는 철학의 한 입장으로, 실존주의의 퇴조 후에 특히 프랑스에서 성행한 철학사조이다. 실존주의가 인간을 중심으로 생각하고 인간의 실존을 문제 삼았던 것에 대해, 구조주의에서는 인간을 주역으로 삼지 않고 오히려 다른 것과 같은 교환요소로만 생각한다. 대표적 사상가는 프랑스의 인류학자 스트로스(L. Strauss)이다. 구조주의는 인간의 주체성과 자유의 문제에 대한 마르크스주의와 실존주의의 견해를 비판하고 관계 개념에 주목하여, 구조를 형성하는 요소들 간의 동질성이 전제된 '교환'이라는 사고방식을 중시하며, 이러한 견지에서 특히 사회구조와 체제, 의미론 등의 재구성을 시도하고 있다.

교조주의(dogmatism) ✎

과학적 해명이나 실천적 검증 없이 주어진 교조(敎條)에 대하여 신봉하려는 태도로, 무비판적인 독단주의 또는 독단론의 별칭으로도 쓰인다. 공산주의운동에서는 사물의 변화 또는 사물 그 자체에 입각하여 판단하거나 역사적 정세에 창조적으로 적용하는 것을 거부하며, 마르크스-레닌의 이론을 기계적으로 현실에 적용하는 공식주의적인 경향을 가리킨다. 구소련 공산당이나 중국 공산당의 경험노선 주장을 맹신하여 이를 기계적·무비판적으로 모방하는 편향을 말한다.

에피쿠로스(Epikuros)학파 ✎

진리의 표준을 감각에 두고 쾌락은 선이요 불쾌는 악이라 하여 최대 쾌락의 상황(ataraxia)을 추구하는 학파이다. 감각적 쾌락을 주는 것에 그치지 않고 정신적으로 쾌락을 주는 것을 덕이라 하여 정신적 쾌락주의를 주장하였다.

스토아(Stoa)학파 ✎

퀴닉(kynic)학파의 윤리설을 계승하여 헤라클레이토스(Herakleitos)의 로고스설을 발전시킨 철학상의 한 학파로, 외물에의 욕망이나 격동에 동하지 않는 무정념의 경지인 아파테이아(apatheia)와 금욕주의를 역설하였다. 창시자는 제논(Zenon)이다.

아파테이아(Apatheia) ✎

모든 정념(情念)에서 해방된 상태를 가리키는 말로, 스토아학파는 아파테이아의 상태를 이상적이라고 생각하였다.

프랑크푸르트학파(Frankfurter Schule) ✎✎

1924년에 개설되어 호르크하이머가 소장으로 있던 독일 프랑크푸르트 대학 '사회문제연구소'에 참가한 사람들의 학파를 가리킨다. 이 학파는 철학·문학·심리학·경제학·사회학 등을 망라한 문화영역의 상호관계 속에서 현대 사회를 총체적으로 해명하고자 하였으며, 마르크스와 프로이트로부터 그 해답을 구하였다. 후기 산업사회의 국가독점자본주의에 정치·철학·문화적 양상에 대한 모순을 비판했으며, 아도르노, 에리히 프롬, 하버마스, 슈미트 등이 대표적이다.

유물론(唯物論) · 유심론(唯心論) ↗

유물론은 우주만물의 궁극적 실재를 물질이라고 보고 정신적·관념적인 일체의 현상까지도 물질에 환원시켜서 고찰하려는 입장이다. 이에 따르면 일체의 정신현상이나 심적 과정은 물질의 부대현상 내지 파생현상에 지나지 않으며, 그 독자성·궁극성은 인정되지 않는다. 이에 반해 유심론은 유물론에 대립하는 것으로, 실재하는 것을 정신적인 것으로 보고 물질적인 것은 정신의 소산 또는 그 표현이라고 보는 입장이다. 플라톤·플로티노스에서 피히테에 이르는 윤리적 유심론, 셸링의 미적 유심론을 거쳐 헤겔의 논리적 유심론에 이르러 완성되었다.

사회계약설(社會契約說) ↗↗

17세기에서 18세기에 걸쳐 영국과 프랑스에서 등장한 합리주의적 정치이론으로서, 국가와 사회의 기원을 모든 개인의 계약(합의)에서 찾고자 하는 입장이다. 사회계약설은 그로티우스에서 시작하여 스피노자에 이르고, 영국에서는 홉스와 로크 등에 의해 크게 발전했으며, 프랑스의 루소에 이르러 절정을 이루었다.

계급투쟁론(階級鬪爭論) ↗↗

마르크스주의에서는 역사상 모든 사회는 두 계급으로 존재해 왔고, 역사의 본질은 계급투쟁과정의 연속이라고 본다. 따라서 근대 자본주의사회도 유산자와 무산자의 두 계급이 형성되므로 이들 계급들은 서로 투쟁하여 종국에는 계급이 없는 사회주의 국가가 올 것이라고 한다.

종속이론(從屬理論) ↗

개발도상국의 후진성이나 그 원인을 설명한 이론으로 제2차 세계대전 이후 라틴아메리카의 구체적 현실 속에서 출발하였다. 라틴아메리카의 사회과학자들은 저발전이 무엇이고, 저발전이 지속되고 있는 현상에 대한 의문을 제기하고 이에 대한 문제의식에서 종속이론으로 대두하였다. 서유럽 사회의 발전이론이 라틴아메리카 사회를 분석하는 데에 적합하지 않다고 판단, 남아메리카에 적합한 이론적인 틀을 구축하려고 하였다. 대표적인 학자들로 프랑크, 도스 산토스, 아민 등이 있다.

징고이즘(Jingoism) ↗↗

어느 사회집단 내에 발생하는 타 집단에 대한 적대적·자기중심적 심리상태를 말한다. 프랑스에서 사용된 쇼비니즘과 같은 뜻으로 맹목적 애국주의, 배타적 애국주의, 광신적 대외강경주의를 말한다. 1877 ~ 1878년 러시아·터키전쟁 때 터키를 원조하기 위해 영국이 개입해야 한다고 주장하는 주전론자(징고이스트)들로부터 생겨났다.

❤ 마키아벨리즘(Machiavellism) ✦✦

마키아벨리의 저서 「군주론」에서 유래되었으며 목적을 위하여 수단을 가리지 않는 것을 의미한다. 마키아벨리는 「군주론」에서 정치는 도덕 또는 종교에서 독립된 존재이므로 일정한 정치목적을 위한 수단이 도덕이나 종교에 반(反)하더라도 목적달성을 위해서라면 정당화될 수 있다고 논하였다. 권모술수, 현실정치와 유사한 의미로 사용된다.

❤ 쇼비니즘(Chauvinism) ✦✦

프랑스의 연출가 코냐르가 지은 속요 삼색모표(三色帽標)에 나오는 나폴레옹을 신과 같이 숭배하는 병사의 이름 니콜라 쇼뱅(N. Chauvin)에서 딴 용어로, 광신적 애국주의를 가리킨다. 조국의 이익과 영광을 위해선 방법과 수단을 가리지 않으며 국제정의도 고려치 않는 비합리적인 배외주의(排外主義)이다. 남성쇼비니즘이라는 말도 쓰이는데, 맹목적 남녀차별사상을 가리킨다.

❤ 에코페미니즘(Ecofeminism) ✦✦

생태여성론으로 생명의 가치, 자연생태계라는 온 삶의 가치를 실현하고자 하며 동시에 고른 사람의 삶을 살리는 평등의 가치를 실현하고자 하는 사상이다. 또한 지금까지 세상을 지배하면서 황폐화시킨 남성중심 · 서구중심 · 이성중심의 가치와 삶의 방식을 뒤바꾸는 실천지침이기도 하다. 환경운동과 여성해방운동의 만남인 에코페미니즘은 여성의 억압과 자연(환경)의 위기는 유사한 속성을 가지고 있다는 문제의식에서 출발한다. 즉, 여성과 환경문제는 남성중심사회의 동일한 억압구조에서 비롯된 것으로 동시에 해결해야 할 문제라는 것이다. 에코페미니즘은 남성과 인간을 타도의 대상이 아닌, 남성과 여성, 자연과 인간이 원래 하나라고 보고 이들의 어울림과 균형을 통한 모든 생명체의 통합을 강조한다.

☆☆☆ 1970년대 후반 등장한 에코페미니즘은 독일 · 프랑스 등 서구에서는 이미 새로운 대안론으로 자리잡기 시작했고, 인도 등 제3세계에서도 활발하다.

❤ 아타락시아(Ataraxia) ✦✦

고대 그리스 철학자들이 말하는 정신적 평화의 상태를 의미한다. 데모크리토스, 에피쿠로스 등은 우주를 정확히 인식하면 근원적 공포에서 해방될 수 있고 이를 통해 아타락시아 상태를 획득할 수 있다고 하였다. 반면 회의론자인 피론은 모든 것에 무관심하게 되면 아타락시아의 상태에 이를 수 있다고 주장한다. 하지만 행동을 억누르고 정관(靜觀)에 가치를 둔다는 점에서 견해를 같이 한다고 볼 수 있다.

❤ 아포리아(Aporia) ✦

'해결할 수 없는 문제' 또는 '막다른 골목'을 뜻하는 철학용어이다. 그리스어로 어떤 장소의 경우 통로가 없는 것, 사물의 경우 해결의 방도를 찾을 수 없는 데서 오는 어려움을 뜻한다. 아리스토텔레스의 철학에서는 어떤 문제에 대해 두 가지의 똑같이 성립한 대립된 합리적 견해에 직면하는 것을 가리킨다.

생디칼리즘(syndicalism) ✦✦

프랑스와 이탈리아의 정치상황 속에서 생겨난 사상으로, 국가통제에 반대하고 노동조합에 의해 산업을 관리하도록 하는 사회주의사상이다. 단순한 노동조합주의와 의회정치를 경시하고 지식인의 정치지도를 존중하지 않는다. 총파업에 의해 노동자의 정치적 주장을 펴고 공장의 탈취도 기도한다. 대표적인 이론가는 프랑스의 조르주 소렐(G. Sorel)이다.

시오니즘(zionism) ✦✦

고대 유대인들이 고국 팔레스타인에 유대 민족국가를 재건하려는 것을 목표로 하는 유대민족주의 운동을 의미한다. 19세기 후반 국가건설을 위해 투쟁하던 유대인은 성서에서 약속한 땅인 팔레스타인을 예정지로 정했으며, 팔레스타인의 시온산을 국가건설의 상징으로 정했다. 시오니즘은 이 산 이름에서 따온 말로 그 추진자를 '시오니스트'라고 했다. 1897년 스위스 바젤에서 제1회 시오니스트 대회가 개최된 이래 1948년 팔레스타인에 이스라엘 공화국을 세움으로써 그 염원을 달성하였다.

칼뱅이즘(Calvinism) ✦✦✦

종교적 입장에서 자본주의 정신을 합리화 한 것으로 구제예정설과 직업소명설이 주된 내용이다. 구제예정설은 개인의 운명이란 신의 섭리에 의해 미리 예정되어 있어 개인은 신의 은총을 받지 않으면 저주를 받게 된다는 것이고, 직업소명설은 인간은 신의 은총을 확인하기 위해 근면하고 검소하게 생활하며 투철한 기업정신과 성실성 등을 통해 많은 부와 재화를 얻으려고 노력하게 된다는 것이다. 즉, 칼뱅이즘은 부의 축적을 도덕적, 종교적으로 합리화 한 이론이라고 할 수 있다.

뉴사이언스(New Science) ✦✦

종래의 자연과학에 대한 사고방식을 반성하여, 새로운 과학적 사고방식을 모색하는 개혁운동이다. 미국에서 시작된 경향으로 '뉴에이지 사이언스'라고도 부르는데, 이것은 새로운 시대의 과학이라는 뜻으로 이러한 경향의 서적을 출판하는 '밴텀 뉴에이지 북스'라는 총서명에서 유래하였다. 카프라의 「타오 자연학」, 베이트슨의 「정신과 자연」, 리프킨의 「엔트로피 법칙」 등이 대표적인 저작으로 서구의 과학문명과 동양 사상을 결부시키려는 시도를 발견할 수 있다.

홍익인간(弘益人間) ✦✦

널리 인간을 이롭게 한다는 뜻으로, 우리나라의 건국이념이다. 안으로는 민본사상과 통하고, 밖으로는 세계 인류애와 통한다.

❤ 홍익인간의 이념 ✦

구분	내용	특징
근본정신	대승주의(大乘主義)	개인(小我)보다는 공동체(大我)를 강조한 대승적 가치관
정치이념	인본주의(人本主義)	널리 인간을 이롭게 한다는 인간 중심의 원리
윤리의식	이타주의(利他主義)	자기중심적 사고에서 벗어나 남을 먼저 생각하는 정신
	평등주의(平等主義)	사람은 누구나 같다는 만민 평등주의의 표상
	순수한 인간애	모든 사람을 사랑하는 인류애 사상
	상부상조 · 평화애호	서로 돕고 평화를 사랑함
	성자(聖者)의 원리	나라를 다스리는 인격(人格)을 정복의 상징인 호랑이가 아닌 참고 견디는 곰에 둠

❤ 제자백가(諸子百家) ✦

중국의 춘추전국시대(BC 5 ~ 3세기)에 등장한 사상가를 총칭하는 표현이다. 시대적으로 주왕조의 혈연적 봉건제도가 붕괴되고 신흥 세력이 난립하는 혼란 속에 유능한 인재가 필요했다. 제자백가는 그 성격에 따라 크게 유가(儒家) · 도가(道家) · 법가(法家) · 묵가(墨家) · 종횡가(縱橫家) · 음양가(陰陽家) · 농가(農家) · 잡가(雜家) · 명가(名家) 등 9종으로 구분할 수 있다.

❤ 유가사상(儒家思想) ✦

중국 춘추시대에 노나라의 공자(BC 522 ~ 479)를 시작으로 맹자, 순자에 의해 계승 · 발전된 학파이다. 주례에 따르면 유(儒)는 '도로써 백성을 얻는다(以道得民)'는 의미를, 한서 예문지(藝文志)에 의하면 '임금을 보필하여 음양의 이치에 따르고 교화를 밝힌다(助人君 順陰陽 明敎化)'는 의미를 가진다. 근본사상인 인(仁)은 그 대상에 따라 충(忠 : 왕), 효(孝 : 부모), 제(悌 : 형제)가 된다.

☆☆☆ 유가의 사상은 사서오경(四書五經)을 통하여 알 수 있는데 일상 생활을 가족 관계와 사회 관계에서 바라보는 실용적인 입장이다.

❤ 도가사상(道家思想) ✦

춘추전국시대 말에 일어난 제자백가의 하나로서, 우주의 절대적 진리를 무(無)라 하는 무위자연설을 도덕적 표준으로 삼고 허무를 우주의 근원으로 삼는 노자와 장자의 사상이다. 노자는 만물의 근원을 무(無)라 하고 무는 자연이며 생명의 근원을 이룬다고 하였다. 장자는 인간의 절대적 자유와 만물제동의 이치를 논하였다. 노자 · 장자의 사상은 도교의 사상적 근거가 되었고 불교사상을 받아들이는 매개가 되었으며, 주자학 등 후대의 철학에 큰 영향을 미쳤다.

✔ 묵가사상(墨家思想)✔

춘추전국시대 제자백가의 한 학파로, 유가의 형식주의 계급제도를 타파하고 하늘이 만민을 겸애(兼愛)하는 것과 같이 다른 사람들도 서로 겸애해야 한다는 겸애설과 평화주의를 내세웠다. 묵자를 시조로 하여 절약 · 검소를 사회윤리의 기본이념으로 제시하였다.

✔ 양명학(陽明學) ✔✔

중국 명나라 때 왕수인에 의해서 창시된 실천적 학문으로, 지행합일(知行合一)을 실천원리로 강조한 철학이다. 양명학의 골자는 심즉리(心卽理), 치양지(致良知), 지행합일(知行合一)의 주장에 있고 「대학」의 격물(格物) · 치지(致知) · 성의(誠意) 등에 대한 새로운 해석을 바탕으로 하고 있다.

✔ 주자학(朱子學) ✔✔

12세기에 주자에 의해 역설된 신(新)유교를 말한다. 당대 불교의 화엄교의(華嚴敎義)의 빈틈없는 이론체계는 유교에 큰 자극을 주어, 이(理 : 본체)와 사(事 : 현상)의 상즉으로써 세계를 설명하는 법계관에 자극받아 북송의 주염계, 장횡거, 정자 등은 태극, 기(氣), 음양 등의 전통적인 존재론에 기초해서 이기설적 세계관을 탐구하였는데, 이것을 체계적으로 대성한 사람이 남송(南宋)의 주자(朱子)이다.

✔ 성선설(性善說) · 성악설(性惡說) ✔

'성선설'은 인간은 선천적으로 착한 품성을 타고나나 육체적 정욕이나 환경 때문에 악한 행동이 발생한다고 보는 학설이다. 대표자로는 맹자(孟子), 루소 피히테 등이 있다. '성악설'은 인간의 본성(本性)은 악하여 충동, 공격성을 지니므로 그 욕망에 따르면 세상을 혼란에 빠뜨리게 되어 결국 악이 된다는 성선설과 반대되는 학설이다. 대표자로는 순자(荀子), 홉스, 마키아벨리 등이 있다.

✔ 성리학(性理學) ✔✔

송(宋) · 명(明) 대에 걸쳐 발달한 유학의 한 계통으로 성명(性命)과 이기(理氣)의 관계를 밝히고자 하는 학문이다. 남송의 주희는 한 · 당 시대의 훈고학적 학문에서 탈피하여 선진(先秦) 유학의 본래적 의미를 되살리기 위해 유학 경전들을 새로이 해석하고, 집대성하여 성리학을 발전시켰다. 성리학자들은 인간의 본성인 성(性)과 우주 자연의 이법인 이(理) 및 그 관계를 탐구하여 인격적으로 완성된 사람(군자, 성인)이 되고자 하였다. 성리학은 우주의 존재 문제를 탐구하는 데 있어 이(理)와 기(氣)의 두 가지 원리로 구성되어 있다고 보는데, 경험적 세계를 중시하는 주기론(主氣論)과 원리적 문제를 중시하는 주리론(主理論)의 두 계통으로 구별된다.

✅ 토테미즘(totemism) · 애니미즘(animism) · 샤머니즘(shamanism) ✦

토테미즘이란 어떤 동물이나 식물을 인간의 조상 혹은 지배자로 받들어 숭배하는 사상이다. 단군신화에서의 웅녀설, 인도에서의 소 숭배 등이 그 예이다. 애니미즘이란 자연계의 모든 사물에는 생명이 있는 것으로 보고 그것의 정령, 특히 영혼관념을 인정하는 사상이다. 정령신앙이라고도 한다. 샤머니즘이란 원시종교의 일종으로, 샤먼(주술사)이 주술과 제사를 맡아서 신의 의지를 전달하는데, 그의 주술은 모든 기원 · 욕망을 성취시키며, 악령 · 병마 등의 재앙을 물리친다고 믿는 신앙이다.

✅ 호연지기(浩然之氣) ✦

지극히 크고 굳세며 곧은 마음으로, 공명정대(公明正大)하여 누구를 대하여도 부끄러움이 없는 도덕적 용기를 말한다. 맹자(孟子)는 그의 수양론에서 호연지기를 통하여 부동심에 이른다고 하였으며, 이이는 진취적 기상을 기르기 위해 호연지기를 중시하였다.

✅ 왕도정치(王道政治) ✦✦

맹자에 의해 주장된 정치이념으로, 통치수단의 근본을 인(仁)에 두고 도덕적인 교화를 꾀하며 형벌이나 강압에 의한 정치를 멀리 한다는 것이다. 맹자는 '국민은 귀하고 사직은 다음이며 군주는 가장 가벼운 존재'라 하였고, '국민을 중하게 여기지 않는 자는 왕이 될 수 없다'고 하였다.

✅ 패도정치(覇道政治) ✦

부국강병의 실력을 가지고 왕명을 받아 천하를 호령하는 강력한 정치를 말하며, 왕도정치에 대립된다. 맹자는 패도정치를 크게 비판하고 공리를 목적으로 하고 도의에 입각한 왕도정치를 주장하였다.

✅ 화쟁사상(和諍思想) ✦✦

어느 특정한 경(經)이나 논(論)에 편중되어 한 종파에 소속됨을 지양하고, 불교의 모든 법문이 하나의 동일한 근원에서 나온 것으로 보아 전체 불교를 모두 융화시키려는 원효의 사상이다.

✅ 극기복례(克己復禮) ✦✦

이기심을 버리고 예(禮)를 따르는 것을 말한다. 공자는 예가 아니면 보지도 말고 듣지도 말며, 말하지 말고 움직이지도 말라(非禮勿視, 非禮勿聽, 非禮勿言, 非禮勿動)고 하여 극기복례를 강조하였다.

✅ 성(誠) · 경(敬) ✦

우리 겨레의 윤리생활의 바탕이 되는 것으로 성은 하늘의 이법이며 마음의 참모습으로, 참된 것이며 거짓이 없는 것을 말한다. 경은 인간이 성에 다다를 수 있도록 하는 일체의 실천행위라 할 수 있다.

✅ 신독(愼獨) ✒

남이 보지 않는 곳에서도 일에 거짓이 없고 도리에 어긋남이 없도록 삼가는 것을 말한다. 성과 경을 구현하는 실천적인 덕목으로 신독과 예(禮)가 있다.

✅ 사서삼경(四書三經) ✒

사서란 논어(論語) · 맹자(孟子) · 중용(中庸) · 대학(大學)을 말하고, 삼경이란 시경(詩經) · 서경(書經) · 역경(易經)을 말한다.

✅ 주기론 · 주리론 ✒✒✒

구분	주기론	주리론
성향	실제적 · 경험적 현실주의	이상적 · 도덕적 원리주의
선구자	김시습, 서경덕	이언적
집대성	이이를 중심으로 한 기호학파(조헌, 김장생)	이황을 중심으로 한 영남학파(김성일, 유성룡)
당파	서인 · 노론 등의 집권파	동인 · 북인계열, 재야학자
예법	가례집람(家禮輯覽)을 중시	주자가례(朱子家禮)를 중시
저서	성학집요, 동문호답, 격몽요결 등	주자서절요, 성학십도, 이학통록 등

✅ 오경 ✒

삼경에 춘추(春秋) · 예기(禮記)를 더한 것을 의미한다.

✅ 삼강오륜(三綱五倫) ✒

유교의 기본적인 실천도덕으로서 삼강은 군위신강(君爲臣綱) · 부위자강(父爲子綱) · 부위부강(夫爲婦綱)이고, 오륜은 군신유의(君臣有義) · 부자유친(父子有親) · 부부유별(夫婦有別) · 장유유서(長幼有序) · 붕우유신(朋友有信)을 말한다.

✅ 사단(四端) ✒✒

사단은 맹자(孟子)가 주창한 인간 도덕성에 관한 학설로, 인간은 태어날 때부터 남을 사랑하여 불쌍히 여기는 마음인 '측은지심(惻隱之心)', 불의를 부끄러워하는 마음인 '수오지심(羞惡之心)', 서로 양보하고 공경하는 마음인 '사양지심(辭讓之心)', 옳고 그름을 판단하는 마음인 '시비지심(是非之心)'의 네 가지 품성을 가지고 있다고 보았다. 이것이 발현된 것이 인(仁) · 의(義) · 예(禮) · 지(知)의 사덕(四德)이다.

✔ 불함문화론(不咸文化論) ✦✦

동방문화는 백두산에서 비롯됐으며 한족(韓族)이 문화의 중심을 형성했다는 육당 최남선의 학설이다. 일본 관학자들의 단군말살론, 일선(日鮮)동조론, 문화적 독창성 결여론 등에 맞서 역사, 종교, 신화, 민속, 인류학 등을 통해 고대문화의 원류를 밝히는데 초점을 두고 있다. 육당은 동방문화의 원류를 '빼(park)사상'으로 파악했다. 육당에 의하면 백은 빼를 대신하는 고어로 신, 하늘, 해를 뜻한다. 또 빼의 가장 오랜 문자형이 불함이다. 동이족의 지명에 많이 나오는 백산(白山)은 태양신에 제사를 지내는 장소를 지칭하며, 태백산은 그 중심이 된다. 백(불함)을 숭상하는 모든 문화권이 불함문화권이며 조선은 중심에 해당된다고 주장한다. 그 증거로 태백산·소백산 등 한반도 각지에 백(白)자 들어간 산이 유달리 많은 점을 들고 있다. 육당은 한반도 주변지역의 지명을 분석, 서로 흑해에서 동으로 일본과 한국을 포함하는 지역을 불함문화권으로 규정했다. 그러나 육당의 주장은 사회에 대한 인식이 결여된 관념적 문화주의에 머물러 민족적 역량에 대해 회의를 갖게 했다는 비판을 받기도 했다.

✔ 중체서용론(中體西用論) ✦

청나라 대 '태평천국의 난' 이후 일어난 양무운동의 기본사상이다. 청나라 왕조 말기 외국 열강의 침입에 대한 대응책으로 일어난 양무운동은 '중국의 전통적 유교도덕을 중심(中體)으로 하여 '서양의 과학기술과 그 성과를 도입하여 사용'(西用)하자는 이론이다. 대표적 저술로 장지동의 「권학편(勸學編)」이 있고, 조선의 「동도서기론(東道西器論)」도 같은 맥락이라고 볼 수 있다.

✔ 크리스트교 ✦✦

천지만물을 창조한 하나님을 유일신으로 믿고, 그 독생자 예수 그리스도를 구세주로 믿으며, 그리스도의 속죄와 신앙과 사랑의 모범을 추종하며 그를 통한 구원을 확신한다. 팔레스티나에 일어나 로마제국의 국교가 되었고, 다시 페르시아·인도·중국 등지에 전파되었다. 8세기에 고대 동방 헬레니즘의 전통 위에서는 그리스정교회가 갈려 나간 후 로마 가톨릭교회는 다시 16세기 종교개혁에 의해 구교(천주교)와 신교로 갈라져 현재 이 세 교회가 대립되어 있다.

✔ 프로테스탄트(protestant) ✦✦

16세기 부패한 가톨릭에 대항하여 루터·츠빙글리·칼뱅 등이 일으킨 종교개혁으로, 가톨릭에서 분리되어 나온 신교(新敎)를 말한다. 루터파·칼뱅파(장로교)·성공회·감리교 등 여러 종파가 있으며, 그 특징은 교의(敎義) 중심인 가톨릭에 비해서 개인의 신앙을 중요시하며 모든 의례를 세례와 성찬만으로 간소화한 데에 있다.

불교(佛教) ✦✦

BC 5세기경 인도의 싯다르타(釋迦募尼)가 베푼 설법을 믿는 종교이다. 그의 가르침에는 3법인·4제·5온·12인연·3사생염설·8정도 등이 있다. 이 가르침은 자기 개인만이 아닌 중생을 구원하여 열반의 피안에 옮겨 성불시키려는 보살의 법문인 대승불교와, 역사상의 석가를 신봉하며 자기의 해탈만을 구하는 법문인 소승불교로 나뉘었는데, 우리나라에 전파된 것은 대승불교이다.

① **불교의 사상**
- 3법인 : 불교의 진실된 세 가지의 진리로, 제행무상(諸行無常)·제법무아(諸法無我)·일체개고(一切皆苦)를 말한다.
- 4성제 : 번뇌를 끊고 열반에 들어가는 네 가지 진리로, 고(苦)·집(集)·멸(滅)·도(道)를 말한다.
- 8정도 : 해탈에 이르기 위한 여덟 가지의 실천적 수양방법으로, 정견(正見)·정사유(正思惟)·정어(正語)·정업(正業)·정명(正命)·정정진(正正進)·정념(正念)·정정(正定)을 말한다.

② **조계종·천태종**

구분	조계종	천태종
개창	고려 후기 신종 때 보조국사 지눌	고려 전기 숙종 때 대각국사 의천
기반사찰	송광사(松廣寺)	국청사(國淸寺)
교리	정혜쌍수(定慧雙修), 돈오점수(頓悟漸修) 참선(수행)의 강조	교관겸수(敎觀兼修) 이론·실천의 양면 강조
지지세력	최씨 무신정권의 정책적 비호	왕실과 귀족의 비호
특징	조계종으로 교선을 통합(선종 중심) 수선사 결사운동	화엄종으로 교선을 통합(교종 중심) 백련사 결사 운동

출제예상문제

1 **베이컨의 4대 우상에 해당하지 않는 것은?**

① 종족의 우상   ② 동굴의 우상

③ 시장의 우상   ④ 바다의 우상

> **해설** 우상론 … 영국의 경험론 철학자 베이컨(F. Bacon)이 말한 것으로, 선입견적인 편견과 망상을 우상이라 표현하고 4개로 나누었다. 종족(種族)의 우상은 자기중심의 인간 본성에서 오는 편견, 동굴(洞窟)의 우상은 버릇·취미·성격 등 개인의 특수성에서 오는 편견, 시장(市場)의 우상은 인간의 사회적 교섭·언어에 의하여 나타나는 편견, 극장(劇場)의 우상은 전통·역사·권위를 무비판적으로 믿는 편견을 말한다. 그는 참된 경험과 지식을 얻기 위해서는 우상을 버려야 한다고 주장하였다.

2 **실용주의에 대한 설명이 아닌 것은?**

① 프래그머티즘은 유용성과 진리성을 동일시하기 때문에 일상적인 욕구를 만족시키는 것을 추구한다.

② 실제로 나타날 것이라고 기대되는 결과로, 어떤 결과를 개념의 대상이 가지고 있다고 생각하는가를 고찰한다.

③ 어떤 관념의 참·거짓 여부를 따질 때에는 생각이나 말만 가지고 논할 것이 아니라 실제적인 결과에 따라 판정해야 한다.

④ 낡은 진리를 새로운 진리로 창조해 나가자는 개선주의적 관점이다.

> **해설** 실용주의 … 결정론적 세계관을 부정하고 행동과 실천을 중시하는 결과주의, 상대주의, 주관주의, 현실주의 철학이다. 구체적으로 실증적인 경험을 철학의 기초로 삼고 있는 실용주의는 영국의 경험론을 사상적 근원으로 하여 관념적이 아닌 실제생활과의 관련 속에서 사상을 생각하는 입장이다. 19세기 이후 미국에서 생성, 청교도주의와 함께 미국의 2대 사상적 기둥을 형성하였다. 퍼스에 의해 창시되어 제임스, 듀이 등에 의해 완성되었다.

Answer 1.④ 2.①

3 지식과 행동의 통일을 주창한 철학은?

① 주자학   ② 성리학

③ 양명학   ④ 실학

✔해설 양명학(陽明學) … 중국 명나라 때 왕수인에 의해서 창시된 실천적 학문으로, 지행합일(知行合一)을 실천 원리로 강조한 철학이다. 양명학의 골자는 심즉리(心卽理), 치양지(致良知), 지행합일(知行合一)의 주장에 있고 「대학」의 격물(格物)·치지(致知)·성의(誠意) 등에 대한 새로운 해석을 바탕으로 하고 있다.

4 공자가 내세운 이상적 인간상의 내적 요소와 외적 요서로 바르게 짝지어진 것은?

① 인 - 의   ② 예 - 지

③ 인 - 예   ④ 지 - 의

✔해설 공자는 내면으로는 지성으로 선을 추구하여 인간 본성을 회복하고 외면으로는 예를 갖추어 부모에 효도하고 가족 간에 화목을 이뤄야 한다고 하였다. 즉 이상적 인간상의 내면적 도덕성으로 '인(仁)'을, 외면적 도덕성으로 '예(禮)'를 강조하였다.

5 철학자 베이컨이 강조한 지식은 무엇인가?

① 이성적 지식

② 전통적 지식

③ 과학적 지식

④ 경험적 지식

✔해설 베이컨(Francis Bacon) … 르네상스 이후의 영국 고전경험론의 창시자이다. 그는 학문을 역사·시학·철학으로 구분하고 다시 철학을 신학과 자연철학으로 나누었는데, 그의 최대의 관심은 자연철학 분야에 있었고 자연과학적 귀납법과 경험적 지식을 강조하였다.

Answer 3.③ 4.③ 5.④

6　이미 증명된 하나 또는 둘 이상의 명제를 전제로 하여 새로운 명제를 이끌어내는 철학적 사고방식을 무엇이라 하는가?

① 연역법　　　　　　　　　　　② 귀납법
③ 변증법　　　　　　　　　　　④ 통계법

> ✔해설 ② 귀납법 : 개별적인 사실이나 특수한 원리로부터 그러한 사례들을 포괄할 수 있는 확장된 일반적 명제를 이끌어 내는 방법
> ③ 변증법 : 동일률을 근본원리로 하는 형식논리에 대하여, 모순 또는 대립을 근본원리로 하여 사물의 운동을 설명하려는 논리

7　노자의 사상으로 옳은 것은?

① 물아일체　　　　　　　　　　② 정혜쌍수
③ 극기복례　　　　　　　　　　④ 무위자연

> ✔해설 노자(老子)는 중국 고대의 사상가이며 도가(道家)의 시조이다. 노자는 인의(仁義) 등과 같이 도덕이나 지혜에 의하여 인위적으로 만들어진 것을 버린 무위자연(無爲自然)의 상태를 이상적이라고 보고 무위무욕(無爲無欲)의 삶을 추구하고자 한다.
> ① 물아일체(物我一體) : 외물(外物)과 자아 또는 물질계와 정신계가 어울려 하나가 되는 것을 이른다.
> ② 정혜쌍수(定慧雙修) : 조계종의 개창자인 지눌이 주장한 불교신앙의 개념으로, 선정(禪定)의 상태인 '정'과 사물의 본질을 파악하는 지혜인 '혜'를 함께 닦아 수행하자는 의미이다.
> ③ 극기복례(克己復禮) : 이기심을 버리고 예(禮)를 따르는 것으로 극기는 개인의 사리사욕을 억제하고 소아주의(小我主義)를 지향하는 것이고, 복례는 사회규범을 따르고 대아주의(大我主義)를 지향하는 것을 말한다.

8　다음 중 음양오행에서 오재(五材)에 속하지 않는 것은?

① 水, 木　　　　　　　　　　　② 火, 土
③ 日, 月　　　　　　　　　　　④ 金, 土

> ✔해설 음양오행설의 '오재(五材)'는 목(木)·화(火)·토(土)·금(金)·수(水)의 다섯 가지이다.

Answer 6.① 7.④ 8.③

9 인간의 순연한 본성이 곧 진리라는 뜻으로, 양명학의 핵심을 표현한 말은?

① 도참사상   ② 심즉리

③ 격물치지   ④ 음양오행설

> ✔해설 ② 심즉리(心卽理) : 성리학의 성즉리에 대응하여 양명학의 사상을 표현한 말로 육상산과 왕양명이 공동
> 으로 주장한 이론이다. '心'을 곧 '천리(天理)'와 동일시하는 것으로 인간의 순연한 본심이 진리라는
> 의미이다.
> ① 도참사상 : 미래에 길흉에 관한 예언을 근거로 정치사상 등을 전개하고자 하는 믿음이다.
> ③ 격물치지 : 주자(朱子)에 따르면 사물의 이치를 연구하여 후천적인 지식을 명확히 할 것을 의미하며 왕
> 양명(王陽明)의 관점에서는 사물에 존재하는 마음을 바로잡고 선천적인 양지(良知)를 갈고 닦음을 의
> 미한다.
> ④ 음양오행설 : 우주나 인간 사회의 모든 현상을 음·양 두 원리의 소장(消長)으로 설명하는 음양설과,
> 만물의 생성소멸(生成消滅)을 목(木)·화(火)·토(土)·금(金)·수(水)의 변천으로 설명하는 오행설을
> 함께 일컫는다.

10 홍익인간의 이념으로 볼 수 없는 것은?

① 인본주의   ② 평등주의

③ 개인주의   ④ 이타주의

> ✔해설 홍익인간은 널리 인간을 이롭게 한다는 뜻으로, 우리나라의 건국이념이다. 안으로는 민본사상과 통하
> 고, 밖으로는 세계 인류애와 통하는 것으로 인본주의, 대승주의, 평등주의, 이타주의 등과 관련 있다.

11 우물에 빠진 아이를 보고 무조건 구하고자 하는 마음이 인간의 본성 중에 있다고 주장한 사람은
누구인가?

① 순자   ② 묵자

③ 한비자   ④ 맹자

> ✔해설 맹자는 사람은 모두 남에게 차마 어찌하지 못하는 착한 마음인 양심(不忍之心)을 가지고 있으며, 이는
> 사단(四端)을 통해 드러난다고 하였다. 사단은 측은지심(인), 수오지심(의), 사양지심(예), 시비지심(지)
> 이며 제시된 상황은 측은지심의 예이다.

12 다음을 통해 내릴 수 있는 결론으로 적절하지 않은 것은?

> 안연이 인(仁)에 대해 묻자 공자는 "자신을 이기고 예(禮)로 돌아가는 것이 인이다. 하루하루 자신을 이기고 예로 돌아가면 천하가 인으로 돌아갈 것이다. 인을 이룩하는 것은 자기로 말미암은 것이지 다른 사람으로 말미암은 것일까?"라고 대답하였다.

① 예(禮)는 인(仁)과 더불어 인간의 생득적인 본성이다.

② 성실하게 자신의 생활을 하는 중에 인(仁)의 도(道)가 나타나게 된다.

③ 인(仁)이란 욕망을 스스로 극복하려고 하는 노력을 통해 얻어진다.

④ 인(仁)을 실현시키기 위해서는 적극적인 노력이 요구된다.

✔해설 공자는 이상적 인간의 내면적 도덕성으로 '인(仁)'을, 외면적 도덕성으로 '예(禮)'를 강조하였다. 따라서 예는 생득적 본성이 아닌 외면적 사회규범이다.

13 사서(四書)에 속하지 않는 것은?

① 논어(論語)

② 시경(詩經)

③ 대학(大學)

④ 맹자(孟子)

✔해설 사서오경(四書五經)

구분	내용
사서(四書)	논어(論語), 대학(大學), 맹자(孟子), 중용(中庸)
오경(五經)	시경(詩經), 서경(書經), 역경(易經), 춘추(春秋), 예기(禮記)

Answer 12.① 13.②

14 노자(老子)사상에 대한 설명으로 옳지 않은 것은?

① 일체의 사회규범 및 제도를 거부하는 극단적인 개인주의적 요소를 지니고 있다.
② 무위자연의 삶을 이상적인 삶으로 보았다.
③ 인간의 본성은 가치판단으로부터 독립해 있다.
④ 강제는 인간의 자연적 본성에 위배되는 것이다.

> ✔해설 노자(老子) … 중국 고대의 사상가이며 도가(道家)의 시조로 무위자연(無爲自然)의 상태를 이상적이라고 본다.
> ① 장자의 사상에 해당하며, 노자는 이상적인 정치형태로 소국과민을 주장하였다.

15 다음 중 원효의 사상을 나타낸 말은?

① 참된 것은 하늘의 도요, 참되려고 노력하는 것은 사람의 도리이다.
② 모순과 대립된 것들도 하나로 합해질 수 있다.
③ 사람의 몸이 천지의 몸이요, 사람의 마음이 곧 천지의 마음이다.
④ 성은 하늘의 실리이요, 마음은 본체이다.

> ✔해설 원효는 어느 특정한 경(經)이나 논(論)에 편중되어 한 종파에 소속됨을 지양하고, 불교의 모든 법문이 하나의 동일한 근원에서 나온 것으로 보아 전체 불교를 모두 융화시키려는 화쟁사상(和諍思想)을 주장하였다.

16 동양도덕의 밑바탕을 이루고 있는 삼강오륜(三綱五倫)에 속하지 않는 것은?

① 장유유서(長幼有序)
② 군위신강(君爲臣綱)
③ 교우이신(交友以信)
④ 부부유별(夫婦有別)

해설 교우이신(交友以信) … 신라 진평왕 때 원광법사가 화랑에게 일러준 다섯 가지 계명인 세속오계(世俗五戒)에 속한다.

※ 삼강오륜(三綱五倫)

구분	내용
삼강(三綱)	군위신강(君爲臣綱), 부위자강(父爲子綱), 부위부강(夫爲婦綱)
오륜(五倫)	군신유의(君臣有義), 부자유친(父子有親), 부부유별(夫婦有別), 장유유서(長幼有序), 붕우유신(朋友有信)

17 '사람 섬기기를 하늘과 같이 하라'는 인내천(人乃天)사상과 관련이 있는 것은?

① 불교의 근본사상
② 이이의 근본사상
③ 유교의 근본사상
④ 동학의 근본사상

해설 '인내천'은 동학(東學)의 근본사상이다. 동학은 민간신앙을 바탕으로 그 위에 유·불·선의 교리를 혼합하여 만든 민족종교로, 서학과 사대주의를 배격하고 신분과 계급을 초월한 인간평등과 인도주의를 주창하였다.

18 향약의 4대 강목 중에서 오늘의 복지국가를 위한 사회보장제도와 가장 관계가 깊은 것은?

① 덕업상권
② 과실상규
③ 예속상규
④ 환난상휼

해설 환난상휼(患難相恤) … 어려울 때는 서로 돕는다(상부상조).

① 덕업상권(德業相權) : 좋은 일은 서로 권한다.
② 과실상규(過失相規) : 과실은 서로 규제한다(권선징악).
③ 예속상교(禮俗相交) : 예의와 풍속으로 서로 사귄다.

Answer 16.③ 17.④ 18.④

19 주자(朱子)가 '세계의 참모습'을 파악하기 위하여 강조한 것은?

① 심즉리설(心卽理說)
② 지행합일(知行合一)
③ 치양지설(致良知設)
④ 격물치지(格物致知)

> ✔해설 격물치지(格物致知) … 인간이 자신을 포함해 세계의 참모습에 대하여 밝게 아는 것을 말한다.
> ① 심즉리설(心卽理說) : 인간의 마음인 심(心)이 곧 우주자연의 이법인 이(理)와 같다는 의미이다. 양명학의 사상이다.
> ② 지행합일(知行合一) : 인간이 본래부터 타고난 참된 앎인 양지(良知)를 근거로 하여, 양심을 바르게 깨닫고 그에 따라 실천할 것을 강조하는 양명학의 사상이다.
> ③ 치양지설(致良知設) : 인간이 본래부터 타고난 참된 앎(양지)을 구체적이고 적극적으로 발휘하는 것을 말하는 양명학의 사상이다.

20 성(誠)과 경(敬)에 관한 설명 중 옳지 않은 것은?

① 경(敬)은 실천윤리이니 경을 실천함으로써 성(誠)에 도달할 수 있다.
② 율곡 이이는 경(敬)으로써 사사(私邪)를 제거하여 성(誠)에 도달할 것을 역설하였다.
③ 퇴계 이황은 모든 일에 조심하고 삼가는 태도를 지녀야 한다며 경(敬)의 실천을 강조하였고, 면학에 있어서도 성(誠)으로써 마음을 주체할 수 있어야 한다고 하였다.
④ 동학사상에 있어서 '비성(非誠)이면 무성(無成)'이라 하여 성(誠)을 마음의 근본자세로 삼았다.

> ✔해설 퇴계 이황은 면학에 있어서도 경(敬)으로써 다스려야 한다고 주장하였다. 성(誠)과 경(敬)은 우리 겨레의 윤리생활의 바탕이 되는 것이다.
>
> | 구분 | 내용 |
> |---|---|
> | 성(誠) | 하늘의 이법이며 마음의 참모습으로, 참된 것이며 거짓이 없는 것 |
> | 경(敬) | 인간이 성에 다다를 수 있도록 하는 일체의 실천행위 |

21 성리학에서 말하는 기(氣)의 의미는?

① 현실적 모습
② 세계의 참모습
③ 완전하고 선한 모습
④ 알 수 없는 미지의 세계

> **해설** 성리학에서 '이(理)'는 세계의 참모습을 말하며, '기(氣)'는 세계의 현실적인 모습을 구성하는 것이다.

22 다음 설명 중 옳지 않은 것은?

① 소크라테스는 인간을 보편적 이성을 지닌 존재로 보고, 절대적·객관적 진리가 있음을 확신하였다.
② '실존(實存)은 본질(本質)에 앞선다.'는 명제를 제시한 실존주의자는 사르트르(Sartre)이다.
③ 대표적 스콜라 철학자는 토마스 아퀴나스이다.
④ 벤담(J. Bentham)은 쾌락에 질적인 차이가 있음을 강조하고 자유론을 저술하였다.

> **해설** 벤담(J. Bentham)은 쾌락이나 행복을 양적으로 계산할 수 있다고 보고, 개인의 쾌락이나 행복을 증대시키는 것이 사회전체의 행복을 증대시키게 된다는 양적 공리주의를 주장했다.

23 그리스철학에 대한 다음 설명 중 옳지 않은 것은?

① 피타고라스는 인간은 만물의 척도라고 하였다.
② 플라톤은 이상주의철학의 개조로 이데아설을 주장하였다.
③ 아리스토텔레스는 세계를 조화된 것으로 보고 중용의 덕을 중요시했다.
④ 히피아스는 자연적인(physis) 것과 인위적인(nomos) 것을 대립시켰다.

> **해설** '인간은 만물의 척도'라고 한 사람은 프로타고라스(Protagoras)이다.

24 「프로테스탄티즘의 윤리와 자본주의의 정신」에서 서구의 자본주의를 가능하게 했던 원인으로 프로테스탄트 윤리를 들고 있는 철학자는?

① 칼뱅
② 칼 마르크스
③ 아담 스미스
④ 막스 베버

✔해설 「프로테스탄티즘의 윤리와 자본주의의 정신」은 독일의 경제학자이자 사회학자인 막스 베버(M. Weber)가 지은 책이다. 1920년에 간행된 이 책은 프로테스탄트 윤리가 자본주의 정신에 얼마나 직접적인 영향을 주었는가를 사회학적 측면에서 분석해 청교도의 직업관과 윤리의식이 영리추구를 정당화시켜 서유럽 자본주의의 형성에 큰 공헌을 했다고 주장하였다.

25 서양의 윤리사상에 대한 설명으로 옳지 않은 것은?

① 칸트가 말하는 최고선이란 선의지에 의한 도덕적 행위와 이에 부응하는 행복과의 합치를 의미한다.
② 공리주의에 의하면 인간에 있어 유일한 선은 쾌락이요, 유일한 악은 고통이다.
③ 실존주의는 구체적인 현실 속에서 진정한 자기를 다시 회복하려는 진지한 사상을 전개한다.
④ 실용주의는 도덕적 타락과 무정부상태를 극복하고 인간정신에 질서를 부여함으로써 사회적 안정과 평화를 꾀하였다.

✔해설 실용주의(實用主義) … 행동본위 · 실행본위 · 생활본위 · 실용본위의 철학으로, 결정론적 세계관을 배격하고 진리의 유용성을 주장

26 깨우침에 의해서 고뇌를 넘어선 각자의 평화로운 정신 상태를 일컫는 불교용어는?

① 법신(法身)
② 열반(涅槃)
③ 윤회(輪廻)
④ 파문(破門)

✔해설 열반(涅槃) … 모든 번뇌를 해탈하여 불생불멸(不生不滅)의 법을 체득한 경지이다.
① 부처의 정법 또는 석가여래 삼신(三神)의 하나이다.
③ 몸은 죽어도 영혼은 영원히 살아 여러 생사를 끝없이 되풀이함을 말한다.
④ 신도(信徒)로서의 자격을 빼앗아 종문(宗門)에서 축출하는 것을 말한다.

Answer 24.④ 25.④ 26.②

27 '사단(四端)은 이(理)의 발(發)이요'에서 '사단' 중 수오지심(羞惡之心)과 가장 관계있는 것은?

① 인(仁) ② 의(義)

③ 예(禮) ④ 지(智)

 해설 ① 측은지심(惻隱之心)
③ 사양지심(辭讓之心)
④ 시비지심(是非之心)

28 서구사상의 2대 정신적 원류는 무엇인가?

① 그리스 · 로마사상과 크리스트교사상

② 과학사상과 철학사상

③ 그리스사상과 로마사상

④ 합리주의사상과 경험주의사상

해설 서구사상의 정신적인 2대 원류는 그리스 · 로마사상을 원천으로 하는 헬레니즘과 크리스트교사상을 원천으로 하는 헤브라이즘이다.

29 경험과 증거를 자료로 사물의 인과관계를 추리하고 법칙을 발견하여 이론을 형성하는 사고방식은?

① 연역적 사고

② 실증적 사고

③ 실용적 사고

④ 귀납적 사고

해설 귀납법(歸納法) … 각각의 특수한 사실에서 일반적 · 보편적 원리로 나아가는 추리방법이다.

30 소크라테스의 사상으로 적합하지 않은 것을 고르면?

① 자기를 아는 것이 가장 근원적인 문제이다.

② 진리는 상대적이고 주관적이다.

③ 인간의 본질은 이성(理性)에 있으며 이성의 기능은 지혜를 찾는데 있다고 보았다.

④ 대화의 방식으로서 진리를 밝힐 수 있다.

> ✔해설 소크라테스(Socrates) … 고대 그리스의 철학자로 우주의 원리를 묻곤 했던 기존의 철학자늘과는 달리 자기 자신과 근원에 대한 물음을 철학의 주제로 삼았다. 또한 소크라테스는 객관적·보편적·절대적 존재를 인정하였다.

31 철학가와 관련이 없는 것은?

① 프로타고라스 – '인간은 만물의 척도이다.' – 상대주의

② 소크라테스 – '너 자신을 알라.' – 보편적 진리

③ 데카르트 – '의심하는 것은 사유하는 것이고, 사유하는 것은 존재하는 것이다.' – 합리론

④ 밀 – '강제 없는 상태' – 참다운 자유

> ✔해설 밀(J. S. Mill)에 의하면 자유란 강제가 없는 상태를 말하는 것이 아니라, 어떤 일을 할 수 있는 적극적인 힘을 말한다.

32 고대 그리스의 철학자 아리스토텔레스는 인생의 목적을 어디에 두었는가?

① 쾌락의 추구
② 마음의 평정(ataraxia)
③ 행복의 실현
④ 부동심의 경지(apatheia)

> ✔해설 아리스토텔레스(Aristoteles)는 인간의 궁극적 목적은 최고선(행복)의 실현이라는 목적론적 세계관을 역설하였다.
> ② 마음의 평정(ataraxia) : 고대 그리스 철학자들이 말하는 정신적 평화의 상태를 의미한다.
> ④ 부동심의 경지(apatheia) : 모든 정념(情念)에서 해방된 상태를 가리키는 말로, 스토아학파는 아파테이아의 상태를 이상적이라고 생각하였다.

Answer 30.② 31.④ 32.③

33 기원전 5세기부터 기원전 4세기까지 그리스를 중심으로 활동했던 철학사상가이자 교사들을 무엇이라고 하는가?

① 탈무드
② 소피스트
③ 테아이테토스
④ 크리티아스

> ✔해설 소피스트…진리를 상대적인 기준으로 바라보고, 설득을 목적으로 한 수사학과 웅변술 등을 가르쳤던 사람들을 말한다. 프로타고라스, 고르기아스 등이 대표 소피스트이다.
> ① 탈무드 : 유대인 율법학자들이 유대교의 율법, 사상, 전통 등에 대하여 구전·해설한 것을 집대성한 책이다.
> ② 테아이테토스 : 고대 그리스 철학자 플라톤의 저서이다.
> ④ 크리티아스 : 플라톤과의 친척이자 소크라테스의 제자로, 고대 그리스 철학자이다.

34 다음에 제시된 내용과 사상적으로 통하는 것은?

비록 신(神)이 존재하더라도 사람은 자신의 의지를 신의 의지에 예속시킬 필요는 없다. 자신에게 적절한 것을 가장 잘 판단할 수 있는 존재는 바로 자기 자신인 것이다. 즉, 자신에게 좋은 것이란 다름 아닌 자신이 원하는 것이요, 자신에게 이익을 가져다주는 것을 의미한다. 그 누구도 자신에게 좋은 것을 정치적·신화적 또는 사회적 억압 때문에 희생시켜야 할 의무는 없다.

① 너 자신을 알라.
② 인간의 만물의 척도이다.
③ 철학은 신학의 시녀이다.
④ 최대 다수의 최대 행복

> ✔해설 제시된 내용은 프로타고라스의 주장으로 '인간은 만물의 척도'라는 표현은 인간 자신이 만물의 여러 현상에 대한 판단의 기준이 됨을 의미한다.

Answer 33.② 34.②

35 마르크스의 유물변증법에 가장 큰 영향을 미친 사람은?

① 칸트
② 스미스
③ 헤겔
④ 쇼펜하우어

> **✔해설** 마르크스는 헤겔의 관념변증법의 영향을 받아 관념을 물질로 대체하여 유물변증법, 즉 변증법적 유물론을 주장하였다.

36 유물사관의 개조라고 할 수 있는 마르크스의 인간관을 잘못 설명한 것은?

① 인간의 본질을 노동으로 본다.
② 인간의 노동은 사회적 관계 속에서 이루어진다.
③ 인간의 이데올로기는 경제적 생산관계에 영향을 끼친다.
④ 인간은 노동에 의하여 자기를 실현해 나간다.

> **✔해설** 이데올로기(ideologie) … 물질적 · 경제적 하부구조를 반영한 관념적 상부구조로, 정치 · 경제 · 법률 · 예술 등을 기반으로 성립되는 관념형태이다.

37 마르크스주의자는 마르크스의 사회주의를 과학적 사회주의라 한다. 이에 대하여 이전의 사회주의를 무엇이라 부르는가?

① 유심적 사회주의
② 인도적 사회주의
③ 유도적 사회주의
④ 공상적 사회주의

> **✔해설** 공상적 사회주의 … 18세기부터 19세기 중엽까지 프랑스의 생시몽과 푸리에, 영국의 오웬 등에 의해 주창된 사상으로, 인도주의와 사회정책에 의한 재산의 공유 및 부의 평등분배를 인간의 자발적 호응으로 실현하자는 이상론을 펼쳤다.

Answer 35.③ 36.③ 37.④

38 칼뱅(J. Calvin)은 근검·절약을 미덕으로 보았다. 초기 크리스트교 교리를 플라톤의 이데아론에 원용하여 체계화시킨 철학사상은?

① 스콜라철학
② 교부철학
③ 스토아학파
④ 에피쿠로스학파

✔해설 ② 교부철학 : 초기 크리스트교 신학자들이 중심이 되어 기독교사상을 합리적·철학적으로 체계화하려고 한 철학으로, 플라톤의 이데아 세계관을 주된 연구대상으로 삼았다.

39 다음에서 설명하는 불교윤리사상은?

> 이것이 생(生)하면 저것이 생하고, 이것이 멸(滅)하면 저것이 멸한다.

① 정명정신(正名精神)
② 측은지심(惻隱之心)
③ 연기설(緣起說)
④ 경천애인(敬天愛人)

✔해설 연기설 … 불가의 우주론으로, 철저한 상호연계성과 상호의존성을 강조한다.

40 우주만유의 궁극적 실재는 물질이라고 보고, 정신적·관념적인 일체의 현상을 물질로써 파악하고자 하는 철학적 태도를 무엇이라고 하는가?

① 유물론
② 유심론
③ 경험론
④ 관념론

✔해설 ② 유심론 : 실재하는 것을 정신적인 것으로 보고 물질적인 것은 정신의 소산 또는 그 표현으로 보는 입장으로 유물론에 대립된다.
③ 경험론 : 주로 영국에서 발전된 사상으로 인간의 인식은 감각을 통해 주어진 경험에 의해서 만들어진 다는 입장이다.
④ 관념론 : 존재와 사유의 관계에 있어서 사유를 1차적이며 본원적인 것으로 보는 입장이다.

Answer 38.② 39.③ 40.①